Kiefern Pinus

Cycas

Fichten
Picea

Laubbäume
z.B.
Buchen, Linden,
Magnolien

Kräuter und Gräser

Vor
Bedecktsamer   65 Mill. J.
Angiospermen

136 Mill. J.

195 Mill. J.

Bennettiteen

225 Mill. J.

Urnadelbaum   280 Mill. J.
Walchia

Samenfarne
Pteridospermen

345 Mill. J.

395 Mill. J.

Daber · Helms
Das große Fossilienbuch

Das große
FOSSILIENBUCH

Prof. Dr. Rudolf Daber
Dr. Jochen Helms

Urania-Verlag
Leipzig · Jena · Berlin

Text Tierfossilien: Dr. Jochen Helms
Text Pflanzenfossilien: Prof. Dr. Rudolf Daber

Alle Fotos von den Autoren

Illustrationen und Lebensbilder Abb. 1, 15, 51, 88, Vorsatz: Eugenie Tanger
(alle Museum für Naturkunde, Berlin, DDR)
Lebensbilder, Titel und Abb. 26: Adelhelm Dietzel, Abb. 78: C. Reimer
Geologische Karte Abb. 99: Klaus Dorenburg (nach W. Eggers und H. Särchinger)
Die Originale zu den farbigen Abbildungen stellte das Museum für Naturkunde
der Humboldt-Universität zu Berlin zur Verfügung, einige weitere das Landes-
museum Joanneum, Graz (3), das Naturhistorische Museum Wien (2) und das
Geiseltalmuseum der Martin-Luther-Universität Halle-Wittenberg (1)
Titelbild: Lebensbild des Fährtentieres (Chirotherium) s. S. 10,
Dendriten als Pseudofossilien, Ammonit Normannites s. S. 136,
Fischpärchen Stemmatodus s. S. 144
Rückseite: Callipteris conferta s. S. 152

Daber, Rudolf:
Das große Fossilienbuch / Rudolf Daber; Jochen Helms .
– 4. Aufl. – Leipzig ; Jena ; Berlin : Urania-Verlag, 1988. –
264 S. : 304 Ill., 1 Kt.

ISBN 3-332-00058-6

NE: Helms, Jochen:

ISBN 3-332-00058-6

4. Auflage 1988
Alle Rechte vorbehalten
© Urania-Verlag Leipzig/Jena/Berlin
Verlag für populärwissenschaftliche Literatur, Leipzig 1978
VLN 212–475/126/88 · LSV 1479
Lektor: Manfred Quaas
Buchgestaltung: Hans-Jörg Sittauer
Printed in the German Democratic Republic
Gesamtherstellung: INTERDRUCK Graphischer Großbetrieb Leipzig
Betrieb der ausgezeichneten Qualitätsarbeit, III/18/97
Best.-Nr.: 653 544 9
02150

Inhalt

Vielgestaltige Fossilien

Viele Motive verlocken zum Sammeln von Fossilien: Da ist das Reizvolle der Rarität, des Ungewöhnlichen oder des unvorstellbar Alten, das nach Millionen von Jahren zählt. Manche fühlen sich durch die Formenschönheit und das Geheimnisvolle vergangenen Lebens angesprochen, wieder andere befriedigen im Sammeln ihre naturhistorisch-weltanschauliche Wißbegierde oder möchten mit Ausstellungen von Fossilien zur Heimatkunde beitragen. Bei fortgeschrittenen Sammlern, Laienforschern und Paläontologen kommt der Wunsch nach thematischer Vollständigkeit hinzu, und die wissenschaftliche Forschung wird schließlich zum Zweck des Sammelns. Neben diesen vielen anerkennenswerten Beweggründen gibt es aber auch weniger erfreuliche: das Sammeln als Selbstzweck oder aus privater Besitz- und Renommiersucht. Hier wird das Fossil zur Ware.

Viele fossile Arten sind keine Raritäten. In zahllosen Exemplaren existierten sie zu ihrer Zeit und sind in bestimmten Schichten und Gegenden auch als Fossilien in großer Menge zu finden. Sie können und sollen jedem Interessierten zur privaten Freude dienen. Nicht selten aber werden Fundstücke von hohem wissenschaftlichem Wert oder mit starker volksbildnerischer Aussagekraft der Wissenschaft und der Öffentlichkeit noch vorenthalten. Wir müssen uns dabei vor Augen führen, daß die Erhaltung bestimmbarer Organismenreste über Jahrmillionen hinweg eigentlich eine Ausnahmeerscheinung ist. In der Regel verging abgestorbenes Leben in grauer Vorzeit ebenso spurlos wie heute. Fossilien sind daher weitgehend seltene und für unsere Erkenntnis wertvolle Dokumente der Lebensgeschichte — wir sollten sie dementsprechend werten und behandeln. Neben den Fachleuten gereicht es Generationen privater Sammler zur Ehre, daß wir heute in den öffentlichen Museen die fleißig zusammengetragenen Schätze bewundern und studieren können.

Wie ist es möglich, daß sich Organismenreste über Jahrmillionen erhalten konnten, scheint doch bei einem Blick in die heutige Natur alles Leben in den Kreislauf der Stoffe einbezogen zu sein. Nach dem Tode wird jeder Organismus zerstört, verdaut, zersetzt, und die Endprodukte dienen neuem Leben als Grundlage. Doch dieser ständige Kreislauf der Stoffe wird an manchen Stellen »zeitweilig« unterbrochen. So kann in Mooren in riesigen Mengen pflanzliche Substanz angehäuft werden, weil ihre Zersetzung unter Luftabschluß nicht mit dem Zuwachs Schritt hält. Bei ständiger Absenkung und Zuschüttung dieser Lager entstehen unter steigenden Drücken und Temperaturen Torf, Braunkohle, Steinkohle, Anthrazit. Für Millionen Jahre kann auf diese Weise organische Substanz dem Kreislauf der Organismen entzogen bleiben.

Auch die Kalke sind vorwiegend ein Ergebnis biologischer Aktivität, wobei hier aber Lösung und Wiederausfällung des Kalkes sowie die Umkristallisation ein verwirrendes Bild schaffen. Ursprünglich geht jede Anreicherung von Kalksedimenten auf Organismen zurück. Sie scheiden ihn zu ihrem äußeren Schutz, zum Aufbau fester Skelette oder als Folge von Stoffwechselprozessen aus. Nach dem Absterben vernichten für gewöhnlich mechanische und chemische Prozesse die biogenen Kalkstrukturen. Gelegentlich aber werden Organismenreste vor diesem Abbau bewahrt, sei es nun im Inneren von Korallenriffen oder bei eingegraben lebenden Muscheln und Seeigeln.

Kalkschalen und -skelette sind als Fossilien besonders zahlreich. Noch

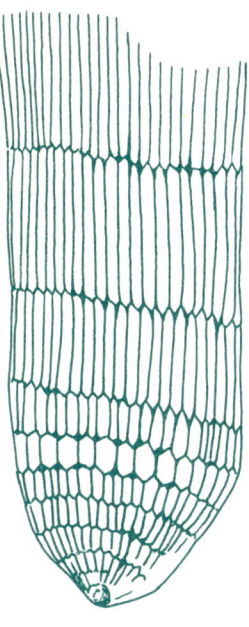

Basisstück des
Marksteinkerns
von Calamites suckowi

Anisopteris mit endständiger Gabelung
und Sporangien

öfter aber sind sie irgendwann nach der Einbettung aufgelöst worden, und wir stehen heute nur noch ihren Negativformen im festen Gestein gegenüber: Abdruck und Steinkern. Die Vorgänge der Fossilisation zeigt das untenstehende Schema in vereinfachter Form.

Als Bausubstanz organischer Hartteile dienen auch das Kalziumphosphat in Zähnen und Knochen von Wirbeltieren, das Chitin der Gliedertiere und ihm ähnliche organische Stoffe sowie der Opal der Schwämme und Mikroorganismen. Diese Baustoffe können bei der Fossilisation primär erhalten

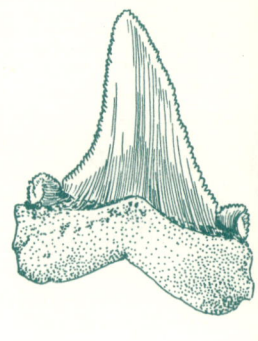

Haizahn

Entstehung und Erhaltungszustände von Fossilien

A Einbettung. Werden intakte Schalen oder Gehäuse verendeter Tiere (Beispiel: Seeigel) in ein Sediment eingebettet (Beispiel: Sand), so kann der Innenraum leer bleiben (1) oder mit Sediment gefüllt werden (2).

B Freilegung nach Auflösung: Im verfestigten Gestein können die ursprünglichen oder schon mineralisierten Hartteile aufgelöst werden, besonders bei der Verwitterung. Bei der Freilegung treten uns dann Negativformen entgegen: Abdruck oder Hohldruck und Steinkern.

C Freilegung nach Tränkung: Das im Porenraum des Gesteins zirkulierende Wasser löst und transportiert mineralische Stoffe und scheidet sie andererseits wieder aus. Im Wechselspiel von Lösung und Ausscheidung verändern sich die stoffliche Zusammensetzung, das Erscheinungsbild und der Informationswert der Schalen und Gehäuse.

1. Abguß oder Vollpseudomorphose — es ist lediglich die äußere Form erhalten

2. Mineralisation (Versteinung) des Gehäuses und sekundäre Füllung des Innenraums mit Mineralausscheidungen (z. T. Kristalldrusen)

3. Ersetzen der Gehäusesubstanz durch Fremdsubstanz (Gehäusepseudomorphose)

4. Erhaltung der Gehäusestruktur bei Füllung der Porenräume durch gleichoder fremdartige Mineralsubstanz (Mineralisation wie bei 2.).

Bei der Einbettung in Sand oder bestimmte Kalksedimente bleibt die Räumlichkeit der Form erhalten, während schlammige Sedimente bei der Gesteinsbildung samt ihrem Inhalt stark zusammengepreßt werden.

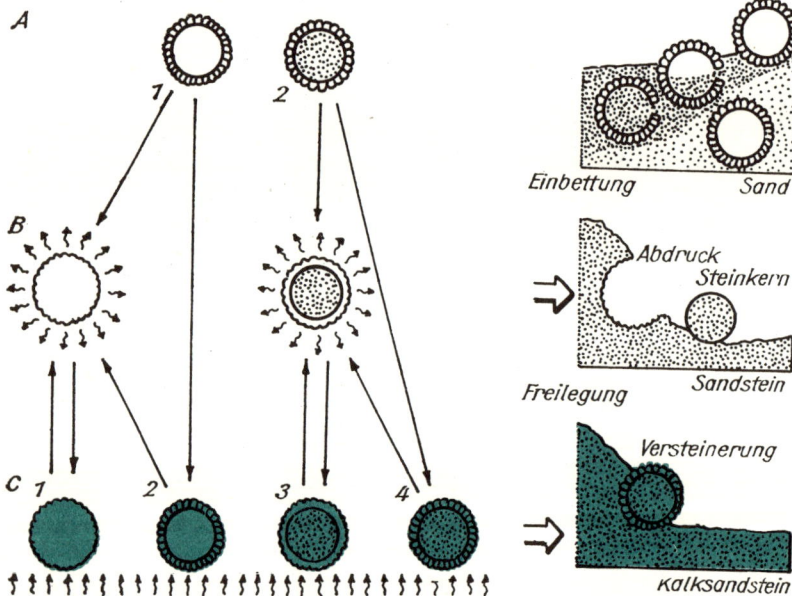

8

bleiben, sie können aber auch durch Mineralien ergänzt oder ersetzt werden. Nur dann dürfen wir ein Fossil eigentlich als Versteinerung bezeichnen.

Grundsätzlich sind alle Teile eines Organismus fossil erhaltungsfähig, doch während für Hartteile relativ große Erhaltungschancen bestehen, trifft für Weichteile das Gegenteil zu. Im eisigen Schlamm der Dauerfrostböden Sibiriens und der Arktis eingefrorene Mammutkörper allerdings sind wie in einer Kühltruhe konserviert und konnten von Hunden, ja sogar von den Forschern noch mit Appetit verzehrt werden. In ganz anderer Weise erhielten sich Weichteile von Tieren infolge Tränkens mit Salzlösung und durch langsames Austrocknen. Solche Reste bezeichnen wir als Mumien. Sie sind an bestimmte, geologisch kurzzeitige Erhaltungsbedingungen gebunden.

Die Mumifizierung erzeugt Fossilien auf Zeit, so wie wir es im Prinzip von den entsprechenden Konservierungsverfahren für Lebensmittel kennen. Während die genannte Konservierung durch Salze aufgehoben und rückgängig gemacht werden kann, wobei die Mumie dann doch vergeht und das Fossil höchstens als Abdruck, Hohldruck oder Pseudomorphose überdauert, können bei der Tränkung mit anderen Stoffen Dauerpräparate entstehen. So hat die Imprägnierung durch Kieselsäure, die Verkieselung, in der Erdgeschichte immer wieder zur Erhaltung auch feinster organischer Strukturen geführt. Im gelösten Zustand kann die Kieselsäure bis ins Innere der Zellen vordringen und so auch innerhalb der Gewebe als Gel ausgefällt werden, bis schließlich das ganze Flüssigkeitslumen des organischen Restes vom Kieselsäuregel erfüllt und dieses zu glasig transparentem Opal bzw. Chalzedon erstarrt ist. Solcherart eingebettete Zellstrukturen sind als sogenannte Intuskrustationen aus der Erdgeschichte überliefert; nicht nur, daß wir durch sie Aufschluß über den Feinbau von Urlandpflanzen erhalten, nein, diese so dauerhaften Fossilien gestatten uns sogar Einblicke in das mikroskopische Leben des Präkambriums vor mehr als drei Milliarden Jahren. Am augenfälligsten ist dieser Erhaltungszustand bei den Kieselhölzern — ganze Baumstämme sind uns so überliefert.

Eine ähnliche Bedeutung für die Erhaltung von Geweben und vergänglichen Strukturen (Haare an Flugsauriern) haben bestimmte Dolomitisierungsprozesse, nur sind sie nicht so verbreitet. Vererzten (pyritisierten) Weichkörperstrukturen schließlich ist man mit Röntgenaufnahmen auf die Spur gekommen. Endlich seien noch die Baumharze als ganz hervorragendes Fossilisationsmittel erwähnt. Der Bernstein mit seinen vorzüglich erhaltenen Einschlüssen führt uns das deutlich vor Augen.

Fossilien können echt versteinert, d. h. mineralisch verändert, sein — aber sie müssen es nicht. Blätter und Holzreste in Braunkohlenablagerungen sind in ihrer Holz-, Zellulose- und Korksubstanz nur wenig gewandelt. Stellenweise hat man sogar noch blaßgrüne Blattreste gefunden — die Chlorophyllderivate lassen sich chemisch nachweisen (Abb. 97). Auch die farbig schimmernden Flügeldecken fossiler Käfer sind stets beeindruckend (Abb. 27).

Manchmal kann auf einem Blatt ein anderes, grobmaschiges abgedrückt sein, oder fossile Austernschalen haben feinste Teile des vergänglichen Organismus abgeformt, auf dem sie festwuchsen: Einmauerung (Immuration) haben dies Prof. Dr. Vialov (Lwow, UdSSR) und Prof. Dr. Voigt (Hamburg, BRD) genannt. Sogar zarte Algenstrukturen können so, von Bryozoen überwuchert, erhalten bleiben. Es gab also viele Möglichkeiten, ehemalige Formen eines jahrmillionenalten Lebens zu bewahren.

Eine scharfe Grenze zur paläontologischen Vergangenheit existiert nicht. Allzu junge Reste werden subfossil genannt, aber schon die in der Vulkan-

Bernsteineinschluß, Ameise

asche von Pompeji (Italien) erhaltenen Hohlkörper von Tieren und Menschen bezeichnet man als Fossilien in Gesteinen.

Nicht nur die Architektur der Hartteile von Organismenkörpern ist uns überliefert (Körperfossilien), auch vielfältige Lebensspuren vergangener Wesen wurden im Gestein als Spurenfossilien fixiert, ja oft sind sie der einzige reale Anhaltspunkt für deren ehemalige Existenz. So kannte man lange Zeit aus dem Buntsandstein beiderseits des Thüringer Waldes nur die Trittspuren des Fährtentieres (Chirotherium), ehe es 1965 gelang, das wahrscheinlich dazugehörige Reptil (Ticinosuchus ferox B. Krebs) aufgrund von Skelettfunden zu belegen. Die entscheidenden Funde wurden am Monte San Giorgio (Schweiz) in Schichten gemacht, die dem Buntsandstein entsprechen.

Lebensspur

Das Entstehen von Lebensspuren muß man sehr genau an heutigen Beispielen studieren, um die Feinheiten von Spurenfossilien ausdeuten zu können (Aktuopaläontologie). Dann sind sie äußerst wertvolle Hilfen, wenn es um die Rekonstruktion ehemaliger Umweltbedingungen geht. Bestimmte Spuren sind eben nur bestimmten Verhältnissen zugeordnet. Fossile Lebensspuren finden wir auf und in Gesteinsbänken, und ebenso wie Körperfossilien vermögen sie diese als ehemalige Meeres- oder Seeböden zu charakterisieren, falls nicht gar Reptil- oder Insektenfährten uns auf Ablagerungen zeitweilig trockener Niederungen und Innensenken des Festlandes hinweisen.

In Meeressedimenten sind fossile Bewegungs-, Fraß- und Ruhespuren häufig. Ungezählte Würmer und Schnecken hinterließen ihre einfachen, meist unregelmäßigen Kriechspuren, andere hingegen sehr charakteristische spiralförmige oder mäandrierende Weidespuren. Ferner stoßen wir auf regelmäßige Wohnbauten wie die verfüllten senkrechten Röhren, die man als Skolithen bezeichnet. Mit ihren differenzierten Gliedmaßen erzeugten besonders die Gliederfüßer vielfältige Kriechspuren und verzweigte Grabgänge.

Raubschnecken bohrten schon vor Jahrmillionen die Schalen anderer Weichtiere an, um ihre Opfer aussaugen zu können. Auch die Tätigkeit von Bohrmuscheln in Holz und Stein oder von bohrenden Schwämmen und Moostieren, z. B. in Muschelschalen, läßt sich immer wieder aus erdgeschichtlicher Vergangenheit belegen. Als Stoffwechselspuren gehören auch die Kothäufchen und -ballen (Koprolithen) mancher kleinen und großen Tiere zu den häufigen Spurenfossilien.

Fossilien sind also alle den paläontologisch forschenden Sammler interessierenden Reste und Spuren ehemaligen Lebens, sind — poetisch ausgedrückt — »Erinnerungen in Gesteinen«, Erinnerungen an die Erd- und Lebensgeschichte.

Fossilien - Zeugen ihrer Zeit

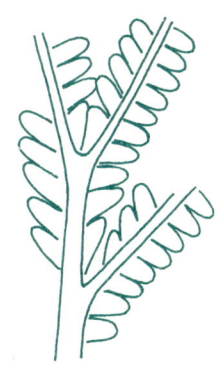

Callipteris conferta

Fossilien dokumentieren den Entwicklungsstand des Lebens zu ihrer Zeit im allgemeinen und im besonderen. Sie zeigen uns einerseits den Ablauf der Evolution, erlauben uns andererseits durch ihre Zeitbezogenheit stratigraphische Aussagen, d. h. eine zeitliche Gliederung der Sedimentfolgen. Leitfossilien — häufig und weit verbreitet — sind für diese praktischen Belange besonders wertvoll. Entwicklungsgeschichtlich wichtiger sind manche seltenen Fossilien, vor allem wenn sie sich als Bindeglieder zwischen deutlich abgegrenzten Formkreisen erweisen und neue, bisher unbekannte Vorstellungen ermöglichen, z. B. der Urvogel Archaeopteryx. Zusammen mit dem Gestein kann dessen fossiler Inhalt auch viel über die ehemalige geographische Situation berichten, über den Lebensraum und über Lebensbedingungen: Land oder Wasser, Meer, Brack- oder Süßwasser, Küstennähe oder -ferne, flaches oder tiefes Wasser, Strömungsverhältnisse, Temperatur. Der Sammler beobachtet nicht nur den pflanzlichen oder tierischen Rest, sondern die Lebens- oder Totengemeinschaft, auch die Art und Weise der Einbettung im Sediment, den Zustand der Erhaltung und spätere Veränderungen.

Da ist das Feld von Beobachtungen, das man zuerst Paläobiologie, später Palökologie genannt hat. An fossilen Blättern kann man Minierlarvengänge beobachten wie in heutiger Zeit — aber wie weit läßt sich diese Beobachtung zurückverfolgen? Man kennt derartige Miniergänge an Samenfarnen wie Callipteris conferta aus der Rotliegendzeit, an Cordaitenblättern, aber bei zahlreichen anderen Blattresten des Paläo- und des Mesophytikums treten solche Miniergänge nie auf, z. B. bei Ginkgo-, Bennettiteen- und Cycadeenblättern — sicherlich ein Hinweis auf ihre Unverträglichkeit oder Giftigkeit.

Frostrisse an fossilen Blättern pliozäner und miozäner Zeit deuten auf plötzliche Kälteeinbrüche im Jungtertiär und damit auf Vorboten der pleistozänen Eiszeit in Mitteleuropa hin.

Jahresringe an Hölzern sprechen von einem Wechsel von Trocken- und Feuchtigkeitszeiten, von stockendem und angeregtem Wachstum. Was aber bedeuten doppelte Jahresringe, was bedeutet ein völliges Fehlen von Jahresringen, was ein einziger, gelegentlicher Jahresring, vielleicht sogar nur auf der einen Seite des Stammes?

Abgefallene Ginkgoblätter und runde, dazugehörige Samen in Kupferschieferfundstücken und Funden liassischen Alters beweisen, daß Samen und Blätter damals zur gleichen Zeit fielen, so wie wir es auch heute beim Ginkgo kennen.

Credneria

Oft werden Blätter im Sandstein gewölbt oder gar eingerollt gefunden, so z. B. Credneriablätter im Oberkreidesandstein des Vorharzgebietes. Aus Karl-Marx-Stadt (DDR) ist eine verkieselte Lage bekannt, die nur mit eingerollten Blättchen eines Pecopterisfarnes gefüllt ist — man glaubte vor Jahren, auf eine Madenlage gestoßen zu sein!

Massenvorkommen von fossilen Nadeln, Samen, Blättchen und auch Holzresten verdienen ebenfalls unsere Aufmerksamkeit. In der Wealdenkohle von Bückeburg (BRD) kommt eine Nadelkohle vor, die aus einer massenhaft angehäuften Koniferennadelart besteht. In Braunkohlenflözen kennt man charakteristische Lagen der Nadeln von Sciadopitys, der japanischen Schirmtanne. Spiegelt dies ein relativ plötzliches Klimaereignis wider? Anders steht es mit den zusammengeschwemmten, also in Tonlagen erhaltenen Massenvorkommen von miozänzeitlichen Samen. Hier haben uns Regenzeiten in die Hände gearbeitet und uns sehr charakteristische Pflanzenorgane überliefert. Es ist gar nicht so sicher, daß wir auch die Blätter dazu finden werden.

Wir schließen heute, da wir die Einsturztrichter großer Meteoriten vom Mond, vom Mars und von der Erde her kennen, plötzliche Ereignisse nicht aus, die zwar selten, doch interkontinentale Wirkungen auf die Lebewelt hatten. Sicherlich haben sie die Richtung der Naturgeschichte nie beeinflußt, kaum auf Artbildung oder Umbildung gewirkt. Durch gewaltige Flutwellen von vielen Metern Höhe und großer Reichweite jedoch mögen sie noch viel stärker als Seebeben Lebewesen zu Fossilanhäufungen zusammengeführt haben. Vielleicht erinnert sich der aufmerksame Leser dabei an den Begriff des Bonebed (engl., Knochenlager), meist eine geringmächtige Lage im Sediment, reich an abgerollten Resten von Wirbeltieren (Knochen, Zähne, Schuppen, Koprolithen), doch diese Bonebeds sind nur im bewegten Flachwasser entstandene Aufbereitungsflächen. Durch wirkliche Katastrophen entstandene Fossillagen sind uns bisher noch unbekannt.

Unsere Beobachtungen beschäftigen sich auch mit Ereignissen, die lange nach der Fossilwerdung eintraten, z. B. mit der Inkohlung. Im rechtsrheinischen Schiefergebirge (BRD) hat man festgestellt, »daß der Inkohlungsgrad der organischen Bestandteile nur von der maximalen Versenkungstiefe der Schichten und der Verweilzeit in der größten Tiefe abhängt und daß so die Linien gleicher Inkohlung sehr genau den tektonischen Bau des Gebirges abbilden«. In anderen Fällen sehr hoher Inkohlung, die bis zum Anthrazit führte, zeigen die Pflanzenreste einen weißlichen oder silbrigen Überzug des Tonminerals Gümbelit. Diese Schichten gelangten also nach ihrer Ablagerung in größere Tiefe und die Nähe eines Tiefengesteinskörpers, der lange Zeit Hitze ausstrahlte. Die Karbonzeit hat uns solche Reste aus der DDR (Doberlug-Kirchhain), der BRD (Piesberg bei Osnabrück), der Schweiz, aus Österreich und Italien überliefert. Die Triebe der unterdevonzeitlichen Taeniocrada (Abb. 54) und die Schiefergraptolithen (Abb. 13) zeigen den gleichen Gümbelitüberzug.

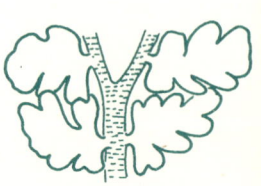

Sphenopteridium
dissectum

Es ist bekannt, daß große und kleinste Erzgänge die Steinkohlenreviere durchsetzen. Auf Schlechten (Trennfugen) in der Kohle setzte dann eine Mineralneubildung ein wie auch oft in Haarrissen, z. B. an und auf Pflanzenresten. Ein stellenweiser Überzug von Achsen- und Blättchenteilen mit goldglänzendem Pyrit oder mit Kupferkies ist ebenso eindrucksvoll wie die bekannten Fische im Kupferschiefer von Mansfeld und Eisleben (DDR), die durch ihre Verkupferung oder sogar Versilberung (gediegenes Silber!) seit Jahrhunderten als Sehenswürdigkeiten gelten. Nadelzweige im Lithographenkalk von Solnhofen (BRD) waren oft Ausgangspunkt feiner Haarrisse im Gestein, in denen sich Mangandendriten aus wäßrigen Lösungen bildeten.

Riffkorallen waren und sind Bewohner tropisch-warmer Meere. Als Fossilien (Abb. 12, 22, 47) stellen sie daher wesentliche Klimazeugen der Erdgeschichte dar. Unter günstigen Umständen konnten Korallenriffe viele Millionen Jahre wachsen und mächtige Massen sehr reinen Kalkes ansammeln, die heute wichtige Rohstofflagerstätten der chemischen Industrie bilden. Auf der Oberfläche angewitterter Kalkstücke kann man bei Rübeland (Harz, DDR) Anschnitte von Korallen beobachten. Als vor 370 Millionen Jahren der Äquator Mitteleuropa von Nordwest nach Südost durchquerte, war auch das Erdjahr viel länger als heute — es zählte etwa 420 Tage. Zu diesem Ergebnis ist man durch die Feinuntersuchung der Anwachsstreifen sehr gut erhaltener Riffkorallen gekommen, bei denen es gelang, im Zuwachs der Ske-

Koralle

Belemnit

lettsubstanz Tages- und Jahresrhythmen zu erkennen. Damit hat man astronomische Berechnungen bestätigen können.

In den massiven Donnerkeilen (Abb. 40 g) hat sich der Kalkspat ($CaCO_3$) teilweise unverändert so erhalten, wie er ursprünglich vom Tintenfisch ausgeschieden worden ist. Aus dem Verhältnis der Sauerstoffisotope ^{16}O und ^{18}O kann man ermitteln, bei welcher Umgebungstemperatur ein Kalkspat entstand, so daß die Donnerkeile gewissermaßen als »fossile Thermometer« vergangener Meere dienen. Untersucht man die konzentrischen Wachstumslamellen der Belemnitenrostren der Reihe nach, dann erhält man eine Temperaturkurve mit mehreren Maxima und Minima. Aus ihr kann man entnehmen, wie der jahreszeitliche Verlauf der mittleren Meerestemperatur war und daß Belemniten wie vergleichbare heutige Tintenfische drei bis vier Jahre alt wurden.

Eigene Beobachtungen und der allgemeine Erkenntnisfortschritt lassen uns die Fossilien immer wieder mit anderen Augen sehen. Aber auch in den häufiger abgesammelten Aufschlüssen bieten uns die Fossilien ständig neue Seiten dar, und neue Entdeckerfreude setzt den Sammler stets wieder in Erregung. Andere, aussagekräftigere Funde regen an, nach noch besseren Ausschau zu halten, noch unbekannte Details zu entdecken. Auch Fossilien der selben Art können sehr verschieden aussehen — ein Resultat der enorm hohen Zahl von Varianten, die sich aus Kombinationen der vielen möglichen Lebens-, Fossilisations- und Fundbedingungen ergeben.

Fundorte von Fossilien

Grundlage für unsere Suche nach Fossilien ist die Kenntnis der geologischen Situation. Fossilien finden sich nur in Ablagerungsgesteinen (Sedimenten), niemals aber in Tiefen- oder Ergußgesteinen, wie Granit, Porphyr, Basalt und Gneis. Darum ist es auch nutzlos, in weiten Teilen des Erzgebirges, der Oberlausitz, des Riesengebirges, des Böhmer- und des Bayrischen Waldes oder etwa in den Zentralalpen nach Fossilien zu suchen. Dort herrschen an der Oberfläche Tiefengesteine vor und nicht Meeres- oder Festlandablagerungen.

Werfen wir einen Blick auf unsere geologische Karte Mitteleuropas (Abb. 99). Die gewöhnlich in roten Farbtönen dargestellten Gebiete lassen zwar das Herz des Mineraliensammlers höher schlagen, uns interessieren sie jedoch für unser Hobby nicht: Es sind Tiefen- und Ergußgesteine. Wir starten bei grünem Licht und sind ausnahmsweise auch bei Gelb nicht zu halten, denn olivgrüne Farben auf der Karte bedeuten Ablagerungen der Kreidezeit, gelbbraune verweisen auf das Tertiär — die Braunkohlenzeit —, und beide versprechen gute Fundmöglichkeiten.

Weiter verbreitet an der Erdoberfläche Mitteleuropas sind aber die fossilreichen Sedimente der Trias und des Juras. Auf der geologischen Karte erscheinen sie eingekeilt als großes Gebiet zwischen der kristallinen Böhmischen Masse und dem rheinischen Devon, außerdem flankieren sie als Nördliche und Südliche Kalkalpen den zentralen Kristallinzug der Alpen.

Während uns die bekannten Steinkohlengebiete — auf unserer Karte schwarz — signalisieren, wo Fundmöglichkeiten für Pflanzenreste aus den Zeiten des Karbons und des Rotliegenden bestehen, sind als Fundgebiete altpaläozoischer Fossilien vor allem die Umgebung von Prag, Ostthüringen, das Vogtland und die Karnischen Alpen zu erwähnen. Besondere Bedeutung aber hat das Gebiet des belgisch-rheinischen Devons, das ein klassisches Forschungsgelände für die Ablagerungen aus jener Zeit darstellt. Heute international gebräuchliche Namen für die einzelnen Abschnitte des untergliederten Devons weisen auf Lokalbezeichnungen in diesem großen Gebiet hin: Gedinne, Siegen, Ems, Eifel, Givet, Frasne und Famenne.

Sind wir uns über solche Voraussetzungen im klaren, und können wir unsere Sammelgebiete und Fundpunkte in den großen geologischen Rahmen einordnen, dann ist der nächste Schritt die Suche nach einschlägiger heimatkundlicher Literatur, nach Exkursionsführern, detaillierten geologischen Karten und Museen. Vor allem aber mustern wir »unser« Gelände auf das Vorhandensein von »Aufschlüssen«. So bezeichnet der Geologe alle jene Stellen, an denen ihm der Einblick in das vorliegende Gestein weder durch Boden- und Pflanzendecke noch durch Schutt oder Bebauung verwehrt wird. Bei der kräftig entwickelten Boden- und Pflanzendecke in unserer feuchtgemäßigten Klimazone sind nur die Hochgebirge besonders aufschlußreich. Die Mittelgebirge bieten erheblich weniger natürliche Aufschlüsse, und im Flachland findet man sie — abgesehen von der Küste — kaum noch. Dafür häufen sich die künstlichen Aufschlüsse, wie sie vom Straßenbau, Tiefbau, Bergbau usw. geschaffen werden.

Eines der größten Ärgernisse für den Fossiliensammler ist der Müll, mit dem zunehmend alte Steinbrüche und Gruben verfüllt werden, darunter auch solche, die es wert gewesen wären, als Naturdenkmale geschützt und erhalten zu bleiben. Ein nachahmenswertes Beispiel aus der Volksrepublik

Fächerpalme Trachy-
carpus (Flabellaria)
raphifolia

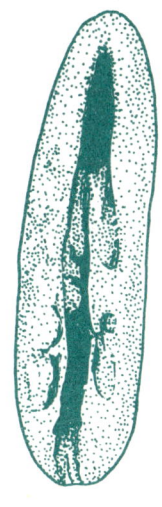

Samen von
Phoenix hercynica
(Harzdattelpalme)

Ungarn sei deshalb hier besonders erwähnt: In Várpolata ist in einer Vor-
stadtsiedlung ein berühmter Fundort eines Tertiärsandes mit einem Massenvorkommen von Muscheln und Schnecken — eine kleine ehemalige Sand-
grube — eingezäunt und unter Aufsicht und Schutz gestellt worden.

Bestrebungen dieser Art verdienen engagierte Unterstützung. Es geht ja
nicht darum, Schutzzonen für Sammler zu errichten; sondern erdgeschichtliche Denkmale zu erhalten und nötigenfalls diese besonderen Aufschlüsse
auch vor rücksichtslosen Sammlern zu schützen, die mehr zerstören als erhalten. Wir sollten daher Fossilfundpunkte stets so behandeln, als stünden
sie allesamt unter Denkmalsschutz. Engagierte Fachleute und Sammler sind
sich in diesen Bestrebungen oft schon einig und können manchenorts bereits
Erfolge beim Schutz geologischer Naturdenkmale gegen Müll und »Wilde-
rer« verzeichnen, z. B. im Bezirk Dresden (DDR). Auch internationale wissenschaftliche Gremien protestieren. So haben sich 1976 die Teilnehmer des
6. Kongresses der Internationalen Primatologischen Gesellschaft in Cam-
bridge (England) in einer Resolution dagegen gewandt, daß die berühmte
Fundstelle »Grube Messel« bei Darmstadt (BRD) durch die Einrichtung
einer Mülldeponie zerstört wird. Die Grube Messel soll für die wissenschaftliche Forschung erhalten bleiben, da weitere Funde von großer Bedeutung
für das Verständnis speziell der frühen Evolution der Primaten (Halbaffen,
Affen, Menschenaffen, Mensch) zu erwarten seien. In Messel sind bituminöse
Schieferletten und Braunkohlen aus eozäner Zeit aufgeschlossen, in denen
intensiv nach Wirbeltierresten gegraben wird. Die den Wissenschaftlern inzwischen zugebilligten 20 Jahre Aufschub sind zu wenig.

In keiner Fossiliensammlung fehlen die schwarzen Blattreste der Stein-
kohlenschiefertone. Im Steinkohlenflöz selbst nach fossilen Pflanzen zu
suchen hat wenig Sinn; nur die Dolomitknollen im Flöz Katharina in Westfalen sind wegen ihrer körperlich und strukturell erhaltenen Pflanzenreste
berühmt. Die inkohlten Blattwedel der Samenfarne und Farne sind in den
Lagen über den Flözen eingebettet, man findet sie normalerweise auf den
Abraumhalden. Allerdings kommt infolge des modernen Schlämmversatzes
beim Abbau immer weniger Abraum mit guten Pflanzenresten auf die Halde,
so daß die einwandfreien Funde nunmehr seltener und kostbarer werden.

Je stärker Tongesteine durch pressende Bewegungen von Teilen der Erdkruste geschiefert'worden sind, um so geringer ist die Chance, in ihnen noch
Fossilien aufzuspüren. Schließlich verliert sich sogar die ursprüngliche Schichtung des Gesteins, wenn die Schieferung schräg durch das Gestein setzt. Daß
zarte Pflanzenreste dabei bald zerstört werden, ist verständlich. Auch den
festeren tierischen Hartteilen wie z. B. Weichtierschalen, Trilobitenpanzern
oder Graptolithenstabkörpern widerfährt ein ähnliches Schicksal.

In Aufschlüssen, wo eine mäßige Schieferung annähernd parallel zur
Schichtung liegt, besteht die Hoffnung, daß fossilführende Gesteinsbänke
relativ gut erhaltene Fossilien liefern. Als Beispiele seien hier nur die verkiesten See- und Schlangensterne, Seelilien, Gliederfüßer und Fische der
unterdevonischen Dachschiefer von Bundenbach im Hunsrück (Abb. 21) und
die großflächigen Pflanzenreste, z. T. sogar Gabelwedel, im mährisch-schlesischen Dachschiefer der ČSSR erwähnt (Abb. 58).

Im Porphyr nach Fossilien zu suchen ist sinnlos, aber zwischen den Por-
phyrdecken des Rotliegenden finden sich z. B. im Thüringer Wald dunkle
Tongesteine mit Resten von Pflanzen, Fischen, Lurchen und Insekten sowie
Sandsteine mit Saurierfährten. In vulkanischen Aschen, den Tuffgesteinen,
haben mineralhaltige Wässer Pflanzen und Tiere in oft einzigartiger Weise

15

fossilisiert. Berühmt ist der mitteldevonische Hornstein von Rhynie in Schottland (Abb. 55), in dem Urlandpflanzen und die ersten flügellosen Insekten erhalten sind. Auch die verkieselten Stämme (Abb. 73, 74) aus dem unteren Rotliegenden von Karl-Marx-Stadt (DDR) lassen in Chalzedon oder Flußspat umgewandelte Holz-, Rinden- und Wurzelstrukturen erstaunlich gut erkennen. Derartige Holzreste sind in Rotliegend-Ablagerungen weit verbreitet.

Mit Recht schätzen Sammler die Kalkgesteine in ihrer bunten Vielfalt besonders als wichtige Lieferanten von Versteinerungen vergangener Meeresfaunen, denken wir nur an den unterkarbonischen Kohlenkalk, die bunten Cephalopodenkalke aus dem Oberdevon Thüringens und aus der Trias der Ostalpen, natürlich auch an den Solnhofener Lithographenkalk und andere Jurakalke, an die Rügener Schreibkreide, den Pläner Sachsens und Niedersachsens oder die devonischen Riffkalke der Eifel, des Sauerlandes und des Harzes.

Liegen die Schichtgesteine noch flach und relativ ungestört, so können sie auch bei geringer Mächtigkeit weite Gebiete bedecken, wie die Stufen und Bänke der Triasablagerungen des Thüringer Beckens oder die Braunkohlenflöze und Sande der Lausitz. Wo sie aber gefaltet, gegeneinander verschoben oder einfach schräggestellt sind, können sich ganz verschiedene geologische Schichten in einem Straßeneinschnitt oder an einem Bachlauf aneinanderreihen und damit Fundpunkte vielfältigster Fossilien bilden.

Manchmal sind in Aufschlüssen längst versiegte Bachläufe wiederzuerkennen, wenn sie sich in Tonlager oder in Braunkohlenflöze eingeschnitten haben und dort als Sandlinse — später überlagert von anderen Sedimenten — erhalten blieben. In der Lausitz, im niederrheinischen Braunkohlengebiet ebenso wie im Linzer Sand in Oberösterreich kann der Sand solcher tertiärer Bachläufe voll von verschwemmten fossilen Samen stecken (Abb. 94). Es lohnt sich auf jeden Fall, den Sand mit einem Drahtsieb und Wasser zu schlämmen und die ausgewaschenen Samen langsam (über Tage und Wochen) zu trocknen.

Wo reiche Fundschichten für Fossilien zutage treten, wird jeder immer wieder erstaunt sein, wie viele Stücke man unter günstigen Umständen sammeln kann. Dann muß man sich entscheiden, welche man nun eigentlich mitnehmen sollte.

Im Zuge einer sinnvollen Freizeitgestaltung drängt es heute besonders die Großstädter in die Natur. Unter ihnen gibt es viele Freunde des Fossiliensuchens, und jeder von ihnen hat nahe seiner Heimatstadt auch die Möglichkeiten, seinem Hobby nachzugehen. Was dem Wiener die zahlreichen Fossilfundpunkte im Tertiär der Umgebung von Wien bedeuten, wie der Tonmergel von Baden, der Leithakalk von St. Magarethen, die Sande von Grund und Eggenburg oder die Lumachelle von Nexing mit ihren reichen Molluskenfaunen, das sind dem Prager Sammler die weit über die ČSSR hinaus bekannten und geologisch berühmten Fundpunkte des Barrandiums. Für den Sammler aus Berlin oder Rostock ebenso wie für den Geschiebeforscher in Hamburg sind die vielen Kiesgruben im eiszeitlich geprägten Flachland und die Blockstrände der Ostsee mit ihrer bunten Vielfalt an Geschiebefossilien Eldorado ihrer Sammelleidenschaft.

Mit den Geschiebefossilien betreten wir ein Sammelgebiet, das sich wesentlich von den vorher genannten unterscheidet. War bisher das strenge Zeitmaß der in geologischer Ordnung liegenden Schichten Bezugspunkt unseres Sammelns, so haben wir es nun mit gemischten Schichtgesteinsfragmenten und Fossilien verschiedenartigster Herkunft zu tun. Nicht die Schichtenfolge im Aufschluß, ihr Alter und die dazugehörige ehemalige Lebewelt suchen wir in den Geschieben zu erkennen. Es ist das Bruchstückhafte der Erscheinungen, das beim Geschiebesammeln unsere Phantasie herausfordert, uns reizt, um Deutung zu ringen und die Einordnung in das Bekannte abzuwägen.

Fossilien in Geschieben

Eiszeitliche Formen und Ablagerungen prägen Oberfläche und Deckschichten in den nördlichen zwei Dritteln der DDR. Ähnlich liegen die Verhältnisse in der Volksrepublik Polen, aber auch im Norden der BRD sowie in den Niederlanden und in Dänemark sind die geologisch verschiedenaltrigen Gesteine des Untergrundes weitgehend vom Pleistozän verdeckt. Diese im allgemeinen viele Dekameter mächtige Mergel-, Kies- und Sanddecke birgt zahllose kleine und große Steine — die Geschiebe. Da ein Teil dieser Geschiebe Fossilien enthält, liegt uns hier ein Fundgebiet größten Ausmaßes vor. Die außerordentliche Verschiedenartigkeit der Fossilien einerseits und lokale Besonderheiten andererseits üben denn auch seit mehr als 200 Jahren auf Sammler und Forscher starke Anziehungskraft aus.

Das Eiszeitalter (Pleistozän) begann vor rund zwei Millionen Jahren. Die zwischen Warm- und Kaltzeiten schwankende Klimakurve sank immer stärker ab, bis es schließlich zu großen Inlandvereisungen kam (45 Mill. km^2 Gletscherfläche auf der Erde, heute 15 Mill. km^2). In der letzten Hälfte des Pleistozäns gab es nachgewiesenermaßen vier Vereisungszeiten. Mindestens dreimal sind nordische Inlandgletscher in das Tiefland Mitteleuropas vorgestoßen und haben es unter dem mitgeführten Gesteinsschutt begraben. Die längeren warmen Zwischeneiszeiten sind klimatisch mit der heutigen Zeit vergleichbar oder waren sogar wärmer.

Als Fossilien des Eiszeitalters sind besonders die Knochen und die noch widerstandsfähigeren Zähne der Säugetiere von Bedeutung. Vor allem Funde von Großsäugern erwiesen sich immer wieder als spektakulär. Es sei nur an Mammut, Waldelefant, Wollhaarnashorn, Riesenhirsch oder Bison erinnert. Einzelne Knochenbruchstücke gehören in großen Kiesgruben keineswegs zu den Seltenheiten. Aber nicht von diesen Pleistozänfossilien soll hier die Rede sein, sondern von den aus vielen Epochen und vielen Gegenden bunt zusammengewürfelten Geschiebefossilien.

Hat schon das Wasser eine erheblich höhere Transportkraft als die Luft, so steigt sie bei mächtigen Gletschern ins Unermeßliche. Vom kleinsten Korn über große Findlinge bis zu ganzen Gesteinspaketen und -schollen riesigen Ausmaßes transportiert das Eis alles. Taut der Gletscher ab, so hinterläßt er den mitgeführten Schutt völlig ungeordnet als Grundmoräne. Erst das Schmelzwasser sortiert entsprechend seiner Fließgeschwindigkeit nach Korngrößen in Geröll, Kies, Sand und Ton. Der Wind bläst Sanddünen auf und weht feinen Staub Hunderte Kilometer weit fort, bis er schließlich als Löß zur Ruhe kommt. Wenn sich der Vorschub des Gletschers und sein Abtauen die Waage halten, so bildet sich zeitweilig eine feststehende Gletscherfront aus. Vor ihr kommt es zu wallartigen Anhäufungen von grobem, ausgewaschenem Gletscherschutt. Es entstehen die Grobkiesschüttungen und Blockpackungen der Endmoränen.

Die typische, nichtausgewaschene Ablagerung der Grundmoräne ist der Geschiebemergel, ein graublauer, kalk- und steinreicher, sehr unreiner Ton. Durch Entkalkung verwittert der Geschiebemergel zum braunfarbenen Ge-

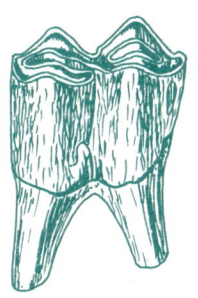

Backenzahn vom Hirsch

schiebelehm. Der Reichtum dieser Ablagerungen an Steinen und Blöcken wird besonders deutlich, wenn wir am Steilufer der Ostsee auf frische Abbrüche stoßen. Bei näherer Betrachtung bemerken wir an vielen Blöcken glattgeschliffene Flächen mit kräftigen Schrammen. Eingebacken im Eis des Gletschers haben die Blöcke auf ihrem Weg felsigen Grund zu Rundhöckern und Mulden abgehobelt und wurden dabei selbst abgeschliffen. Alle vom Inlandeis herbeigeschobenen Gesteinsbrocken bezeichnet man als Geschiebe, auch dann noch, wenn sie später vom Schmelzwasser oder von der Brandung ausgewaschen und zu Geröllen abgerollt wurden.

Aus dieser Darstellung wird schon ersichtlich, wo Geschiebe gehäuft zu finden sind — am Block- und Geröllstrand der Ostsee und in den Kiesgruben des Inlandes. Schließlich sei noch auf die Reste der einst enormen Steinbestreuung der Feldflur hingewiesen, auf die Lesesteinhaufen an den Feldrändern, denen wir allerorts in der Moränenlandschaft begegnen.

Betrachten wir die Geschiebe näher, so stellen wir fest, daß es sich vorwiegend um kristalline Gesteine handelt. Da sich die heutige Erdoberfläche Schwedens und Finnlands im wesentlichen aus solchen Gesteinen (Graniten, Gneisen, Porphyren) aufbaut, ist dieser Sachverhalt nicht weiter verwunderlich. Beim Ausschauen nach Fossilien interessieren uns aber nur Sedimentärgeschiebe, wie Kalke, Sandsteine und Schiefertone. Sie sind meistens nicht besonders widerstandsfähig und wurden daher schon beim Transport durch den Gletscher dezimiert, von der Brandung und dem Schmelzwasser teilweise aufbereitet, oder sie fielen der Verwitterung zum Opfer. Ton und Mergel transportierte das Eis gelegentlich als ganze Schollen; gewöhnlich aber wurde ihr Gesteinsverband vom Gletscher völlig zerstört, und sie gingen als unkenntlich vermengte Bestandteile in die Moränen ein. Nur die festen Kalk- oder Sandsteinbänke und die Geoden (Konkretionen) solcher Schichtfolgen blieben als Geschiebe erhalten. Glücklicherweise handelt es sich dabei oft um die fossilreicheren Partien. Doch auch manche festgefügten Fossilien aus Mergeln und Sanden waren kompakt genug, um Eistransport und Moränenaufbereitung zu überstehen, und können daher in fluvioglazialen Kiessanden (Schmelzwasserablagerungen) gefunden werden, wie z. B. Belemnitenrostren und Seeigel (Abb. 40), Korallen (Abb. 12) oder Schneckengehäuse.

Abgesehen von den isolierten Fossilien richten wir unser Augenmerk beim Geschiebesammeln vor allem auf Kalksteine. Diese Geschiebe in verschiedenen Grau- und Rottönen sind häufig von unregelmäßiger, plattiger Gestalt, weil sie leicht spalten und zu Bruch gehen. Doch es gibt auch homogene, sehr zähe Kalkgeschiebe, die einen hohen Abrollungsgrad zeigen. Am Geröllstrand ist das Gestein der Kalkgeschiebe noch in relativ frischem Zustand. Eventuelle Verwitterungsrinden werden in der Brandung schnell abgeschliffen. Der Fossilinhalt frischer Kalkgeschiebe ist äußerlich nur selten gut zu erkennen; Schnittbilder auf der Oberfläche aber können ihn andeuten und uns zu wohlüberlegten Hammerschlägen veranlassen, um die fraglichen Objekte freizulegen. Anders ist es bei angewitterten oder vollständig verwitterten Kalkgeschieben aus oberflächennahen Kieslagen. Hier können die Fossilien teilweise oder ganz als Naturpräparate (Abb. 12) aus dem Kalk herausgewittert sein, oder aber es sind nur noch Abdrücke und Steinkerne im mürben Stein erhalten geblieben. Den Gebrauch des Hammers sollte man hier mit Bedacht abwägen, denn schnell kann er ungewollt eine vernichtende Wirkung haben.

Nachdem wir uns über die Fossilführung der Kalkgeschiebe verständigt haben, wollen wir uns kurz der Bedeutung der Geschiebefossilien zuwenden.

Meißel, Hammer, Nadel

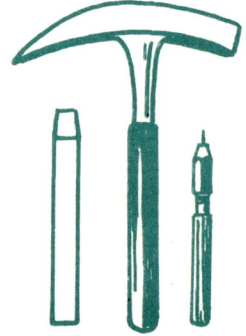

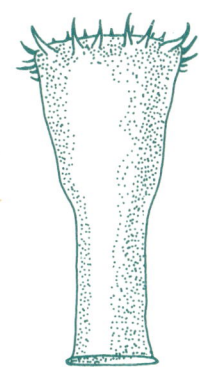

Chitinozoe

Tentakulit

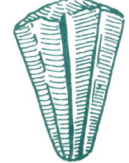

Conularie

Man sagt: Im großen »Schichtenbuch« der Erde lesen wir ihre Geschichte. Übertragen wir dieses Bild auf die Geschiebe, so stehen wir hier verwehten Bruchstücken aus dem Tagebuch unseres Planeten gegenüber, aus dem Zusammenhang gerissenen Wörtern, Sätzen oder Symbolen. Ermutigend aber ist die häufige Klarheit ihrer Zeichnung, die uns manche verwaschene oder fehlende Textstelle im Tagebuch der Erde besser verstehen lehrt. Als Geschiebeforscher muß der Paläontologe sein Augenmerk auf Details und Einzelformen richten, muß er sich bemühen, einzelnen, isolierten Sedimentbrocken ein Maximum an erd- und lebensgeschichtlicher Information abzuringen.

Viele Arten von Nautiliden, Trilobiten, Ostrakoden, Graptolithen usw. wurden erstmals aus Geschieben beschrieben, und manche sind bis heute nur aus Geschieben bekannt, sei es nun aufgrund ihrer großen Seltenheit, wie im Falle von Xenusion (Abb. 5), sei es, weil die entsprechenden Gesteinsschichten nur auf dem Boden der Ostsee anstehen, vielleicht auch unter Moränenschutt begraben liegen oder aber völlig abgetragen worden sind. Das heutige Verbreitungsgebiet von Sedimentgesteinen bestimmten Fossilinhaltes im weiteren Ostseeraum kann durchaus das Herkunftsgebiet entsprechender Geschiebe sein, muß es aber nicht. Die flach lagernden Absätze früherer Meere waren vor der teilweisen Abtragung durch das Eis erheblich weiter verbreitet als heute. Diese logische Schlußfolgerung kann im Detail durch das Studium der Geschiebeführung der Moränen belegt werden. So konnte man beispielsweise nur dadurch, daß man in umfangreichem Maße auch Geschiebeauswertungen vornahm, die Geschichte der mittleren Ostsee im Jura hinreichend genau rekonstruieren. Ferner muß das Kreidemeer viel weiter nach Norden gereicht haben, als es die heutige Verbreitung seiner Ablagerungen erwarten läßt.

Nicht nur Arten, ganze Fossilgruppen wurden aus Geschieben zum ersten Male bekannt gemacht, z. B. die Chitinozoen (mikroskopische Chitinhüllen unsicherer Zuordnung) oder die Tentakuliten. Diese kleinen, geringelten, spitzkegeligen Gehäuse hielt Schlotheim bei der Erstbeschreibung für Tentakeln von Trilobiten — daher bekamen sie ihren Namen. Wir betrachten die Tentakuliten heute als zu den Weichtieren gehörig. Im Devon waren sie z. T. gesteinsbildend, überlebten jene Zeit aber nicht. Unter den Geschieben finden wir diese leicht kenntlichen Fossilien gelegentlich in silurischen Kalksteinen.

Die vorzügliche Erhaltung mancher Geschiebefossilien erlaubte sogar ein gezieltes Forschen nach vergänglicheren Strukturen und Untersuchungen des Feinbaus von Gehäusen und Skelettelementen. Ein herausragendes Ergebnis ist die Entdeckung der Raspelzunge und der Kiefer in den Wohnkammerfüllungen von Ammoniten. Auch die Dimorphismusstudien an diesen Kopffüßern seien erwähnt (s. S. 20). Grundlegende Erkenntnisse wurden ferner beim Studium von Graptolithen, Conodonten, Conularien, Ostrakoden und anderen Gruppen in Geschieben gewonnen.

Geschiebefossilien bieten vor allem dem Gelegenheitssammler, aber auch dem Lehrer die Möglichkeit, relativ leicht und schnell zu einer systematisch und lebensgeschichtlich weitgespannten Fossiliensammlung zu kommen. Fast alle durch Fossilien belegten Tierklassen sind auch in den Geschieben vertreten, fast alle Perioden der Erdgeschichte lassen sich dokumentieren. Wissenschaftliches Interesse besitzen in solcher Sammlung gewöhnlich nur Einzelstücke. Mehr als einen persönlichen Bildungswert haben Querschnittssammlungen von Geschieben nur, wenn sie bestimmte Fundstellen, Ge-

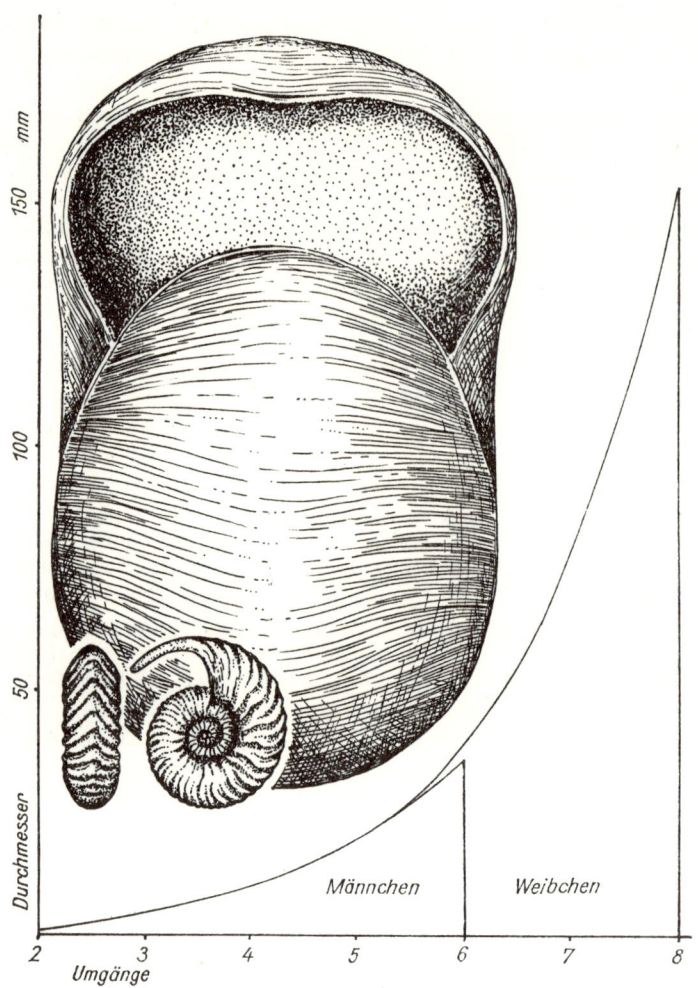

Ein Beispiel für Sexualdimorphismus bei Ammoniten nach Makowski:
Makrokonche (Weibchenschale) in Mündungsansicht und Mikrokonche (Männchenschale) von Quenstedtoceras vertumnum (s. auch Abb. 33) im natürlichen Größenverhältnis. Die Wachstumskurven zeigen, daß die Jugendstadien beider Geschlechter übereinstimmen. Schon spätestens ein Umgang nach dem sichtbaren Beginn der Differenzierung waren die Männchen ausgewachsen, während die Weibchen noch zwei Umgänge (ein Jahr?) exponential, unter Verlust der jugendlichen Skulptur, weiterwuchsen. (Aus einer Jurascholle im Pleistozän; s. S. 134)

schiebemergelhorizonte oder Kieslager repräsentieren. Für besonders engagierte Sammler und für die Fachleute bieten die Geschiebefossilien eine Fülle von Spezialthemen, wobei das Studium einzelner Organismengruppen im Vordergrund steht, daneben aber auch der Fauneninhalt bestimmter Geschiebetypen.

Jedermann kann beim Geschiebesammeln auf wissenschaftlich besonders interessante Funde stoßen, aber nur langjährige Erfahrung erlaubt es, das

Besondere zu erkennen. Die Skala des Möglichen ist größer als beim Sammeln in anstehenden Gesteinsschichten aus einer bestimmten geologischen Epoche. Als Beispiele wurden in diesem Buch auch einige dankenswerterweise ins Museum gegebene Geschiebefunde privater Sammler abgebildet: Plagiogmus (Abb. 3), Xenusion (Abb. 5), Dinophyllum (Abb. 12 a), Tolypelepis (Abb. 16), Naturpräparat mit Delthyris und Bryozoen (Abb. 17) und ein pathologischer Galerites (Abb. 40 b).

Eine einzige Kiesgrube erlaubt dem Sammler nicht selten, fast die gesamte Erdgeschichte des Ostseegebietes mit Dokumenten zu belegen. In Gestalt des fast eineinhalb Milliarden Jahre alten ziegelroten Dalasandsteins stoßen wir auf den ältesten roten Sandstein der Erde. Das oxydiert vorliegende Eisen dieses Sediments ist erdgeschichtlich der erste Hinweis auf das Vorhandensein von atmosphärischem Sauerstoff als Produkt der intensiven Lebenstätigkeit damals bereits hochentwickelter Algen. Weiße, gelbe, grüne und rotbunte Sandsteine künden von einem übergreifenden frühkambrischen Flachmeer. Bituminöse Faulschlammsedimente entstanden vor allem im Oberkambrium.

Zu ordovizischer und silurischer Zeit lagerten sich im westlichen Ostseegebiet mächtigere Ton-Mergel-Folgen ab — z. T. mit Kalkgeoden —, während sich im Nordosten, auf dem Baltischen Schild, ein Flachmeer erstreckte, in dem sich verschiedenartige, geringmächtige Kalkgesteine absetzten. Im Gotländer Raum wuchsen dort im Silur tropische Korallenriffe. Im Devon zog sich das Meer anfangs zurück, Festlandsablagerungen (Old Red) überwogen, später stieß es zeitweilig wieder vor, und im warmen, übersalzenen Seichtwasser wurden gelbliche Dolomite und Kalke ausgeschieden, wie sie heute in der Lettischen SSR zutage streichen. Anschließend zog sich das Meer bis an den Rand des Baltischen Schildes nach Süden und Westen zurück. Erst auf der Insel Rügen sind Oberkarbongesteine und unterkarbonischer Kohlenkalk fossilführend in Tiefbohrungen nachgewiesen worden. Geschiebe diesen Alters wurden bisher nicht bekannt. Offenbar ist das Karbon der westlichen Ostsee überall wie auf Rügen von den Schichten des Mesozoikums überdeckt und daher für die Gletscher nicht erreichbar gewesen.

Für das Paläozoikum insgesamt können wir feststellen, daß der uralte Baltische Schild — verschmolzen aus ein bis drei Milliarden Jahre alten Granit- und Gneisprovinzen — in wechselndem Maße von Flachmeeren bedeckt war, die geringmächtige, lückenhafte Ablagerungen großenteils kalkigen Charakters hinterließen. Nach Süden hin war dieser flache Schelf zum mitteleuropäischen Meer offen, wobei die Wassertiefe und die Sedimentmächtigkeiten südwestlich der Linie Schonen—Bornholm rasch zunahmen.

Im Gefolge der variskischen Gebirgsbildung am Ende des Paläozoikums wurde der gesamte mittel- und nordeuropäische Raum landfest. Der Baltische Schild mitsamt dem Ostseegebiet blieb von nun an überwiegend Festland. In seinem südwestlichen Vorland aber entwickelte sich von der Nordsee bis nach Ostpolen ein gegliederter Sedimentationsraum, der in Gestalt des Nordseebeckens und der Mitteleuropäischen Senke noch heute existiert und in dem schließlich auch die skandinavischen Inlandgletscher ihren Moränenschutt hinterlassen haben. Anfangs — im Perm und in der Trias — trug dieser Sedimentationsraum noch vorwiegend festländischen Charakter, abgesehen von den Episoden des Zechstein- und des Muschelkalkmeeres. Ab Jura gewann das Meer die Oberhand und zog sich erst im Jungtertiär etwa auf die Position der heutigen Nordsee zurück. Der Umfang der mesozoischen Meere änderte sich ständig. Die Nordküste schwankte etwa um die Linie

Skagen—Malmö—Gdańsk, lag also innerhalb der westlichen und südlichen Ostsee unserer Tage. Nur gelegentlich griff das Meer weiter über und drang dabei im mittleren Jura (Callov), in der Oberkreide und im Alttertiär über die Gebiete Schonens und der Litauischen SSR hinaus nach Norden vor. Als dänisch-polnische Meeresstraße stellte es zeitweilig vom Callov bis zum Oligozän die Verbindung zu den Meeren auf der Russischen Tafel her.

Aus dieser Geschichte des weiteren Ostseeraumes resultiert die heutige Verbreitung der geologisch verschiedenaltrigen Schichten an der Oberfläche bzw. unter der Decke der eiszeitlichen Ablagerungen. Altpaläozoische Sedimente streichen unter und beiderseits der Ostsee in weitem Bogen zwischen dem Finnischen Meerbusen und Öland zutage und liegen als einzelne Inseln in Grabenbrüchen des schwedischen Urgesteins. Im Süden verdecken Jura und Kreide die älteren Ablagerungen und werden noch weiter südlich schließlich selbst vom Tertiär überlagert.

Wer sich der Einmaligkeit des bunten Gesteinskaleidoskops der Ostseeküste erst einmal bewußt geworden ist, wird manche Beobachtungen anstellen und interessante Funde machen. Die Mannigfaltigkeit der Gesteinsausbildung ist zunächst überwältigend, allein schon durch die Buntfarbigkeit der kristallinen Gesteine, die unser Auge immer wieder ablenkt. Schnell findet man persönliche Gesichtspunkte, die Geschiebe zu sortieren, und entdeckt eine Reihe wiederkehrender Typen auch unter den Sedimentärgeschieben. Ganz besonders fällt der kontrastreiche Feuerstein ins Auge: weiße Kreidekrusten auf dunklen, scharf splitternden Knollen. Er ist der größte Gaukler unter den Geschieben. In der allgemeinen Regellosigkeit seiner Knollengestalt läßt er der spielerischen Phantasie freien Lauf. Manchen vermeintlichen Tierschädel konnte der Fachmann dem Finder nur als Naturspiel erläutern. Andererseits übersandte uns ein Leser unseres »Kleinen Fossilienbuches« eine Feuersteinknolle, die in einfachen Linien mit einem symmetrischen Blumensymbol graviert zu sein schien. Die irritierende Zeichnung ist jedoch nicht das Werk eines steinzeitlichen Künstlers oder eines Badegastes, nein, hier liegt ein echtes Fossil vor, ein zufälliger Schnitt durch einen weitlumigen, aber sehr dünnwandigen Kieselschwamm des Kreidemeeres.

Kieselschwamm-Schnittbild auf der Oberfläche einer Flintknolle

Der aus der Kreide stammende Feuerstein bietet uns als Geschiebe die gleichen Fossilien wie am Steilufer Rügens (Abb. 40). Diese Fossilien, vor allem die Seeigel, sind recht auffällig. Von den übrigen Geschiebefossilien läßt sich das im allgemeinen nicht sagen, wenn man einmal von weißen Schnecken und Muscheln in braunen Sandsteinen absieht, die lokal küstennahe Ablagerungen aus Jura und Tertiär belegen. Der Blick für die gesamte Skala der fossilführenden Geschiebetypen entwickelt sich erst mit der Zeit. Auf welche Gesteine es zu achten gilt, wurde bereits gesagt: Kalk-, Dolomit-, Mergel- und Sandsteine. Sie haben wir näher zu betrachten und bei Verdacht aufzuschlagen. Eine Auswahl von zwanzig relativ häufigen und leicht erkennbaren Typen mag unsere Aufmerksamkeit auf erfolgversprechende Bahnen lenken. Wir beginnen mit dem Ältesten.

Skolithensandstein. Unterkambrium. Einer der häufigsten kambrischen Sandsteine; gewöhnlich gelblichweiß, seltener bräunlich oder auch violett gebändert. Auffallend durch die senkrecht zur Schichtung stehenden parallelen, zylindrischen 2 bis 4 mm dicken Stengel (Ausfüllungen der Wohnköcher eines Sandröhrenwurms; S. 61 und Abb. 4 b).

Tessinisandstein. Die lichtgrauen, quarzitartigen, ebenflächigen Sandsteinplatten sind der häufigste mittelkambrische Geschiebetyp. Infolge des Pyritgehalts bilden sich eine bräunliche Verwitterungsrinde und braune Flecken. Lagenweise eingestreut, finden sich Trilobitenreste (Paradoxides tessini) als halbplastische Negativformen.

Stinkkalk. Oberkambrium. Dunkelbraune bis schwarze Kalke, gelegentlich hellere Lagen; oft kristallkörnig. Beim Anschlagen riechen diese Geschiebe nach Bitumen. Es handelt sich um Konkretionen aus einer Alaunschieferfolge, die in Südschweden und auf Bornholm (Dänemark) das Oberkambrium repräsentiert. Sie enthalten oft massenhaft die ebenfalls bitumenschwarzen Häutungsreste kleiner bis winziger Trilobiten: Agnostus (S. 75 l), Sphaerophthalmus, Peltura (S. 75 g), Olenus (S. 75 h) u. v. a.

Orthocerenkalk. Ordovizium, Arenig bis Llandeilo. Oft große Platten mit kleinknotig-unebener Oberfläche; 10 bis 40 cm dick; flaserig durch Tonhäutchen. Hinsichtlich Farbe und Beschaffenheit recht verschieden und nur gelegentlich durch die typischen Orthoceren und Endoceren (s. S. 81) gekennzeichnet. Grobunterscheidung in roten und grauen Orthocerenkalk; mehr als 30 Varietäten. Für die Altersabfolge haben die zahlreichen Trilobiten besondere Bedeutung: Asaphus (s. S. 75 u), Megistaspis (s. S. 75 q), Ampyx (s. S. 75 o), Illaenus (s. S. 75 t). Die großflächigen Asaphidenschwanzschilde fallen beim Spalten der Platten neben den Nautiliden besonders ins Auge. Selten sind gekrümmte und eingerollte Nautiliden (Abb. 9, 10a, 10b, 11).

Echinosphaeritenkalk. Ordovizium, Llandeilo. Dunkelgraue bis schmutziggrüne plattige Geschiebe; dem Orthocerenkalk ähnlich, aber, abgesehen von den »Kristalläpfeln«, ohne Fossilien. Die Echinosphaeriten gehören zu den Cystoideen (Gruppe der Stachelhäuter). Der Innenraum der kugeligen Körper ist strahlig mit Kalzitkristallen ausgekleidet.

Ludibunduskalk. Ordovizium, Caradoc. Lichtgraue, zuckerkörnige Geschiebe, meistens ohne sichtbare Schichtung. Stellenweise häufig; fossilreich. Vorzüglich erhaltene Trilobitenschalen (Abb. 7).

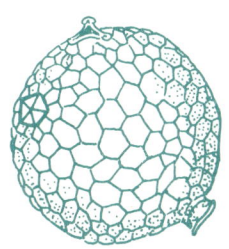

Echinosphaerites

Backsteinkalk. Ordovizium, Caradoc. Verwitterte Geschiebe des Typs erinnern in Form, Farbe und Porosität an lehmbraune Ziegelsteine. Der oft noch unverwitterte Kern dieser Geschiebe zeigt einen stark verkieselten, dunklen, grüngrauen Kalk, der außerordentlich zäh ist. Fossilien finden sich als Abdrücke und Steinkerne reichlich im verwitterten Material: Trilobiten, Armfüßer, Kieselschwammnadeln, kugelige Kalkalgen (Coelosphaeridium, Abb. 53).

Rollsteinkalk (Macrourakalk). Ordovizium, Caradoc. Meist größere rundliche Blöcke ohne erkennbare Schichtung. Das Sediment wirkt durchwühlt. Grünliche, gewundene Wülste im bläulichgrauen Gestein sind Grabgangfüllungen. Fossilgehalt recht unterschiedlich; insgesamt aber formenreiche Fauna: Chasmops (s. S. 75 n) und andere Trilobiten, Schnecken, Nautiliden, Muscheln, Armfüßer.

Ostseekalk. Ordovizium, Caradoc. Ein auffällig rot geflecktes, sehr helles Gestein; dicht, äußerst feinkörnig, kieselig, muschelig splitternd. Fossilien selten, oft nur im Querbruch zu erkennen. Ihre vorzügliche Erhaltung erlaubt präparative Meisterwerke.

Palaeoporellenkalk. Ordovizium, Caradoc. Ein Algenkalk ähnlich den Diploporenkalken der alpinen Trias. Der marmorartig dichte Kalk ist dunkel- bis weißlichgrau, gelegentlich auch rötlich oder grünlich. Auf rauhen Lösungs- flächen findet sich grüne tonige Substanz. Bezeichnend sind die in groben Kalkspat umkristallisierten Röhren der Palaeoporellen, die sich auf frischen Bruchflächen zahlreich als dunkle Schnittbilder zu erkennen geben oder an der Oberfläche als weiße Kalzitringe herauswittern (2—3 mm Durchmesser).

Grünlichgraues Graptolithengestein. Silur. Schlammkalkgeoden aus gleich- farbenen Schiefertonen. Näheres s. S. 87 (Abb. 14).

Gotländer Korallenkalk. Silur. Hellgraue bis weißliche, oft zuckerkörnige, unregelmäßige Riffkalkgeschiebe mit Korallen, Armfüßern und kleinen Tri- lobiten. Häufig sind die feinlagigen polsterförmigen Massen der Stromato- poren. Aus mergeligen Lagen stammen isolierte Fossilien (Abb. 12, 19c).

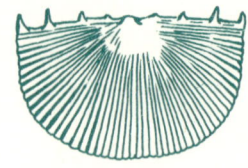

Chonetes striatellus

Krinoidenkalk. Silur. Gelbliche bis grünlichgraue Kalke mit Bruchstücken dicker Seeliliensthele. Roter Krinoidenkalk kann auch aus dem oberen Ordo- vizium stammen.

Beyrichienkalk (Abb. 12d). Silur, Přídolí. Grünlichgrauer Schillkalk; dünn- plattig, kleinstückig. Namengebend für das Gestein ist die großwüchsige Muschelkrebsgattung Beyrichia mit groben Wülsten auf den 2 bis 3 mm lan- gen Schalen. In manchen Varietäten des Gesteins überwiegen andere Fossi- lien, wie z. B. die seidenglänzenden Schalen von Armfüßern: Choneteskalk (Chonetes striatellus; feinrippig, bestachelter gerader Schloßrand), Nuculakalk (»Rhynchonella« nucula; grobrippig). Im weitesten Sinne kann man zu die- sem Geschiebetyp auch die Stücke der Abbildungen 16 und 17 rechnen.

»Rhynchonella« nucula

Kelloway-Geschiebe. Jura, Dogger. Versteinerungsreiche, hellgraue, z. T. eisenoolithische zähe Kalksandsteine mit zahlreichen Muscheln, daneben Ammoniten und Schnecken. Sehr häufig sind die Schalen zerbrochen und zu Schill angehäuft. Aus der mürben, braunen Verwitterungsrinde lassen sich die Schalen am besten freilegen oder gar ausschlämmen, z. B. die häufige Muschel Astarte pulla.

Astarte pulla.
Häufige Muschel
in Kelloway-Geschieben

Schreibkreide und Feuerstein. Oberkreide. Auf diese Geschiebe wurde be- reits eingegangen. Die Kreide ist nicht immer von erdiger Beschaffenheit; z. T. ist sie fester, auch verkieselt und so als Geschiebe häufig. Mehr plattige, graue, auch gelbe und rote Feuersteine mit zahlreichen Bryozoen gehören dem Bryozoenkalk des Dan an.

Faxekalk. Oberkreide, Dan. Ein kreideähnlicher weißer Kalk, der durch un- regelmäßig verlaufende, verzweigte Röhren auffällt. Bei näherer Betrach- tung erweisen sich diese als Hohldrücke einer ästigen Koralle (Dendro- phyllia).

Saltholmskalk. Oberkreide, Dan. Ein grauweißer, feinkörnig dichter, fester Kalk ohne deutliche Schichtung. Ziemlich fossilarm. Auffällig sind seiden- glänzende flache Terebrateln (Chatwinothyris lens).

Bryozoen (Moostiere);
Cheilostomata

Bernstein. Tertiär, Eozän bis Oligozän. Aufgrund seiner geringen Dichte wird Bernstein im Wasser nahezu schwebend transportiert und kaum ab- geschliffen. Er ist daher immer wieder umgelagert und weit verbreitet worden. Weiteres s. S. 146.

Sternberger Gestein und Holsteiner Gestein. Tertiär, Oberoligozän bis Mio- zän. Eisenschüssige Sandsteine verschiedenen Verwitterungszustandes; gelbbis schokoladenbraun. Zahlreiche Schnecken und Muscheln, die heutigen Formen ähnlich sind. Küstennahes Sediment. Als Lokalgeschiebe im Bezirk Schwerin (DDR) und in Holstein (BRD) gelegentlich häufig. Verwechselungsmöglichkeit: Kelloway-Geschiebe.

Die Tierwelt des Barrandiums

Zu den klassischen Fundgebieten paläozoischer Fossilien zählt das Barrandium, jenes Gebiet im weiteren Südwesten von Prag, das Geologen und Paläontologen nach seinem großen Erforscher Joachim Barrande nennen. Besonders fossilreich sind dort lokal mittelkambrische und ordovizische Schiefer sowie verbreitet silurische und devonische Kalkgesteine.

Der Ingenieur Joachim Barrande (1799—1883) kam im Jahre 1832 als französischer Emigrant nach Prag, wo er seine zweite Heimat fand. Ein Jahr später stieß er bei Vermessungsarbeiten auf die heute berühmten Trilobitenschiefer bei Skryje (s. S. 60). Damit wurde Barrandes Interesse geweckt, das ihn bald ganz erfüllte. Wissenschaftliche Gründlichkeit und enormer Fleiß machten ihn zu einem der hervorragenden Paläontologen jener Zeit. Barrande hinterließ der Nachwelt ein monumentales Lebenswerk: vierundzwanzig Foliobände mit 1300 Abbildungstafeln über die Fossilien des mittelböhmischen Paläozoikums (»Système Silurien du Centre de la Bohême«). Seine Sammlung übertraf damals selbst die des Nationalmuseums in Prag. Heute bestaunen wir diesen paläontologischen Schatz in einem besonderen Saal des Nationalmuseums, das Barrande mit der ausdrücklichen Begründung zu seinem Universalerben eingesetzt hatte, daß die Fossilien seiner Sammlung »aus dem böhmischen Lande herkommen und daher dem böhmischen Lande gehören sollen«.

Die Fossilien des mittelböhmischen Paläozoikums weckten schon vor Barrandes Zeit wissenschaftliches Interesse, das zeigen unter anderem einige Erstbeschreibungen von Schlotheim (1823; s. Abb. 8). Andererseits hat das Barrandium bis in die neueste Zeit immer mehr von seinen Geheimnissen preisgeben müssen, so daß es gegenwärtig zu den am besten bekannten Silur-Devon-Vorkommen der Erde zählt. Die jüngste internationale Würdigung erfuhr das Barrandium 1972, als ein Spezialistengremium im Rahmen des IGCP (International Geological Correlation Programme) eine Schichtenfolge bei Suchomasty als Richtprofil für die Silur-Devon-Grenze festlegte. Daß ein solcher Aufschluß, der als »Stratotypus« zum internationalen Standard erhoben wurde, notwendigerweise unter strengen Schutz gestellt werden muß, wird wohl jeder wirkliche Sammler verstehen. Jahre zuvor war man mit großer Mehrheit übereingekommen, die biostratigraphische Grenze zwischen beiden Systemen durch das erste (unterste) Auftreten von Monograptus uniformis in der jeweiligen Schichtenfolge zu definieren. Diese Zeitebene entspricht der Grenze zwischen den böhmischen Stufen von Budňany (eβ) und Lochkov (eγ) sowie der Basis des Gedinne, d. h. der Unterkante des rheinischen Devons.

Für die Auswahl des Richtprofils stand eine Reihe von Gebieten mit entsprechend fossilreichen Schichten zur Debatte. Für die Entscheidung waren umfangreiche biostratigraphische Forschungen notwendig, und so wurden auch die fossilen Faunen des Barrandiums einer modernen Revision unterzogen. Diese Arbeiten dauern an; die Fundpunkte bei Prag genießen weiterhin bevorzugtes wissenschaftliches Interesse.

Während der variskischen Gebirgsbildung ausgangs des Paläozoikums

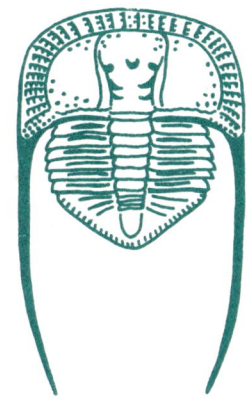

Trilobit

wurden die Gesteinsschichten im Südwesten von Prag gefaltet und an großen Verwerfungen gegeneinander verschoben. Die Gesteinspakete treten uns also heute in den Aufschlüssen mehr oder weniger steil gestellt gegenüber. Seit dem Ende des Tertiärs schnitten sich Wasserläufe erneut in das zuvor weitgehend eingeebnete Gebirge ein. Besonders im Bereich der verschiedenartigen Kalkgesteine aus dem Silur und dem Devon entstanden steilwandige Täler und Schluchten (Böhmischer Karst). Natürliche Aufschlüsse und alte Steinbrüche vereinen sich heute dort zu einem eindrucksvollen geologischen Naturschutzgebiet. Der Komplex der devonischen und silurischen Kalke bildet die innere Füllung einer großen geologischen Mulde und erscheint auf der geologischen Karte (Abb. 99) als gestreckte Linse von 35 km Länge und 8 km Breite, an derem nordöstlichen Ende Prag liegt. Den breiten, weniger gleichmäßigen Rahmen dieser Linse stellt das bis zu 2500 m mächtige, unter dem Silur hervortauchende Ordovizium dar.

Das Kambrium ist auf zwei Vorkommen beschränkt. In der Brdy-Region ist es bis zu 3000 m mächtig, besteht aber vorwiegend aus Konglomeraten, Sandsteinen und Vulkaniten. Es handelt sich um einen Molassetrog des assyntischen Orogens, d. h., in einer Senke wurde über dem jungpräkambrisch gefalteten Untergrund der Schutt des alten Gebirges angesammelt. Nur einmal drang das Meer längere Zeit tiefer in diesen Raum ein und hinterließ sandig-tonige Sedimente mit zahlreichen Trilobitenresten — die 400 m mächtigen Jince-Schichten des Mittelkambriums. Dieser Meeresvorstoß ist auch durch das zweite Kambriumvorkommen bei Skryje belegt, zwar geringmächtiger, aber ebenfalls fossilreich.

Nach stärkerem Vulkanismus und Hebung der Erdkruste sank im Ordovizium bei starker Bodenunruhe ein 60 km breiter Trog ein, der unter Meeresbedeckung mit tonigen, schluffigen und sandigen Sedimenten sowie Vulkaniten bis zu 2500 m Mächtigkeit aufgefüllt wurde. Kalke fehlen praktisch ganz. Als Fossilien finden sich in den uns überlieferten Schiefern, Grauwacken und Sandsteinen vorwiegend Graptolithen, Brachiopoden und Trilobiten.

Armfüßer

Das Silur wird in seinem unteren Teil (Liteň-Schichten) vorwiegend von Graptolithenschiefern vertreten, höher folgen verschiedene Flachwasserkalke, deren jeweiliger Typ in Abhängigkeit vom ehemaligen vulkanischen Relief des Meeresbodens steht (Kopanina- und Přidoli-Schichten). Als Leitfossilien spielen Graptolithen die Hauptrolle, speziell in den dunklen Schiefern, während in den Kalkgesteinen Trilobiten häufiger als Zeitmarken dienen.

Im Devon wurden überwiegend Kalke abgelagert. Ihr unterschiedlicher Gesteins- und Faunencharakter repräsentiert verschiedene Lebensräume, die zeitlich aufeinander folgten, aber — in viel stärkerem Maße als früher angenommen — auch gleichzeitig nebeneinander existierten. Den reinen Riffkalken im Südwesten entsprechen plattige Schlammkalke im Nordosten. Dazwischen gibt es Übergänge und Verzahnungen, die verschiedene typische Gesteinsfolgen bedingen.

Der Geologe spricht von einer Fazies, wenn er den Charakter eines Gesteins als Folge der Entstehungsbedingungen zum Ausdruck bringen will. Für den Paläontologen ist die Fazies speziell eine Widerspiegelung der ökologischen Verhältnisse. In ihr kommen die unterschiedlichen Lebensbedingungen für Organismen zum Ausdruck: Bestimmte Fossilgemeinschaften in bestimmten Sedimenten charakterisieren bestimmte Lebensräume. Im Silur und Devon des Barrandiums standen sich als Extreme die Riffazies oder riffnahe Fazies mit zahlreichen Korallen, Seelilien, Armfüßern und Trilobiten und die Fazies

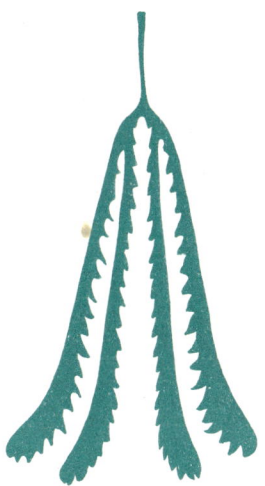

Graptolith

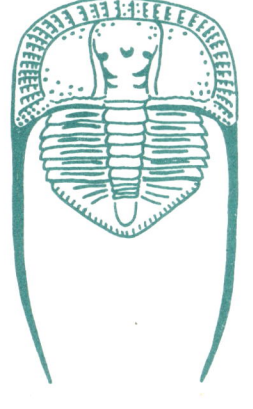

Trilobit

der Graptolithenschiefer gegenüber. Die letzte kennzeichnet die offene, tiefere See, in der am Boden Faulschlammbedingungen herrschten und nur die Reste von schwimmenden und planktonischen Organismen höherer Wasserschichten eingebettet worden sind. Episodisch wurde Kalkschlamm mit Organismenresten von den Schwellen auch in die tieferen Meeresteile getragen. So entstand eine breite Übergangszone mit einer Reihe fazieller Sondertypen zwischen beiden Extremen. Jener durch die Grenzen des Barrandiums gegebene Ausschnitt des paläozoischen Meeres war im Silur zunächst durch größere Tiefe ausgezeichnet. Submarine Vulkane schufen dann ein Relief, auf dessen Höhen sich bei der Meeresverflachung im Devon Korallenriffe und Seelilienrasen entwickelten. Die Graptolithenschieferfazies flacherer Beckenteile wurde rhythmisch von mengenmäßig überwiegenden Schlammkalkablagerungen unterbrochen.

Das Unterdevon beginnt mit der Lochkov-Stufe, die man früher zum Silur zählte. Ihrem unteren, an Hornstein reichen Abschnitt wird neben dem hellgrauen, körnigen Kotýskalk der schwarzgraue, plattige Radotinkalk mit festen Kalkschieferlagen zugerechnet, während dem oberen Abschnitt ohne Hornsteinknollen neben dem hellen, dickbankigen Unteren Koněprusykalk auch der graue, leicht körnige Kosořkalk angehört. In der folgenden Prag-Stufe vertreten sich faziell Oberer Koněprusykalk (weißer Krinoidenkalk), Sliveneckalk (rötlicher Krinoidenkalk), Řeporyje-Loděnicekalk (Übergangsfazies rötlicher bis hellgrauer, knolliger oder dünnbankiger Kalke) und Dvorce-Prokopkalk (Schlammkalkfazies grauer Knotenkalke). Die dunkelgrauen Schlammkalke der Zlichov-Stufe sind relativ einheitlich (Zlichovkalk). An der Basis ist gebietsweise der Kaplička-Korallenhorizont entwickelt. Nach der Zlichov-Stufe wird die Kalksteinfolge durch Kalkschiefer unterbrochen (Dalejeschiefer), die jedoch nach oben und auch seitlich wiederum in den Třebotovknollenkalk übergehen. Gleichzeitig mit diesem entstand im Riffbereich des Südwestens nach einer Sedimentationsunterbrechung der Suchomastykalk (rötlicher und grauer Krinoidenkalk). Die Eifelstufe wird durch den Chotečkalk repräsentiert (graue Schlammkalke mit reichlichen Einschaltungen körniger Bankkalke). Im Riffbereich wird er durch den grauen, körnigen Acanthopygekalk vertreten. Damit endet die Kalksedimentation im Barrandium. Tonig-sandige Sedimente von Flyschcharakter kennzeichnen die Givet-Stufe (Kačak- und Roblin-Schichten). Ablagerungen des Oberdevons fehlen.

Betrachten wir nun eine Auswahl von Fossilfundpunkten im Barrandium. Anregender Ausgangspunkt für die erste Exkursion sollte sinnvollerweise ein Besuch des Nationalmuseums in Prag sein.

Die beiden kambrischen Vorkommen sind am weitesten von Prag entfernt. Mehrere durch alte Halden gekennzeichnete Fundstellen liegen südwestlich von Skryje. Ein weiterer Fundpunkt befindet sich in der Nähe des gleichen Ortes am nördlichen Hang der Berounka am Einschnitt der Straße nach Týřovice (s. Abb. 2). Besonders von dort sind viele große Trilobiten bekannt: Eccaparadoxides pusillus, Hydrocephalus carens, Condylopyge rex, Pleuroctenium granulatum, Phalagnostus nudus, Ellipsocephalus vetustus, Conocoryphe sulzeri, Agraulus ceticephalus, Skrejaspis spinosus und Ptychoparia striata u. a. Ein Fundpunkt im anderen Kambriumgebiet liegt am Vinice-Hang der Litavka gegenüber von Jince. Belegstücke von Paradoxides gracilis, Conocoryphe sulzeri und Ptychoparia striata sind dort schnell im Haldenschutt zu finden.

Die Aufschlüsse in den Trilobiten führenden Schiefern des Ordoviziums sind vorwiegend zeitweiliger Natur (Böschungen und Baugruben aller Art). Fundstellen, die reiche Caradoc-Faunen geliefert haben, liegen bei Lodenice und Beroun (Abb. 6). So enthalten z. B. die grauen Schluffsteine von Zahořany westlich Beroun u. a. die Trilobiten Dalmanitina proeva, Marrolithus ornatus, Opsimasaphus nobilis, Selenopeltis buchi und Stenopareia panderi, die Muscheln Praeleda compar und Ctenodonta bohemica, die Armfüßer Rafinesquina pseudoloricata, Howellites altera und Triplesia deformata. Zu den Stachelhäutern zählen die lagenweise sehr häufigen Cystoideen der Gattungen Echinosphaerites, Dendrocystides, Codiacystides u. a.

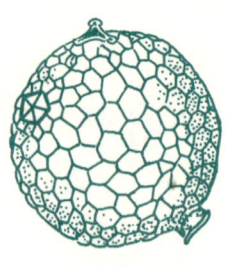

Echinosphaerites

Die Aufschlüsse im Silur und im Devon sind so zahlreich, daß eine Auswahl schwerfällt. Im Südwesten von Prag trifft man auf Schritt und Tritt Steinbrüche an und in den engen Karsttälern Felswände und Schutthänge. Stillgelegte Brüche betreten wir natürlich nur mit der gebotenen Vorsicht und entsprechend den einschlägigen Bestimmungen. Zu empfehlen sind die Umgebung von Hlubočepy, das Přídolí-Tal und das Radotín-Tal. Diese und weitere Lokalitäten wurden zuletzt in einem Exkursionsführer zum 23. Internationalen Geologenkongreß in Prag beschrieben (I. Chlupáč, 1968).

Bereits Barrande hat das Radotín-Tal mit großer Aufmerksamkeit studiert, Steinbrüche aber sind hier schon im 15. Jahrhundert betrieben worden. Wir betreten das Tal von der Ortschaft Radotín aus. Ein kleiner Quarzitsteinbruch am Ortsausgang steht im höchsten Ordovizium, die folgenden Schiefer des Silurs sind kaum aufgeschlossen. Höher am Hang erscheinen Klippen silurischer Kalke. Gut einen Kilometer talaufwärts beginnt eine Folge von Kalkbrüchen. Links zweigt die Schlucht »Černa rokle« ab, deren auflässige Brüche übereinander Radotín-, Kosoř- und Dvorce-Prokopkalk enthalten. Es ist der Stratotypus für die Grenze der Lochkov-Stufe gegen die folgende Prag-Stufe, jener Grenze, die man früher mit der Silur-Devon-Grenze gleichsetzte. Die charakteristische Wechselfolge schwarzgrauer Kalke und Schiefer des Lochkov fällt uns sofort ins Auge. Sie ist mehr als 50 m mächtig und hier lokal ganz ohne Hornsteine. Im oberen Teil zeichnet sie sich durch Einschaltung etwas hellerer, körniger Kalke aus (Kosoř-Fazies). Der hangende Dvorce-Prokopkalk wird im hinteren Teil der Schlucht zunehmend besser zugänglich. Durch knotige Struktur und ein helleres Grau unterscheidet er sich deutlich.

Die reiche Fauna des Kosořkalkes enthält u. a. die Trilobiten Spiniscutellum umbeliferum, Leonaspis lochkovensis, Cornuproetus lepidus, ferner Phyllocariden, Orthoceren, Schnecken und Muscheln. Die Schalen des Armfüßers Howellella inchoans sind besonders häufig, während manche Lagen wiederum mit Tentakuliten übersät zu sein scheinen (Paranowakia intermedia). In den Schieferzwischenlagen begegnen wir dem devonischen Graptolithen Monograptus hercynicus. Eine Besonderheit des Fundpunktes sind schließlich die Reste merkwürdiger Panzerfische, der Placodermen Radotina und Kosoraspis, sowie großer Eurypteriden. Der Dvorce-Prokopkalk zeigt sich nicht so fossilreich. Hier begegnen wir vielleicht den Trilobiten Odontochile hausmanni und O. rugosa, Reedops cephalotes und R. boecki, Dicranurus monstrosus, Cheirurus (Crotalocephalus) gibbus und Ch. (C.) pauper. Daneben finden sich Muscheln und kleine Brachiopoden. Zahlreich dagegen sind auch hier die winzigen Tentakuliten (Nowakia acuaria).

Kieferloser Panzerfisch

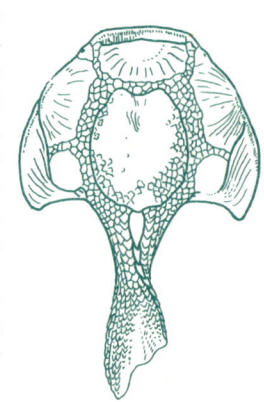

Im Radotín-Tal kommen wir weiterhin an Steinbrüchen in den gleichen devonischen Schichten vorüber. Nach einer Störungszone folgen dann erneut silurische Schichten. Sie sind im berühmten Orthocerasbruch von Lochkov aufgeschlossen, der am Osthang des rechts abzweigenden Lochkov-Tals liegt.

Der kleine auflässige Bruch galt einem etwa 2 m mächtigen bituminösen Kalkhorizont mit zahlreichen Schalen verschiedenartiger gestreckter und gekrümmter Nautiloideen. Ebenso ist die charakteristische Silurmuschel Cardiola cornucopiae häufig. Das Kalkpaket entspricht dem Horizont mit Prionopeltis archaici und stellt somit das Dach der Kopanina-Schichten dar. Darunter liegt eine stark bituminöse, körnige Kalkbank von 25 cm Stärke mit häufigen Trilobiten, wie z. B. der Leitform dieses Horizontes, Phacops fecundus, oder Otarion diffractum und Scutellum haidingeri. Die bräunlichen Mergelschiefer im Liegenden gehören bereits dem Horizont mit Encrinurus (Cromus) beaumonti an. In den sporadischen Konkretionen dieser Schichten sind Muschelanhäufungen von Pterochaenia glabra bezeichnend.

Kehren wir ins Radotin-Tal zurück, so stoßen wir auf unserem Weg bald noch einmal auf den Orthocerenkalk. Anschließend folgt am nördlichen Talhang das vollständige Profil der Přidoli-Schichten: bräunliche Mergelschiefer mit regelmäßig eingeschalteten dunkelgrauen Schlammkalken. Abgeschlossen wird die Folge durch den Scyphocrinus-Horizont, der bis in die Sahara — an die Südküste des damaligen Meeres — zu verfolgen ist. Das Merkwürdige der charakterisierenden Seelilien sind die blasenförmig aufgetriebenen Fußstücke ihrer Stiele — die Lobolithen. Offensichtlich ermöglichten sie diesen Seelilien eine treibende Lebensweise. Die Fragmente von Scyphocrinus sind massenhaft zu finden, in der höchsten Lage bilden sie eine kompakte Kalkbank. Damit endet das Silur, die folgenden Radotinkalke gehören bereits dem Devon an.

An der nächsten Straßengabelung gelangen wir rechts zum großen Marmorbruch »Na Cikance«, wo man auf größerer Fläche seit Jahrhunderten die rötlichen Krinoidenkalkbänke der Slivenec-Schichten abgebaut hat. Die Bankfolge hat nur eine Mächtigkeit von 6 bis 10 m und ist nach unten scharf gegen die dunklen Kosořkalke begrenzt. Nach oben geht sie allmählich in rötlichen Řeporyjeknotenkalk über. Dieser wiederum wandelt sich in grauen, knolligen Schlammkalk der Dvorce-Prokop-Fazies. Die Fauna der hangenden Schichten des Krinoidenkalkes entspricht derjenigen in der »Černa rokle«, während der Faunencharakter der Slivenec-Fazies selbst zu jenem der Koněprusy-Fazies vermittelt. Einige Trilobitenarten der Dvorce-Prokopkalke fehlen, dafür erscheinen Phacops sternbergi und Scutellum viator. Ferner treten riffnahe Brachiopoden auf, wie die feingerippte, fast kugelige rhynchonellide Glossinotoechia princeps, der glattschalige Eospirifer secans und die kleine pentameride Sieberella sieberi.

Das Přidoli-Tal liegt parallel zum Radotin-Tal nahe dem südlichen Stadtrand von Prag. Von Velka Chuchle aus schneidet es sich auf etwa 2 km Länge in die Berge ein. Schon innerhalb des Ortes treffen wir am Wege nach Lochkov auf einen Fossilfundpunkt in Schiefern des oberen Ordoviziums, die unterhalb des Waldes am Hang anstehen. Neben Trilobiten wie Marrolithus ornatus, Kloucekia solitaria und Eudolatites angelini können wir dort Orthoceren, Schnecken, Muscheln, Hyolithen und Brachiopoden sammeln.

Hinter dem Ortsausgang erkennen wir rechts in einem Seitental große Steinbrüche und Halden. Sie stehen in den Přidoli-Schichten und dienten der Gewinnung kleiner Pflastersteine für Gehwege. Das Bruchgelände wurde als »Eurypteriden-Steinbruch« bekannt, da hier Pterygotus bohemicus verhältnismäßig häufig gefunden wird. Daneben sollten wir im Haldenmaterial auf phyllocaride Krebse (Ceratiocaris bohemicus), netzförmige Graptolithen (Dictyonema bohemicum), Nautiloideen und Muscheln achten. Im Haupttal folgen dann devonische Lochkov-Schichten in der Fazies der Kosořkalke.

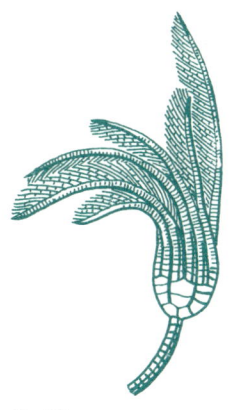

Seelilie

Trilobit

Vor dem nächsten Steinbruch können wir diese stark gefalteten Kalke am Hang beobachten. Diese Stelle hat reiche Fossilfunde gebracht: Phyllocariden und Trilobiten, Schnecken und Muscheln sowie die kleinen Spiriferen der Gattung Howellella. Häufig sind auch wieder die winzigen Tentakuliten.

Rund um Hlubočepy im Süden Prags bieten viele alte Kalkbrüche die Möglichkeit, den Fossilinhalt des höheren böhmischen Devons zu studieren (oberes Unterdevon bis Mitteldevon). Südlich der Mündung des Daleje-Baches wurden früher am Prallhang der Moldau längs der Straße Stein-brüche angelegt. Über 6 m Sliveneckalk sind hier in der Wand des südlich-sten Bruches vorwiegend Dvorce-Prokopkalke angeschnitten. Nördlich vom Schwimmstadion erscheinen im Bruch »U kapličky« sowie in den Straßen-einschnitten nördlich und westlich davon die hangenden Zlichovkalke, die basal Lagen groben, körnigen Kalkes mit umgelagerten Fossilien enthalten, insbesondere Korallen und Bryozoen. Es handelt sich um den sogenannten Kaplička-Korallenhorizont. Stellenweise ist er lehmig verwittert und gestat-tet ein Ausschlämmen der Fossilien. Aus diesem Horizont wurde Euryspirifer paradoxus gemeldet, eine Art, die in der Eifel auf das Oberems beschränkt ist und als Leitfossil dient. Nach neuesten, auf anderen Fossilien beruhenden biostratigraphischen Vergleichen des rheinischen und des böhmischen De-vons über die Mischfazies in Spanien soll aber die Zlichov-Stufe nicht dem Oberems, sondern dem oberen Unterems entsprechen. Wiederum wurden damit sorgfältig vergleichende Faunenstudien und horizontierte Neuauf-sammlungen erforderlich, um die Situation zu klären.

Armfüßer

Die über der Zlichov-Stufe folgenden Sedimente sind am besten am nörd-lichen Hang über Hlubočepy in zahlreichen auflässigen Brüchen zu beobach-ten. Ziel des Abbaus waren die dickbankigen, hellgrauen Partien im oberen Teil der Třebotovkalke, so daß in den Brüchen einerseits die unteren, rot-bunten Třebotovknollenkalke und andererseits die dünnschichtigen, körnigen grauen Chotečkalke mit Hornsteinknollen die Seitenwände bilden. In den Třebotovkalken finden wir unten die stratigraphisch wichtigen Goniatiten Gyroceratites gracilis (S. 233) und Mimagoniatites fecundus, oben dagegen Anarcestes lateseptatus plebejus (S. 233/234) und Mimagoniatites bohe-micus. Ferner begegnen wir dem Trilobiten Phacops fecundus degener (S. 231), diversen Nautiloideen, großen Muscheln, Brachiopoden und Ko-rallen. Die liegenden Dalejeschiefer treffen wir nördlich der Kalke von Hlu-bočepy an, da die ganze Schichtenfolge dort nach Süden eintaucht. Diese grünlichgrauen Kalkschiefer mit Konkretionen enthalten gelegentlich mas-senhaft Tentakuliten, darunter die wichtige Leitform Nowakia cancellata. Außerdem sind die bereits genannten Goniatiten des unteren Třebotovkalkes wichtig. Unter den Muscheln finden sich Pterochaenia insidiosa und mehrere Arten von Lunulicardium. Von den Brachiopoden seien Eomartiniopsis superstes, Plectodonta comitans und Chonetes novellus erwähnt.

Koralle

Tentakulit

Die vorgestellten drei Exkursionsziele in das Silur und das Devon erschöp-fen in keiner Weise die vielen Möglichkeiten des Barrandiums, haben uns aber — mit Ausnahme des Riffgebietes um Koněprusy — einen Überblick über die Gesteinsfolgen und ihren Fossilinhalt verschafft.

Auf der geologischen Karte (Abb. 99) sind die Steinkohlenreviere schwarz eingetragen. Sie nehmen einen so kleinen Raum im Kartenbild ein, und doch haben sie ihre Bergbau- und Industrielandschaft in zwei und mehr

Fossilien im Steinkohlenrevier

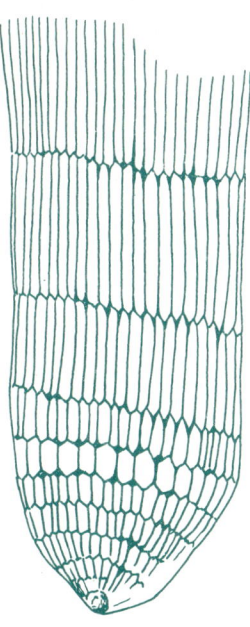

Basisstück des Mark-
steinkerns von
Calamites suckowi

Stigmaria ficoides

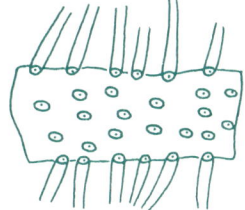

Jahrhunderten nachhaltig geprägt. Durch den Abbau von Steinkohlen tat der Mensch schon vor etwa sechs Jahrhunderten zumindest in diesen Landschaftsräumen einen tiefen Blick in die Erde, in die »Geschichte der Natur«, in die Geologie, in die Paläobotanik.

Vor 200 Jahren wurde noch nach Steinkohle gegraben, wie es in den alten Büchern heißt. Erst im vorigen Jahrhundert entstanden große Bergwerke und 600 bis 1000 m tiefe Schächte. Gelegentlich konnten auch damals die Halde oder ein Steinkohlenflöz untertage in Brand geraten. Rotgebrannte Schiefertone mit Pflanzenresten oft vorzüglichster Kontur zeugen noch heute von einem solchen Gruben- oder Haldenbrand.

Was für das eine Steinkohlenrevier gesagt werden kann, schafft auch eine Vorstellung für ein anderes. Darum soll hier das flächenmäßig so kleine, aber in Europa zu den ältesten zählende Zwickauer Steinkohlenrevier geschildert werden, weil es so viele Besonderheiten besitzt wie sonst kaum eines der großen Reviere.

Wenige Jahre nachdem Adolphe Brongniart (1801–1876) sein berühmtes und heute kostbares Werk »Histoire des végétaux fossiles« 1828 in Paris veröffentlicht hatte, erschien von August von Gutbier ein kleines Buch (1835) und ein dazugehöriger Bildband (1836) mit dem Titel »Abdrücke und Versteinerungen des Zwickauer Schwarzkohlengebirges«. Viele Pflanzenfossilnamen entstammen diesen beiden Werken.

Zuerst wird man in einem Steinkohlenrevier auf den Halden zu sammeln beginnen. Dort liegen die Schiefertone, Sandsteine, weniger die Konglomerate, manchmal auch ein Stück unreine (aschenreiche) Steinkohle, soweit dieser Abraum nicht bereits untertage versetzt worden ist. Zeitweilig wurden beim Vortrieb eines Querschlages oder eines Blindschachtes größere Brokken des Nebengesteins der Flöze auf die Halde gefördert. Sie enthalten die fossilen Blattreste, die man im unmittelbaren Hangenden der Flöze, in den Zwischenmitteln oder im unmittelbaren Liegenden nicht findet. Beim Sammeln auf solch einer Halde wird man bald die Erfahrung machen, daß die Schüttungen ganz verschieden die Möglichkeit zum Finden gut erhaltener Blattreste bieten. Es gibt Schüttungen, in denen die Schiefertone quer zur Schichtung durchwurzelt sind. Solche Gesteinsbrocken brechen unregelmäßig. Die 5 bis 8 mm breiten Bänder, die das Gestein durchziehen, sind die Wurzelschläuche (Appendices) der Rhizome oder Erdstämme (Stigmarien) von Lepidodendren, Sigillarien oder Bothrodendren, die im Flöz die Hauptmasse der pflanzlichen Steinkohlenbildner waren. Bruchstücke der Stigmarien, mit den 5 bis 8 mm großen, runden Narben bedeckt, bei denen oft noch die Appendices ansitzen, sind in großer Menge zu finden. Schöne Stücke davon gehören in die Sammlung! Weil man sie in solcher Menge liegen sieht, ist man vielleicht geneigt, sie gering zu achten; aber auch sie dokumentieren eine Lebensweise großer, baumförmiger Bärlappgewächse, die es vor der Karbonzeit und nach ihr nicht mehr gegeben hat. Sammler von Pflanzenresten rotliegendzeitlicher Schichten wissen um diesen Mangel auf ihrer Halde oder in ihrem Aufschluß. Üblicherweise sind diese Wurzelböden kennzeichnend für die Gesteinslagen unmittelbar unter dem Steinkohlenflöz, aber auch in den Zwischenmitteln im Flöz oder unmittelbar im Hangenden kann diese Fazies vorkommen. Untertage begegnet man stellenweise den bis 1 m dicken Basalteilen der Sigillarienstämme als kreisrunden Querschnitten oder Hohlräumen, weil der sich konisch nach oben verjüngende Stamm als »Sargdeckel« heruntergefallen ist. Ebenso kann man im Hangenden des Flözes Stigmarien finden, die in 2 bis 3 m Länge das Dach flachliegend durchziehen.

Im von Appendices und Stigmarien durchsetzten Gestein nach weiteren Blattresten zu suchen hat für gewöhnlich keinen Sinn, denn diese bevorzugen ihren speziellen Einbettungsraum.

Eigentümlicherweise gibt es diese Lebens- und Einbettungsräume — paläobotanische Fazies genannt — in den steinkohlenführenden Schichten der unteren und oberen Karbonzeit in der gleich geringen Zahl, grob gesagt, in der Vierzahl:

— Paläobotanische Fazies der unmittelbaren Flözbildner: Stigmariawurzelböden, großflächige Rindenstücke von Sigillarien und Lepidodendren, oft wie übereinandergepackt im Gestein;

— ehemals vom Wasser bedeckte Flächen im Steinkohlenwaldmoor mit teils aufrecht stehenden, teils liegend eingebetteten Calamitesstämmen;

— Sphenophyllumarten, beblätterte Achsen in großer Menge, oft in den Zwischenmitteln anzutreffen, was sich dahingehend ausdeuten läßt, daß die Ufersäume zwischen der Wasserfläche der Calamitesstämme und dem Steinkohlenwald der Sigillarien und Lepidodendren dicht und fast ausschließlich nur mit Sphenophyllen bewachsen waren;

— reichhaltige Flora an Samenfarnen und Farnen stets in besonderen Gesteinslagen, so daß diese wahrscheinlich spezielle Standorte, randlich zum Steinkohlenwaldmoor, repräsentierten und darin wiederum an einem besonderen Standort die Cordaitenbäume und Pecopterisbaumfarne; auch sie füllen besondere Lagen.

Die reichhaltigste und interessanteste paläobotanische Fazies ist zweifellos die der Samenfarne. Wenn man auf der Halde oder untertage die Gesteinsschicht angetroffen hat, in der ein Alethopterisblatt zu finden war, dann kann man auch Mariopteris, Linopteris, Neuropteris, Sphenopteris, Palmatopteris u. a. erwarten!

Einige Blattreste, wie manche Neuropteris und Pecopteris, treten auch untergeordnet und nur stellenweise in den anderen Faziesbereichen auf, so, als wären sie kurzzeitig eingemischt gewesen oder vom Wind eingeweht. Man findet sie zusammen mit der Beblätterung der Calamiten, den Annularia- und Asterophyllitesarten, eingemischt auch einzelne Flugblätter der Lepidodendronzapfen (Lepidostrobophyll).

Es ist nicht nur ein einzelnes Flöz, das sich als Kohlenlage von 1 bis 3 m (Flöze von 6 oder mehr Metern Mächtigkeit sind selten) zwischen die Folge von Konglomeraten, Sandsteinen sowie Tongesteinen schiebt und dort als biogene Bildung etwas lithologisch Neu- und Andersartiges in der Reihe der anorganischen Gesteine darstellt. Im Zwickauer Steinkohlenrevier, das nur eine Fläche von 4,5×7 km einnimmt und in dem etwa 300 m Karbonprofil erhalten ist, kennt man über 300 Steinkohlenbänke und Lagen zwischen etwa 3 cm und 3 m. Der Abbau betraf in früheren Jahren besonders die untersten und die obersten Flöze und brachte schöne Funde aus dem Bereich der oberen Flözgruppe in die Museen. In den letzten 20 Jahren standen die Flöze der mittleren Flözgruppe in Abbau.

Auch im Flöz selbst kann eine solch starke Wechsellagerung von Kohle und Schieferton erfolgt sein, daß der Bergmann, z. B. im Falle des Rußkohlenflözes, von einer Zebrastruktur spricht. Unreine (aschenreiche) und schwärzende, d. h. an fossiler Holzkohle (Fusit) reiche Kohle ist dann die Folge. Das schließt jedoch Funde von Linopteris neuropteroides im Zwischenmittel nicht aus, stellenweise lagen die Linopterisblättchen zu Hunderten auf der Schichtfläche!

Völlig andere Verhältnisse repräsentiert das Bogheadflöz, eine nur 40 cm

Sigillaria boblayi

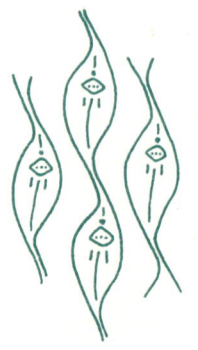

Lepidodendron serpentigerum

Sphenophyllum cuneifolium

Alethopteris decurrens (Fiedernervatur und herablaufende Basis)

Sphenopteris
nummularia

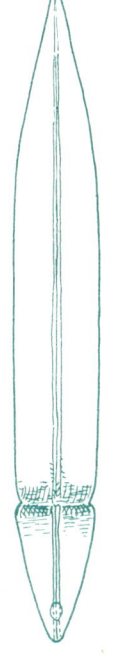

Lepidostrobophyllum
lanceolatum

Alloiopteris coralloides
und Sporangien

mächtige Gesteinslage ganz unten im 170-m-Profil des nahe gelegenen Lugau-Oelsnitzer Steinkohlenreviers. Diese Boghead-Faulschlamm-Kohle ist grau und von einer unglaublichen Festigkeit. Entstanden ist sie aus einem tonigen Sediment, das so mit Resten einer mikroskopisch kleinen Ölalge (der Gattung Pila) angereichert wurde, daß diese Bogheadkohle bis 79 % flüchtige Bestandteile besitzt. Offensichtlich konnte sie sich nur in einem stillen Waldmoorsee bilden, und tatsächlich sind auch nur kleine, eingewehte Fetzen von Blättern und, aus einer Sammlung in Leipzig, eine Stigmaria ficoides mit ansitzenden Appendices aus der Bogheadkohle bekannt. Da sich das Bogheadflöz nicht maschinell, sondern nur durch Schießen gewinnen ließ, sind die Stücke in den Sammlungen stets Einzelstücke geblieben und sollten als wertvolle Belegexemplare bewertet und erhalten bleiben!

Namengebend für ein Flöz der oberen Flözgruppe in Zwickau war der Lehestreifen, eine kaum 1 cm mächtige, hellgraue Schicht aus hellfarbigen Tonmineralien, Tongraupen, schlängelnden, wurmartigen Strukturen. Die wissenschaftliche Diskussion um diese Tonsteinlage im Flöz pendelte immer zwischen zwei Aspekten: Die eine Deutung sah in diesem Lehestreifen eine fossile Aschenlage, einen Staubniederschlag eines steinkohlenzeitlichen Vulkanausbruches, der, biogen umgeformt, nun eine Zeitmarke im Flöz bildet. Die andere Deutung hält eine vulkanische Herkunft der Ausgangssubstanz nicht für unmöglich, betont aber die biogene Ausfällung und Ausflockung der Tonmineralien — die Graupenstruktur. So wird auch solch ein Kohlenstück ein wertvoller Beleg in einer Sammlung sein!

Ähnlich mögliche und auch sichere Tonsteine vulkanischer Herkunft sind aus fast allen Steinkohlenrevieren bekannt, als weißer Tonstein (Aschenregen?) aus dem Döhlener Unterrotliegendbecken bei Dresden (DDR; Abb. 72), aus der Steinkohle von Kladno in der ČSSR und als zahlreiche Kristalltonsteinlagen in den Flözen des Saarreviers (BRD). Die ausschließlich und einheitlich auf vulkanische Entstehung hinweisende Form der kleinen Zirkonkristalle im Tonstein belegt den vulkanischen Aschenregen.

Auch über die karbonzeitliche Landschaft kennt man im Zwickauer Revier einiges Wissenswertes. Die untersten Flöze legten sich auf eine flachhügelige Landschaft, die von phyllitischen Gesteinen des Erzgebirges gebildet wurde. So kommt es, daß die untersten Flöze flächenmäßig einen wesentlich kleineren Raum einnehmen als die darauffolgenden. Ein Deckenerguß von Melaphyr floß zur Zeit der Bildung der untersten Flöze in das Zwickauer Becken — er ist heute im Flußtal der Mulde oberhalb der Cainsdorfer Brücke aufgeschlossen, wo auch ein Teil des Profils zwischen dem Vertrauensflöz und dem Rußkohlenflöz in der Regattastrecke aufgeschlossen ist. Die bei den internationalen Wildwasserrennen der Kanuten auf der Zwickauer Mulde oft in Fernsehsendungen gezeigte Regattastrecke ist einer der so seltenen Übertageaufschlüsse der Oberkarbonschichten. Man sieht das flache Einfallen der Schichten, das hier 4 m mächtige Rußkohlenflöz, dessen Ausbiß die Mulde quer durchzieht, und man sieht unfern der Brücke aufrecht im Gestein stehende und mehr als 1 m lange Calamites-suckowi Stämme. In einzelnen Lagen wurden Farne (Alloiopteris coralloides und A. sternbergi) und Samenfarne (Odontopteris reichiana) gefunden. Glücklicherweise steht dieser Aufschluß jetzt durch die Regattastrecke unter sicherem Schutz, und Sammlerscharen können ihn nicht vernichten. Mit Genehmigung der Sportstreckenverwaltung darf man das Ufer jedoch ohne Hammer betreten und kann das Erlebnis dieses einmaligen Aufschlusses mitnehmen.

Zwar folgen die Flöze des Zwickauer Reviers übereinander im Profil, waren aber verschieden weitflächig ausgebildet. Die untersten Flöze scheinen nach Süden weiter zu reichen als nach Norden, und die oberen Flöze nehmen nur einen ganz kleinen Raum ein. Tatsächlich griff die Waldmoor- und Flözbildung etwas nach Süden, auf das Grundgebirge über. Nach Norden zu aber begrenzt eine flache Erosionsdiskordanz der unteren Rotliegendzeit in Form des Grauen Konglomerats die Flöze. Dieses Konglomerat schneidet wohlausgebildete Flöze wie mit einer Erosionssäge ab — das war allerdings nur untertage zu beobachten.

Die Zeit der Steinkohlenbildung dauerte in diesem innervariskischen Becken nur die vielleicht vier Millionen Jahre während Zeit der Westfal-D-Stufe an. Aus den darauffolgenden Stefan-Stufen fehlen uns geologische Zeugnisse in diesem Becken. Vielleicht stand das Zwickauer Steinkohlenrevier in der Stefanzeit wie ein flacher Zeugenberg in der Landschaft und wurde nach dieser Zeit der Erosion vom Grauen Konglomerat der unteren Rotliegendzeit zugeschüttet.

Nachdem wir vielleicht schon längere Zeit fossile Pflanzen auf der Steinkohlenhalde gesammelt haben, weitet sich der Blick, und das in Büchern Gelesene ordnet sich zum großen Überblick: Das Zwickauer und das Lugau-Oelsnitzer Revier werden dann als Reste (Zeugenberge) des Steinkohlenbeckens der Westfal-D-Zeit begriffen. Schon in der oberen Unterkarbonzeit (Visé III Beta) bildeten sich nicht weit von Zwickau, im Gebiet von Hainichen und Borna, Konglomerate und Steinkohlenflöze. Danach setzte eine lange Zeit der Nichtsedimentation ein, die durchaus mit einer der großen variskischen Gebirgsbildungsphasen zeitgleich gesetzt werden kann (sudetische bzw. erzgebirgische Phase). Später wurde im kleinen Gebiet von Flöha eine nicht abbauwürdige Kohle mit zahlreichen fossilen Pflanzenresten der Westfal-B-C-Zeit abgelagert, nach der wieder eine kurze Zeit der Nichtsedimentation kam. Nach der Westfal-D-Zeit folgten zunächst die Nichtsedimentation der Stefanzeit und dann die den ganzen Beckenumriß ausfüllenden Sedimente, darunter auch ein »wildes« (nicht abbauwürdiges) Kohlenflöz der Unterrotliegendzeit. Dieses mehrfach Sedimente und Steinkohlenflöze führende innervariskische Becken hat sich mit vier Kapiteln in das Buch der Erdgeschichte eingetragen. Eines dieser Kapitel verfolgen wir im Zwickauer Revier. Durch unsere Beobachtungen erhalten wir einen tiefen Einblick in die Geschichte des variskischen Gebirges!

Wahrscheinlich war es im variskischen Gebirge der Steinkohlenzeit tropisch-warm und regenwaldartig feucht. Paläomagnetische Messungen und Berechnungen lassen den Verlauf der damaligen Äquatorlinie etwa in der Gegend von Berlin als wahrscheinlich gelten. In den variskischen Binnenbecken bildete sich eine für sie typische Vegetation. Für Zwickau sind seltene Funde von Selaginellites gutbieri und eine ganze Reihe nur dort vorkommender (wahrscheinlich endemischer) Pflanzenarten typisch. Wiederum andere Pflanzenarten, die im großen, zeitweilig vom Meer beeinflußten paralischen Gebiet von Nordwesteuropa heimisch waren, fanden keinen Zugang zu diesem Innergebirgsbecken. Eigenartig und in seltsamem Gegensatz zum Saarkarbon (BRD), wo ähnliche Innergebirgsverhältnisse herrschten, ist das fast völlige Fehlen tierischer Reste im Zwickauer Oberkarbon.

Damit ergeben sich bereits mehrere Aspekte des systematischen Sammelns auf der Steinkohlenhalde:
— Das Sammeln von Stigmaria ficoides, das Beobachten der Rundumbewurzelung durch die schlauchförmigen Appendices. Das Suchen von anderen Wurzeltypen, z. B. Bewurzelung der Calamiten.

Selaginellites gutbieri

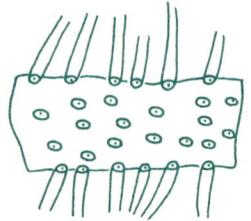

Stigmaria ficoides

Lepidodendron serpentigerum

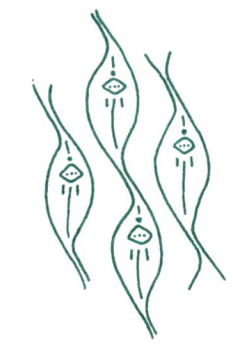

Arthropleura armata —
bis 2 m langer Glieder-
füßer aus den Stein-
kohlensümpfen

Phyloblatta — Insekt
des Stefans und des
Unterrotliegenden

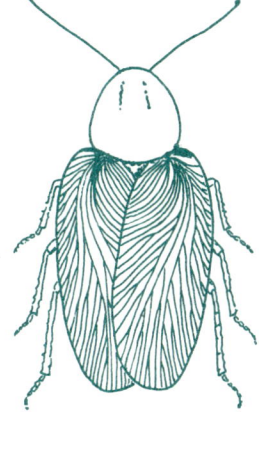

— Das Sammeln und Systematisieren von Rindenabdrücken mit Blattpolstern von Lepidodendren, Sigillarien und Bothrodendron, die recht verschiedene Erhaltungszustände haben: außen an der Rinde die Blattpolster, wenig tiefer gelegen einen nur die rhombischen Umrisse zeigenden Bergeria-Zustand, darunter der Aspidaria-Zustand, der die Innenfläche der Blattpolster wiedergibt, und schließlich zuinnerst der Sedimentausguß des Stamminnenraumes, der die Luftkanäle (Parichnoszüge) der Blattspursträng abbildet (Knorria-Erhaltungszustand).

Gelegentlich treten Lepidodendronstämme mit großen, runden Astabgangsnarben auf, die auch isoliert als Fundstück vorkommen. Nahe verwandt ist Lepidophloios laricinus mit flachen, quergezogen erscheinenden Polstern, die untere Polsterfläche ist stamminnenwärts eingezogen. Eine bestimmte Aststärke wird ganz regelmäßig von Blütenansatznarben bedeckt. Auch die Sigillarien haben ihre subepidermalen Erhaltungszustände. Am häufigsten kommt der Syringodendron-Erhaltungszustand vor, bei dem die äußere, primäre Rinde mit der Blattpolsteroberfläche nicht mehr vorliegt, aber die darunterliegenden Schichten deutlich die Längsstruktur, z. B. der reihigen Sigillarienarten, und ihre Luftkanalabgänge zeigen. Auf diesen Erhaltungszustand treffen wir bei älteren und großen Sigillariastämmen.

Schon wesentlich schwerer findet man die Rinden von Bothrodendron mit sehr kleinen Blattpolstern.

So viele Lepidodendron-, Sigillaria- und Bothrodendronarten und Erhaltungszustände gibt es schließlich nicht auf einer Halde, so daß man sich sehr bald den aufgabelnden, zentimeterdicken Zweigen mit der bei manchen Arten nadelförmigen, bei anderen viele Zentimeter langen Beblätterung zuwendet (Bothrodendron besitzt nur ganz kleine, kurze Blättchen!).

Auch die Sporangienzapfen, viele Zentimeter groß und bis zu 40 cm lang, die einzelnen Flugfruchtblätter mit dem großen, rundlich-ovalen Sporangium am Blattgrund sind Fundobjekte.

— Wer nur nach Seltenheiten Ausschau hält, wird versuchen, die so rare, aber immer wieder in kleinen Stücken auftretende Selaginellites gutbieri zu finden. Bisher wurden in Zwickau noch keine Moosreste entdeckt. Da sie in anderen Steinkohlenbecken als sehr seltene Reste vorkommen, müßten sie auch hier einmal nachgewiesen werden können. Gleiches gilt für tierische Reste, z. B. ein zentimetergroßes, schwarzglänzendes Segmentstück der Arthropleura armata oder einen geäderten Flügel von Phyloblatta, selbst ein fossiles Selachier-Ei der Gattung Palaeoxyris ist nicht unwahrscheinlich — im Stefan des Saaletroges, auf der Steinkohlenhalde bei Plötz (DDR) sind solche Funde erst unlängst wieder gemacht worden. Die steinkohlenzeitlichen Selachier, die diese Eier legten, müssen weit flußaufwärts geschwommen sein.

Palaeoxyris carbonaria, ein Hai- oder Rochenei aus dem Stefan von Plötz bei Halle (DDR). Eigentümlicherweise finden sich diese Eier zusammen mit Pflanzenresten in den limnischen Schichten des Westfals und des Stefans.

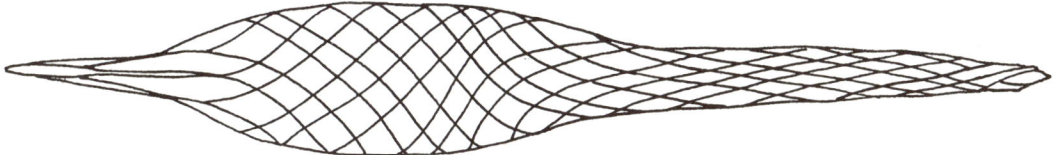

— Nur nach Sphenophyllumarten zu suchen, ist auch ein Thema, das zu bearbeiten sich lohnt! Noch immer hat man nicht die Sphenophyllumwurzeln ansitzend geborgen. Es scheint beinahe, daß diese Sphenophyllen — wie die Orchideen im Tropenwald von der Luftfeuchtigkeit zehrend — lose auf dem Walduferrand spreizend-klimmend, epiphytisch auf sich selbst wuchsen. Immer kommen sie gehäuft und oft fast noch aufrecht stehend im schnell sedimentierten Gestein vor. Wer die Stücke zu einer vollständigen Rekonstruktion der Sphenophyllumpflanze fände, könnte sich ein großes Verdienst um die Wissenschaft erwerben.

Annularia stellata

Auch die Sphenophyllumblüten sind stellenweise in großer Menge zu finden — zeigen sie etwa ein tropisches Massenblühen an? Eigenartigerweise kennt man zur Ontogenie dieser Pflanze keine Exemplare von ganz kleiner Aussaat.

— Calamitenstämme, Beblätterungstypen und Blüten können einen Sammler (und seine Schränke!) völlig ausfüllen. Auch die konisch zulaufenden Stammbasen (Markhohlraumausgüsse) und ansitzende Wurzeln kann man bergen. Von großer Schönheit aber sind immer die so regelmäßigen, sternförmigen Blattquirle, die mathematisch-exakt am Zweig sitzen. »Assimilationsantennen« hat Prof. Dr. Leistikow auf einem Vortrag in Berlin die Calamiten einmal genannt, und er vermutet, daß sie tropisch-schnell gewachsen sind, etwa wie Bambus.

Artisia-Marksteinkern

— Von den Cordaiten sind die langen, längsgestreiften Blätter, die Blütenstände, die quergefächerten Markausgüsse und die herzförmigen Samen zu finden. Wie wuchsen diese Blätter? Vollständige Stücke mit Blättern, auch jungen, seitlich eingerollten Blättern wären wichtig. Funde von Zweigen, an denen die Blätter saßen, sind selten und gelten als große museale Kostbarkeiten. Knospen von Cordaitenblättern kennen wir bisher nur aus Frankreich.

— Die formenreichste Gruppe stellen die »Pteridophyllen« dar, die Blätter der Farne und Samenfarne.

Ptychocarpus unitus
(Pecopteris mit Sori)

Von Farnen existieren mehrfach die Blätter, an denen die Fortpflanzungsbehälter (Sporangien) ausgebildet waren, vor allem bei Pecopterisarten. Auf ihrer Blättchenunterseite erkennt man mit bloßem Auge die sternförmig angeordneten Sporangien (Formgattung Asterotheca). Im Falle anderer Sporangienanheftungsweisen (bei Renaultia z. B. am Blättchenrand) muß man jedoch die Lupe benutzen. Es kann vorkommen, daß diese sporangienausbildenden (fertilen) Farnreste nicht so formschön aussehen wie die sterilen Farnreste: Fertilität ist manchmal mit Reduktion der Blattspreite verbunden. Mit Hilfe chemischer Methoden (Mazeration) und dem Mikroskop lassen sich fertile Farnreste im Falle geringer Inkohlung im Detail untersuchen, sie stellen damit wertvolle Forschungsobjekte dar. Sogar die Farnstämme können gelegentlich im inkohlten und flachgepreßten Zustand erhalten geblieben sein. Man identifiziert diese Stämme an den großen Narben, die die Wedelabgänge hinterließen.

Caulopteris varians —
Farnstamm

Die Samenfarne (Pteridospermen) erkennt man vielfach allein schon daran, daß nie fertile Organe an ihnen gefunden wurden. In Zwickau ist jedoch z. B. ein Blatt vom Samenfarn Pecopteris pluckeneti bekannt geworden, auf dessen Unterseite Einzelsamen ausgebildet waren. Solche Funde stellen wissenschaftliche Kostbarkeiten dar. Die fertilen Wedel der Samenfarne haben üblicherweise eine andere Form als die dazugehörigen sterilen Wedel. Oft sind sie ohne jede Blattspreite, sozusagen nur ein sich verzweigendes dünnes Achsengerüst. Manchmal (oder immer?) gehören beide zu-

Mariopteris nervosa

Sphenopteris
nummularia

Linopteris brongniarti
(Maschennervatur)

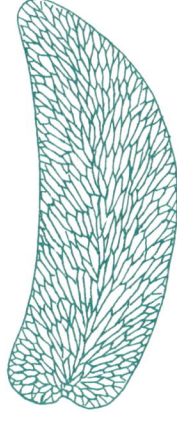

sammen, und der fertile Teil entspricht der Mitte des sterilen, »falschen« Gabelwedels. Es sind männlich-fertile (mit Pollenorganen) und weiblich-fertile (mit Samen) Wedel ausgebildet.

Auf der Halde in Zwickau findet man die Samen völlig isoliert von den Herkunftspflanzen. So entsteht das Problem, wie viele Samentypen sich im Vergleich zu wie vielen Blattypen von Samenfarnen in dieser Westfal-D-Ablagerung unterscheiden lassen.

Die charakteristische Zwickauer Assoziation aus Samenfarnblattresten besteht aus den Formarten:
Neuropteris subauriculata,
Neuropteris britannica,
Alethopteris subdavreuxi,
Mariopteris nervosa,
Mariopteris latifolia,
Odontopteris reichiana,
Sphenopteris nummularia u. a.

Beim Sammeln derartiger Blattreste wird man die verschiedenen Formen der einzelnen Blättchen am Wedelstück der gleichen Art und auch eine gewisse Variabilität der Wedelstücke gleicher Art beobachten, was manch einem Sammler und Fachmann vorerst Schwierigkeiten bereitet. Es handelt sich darum, daß große und kleine Blätter, junge und alte Wedel, Sonnen- und Schattenblätter in Größe und Form voneinander abweichen, so wie die Finger an einer Hand alle etwas unterschiedlich sind. Wenn man die Reste zeichnet, ist bald die zusammengehörige Kollektion zu erkennen. Dabei darf man sich nicht wundern, daß die Wedelspitzen bei manchen Neuropterisarten alethopterisähnlich werden, d. h. mit breiter Basis ansitzen.

Tiefere Kenntnis der Blattwedel wird man erst gewinnen, wenn man zahlreiche, zueinander passende Wedelstücke gefunden hat. Dann ergibt sich bei Neuropteris- und Odontopterisarten, daß es zwei ganz verschieden geformte Blattypen am Wedel gibt, oben die normalen, allgemein bekannten und unten, am Fußstück des Wedels, große, nicht aufgliedernde Basisblätter von oft kreisförmiger Gestalt, sogenannte Cyclopterisblätter. Trifft man diese großen Cyclopterisblätter einzeln an, vermeint man, auf eine gänzlich andere Gattung und Art gestoßen zu sein — sie ansitzend zu finden, ist schon ein großer Glücksumstand. Bei Odontopteris reichiana und Neuropteris ovata (die im Zwickauer Innergebirgsbecken aus pflanzengeographischen Gründen fehlt) sind die Cyclopterisblätter randlich zerfranst und in viele zweizipfelige Fransen aufgeschlitzt. So können diese Basisblätter wichtige Merkmale zur Artbestimmung liefern.

Die Wedel der meisten Samenfarne sind in vollständigen Funden von stimmgabelförmiger Gestalt, was in Zwickau bei Palmatopteris und Mariopteris latifolia belegt ist, bei den anderen erst noch nachgewiesen werden muß.

Bei Linopteris ist neben der Maschennervatur ein Merkmal interessant, das nur bei Stücken zu beobachten ist, deren Blättchen an der Achse ansitzen. Es sind die Zwischenfiedern an der Hauptachse, die bei Neuropterisarten immer nackt (unbeblättert) ist. Linopteris zeigt dazu noch paarige Endfiedern. Man darf sich also nicht darauf beschränken, von jeder fossilen Pflanzenart nur ein Blatt zu sammeln.

Es ist demnach nicht nur ein Sammeln auf der Steinkohlenhalde, sondern ein ganzes Programm von schöpferischer Phantasie, von zueinander passenden Funden vieler Einzelstücke, die, erst sinnvoll zusammengefügt, zur Erkenntnis führen.

Die Halden werden solche Funde nicht ewig möglich machen, Regen und Winterwetter zerstören den Schieferton. Die Wissenschaft der Zukunft hat allen Grund, dem Sammler von heute dankbar dafür zu sein, daß er durch

Ein großer Gabelwedel des Samenfarns Neuropteris heterophylla, basal mit Cyclopterisfiedern, oben mit Neuropterisfiedern besetzt (1 : 3; nach von Roehl 1868)

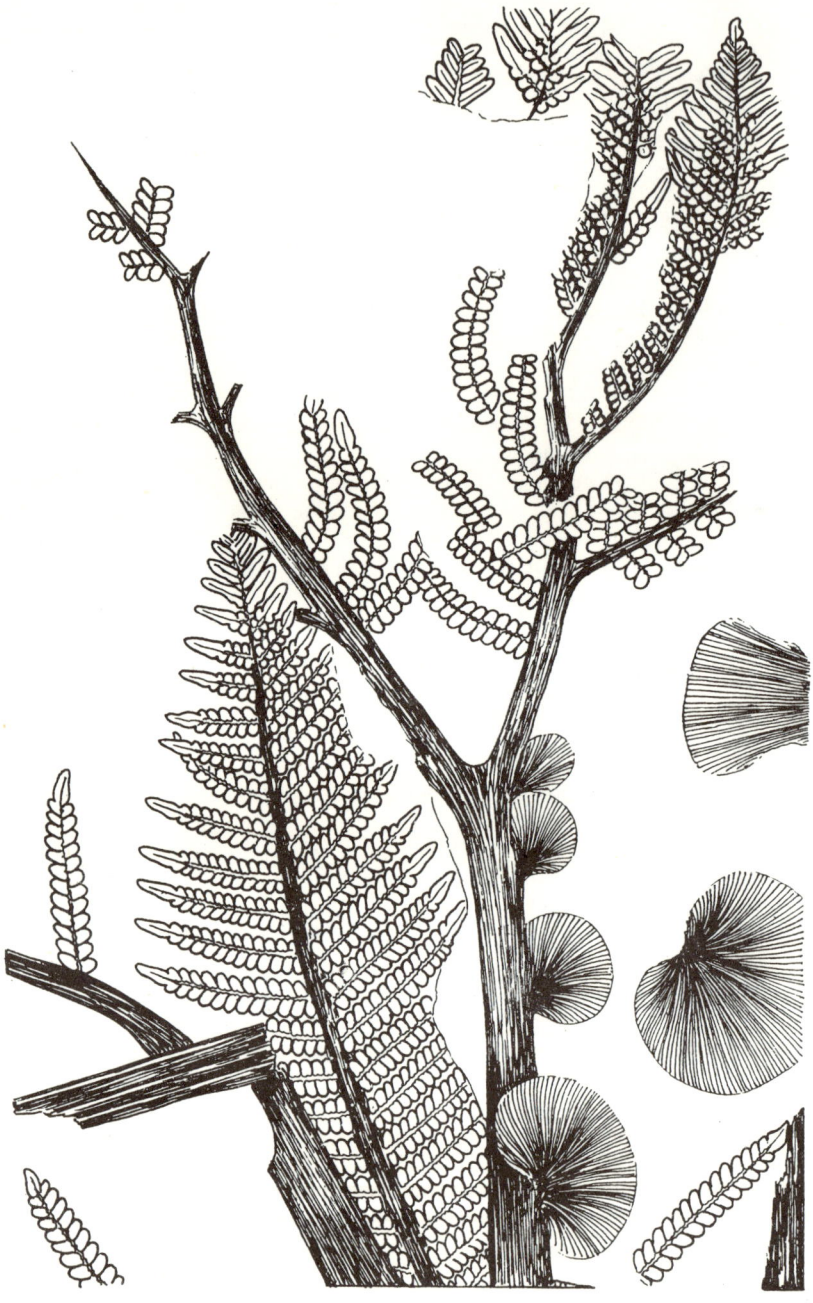

seine Arbeit diese Fossilien vor der Vernichtung bewahrt. Selbstverständlich muß man vor dem Betreten der Halde die Genehmigung dazu einholen, denn aufgeschüttete Halden bergen auch die Gefahr, daß das Schüttungsgut nachrutscht. Da Fossiliensammler ganz im Gegensatz zu manchen Mineralien-»sammlern« weder vom »Goldrausch« ergriffen werden noch Fundorte und Eisenbahneinschnitte verwüsten, wird man solche Genehmigung stets gern erteilen. Wenn das Fossiliensammeln im Kontakt mit einem Museum oder einem Geologen oder Paläontologen erfolgt, so wird der Sammler auch immer über den neuesten Stand der geltenden Gesetze orientiert sein, die zu beachten nötig ist.

Die Karbonflora der Schweiz

Steinkohlenflora, Karbonflora — die meisten Bücher erwecken den Eindruck, als seien diese Probleme auf Nordwesteuropa beschränkt, als habe das große variskische Gebirge, das vor 300 Millionen Jahren »Äquatorialeuropa« durchzog, nur eine interessante Nordseite. Aber es gibt auch das Karbon des Schwarzwaldes und der Vogesen, und noch weiter südlich ist eine Trogzone mit höherem Oberkarbon bei Basel, am Bodensee und nördlich Salzburg unter jüngeren Schichten erbohrt worden. Das französische Zentralmassiv birgt zahlreiche kleinere Kohlenbecken; die bedeutendsten sind die Becken von Autun, Blanzy-Creusot, Commentry, das der Loire (mit St. Etienne) und von Gard. Zeitlich gehören sie meist dem Stefan oder dem Unterrotliegenden (Autun) an. Kenner wissen zu berichten, daß dort heute noch gute, vollständige und große fossile Pflanzenreste zu bergen sind und daß das klassische Wissen der Paläobotanik vor 100 bis 150 Jahren gerade aus diesen Kohlenbecken gespeist wurde.

Weil unter den lesenswerten Büchern für Fossiliensammler ein Kapitel über die Karbonfloren dieser südlich gelegenen Steinkohlenvorkommen der Alpen bisher fehlt, sind nachfolgend Angaben aus der neuesten paläobotanischen Literatur zusammengestellt, gedacht als erste Hinweise für Sammler, die durch ihre Funde helfen werden, das Wissen zu mehren. Zwei Werke der Paläobotanik gaben eigentlich Anlaß zu diesem Kapitel: »Die Karbonflora der Schweiz« von Prof. Dr. W. J. Jongmans (Bern, 1960) und »Flore et stratigraphie du Carbonifére des Alpes francaises« von Dr. Ch. Gréber (Paris, 1965). Wenn Sammler dazu noch den 1967 in Basel erschienenen »Geologischen Führer der Schweiz« mit 44 Exkursionsrouten zur Hand nehmen, muß sich eigentlich der Erfolg in Form von silbrig glänzenden, mit Gümbelit überzogenen, hochinkohlten Pflanzenresten einstellen, die leider nach wie vor in Sammlungen und Museen nicht häufig anzutreffen sind.

Die Karbonvorkommen der Schweiz liegen in den Alpen und den Voralpen, sie gehören zu folgenden regionalen Einheiten:
— Karbon der Zentralmassive (1 — Karbonzone des Aiguilles Rouges- und Arpille-Massivs, 2 — Karbonzüge des Aarmassivs, 3 — Karbon des Gotthardmassivs),
— Karbon der penninischen Decken (1 — Karbon im Kanton Wallis, 2 — Karbon in den Kantonen Tessin und Graubünden),
— Karbon der ostalpinen Decken,
— Karbon der Südalpen,
— Karbon der Préalpes romandes.
Die größte und zusammenhängende Verbreitung zeigt die Karbonformation im Penninikum des Kantons Wallis, wo durch die bergbauliche Förderung

Annularia stellata

von Anthrazit Halden geschaffen wurden, die fossile Pflanzenreste liefern. Im Aarmassiv kennt man eine größere Anzahl von Karbonzügen und isolierten Vorkommen. Einzelvorkommen von geringer Größe befinden sich im Gotthardmassiv, im Tessin, im westlichen Graubünden, in den ostalpinen Decken, den Südalpen und den Préalpes romandes.

Die wichtigsten Vorkommen der Steinkohlenformation der Schweiz liegen im Kanton Wallis auf beiden Seiten der Rhone und in einigen ihrer Seitentäler. Professor Jongmans nennt pflanzenführende Schichten aus Le Châtelard, aus der Gorge du Triége und von Les Marécottes-La Fontaine im Einzuggebiet der Flüsse Eau Noire und Le Trient. Aus Le Châtelard sind folgende Karbonpflanzen bekannt: Annularia stellata, Asterophyllites equisetiformis, Asterophyllites longifolius, Sphenophyllum oblongifolium, Lepidodendronblätter, Neuropteris ovata und Neuropteris valdensis, mehrere Pecopterisarten und eine schmalblättrige Poacordaitesart.

Die Gorge du Triége erbrachte: Annularia radiata, Annularia sphenophylloides, Asterophyllites equisetiformis, Sphenophyllum oblongifolium, Sphenophyllum thoni, Sigillarienzapfen, Cyclopteris, Neuropteris ovata, Odontopteris brardi, Callipteridium pteridium, Alethopteris grandinioides, mehrere Pecopterisarten, Blattreste von Cordaiten. Unschwer ist der Unterschied zu erkennen, trotzdem rechnen wohl beide Vorkommen noch zum untersten Stefan.

Die Fundorte Fontaine de Moïse, Fontaine du Midi und Les Marécottes sind durch folgende Arten gekennzeichnet: Calamites suckowi, Annularia stellata, Annularia ramosa, Annularia sphenophylloides, Asterophyllites equisetiformis, Asterophyllites longifolius, Sphenophyllum oblongifolium, Sphenophyllum thoni, Sphenophyllum majus, Lepidodendronblätter, Sphenopteris heeri, Cyclopteris, Neuropteris ovata, Odontopteris brardi, Linopteris neuropteroides, Callipteridium pteridium, Taeniopteris cf. jejunata, Alethopteris lonchitifolia, Alethopteris rubescens, Pecopteris plumosa, weitere Pecopterisarten, Aphlebia, Cordaitenblätter, Cordianthus, Poacordaites.
Diese fossilen Floren sprechen ebenfalls für ein Unterstefanalter, wobei Linopteris neuropteroides eigentlich eine Angabe wäre, die noch dem unmittelbar darunterliegenden Westfal D zugehören müßte. Auch Jongmans äußert sich vorsichtig zu dieser Bestimmung, da z. B. Mariopterisfunde in der gesamten Schweiz unbekannt sind, ist ein Westfal-D-Alter in diesem Fall unwahrscheinlich — vielleicht ist diese schöne Linopterisart eine besondere, der L. neuropteroides nachfolgende Art des Unterstefan. Professor Jongmans hat ihr besondere Aufmerksamkeit gewidmet und nennt ihr Vorkommen aus Manno in den Südalpen, aus Les Marécottes im Kanton Wallis und vom Bifertengrätli aus dem Aarmassiv.

Cordaites principalis

Das Vorkommen von Manno in den Südalpen hat sicherlich ein höheres Alter. Es werden genannt: Calamites undulatus, Calamites schützeiformis, Asterophyllites equisetiformis, Sphenophyllum emarginatum?, Sigillaria tesselata, Lepidodendronblätter, Neuropteris cf. obliqua, Linopteris neuropteroides, Callipteridium pteridium, Alethopteris cf. zeileri, Pecopteris pluckeneti, Cordaitenblätter. Prof. Jongmans sprach sich für eine Einordnung der Manno-Flora in das mittlere Westfal aus, der von ihm selbst gesammelte Callipteridium-pteridium-Rest würde dem jedoch widersprechen, weshalb wohl ein Zeitraum vom Westfal D bis zum untersten Stefan gesicherter wäre. Auch die Flora von Cimadera, die bisher nur eine Lepidodendronrinde und eine Alethopterisart geliefert hat, die jedoch den Arten A. davreuxi und A. decurrens sehr ähnlich ist, müßte näher untersucht werden, um zu klä-

Sigillaria brardi

Nemejçopteris feminaeformis

Der Solnhofener Plattenkalk

Urvogel

ren, ob im Kanton Tessin vielleicht Westfal B oder C vertreten ist, wie es Jongmans vermutet hat. So zeigt sich uns die Karbonflora der Schweiz als eine Stefanflora, Hinweise auf ein wenig ältere Elemente liegen vor, warten aber noch auf die Klärung durch neue Funde und sichere Bestimmungen.

In Österreich haben die Anthrazite und fossile Pflanzen führende Schichten in den Konglomeraten der Stangalpe in der Steiermark ebenfalls ein Alter, das dem Unterstefan bis zur Obergrenze des Westfal D entspricht. Man kennt etwa zwanzig Fundorte am Königstuhl, am Grenzkamm zwischen Steiermark und Salzburg (Turracher Kohlen!), östlich vom Turracher See sowie südlich und nordöstlich vom Schwarzsee bei St. Oswald. Interessant sind die fossilen Pflanzenarten: Sphenophyllum emarginatum, Sphenophyllum oblongifolium, Sphenophyllum thoni, Lepidophloios laricinus, Sigillaria brardi, Nemejcopteris feminaeformis, Pecopteris plumosa, Pecopteris unita, Neuropteris scheuchzeri, Linopteris neuropteroides, Odontopteris cf. reichiana, Callipteridium pteridium, Alethopteris serli u. a. Einige dieser Arten deuten auf das obere Westfal hin, alle anderen belegen ganz sicher das untere Stefan.

Auch die Fundorte der Französischen Alpen passen sich in ihrer Mehrzahl diesem Allgemeinbild an. Erwähnung verdient vielleicht die kleine Karbonflora von L'Argentiére südlich von Briançon, weil sie Mariopteris latifolia, Neuropteris gigantea und Neuropteris schlehani enthält, was zweifellos für ein Westfalalter spricht — wenn man das Enden der letztgenannten Art in den anderen europäischen Vorkommen zugrunde legt, sogar für ein Westfal-A-Alter.

Die Linie der im Süden liegenden europäischen Oberkarbonfloren wird in Nordspanien (Asturien) und in Bulgarien fortgesetzt; Floren mit europäischem Gepräge finden sich noch in der Türkei und in Algerien. Sicherlich haben die Vorkommen, Becken und Tröge im Westfal und im Stefan mehr Beziehungen zueinander gehabt — wovon die im Ganzen recht einheitliche Oberkarbonflora zeugt — als die heutigen Landschaften und ihr Pflanzenbewuchs.

Es gibt wohl keine Lagerstätte seltener Fossilien, der man im deutschsprachigen Raum und auch darüber hinaus ein größeres Interesse entgegengebracht hätte als dem Solnhofener Plattenkalk des oberen Juras, denn in dieser Schichtenfolge fand man schon vor hundert Jahren — wie zur Rechtfertigung Darwins — die ersten beiden Exemplare des Urvogels. Auch die späteren Urvogelfunde entstammen sämtlich den Steinbrüchen an der Altmühl (BRD). Inzwischen ist das berühmteste Fossil, die Archaeopteryx lithographica, sechsfach belegt — durch einen Feder- und fünf Skelettfunde (S. 139, Abb. 37). Über die besonders populären Urvögel hinaus kennen wir jedoch von der Altmühl viele andere wertvolle und schöne Fossilien. Sammler und Wissenschaftler schätzen besonders ihren hervorragenden Erhaltungszustand, der auch die fossile Überlieferung feindetaillierter Objekte erlaubte, wie Urvogelfedern, Insektenflügel, Krebsantennen, Flossenstrahlen von Fischen usw. Insgesamt fand man in den Solnhofener Plattenkalken bisher rund 650 Tierarten und etwa 25 Pflanzenarten.

Das Vorkommen liegt in der südlichen Frankenalb (Bayern, BRD). Es erstreckt sich mit Unterbrechungen auf den Höhen beiderseits der Altmühl zwischen Solnhofen und Kehlheim und ist durch zahlreiche Steinbrüche auf-

41

geschlossen. Der Abbau beschränkt sich heute jedoch auf die Gebiete um Solnhofen (Langenaltheim, Mühlheim, Mörnsheim) und Eichstätt (Blumenberg, Wintershof, Sappenfeld, Schernfeld) sowie auf die Brüche bei Pfalzpaint, Zandt, Painten und Hennhüll. Frühere Abbaugebiete finden sich bei Daiting, Tagmersheim, Jachenhausen und Kehlheim.

Schon die Römer schätzten den Plattenkalk als Baumaterial. Im späten Mittelalter wurde er bereits weit gehandelt. So erhielt beispielsweise die Sophienkathedrale in Konstantinopel vor 500 Jahren einen Bodenbelag aus Kehlheimer Platten — wie man das Gestein damals nach dem Verladeort an der Donau nannte. Aber erst die Erfindung des Steindrucks (Lithographie) durch Senefelder (1796) verschaffte den Solnhofener Platten Weltruhm. Besonders begehrt war der »blaue Lithographenstein«, der beste seiner Art. Während eines Jahrhunderts außerordentlich reger Abbautätigkeit wurde die Mehrzahl all jener seltenen Fossilien gefunden, die wir heute in Museen und Sammlungen bewundern können.

Die örtlichen Museen im Altmühltal sind erwartungsgemäß der Hort besonders vieler gut erhaltener und schöner Plattenkalkfossilien, so auch das neu geschaffene landschaftsbezogene Jura-Museum auf der Willibaldsburg in Eichstätt. Vor allem wurde es die Heimstatt des jüngsten Urvogelfundes. Die umfangreiche Kollektion ging aus der naturwissenschaftlichen Sammlung des dort befindlichen bischöflichen Seminars hervor und dankt ihre Existenz dem 35jährigen Wirken von Prof. Dr. Franz Xaver Mayr, der 1973 auch die Erstbeschreibung des fünften Urvogelskeletts gab (sogenanntes Eichstätter Exemplar). Dieses zuletzt beschriebene Skelett war bereits 1951 bei Workerszell gefunden worden, nur etwa zwei Kilometer von der Fundstelle des »Berliner Exemplars« (1877) entfernt. In bezug auf Einbettungslage und Vollständigkeit des Skeletts sind sich beide Funde recht ähnlich, doch war der Urvogel von Workerszell deutlich kleiner, und seine Federn bildeten sich nur sehr verwaschen ab. So bleibt der Skelettfund von 1877 (Abb. 37), aufbewahrt im Museum für Naturkunde der Humboldt-Universität zu Berlin, weiterhin das anschaulichste und schönste Exemplar der Archaeopteryx lithographica.

Der Solnhofener Plattenkalk ist ein dichter, ausgesprochen ebenplattiger Kalkstein. Man begegnet dem gelblichen bis braunfleckigen oder grauen bis blaugrauen Gestein häufig als Bodenbelag und Wandplatten in Gebäuden, Anlagen und Gärten. Aus unzähligen Sammlungen aber kennen wir die Kalkplatten als Träger vorzüglich erhaltener, wenn auch zusammengedrückter Fossilien. In den Steinbrüchen lernen wir das Gestein darüber hinaus als eine Wechsellagerung von Kalkplatten (»Flinze«) und Mergellagen (»Fäulen«) kennen, die zunächst eintönig erscheinen mag, bei näherer Betrachtung aber einen von Ort zu Ort wechselnden Charakter zeigt. Im Rhythmus der Wechsellagerung ist keine Gesetzmäßigkeit zu erkennen, und die Mächtigkeit der Platten und Lagen variiert regellos. Gelegentlich stehen wir in den Brüchen überwiegend feinschichtigen Wechselfolgen gegenüber, dann wieder dickeren Kalkbänken (bis 30 cm). Man unterscheidet daher beschreibend zwischen Kalkschiefer, Plattenkalk und Bankkalk (vgl. Neuburger Bankkalk, S. 138, Abb. 35). So ist es auch nicht verwunderlich, daß in älteren Büchern oder in Sammlungen fernab von Solnhofen die fossilführende Schichtenfolge als »Schiefer«, »Lithographenkalk« oder noch anders angesprochen wird.

Kaum weniger als für die Fossilien selbst haben sich Geologen und Paläontologen von Anfang an für die Bedingungen der Fossilisation interessiert.

42

Die Frage nach den Umständen der Einbettung und Fossilisation der Juraorganismen von Solnhofen ist noch heute ein Objekt des wissenschaftlichen Meinungsstreites. So wird einerseits immer wieder die Trockenfall-Hypothese von der vermutlichen Existenz wattmeerähnlicher Bedingungen vertreten, während andererseits viele Wissenschaftler meinen, daß der Ablagerungsraum ständig unter Wasser stand. Sicher sind manche Urvogel-, Flugsaurier- und Fischleichen vor der Einbettung eingetrocknet — wie ihr in Totenstarre zurückgebogener Kopf vermuten läßt —, doch muß die Mumifizierung nicht am Ort der Einbettung erfolgt sein. Sie könnten von einem zeitweilig trockenfallenden Riffplateau in die Becken eingespült worden sein.

Um die Frage der Sedimentationsbedingungen zu klären, wurde das Gestein in den letzten Jahren verstärkt mikroskopisch untersucht (z. B. von Barthel, Hemleben, Janicke). Die Flinze bestätigten sich als Fremdmaterial, das als im Riffbereich aufgewirbelte Schwebfracht in die Lagunen transportiert und dort relativ schnell sedimentiert wurde. Die Fäulen dagegen lagerten sich langsam ab; sie enthalten ortsständige Foraminiferen und Coccolithen. Die Flinze erwiesen sich ferner teils als feinstlagig, teils als entschichtet. Daraus lassen sich wechselnde Lebensbedingungen für bodenbewohnende Kleinorganismen ableiten. Es bestand also in den Becken keine totale Lebensfeindlichkeit, wie bislang angenommen wurde. Lebensfeindliche Bedingungen mögen sich aber immer wieder eingestellt haben. Unter den damals subtropisch-ariden Verhältnissen erwärmten sich abgeschlossene Stillwasserbereiche so stark, daß sowohl Sauerstoffmangel des Wassers als auch Übersalzung eintreten konnten. Tiere, die in solche »Lagunen« gerieten, starben bald und fossilisierten leicht, wenn sie rasch eingebettet wurden. Das besorgten nach neuesten Vorstellungen kalkabscheidende Blaualgen. Häufig wurden bereits tote Tiere eingespült oder eingeweht.

Das geologische Bild der Jura-Schichten in der Fränkischen Alb zeigt zweifelsfrei, daß sich im oberen Jura entlang der Südküste eines nördlich gelegenen Festlandes mächtige Schwammriffe entwickelten, deren erhebliches Relief noch vor Ende der Jurazeit mit feinstem Kalkschlick aufgefüllt und eingeebnet wurde. Zwischen zahlreichen Riffmassiven konnte eine Reihe von Sedimentationswannen und natürlichen Kanälen nachgewiesen werden, die heute teilweise in den Erosionsformen des Altmühltals exhumiert vorliegen. Während der Ablagerung der Solnhofener Plattenkalke waren die Riffe bereits herausgehoben und abgestorben. Die Becken zwischen den toten Riffmassiven bildeten also keine eigentlichen Lagunen im Sinne von Stillwasserbereichen hinter lebenden Riffen.

In der umfangreichen Liste fossiler Arten aus dem Solnhofener Plattenkalk sind vorwiegend Meerestiere aufgeführt, darunter etwa 150 Fisch-, 60 Krebs-, 30 Ammoniten- und 50 Muschelarten. Die fliegenden Tiere repräsentieren rund 160 Insektenarten, vor allem aber 32 Arten von Flugsauriern und der Urvogel, Archaeopteryx lithographica. So manche Art ist nur durch ein oder wenige Exemplare belegt. Häufiger gefunden werden Fische und Krebse. Einen wertvollen Einzelfund stellt der hühnergroße, zweifüßig laufende Saurier Compsognathus longipes dar. Er spielte einst für die hypothetische Herleitung der Urvögel eine wichtige Rolle. Inzwischen kennt man aus Südfrankreich (Plan de Canjuers, Var) eine neue Art gleichen geologischen Alters, die uns einen tieferen Einblick in ihre hochspezialisierte Lebensweise erlaubt. Die Vorderextremitäten sind bei der neuen Art (1972) noch stärker reduziert und lassen als paddelförmige Gebilde an ein halbaquatisches Leben denken. Vielleicht lief, schwamm oder tauchte dieser kleine

Fisch

Saurier im engeren Riffbereich. Pflanzenreste dagegen sind selten und werden nur örtlich gefunden. Sie sind von besonderem Interesse für Versuche, die Umwelt der Vögel zu rekonstruieren. Floristisch reicher ausgestattet zeigen sich analoge, etwas ältere Plattenkalke im Nordosten Spaniens (Lerida). Die Natur eines von dort beschriebenen Fossils als Flaumfeder eines Vogels muß bezweifelt werden, da sich der Verdacht auf einen Pflanzenrest ergeben hat. In den Schichten von Lerida findet man häufig die sehr feingliedrigen Reste von Montsechites ferreri, die durchaus eine Flaumfeder vortäuschen könnten.

Die Häufigkeit Solnhofener Fossilien in den Sammlungen sollte uns nicht zu falschen Schlüssen hinsichtlich der Fossilhöffigkeit verleiten. Die Fossilien sind in den Plattenkalken durchweg selten, am häufigsten aber dabei noch in jenen Bereichen, in denen die dünnen Platten vorkommen. Gewöhnlich werden sie auch heute noch erst im Laufe der Zeit von den vielen aufmerksamen Steinbrucharbeitern gefunden, da diese in größtem Maße Gelegenheit haben ,viel Gesteinsoberfläche auf Fossilien hin zu mustern. Nur an wenigen Stellen sind in bestimmten Lagen bestimmte Fossilien häufiger anzutreffen und auch auf den Halden zu finden — so die feingegliederte, stiellose Seelilie Saccocoma und der kleine Ammonit Opelia bei Eichstätt, der Seestern Geocoma und der kleine Krebs Euryma bei Zandt, die »Solnhofener Sprotte« Leptolepis bei Langenaltheim sowie Quallen bei Pfalzpaint und Hofstetten.

Ammonit

Kenner verweilen nachdenklich bei diesen fünf Worten. Für die Pflanzenwelt unserer Erde ist die Kreidezeit die große Wende zum Heute. Die Zeit der Riesensaurier und manch anderer Tiergruppe des marinen Raumes ging in ihr zu Ende. War dies eine Folge der großen Veränderungen in den Pflanzengemeinschaften unserer Erde seit dem Alb, also seit 106 Millionen Jahren? Es hat viele Überlegungen zum Problem »Aussterben der Riesensaurier« (Dinosaurier) und vieler anderer Tiergruppen (z. B. der Ammoniten) gegeben. Etwas vorschnell wird zu solchen Denkvarianten oft gleich Theorie gesagt. Sicherlich ist an ihnen allen auch etwas Wahres, aber einfach ist dieses große Naturgeschichtsproblem der ausgehenden Kreidezeit (Maastricht) sicherlich nicht zu sehen. Gehen wir für unsere Zwecke vielleicht einmal von der These aus, daß alle diese »Theorien«, so unterschiedlich sie auch im einzelnen sind, etwas Wahres umreißen.

Fossile Pflanzenreste der unteren Kreidezeit

Was mögen die mesozoisch-mesophytischen Pflanzenfresser unter den Sauriern vor 250 Millionen Jahren (Kupferschieferzeit zu Beginn des oberen Perms) bis 100 Millionen Jahren (Ende der unteren Kreidezeit) gefressen haben? Dieses Fragezeichen sollte man ganz groß schreiben! Bis 1976 gab es darauf keine wissenschaftlich fundierte Antwort, denn so etwas wie Pferdeäpfel haben uns die pflanzenfressenden Dinosaurier leider nicht hinterlassen. Hinzu kommt, daß die damals recht einheitliche Pflanzenwelt aus Farnen, Bennettiteen, Cycadeen, Ginkgogewächsen und Koniferen eigentlich nur in Form der Koniferenzapfen und der Samen uns heute freßbar Erscheindendes enthielten. Wieweit helfen uns hier aktualistische Vergleiche? Insekten fressen nicht einmal heutige Ginkgoblätter, und Cycasblätter sind giftig. In Japan schätzt man junge Cycaswedel als Gemüseleckerbissen, allerdings erst nach sorgfältigem Auskochen und Abgießen des giftigen Wassers. Wahrscheinlich waren alle Cycadeen- und auch alle Bennettiteenblätter giftig.

Farne frißt heute kaum ein Tier. Wovon aber sollen die großen und kleinen pflanzenfressenden Dinosaurier gelebt haben? Zwar hat man bei den großen Dinosaurierskeletten (Brachiosaurus, Dicraeosaurus im obersten Jura Tansanias) auch einige versteinerte Araukarienzapfen gefunden, aber allein davon werden sie wohl kaum gelebt haben. Möglicherweise waren viele oder die meisten pflanzenfressenden Dinosaurier größere Nahrungsspezialisten, als man es bisher annahm. Für heutige, säugetiergemäße Ansprüche war die Pflanzenwelt des Mesophytikums noch nicht reif.

Schon vor 50 Jahren hat der englische Paläobotaniker Prof. Dr. Hamshaw Thomas in den berühmten Mitteljuraablagerungen von Yorkshire neben den reichhaltigen fossilen Pflanzen auch so etwas wie Kaninchenpellets gefunden, so lautet der gewählte englische Ausdruck für das, was die Paläontologie sonst Koprolithen nennt.

Eine 1976 im Bulletin des Britischen Museums für Naturgeschichte, London, veröffentlichte Abhandlung teilt uns den sehr interessanten mikroskopisch-paläobotanischen Befund mit: Die etwa 10 bis 13 mm großen Pellets, von denen sich 250 auf einem Quadratmeter fanden, enthielten etwa zu 99 % Blattreste von Ptilophyllum pectinoides, einer Bennettitee (Abb. 79). Das restliche eine Prozent setzte sich aus weiteren Bennettiteenblattresten wie Nilssoniopteris vittata, Anomozamites oder Pterophyllum sowie der Ginkgoverwandten Czekanowskia zusammen. Interessanterweise handelt es sich bei diesen gefressenen und verdauten Blattresten nicht um ursprünglich junge Blätter, wie man annehmen würde, sondern um alte, wahrscheinlich sogar vertrocknete und dadurch entgiftete, abgefallene Blattreste. Darauf deuten die klein zerbrochenen Blattstücke in den Pellets hin. Das uns noch unbekannte Tier der mittleren Jurazeit, das etwa Kaninchen- oder Schafsgröße hatte, war entweder ein ornithopoder Dinosaurier oder ein frühes Säugetier. Es wird dieses alte Laub sozusagen straßenkehrend oder zusammengeschwemmt in einem Flußlauf verwertet haben. So wird vielleicht verständlich, daß eine sehr enge Anpassungsspezialisierung an damals im Mesophytikum weltweit verbreitete pflanzliche Nahrung die pflanzenfressenden Dinosaurier vor 100 bis 70 Millionen Jahren vor unlösbare Probleme stellte. Aussterben bedeutet damit Ersetztwerden durch andere Populationen.

So unscheinbar die Funde auch waren, die damit verbundene Aussage ist sehr hoch zu schätzen.

Es gibt Landschaften in Mitteleuropa, in denen die sedimentären Gesteinsschichten wie ein Buch aufgeschlagen sind. Im Gebiet nördlich vom Harz haben subherzyne Faltungen in der oberen Kreidezeit die Unter- und Oberkreidesandstein- und Tonschichten in Schichtstufen aufgeblättert. Sättel und Mulden wechseln im geologischen Kartenbild. Jeder dieser Sättel läßt den ortskundigen Beobachter einen Blick in die hier abgelagerten kreidezeitlichen Stufen werfen. Fossilien wie Weichselia (Abb. 89) und Credneria (Abb. 91) stammen aus dem Gebiet des Quedlinburger Sattels (DDR), sind aber auch an vielen anderen Aufschlußpunkten zu finden.

Die Unterkreide, bestehend aus lockeren Sandsteinen des Hauterive und Barrême, ist im Gebiet des Quedlinburger Sattels mit einer Folge von über 100 m deshalb so fossilreich ausgebildet, weil die hauterivezeitliche Nordsee mit ihren vielen großen Inseln und einem sicherlich feucht-warmen Klima sich viel weiter nach Süden ausdehnte und in Richtung auf Salzgitter (BRD) und Quedlinburg (DDR) eine Flußmündungsbucht hatte. Auch bei Hildesheim (BRD) wurde damals ein Ton mit zahlreichen kohligen Pflanzenresten abgelagert. Die Eisentrümmererze von Salzgitter stellen einen lagerstätten-

kundlichen Spezialfall dar. An der damaligen Küste der Hildesheimer Halb-
insel wurden die Tone des Juras ausgewaschen, und die in ihnen enthaltenen
Toneisensteine bildeten das dortige Eisenerz von Salzgitter.

In den Sandsteinen des Stadtgebietes von Quedlinburg sind die Pflanzen
der Hauterive- und der Barrêmezeit großenteils aufrechtstehend eingebettet
gefunden worden. Dem Sinn des Wortes Pflanzenabdruck oder Impression
(analog dem englischen Ausdruck, der sich international eingebürgert hat)
nach erscheint dies ungewöhnlich, ja direkt unglaubhaft, aber es zeigt eben
nur, daß Worte unsere Vorstellung von Naturdingen auch einschränken können, weshalb man gern neue Begriffe den älteren hinzufügt. Hier spricht
man von autochthonen Pflanzen, was soviel wie »an Ort und Stelle wach-
send, im Sediment eingebettete Pflanzen« bedeutet.

Schon um die Jahrhundertwende ist Quedlinburg durch die Funde eines
zwerghaften Sigillarianachfahren von etwa 10 cm Größe in der botanisch-
paläobotanischen Fachwelt berühmt geworden. Benannt wurde er nach dem
schwedischen Paläobotaniker Prof. Dr. A. G. Nathorst: Nathorstiana arborea. Die Sammlung wertvoller Funde dazu ist heute im Besitz des Naturhistorischen Reichsmuseums, Stockholm (Schweden). Der in der Oberkarbonzeit große, mächtige und vorwiegend aus Rinde bestehende Sigillarienstamm
ist bei der zwerghaften Nathorstiana arborea zu einem nur wenige Zentimeter
langen Stammstück zusammengeschrumpft. Wie bei Oberkarbonsigillarien
üblich, endet dieser kleine Stamm in einem Blattschopf pfriemenförmiger
Blätter. Die unterirdischen Stammaufgabelungen in Form der Stigmaria

Pleuromeia sternbergi, ein 1 bis 2 m hohes Bärlappgewächs der Buntsandsteinzeit. Links ein Fossilbruchstück aus der Blüten-(Sporophyll-)Region und ein Stammstück mit dicht stehenden Blattnarben. Rechts eine zeichnerische Rekonstruktion
der Pflanze (nach H. Potonié und K. Mägdefrau)

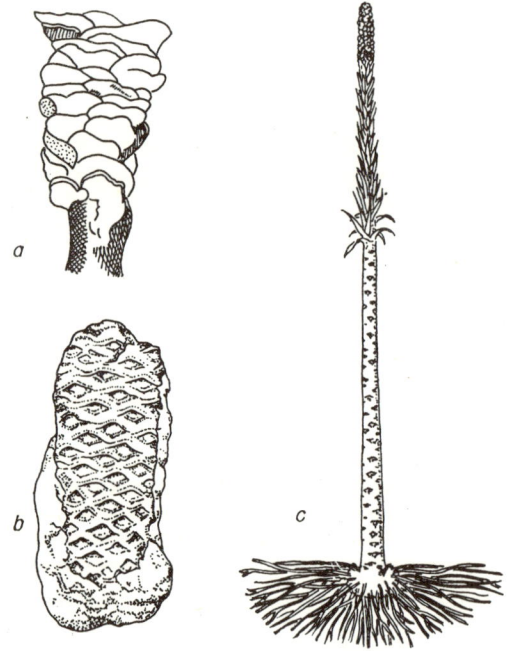

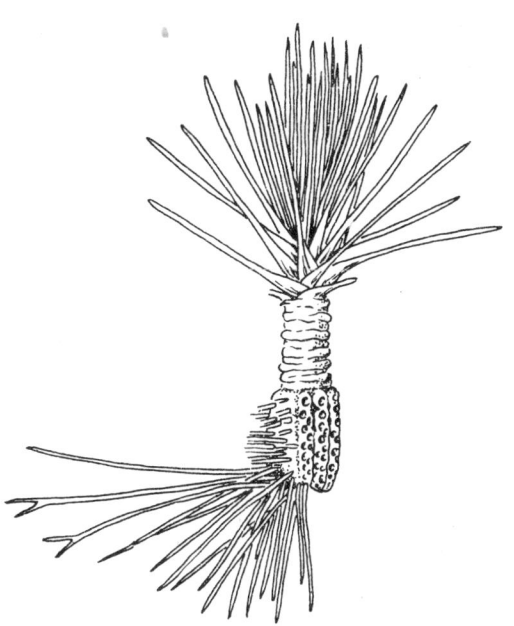

Nur etwa 10 cm hoch war Nathorstiana arborea. Auf wasserüberfluteten Sand-
flächen wuchs diese Pflanze kurzzeitig. Wie ihre Sporen, Prothallien oder Rhizome
die langen Zeiten der Trockenheit überstehen konnten, ist uns ein Rätsel.

ficoides (s. S. 31) sind vollständig reduziert, zu einer Wurzel- bzw. Appen-
dicesansatzzone zusammengeschrumpft. Schon in der Buntsandsteinzeit hatte
es eine etwa 1 bis 1,5 m hohe Pflanze mit dem Namen Pleuromeia sternbergi gegeben, die ebenfalls Nachfahre der Sigillarien und in ähnlicher Weise,
wenn auch nicht so vollständig, reduziert war. Sie bestand immerhin aus
einem noch ansehnlichen Stamm und vier kleinen, ziegenhornartigen basalen Fortsätzen, die Rudimente der Stigmarien darstellten. Auch sie wurde
in Sandsteinerhaltung gefunden, stellenweise sogar recht häufig, so in Bern-
burg und Thüringen (beides DDR), in Hessen und Baden (beides BRD); sie
ist in Museumssammlungen oft vertreten.

Diese beiden Bärlappgewächse mesophytischer Zeit waren Nachkommen
der Sigillarien, hatten die Sigillarienbaumgestalt bereits verloren, aber die
heutige Gestalt von Isoetes (Brachsenkraut, heute selten in nährstoffarmen
Seen an der Nord- und Ostseeküste) noch nicht erreicht. Von Pleuromeia weiß
man, daß sie auf vielen Kontinenten weit verbreitet war, von Nathorstiana
kennt man bisher nur das Massenvorkommen von Quedlinburg (DDR). Um
so überraschender war die Nachricht aus dem Jahre 1959, daß ein Nathorstiana sehr ähnliches Bärlappgewächs, noch heute lebend in den Anden von
Peru, ebenfalls auf wasserüberfluteten Standorten entdeckt wurde. Somit muß
Nathorstiana in der Unterkreidezeit weiter verbreitet gewesen sein. Süd-
amerika und Europa, von denen wir wissen, daß sie als Kontinente erst nach
dem oberen Apt langsam und bis heute andauernd auseinanderdrifteten, bildeten sicherlich ein damals noch zusammenhängendes Gebiet, das Verbreitungsgebiet von Nathorstiana arborea. Das noch heute lebende pflanzliche
Fossil in den Anden Perus hat den botanischen Namen Stylites andicola erhalten.

Nathorstiana arborea wurde in Quedlinburg bei Bauarbeiten am Dreck-berg in zahlreichen Exemplaren, z. T. direkt übereinanderwachsend, gefunden, so daß die Finder und späteren wissenschaftlichen Bearbeiter übereinstimmend annehmen, daß der feine Sand auf die lebenden Pflanzen geweht oder durch Hochwasser eingeschwemmt wurde und daß die nachfolgenden Exemplare sich direkt über dem gleichen Standort wieder ansiedelten. Der untere Teil des Quedlinburger Sandsteinprofils der Unterkreide ist etwa 120 Millionen Jahre alt, und Nathorstiana wurde in diesem unteren Sandstein gefunden, der mit einem Wurzelhorizont und darauflagernden 12 m Sandstein mit autochthonen Pflanzen endet.

Hausmannia kohlmanni

Im selben Horizont, wenn auch nicht unmittelbar zusammen mit Nathorstiana, wurde der kleine, in der Blattgestalt herzförmige Farn Hausmannia kohlmanni ebenfalls autochthon gefunden. Nach der mehr oder weniger stark aufgegabelten oder zerteilten Blattspreite hat man mehrere Hausmannia-arten unterschieden, auch sie waren während der ganzen Unterkreidezeit in Europa und darüber hinaus weit verbreitet. Sie sind Repräsentanten einer heute tropischen Farnfamilie, der Dipteridaceen, deren Reliktareal sich auf das indomalayische Gebiet in Südostasien beschränkt.

Wenige Meter höher im Sandsteinprofil, das rings um die Stadt Quedlinburg die Bergkuppen bildet, sind vier ganz deutliche und charakteristische Wurzelböden, etwa 0,5 bis 1,5 m mächtige, von vielen fossilen Wurzellöchern und dunkel gefärbten Wurzelgängen durchzogene Sandsteinbänke ausgebildet. Unmittelbar auf diesen fossilen Wurzelböden hat man große Unterkreidepflanzen, noch aufrecht stehend, ringsum in feinkörnigen Sandstein eingebettet, gefunden. Offenbar ist der feine Sand so plötzlich abgelagert worden, daß er ganze Weichseliafarnpflanzen von 2 m Durchmesser und die über 2 m hohen Stämme der Stiehleria einhüllte, autochthon einsedimentierte.

Kleinere und größere Blattwedel von Weichselia reticulata sind am häufigsten gefunden worden. Man kennt solche Weichselia-reticulata-Blattreste auch aus den überall im Norden der DDR und im äußersten Norden der BRD anzutreffenden Holmasandsteingeschieben. Allerdings sind solche Geschiebe mit einem so guten Fund wie auf Abbildung 89 selten. Diese Sandsteingeschiebe stammen aus Südschweden (südlich Näsum auf Schonen) bzw. aus dem angrenzenden Ostseeraum und sind bis zum Stadtrand von Berlin zu finden. Auffällig ist auch hier, daß die Blättchen nicht flachgedrückt im Gestein liegen, sondern im Anbruch V-förmige Querschnitte zeigen und wie zu ihrer Lebenszeit, in Schmetterlingsstellung aufgerichtet, im Sandstein eingebettet sind. Auch im Quedlinburger Sandstein ist dies fast immer der Fall. An der Felswand erkennt man eine mehr als 50 cm lange Zickzacklinie — die V-förmigen Blättchenquerschnitte. Oft folgen mit wenigen Dezimetern Abstand mehrere Linien übereinander. In Quedlinburg sind Weichseliawedelstücke von über 60 cm Länge gefunden worden. In einigen Fällen konnten sogar Reste einer ganzen Weichseliapflanze freigelegt werden. Somit ist die zeichnerische Rekonstruktion, wie sie in unserem Lebensbild 88 wiedergegeben wurde, eine reale, beinahe im Aufschluß zu beobachtende Aufgabe.

Eine V-förmig aufgerichtete Stellung der Blättchen ist bei heutigen höheren Pflanzen mit kleinen Blättchen (z. B. Albizia julibrissin, Leguminosenbäume an der Südostküste des Schwarzen Meeres) in der stark sonnigen Sommermittagszeit ebenfalls üblich.

Da die Weichseliablättchen als dünne Hohlräume vorliegen, die durch Brauneisen verkittet und schwach gefärbt sind, kann ein guter Hammer-

48

schlag und vorsichtiges Freikratzen mit einem dünnen Holzstäbchen große Wedelstücke freilegen. Die Bergfeuchtigkeit hält den fast bindemittelfreien Sandstein zusammen. Beim Trocknen jedoch zerfällt er zu feinem Sand, und manch guter Fund zerstört sich so von selbst. Es ist nicht möglich, solche Funde nach Hause zu transportieren, ehe sie künstlich verfestigt sind. Eine dünne, wäßrige Kleisterlösung oder Latexverdünnung auf den antrocknenden, sauberen Fund getröpfelt, sorgt für eine Zufuhr von Bindemittel in der obersten Schicht. Wenige Stunden — besser ein Tag — Trocknung ergeben dann einen festen, transportfähigen Fund. Wer diese Präparationsarbeit nicht auf sich nehmen will, sollte lieber nicht mit dem Hammer suchen, Funde machen, und sie dann durch unsachgemäße Handhabung zerstören.

Weichselia reticulata ist in vielen Ländern nachgewiesen worden: England, Nordfrankreich, Belgien, Österreich, BRD, USA, Ägypten, Sudan, Syrien, UdSSR, Peru, Indien u. a. In der VR Polen sind inkohlte Blättchen mit der deutlichen Maschennervatur gefunden worden; inkohlte Blättchen in guter Erhaltung sind· auch besonders aus dem Ton von Hildesheim (BRD) bekannt geworden. In einer 1932 erschienenen wissenschaftlichen Arbeit wurden solche Funde aus verschiedenen Horizonten des unteren und oberen Barrême von Hildesheim, hier durch die Ammonitenzonierung belegt (Criocerasarten), abgebildet, darunter ein großer, unten gegabelter Wedel, der im Römermuseum Hildesheim zu sehen ist.

Weichselia reticulata — Sorus aus Sporangiengruppen

Auch fertile Wedel sind an vielen der genannten Fundorte entdeckt worden. Jeder, der meint, die Fortpflanzungsweise der Farne zu kennen, steht bei Weichselia vor einem entwicklungsgeschichtlichen Sonderfall. Die basal aufgabelnden Wedel besitzen — wie Funde in Quedlinburg belegen — keine Spreite, die Wedelhälften sind zusammengeklappt. So besteht solch ein fertiler Wedel nur aus Achsen. Am Ansatz der Blättchen fiedern die dünnen Achsen — auch V-förmig stehend — auf und tragen endständig eine kleine Sammelfrucht von Sporangien. In Reihen stehen diese Kugeln von 3 bis 4 mm Durchmesser nebeneinander. Von einem Quedlinburger Sammler wurden diese Gebilde durchaus nicht unberechtigt als kleine Sparganiumfrüchte angesprochen — für diese aber ist es in der Unterkreidezeit noch zu früh! Diese Kugeln sind Gebilde, die sich mit einer männlichen Eibenblüte, vielleicht auch mit einer Sporangienähre eines Schachtelhalmes vergleichen lassen. Analog zu diesen bestehen sie bei Weichselia aus aneinanderstoßenden, kleinen, fünf- bis sechseckigen Plättchen, an deren Unterseite — also kugelinnenwärts — die Sporangien sitzen, die ihrerseits einen geschlossenen Reifen bilden. In der Mitte sind diese Plättchen mit einem kleinen Stiel am Zentrum befestigt. Wie neuere Geschiebefunde aus dem nördlichen Stadtrand von Berlin (DDR) belegen, wurden diese Sporangiophore samt ihrem noch ungeöffneten Kreis von Sporangien abgeworfen. Dies ist eine bei Farnen und überhaupt bei allen Farnartigen (Pteridophyten) recht ungewöhnliche Art der Sporenverbreitung. Wir haben allen Grund, anzunehmen, daß dies auch mit einer besonderen Lebensweise verbunden war. Sicherlich hatten die Weichselien eine jurazeitliche Vorgeschichte in einem trockenen und heißen Klima, worauf die tief eingesenkten Spaltöffnungsapparate auf der Blättchenunterseite hinweisen. Vermutlich waren sie in ariden Wüstengebieten des obersten Juras an ein »Leben im Rückzug« angepaßt. Nun aber, in der feucht-warmen und stellenweise sogar kohlenbildenden (Wealdenkohlen von Bückeburg — BRD —, zwischen Weser und Leine) Unterkreidezeit, vermehrten sich diese Spezialisten unter den Farnen massenhaft, von Kasachstan (UdSSR) bis Peru, von Belgien bis zum Sudan und Indien. An einem Geschiebefund war die übergroße Vielzahl der Spaltöffnungsapparate auf der Blättchenunter-seite schon mit der Lupe zu erkennen: Welch ein Gegensatz »Vielzahl von Atemöffnungen« und gleichzeitig »tief eingesenkt«! So kann nur ein Trocken-heitsspezialist, der sich auf kurzzeitig große Feuchtigkeit eingerichtet hat, aussehen!

An einem Holmasandstein-Geschiebefund sind auch die ersten anatomi-schen Untersuchungen der Wedelachse gemacht worden. Die wasserleitenden Holzzellen (Xylem) bilden charakteristische Längsstränge. Ebensolche Stränge sind in kleinen Stammstücken von etwa 5 cm Durchmesser wieder-gefunden worden, die in Alstätte, Kreis Ahaus (BRD), nahe der niederländi-schen Grenze, und in Bernissart (Belgien) entdeckt wurden. Äußerlich sehen diese Stammstücke unscheinbar aus, aber ihre innere Struktur ist aus vielen ineinanderliegenden Kreisen von Einzelsträngen aufgebaut. Wie ist diese Ähnlichkeit oder anatomische Gleichartigkeit zu deuten? Der englische Paläo-botaniker Dr. K. L. Alvin hat beide Dinge in einer phantastischen Rekon-struktion vereinigt und denkt sich einen Schirm von fünfzehn großen Weich-selia-reticulata-Wedeln an der Spitze eines solchen etwa 2 m hohen Stam-mes. Der Stamm müßte durch zahlreiche Stelzwurzeln gestützt gewesen sein.

Eine andere Ansicht wird, dem Zwange der Quedlinburger Funde folgend, in unserer Bildrekonstruktion vertreten. Auf den erwähnten Wurzelböden stehend, sind in Quedlinburg zahlreiche autochthone Stämme von über 2 m Länge gefunden worden, die im Querbruch bis zu acht »Jahresring«- oder Blattlagen erkennen ließen. Diese nach oben zu immer dünner werdenden Stämme wurden zu Dutzenden beobachtet und standen, deutlich nach süd-westlicher Richtung gekippt, nur wenige Dezimeter auseinander. Diese Kip-pung und Einsedimentierung in Lebensstellung läßt an Passatwinde und Sandstürme aus nordnordöstlicher Richtung denken, andererseits stehen diese Stämme oder Scheinstämme zu dicht, als daß man sie sich im Sinne der Rekonstruktion von Dr. Alvin an ihren dünnen Enden mit Weichselia-wedeln versehen vorstellen könnte. Diese eigenartigen Stämme wurden un-ter dem vielleicht provisorischen, vielleicht aber auch eine andere Pflanze symbolisierenden Namen Stiehleria simildae der Wissenschaft bekannt-gegeben. Die interessante wissenschaftliche Meinungsverschiedenheit um Weichselia zeigt, daß es noch paläobotanische Probleme gibt, die nur durch künftige Funde entschieden werden können.

Neben den zahlreichen Weichseliafunden entdeckt man in Quedlinburg Farnblätter, die handförmig auf einem dünnen Stiel sitzen: Matonidium göpperti und Phlebopteris dunkeri. Sie repräsentieren die Farnfamilie der Matoniaceen, die in der Jurazeit in Europa, dem östlichen Nordamerika, Grönland, Südostasien und Australien mit verschiedenen Gattungen weit ver-breitet war und heute nur noch ein kleines tropisches Refugium auf Malakka, Kalimantan und Sulawesi besitzt.

Den heutigen Cycasblattwedeln sehr ähnlich war die damalige Bennetti-teengattung Pseudocycas, die mit schönen Blattfunden ebenfalls im Qued-linburger Unterkreidesandstein vertreten ist. Dazu gesellen sich an weiter entfernt gelegenen Fundorten schuppennadelige Koniferenzweigstücke und im Holmasandstein die zweinadelige Pinus nathorsti.

Die Hauterive-Barrême-Flora ist in Europa die letzte mesophytische Flora nach der reichhaltigen Wealdenflora von Bückeburg (BRD), wo seit Jahr-hunderten mehrere kleine Steinkohlenflöze die Aufmerksamkeit der Samm-ler, Geologen und Paläobotaniker auf sich zogen. Mit dem Begriff Wealden bezeichnet man terrestrisch-limnische Sedimente an der Grenze zwischen

Jura und Kreide. Diese oft zahlreiche Pflanzenreste enthaltenden Ablagerungen sind im Norden der DDR, der BRD, Frankreichs und in Südengland weit verbreitet. Mit Funden von Equisetites, Matonidium göpperti, Hausmannia und weiteren Farngattungen erweist sich die Wealdenflora als reicher an Vertretern eines feuchten und milden Klimas. Zahlreiche Funde von Ginkgoitesblättern, von Pseudocycas und anderen Bennettiteen sowie kleinblättrigen Nilssonien belegen einen Klimacharakter, wie er heute nur in Japan oder auf Kuba vorherrscht, wo noch Cycadeen beheimatet sind.

Auch Koniferen sind reichlich im Wealden vertreten, darunter eine sehr charakteristische Konifere mit Einzelnadeln von 2 bis 3 mm Breite und 2 bis 3 cm Länge. In den Sammlungen wird sie unter dem Namen Abietites linkii geführt; da sie aber mit keiner heutigen Koniferengattung identisch ist, ist neuerdings ein neutraler Gattungsname vorgeschlagen worden: Tritaenia (Abietites) linkii. Der neue Gattungsname nimmt darauf Bezug, daß die Nadeln auf der Unterseite normalerweise drei (selten bis fünf) Streifen mit Spaltöffnungsapparaten zeigen. Die eigenartigste fossile Bildung des Wealden sind jedoch spindelförmige Hai-Eier von etwa 10 cm Größe (s. a. Abb. 2). Da meist mehrere, um ein Zentrum herum angeheftet, gemeinsam mit Pflanzenresten gefunden wurden, hielt man sie vor Jahrzehnten für Bromeliaceenblütenstände. Somit haben sich zweimal in der Erdgeschichte die Eier von Haien in das Süßwasser und damit in die paläobotanischen Museumssammlungen verirrt: im Karbon und in der Unterkreidezeit (Wealden).

Wir wissen heute noch nicht, wo die ersten Angiospermenblätter in der Albzeit mit ihrer Ausbreitung begannen. Es gibt Funde in Sibirien und in den USA. Die Schichten des Apt und des Alb in Mitteleuropa haben bisher noch keine Blattreste geliefert. Wahrscheinlich wurde mit dem Übergang zur neuen, känophytischen Flora einer der großen Wechsel in der Geschichte des Lebens auf den Festlandgebieten unserer Erde eingeleitet. Aus diesen Schichten Funde zu machen, ist das Wunschziel jedes Sammlers!

Credneria

Naturdenkmal Geiseltalbraunkohle

Fächerpalme Trachycarpus (Flabellaria) raphifolia

Sicherlich klingt es wie ein Widerspruch — Braunkohle als Naturdenkmal! Das durchschnittlich 60 bis 80 m mächtige, maximal aber bis 120 m anschwellende mitteleozäne Braunkohlenflöz des Geiseltals bei Halle (DDR) wird durch Großbagger abgebaut, und große Teile des ehemaligen Abbaufeldes sind ausgekohlt. Etwa in fünfzehn Jahren werden auch die letzten Reste des ehemals so großen Braunkohlenvorrats hier zur Neige gehen. Das Grundwasser steigt wieder in den nun stilliegenden Tagebauen. Wo es vom Ingenieurgeologen vorausberechnet wurde, kommt der Hang ins Rutschen und bedeckt die ehemaligen Fundstätten. Die Hänge werden begrünt, und die Landschaft erholt sich.

Erst durch den Bergbau wurde uns das Naturdenkmal Geiseltal bekannt. Leider betrachten viele Menschen diese vielleicht nur unserem Jahrhundert eigentümliche Aufschließung der oberen 150 m Erdschichten lediglich vom industriell-negativen Aspekt her. Sie sehen den schwerwiegenden Eingriff in das Bild der Landschaft und in den Wasserhaushalt; sie nehmen den Reichtum des Bodenschatzes Weichbraunkohle nur als Rohstoff wahr, und sie verhalten sich dazu wie jemand, der etwas im Überfluß hat und darum auf tiefere Einblicke verzichtet. In Wirklichkeit gehören die Aufschlüsse solcher Braunkohlenflöze jedoch zu den eigentlichen Sehenswürdigkeiten unseres Jahrhunderts.

Beim wirtschaftlichen Aufschwung der DDR in den fünfziger und sechziger Jahren wurde der Braunkohlenreichtum des Geiseltales in großem Umfang genutzt, zeitweilig betrug der Anteil ein Fünftel der gesamten DDR-Braunkohlenförderung. Durch den Abbau wurde das, was wir als naturhistorisches Denkmal bezeichnen, enthüllt. Es besteht aus einer unglaublich großen Zahl von eozänzeitlichen Tier- und Pflanzenfunden, von ganzen Leichenfeldern, die Vogelreste, Krokodile, Urpferde und Halbaffen enthielten. Die Ausgrabungs- und Bergungstätigkeit, die Präparation und wissenschaftliche Bearbeitung hatten Mühe, mit dem Tempo des Bergbaus Schritt zu halten.

Eozän-Tapir Lophiodon

1908, 1912 und 1913 wurden im Geiseltalflöz die ersten Knochenfunde des tapirartigen Lophiodon gemacht. Zahlreiche weitere Funde erwiesen in späterer Zeit, daß dieses 1 m hohe und 2,5 m lange pflanzenfressende Säugetier zu den häufigsten Entdeckungen zählt. Man fand Lophiodonkot, Jungtiere mit Milchgebiß und andere mit Zahnwechsel. Der altertümliche Bau des Milchgebisses ergab die Alterseinstufung der Braunkohle in das obere Lutét (Mitteleozän). In einem Trichter stieß man auf über hundert Lophiodonfunde, woraus sich schließen läßt, daß dieses Tier in Herden lebte. In den Knochen befanden sich fossile Schmeißfliegenlarven, und zahlreiche Funde lassen Zeiten der Trockenheit vermuten, in denen die Tiere verdursteten. Prof. Dr. J. Weigelt entwickelte anhand solcher Funde eine spezielle Disziplin der Paläontologie, die Biostratinomie. Man versteht darunter die Erforschung aller Vorgänge, die nach dem Tode eines Tieres bis zur Einbettung im Sediment auf den toten Körper eingewirkt haben, sowie die Lagebeziehungen der Fossilien zueinander und zum Sediment.

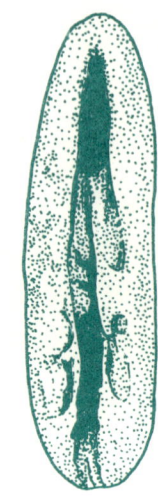

Samen von
Phoenix hercynica
(Harzdattelpalme)

1925 begann die systematische und quantitative Grabungstätigkeit des Geologisch- Paläontologischen Institutes der Universität Halle, 1927 erschien der erste wissenschaftliche Ergebnisbericht. Die Natur schien in dieser ersten Grabungszeit selbst auf die Funde aufmerksam zu machen. Im Tagebau Cecilie traten als Hindernis für den Bagger Kalkknollen im Flöz auf; man untersuchte die umliegenden Schichten und stieß dabei auf die erwähnten Funde. 1934 wurde das Geiseltalmuseum in Halle gegründet, das von nun an alle Funde bis heute aufnahm. Der Tagebau Cecilie kam bald darauf zum Erliegen, jedoch der benachbarte Tagebau Leonhardt lieferte weiteres Material. 1949 begann die letzte Etappe der wissenschaftlichen Grabungstätigkeit nun im Tagebau Neumark-West und später im Tagebau Neumark-Süd. Das mittlere Geiseltal erwies sich schließlich mit insgesamt 83 Fundstellen als fundreichstes Gebiet. Die überwiegende Anzahl der Fossilfundpunkte liegt nicht im Gebiet der großen Absenkungen und damit Flözmächtigkeiten, sondern im geologischen Hochgebiet. Drei Fundstellentypen lernte man kennen: Einsturztrichter, Leichenfelder, Bachläufe.

Sterculia labrusca

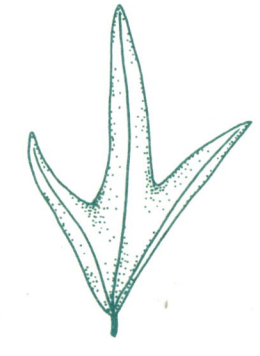

Im tieferen Untergrund sind Salz- und Gipsauslaugungen zur Zeit der Flözbildung die Ursachen für die becken- und kesselartigen Absenkungen des Untergrundes und damit für das mächtige Anschwellen des Geiseltalflözes gewesen. Kleine, fossilreiche Einsturztrichter im Mittelteil des Geiseltalflözes mögen eozänzeitliche Wasserlöcher in der z. T. trockenliegenden Moorlandschaft gewesen sein, Tränkstellen für die Tiere, die darin als Fossilien zu finden sind. In Trockenzeiten trockneten diese Wasserstellen aus, und die darin lebenden Fische, Frösche und Schildkröten verendeten ebenso wie vergeblich zur Tränke gekommene Säugetiere. Im Baggeranschnitt sind diese Trichter immer gut zu erkennen, da an diesen Stellen die Kohlebänderung gestört bzw. unterbrochen ist.

52

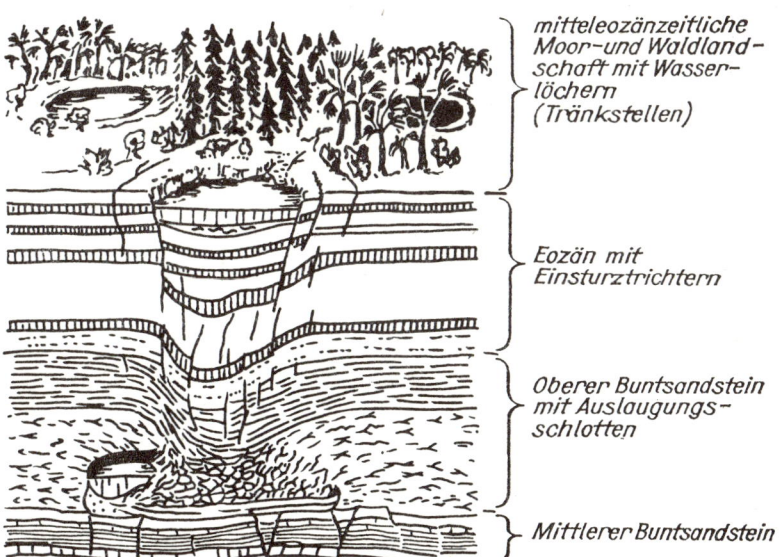

mitteleozänzeitliche
Moor- und Waldland-
schaft mit Wasser-
löchern
(Tränkstellen)

Eozän mit
Einsturztrichtern

Oberer Buntsandstein
mit Auslaugungs-
schlotten

Mittlerer Buntsandstein

Durch Gipsauslaugung im Röt entstandene Einsturztrichter zur Zeit des Eozäns. Wasserstellen in einer bewaldeten Landschaft (nach G. Krumbiegel und L. Rüffle)

Skelett eines Altpferdes
(Palaeohippidae)
Wappentier des
Geiseltalmuseums
in Halle/Saale

Die Leichenfelder stellen eine geringmächtige Kohlenschicht in einer flachen, wannenartigen Vertiefung der ehemaligen Oberfläche dar. Auch sie waren austrocknende, großflächige Resttümpel nach einem Hochwasser oder einer Regenzeit. Die Funde liegen dicht beieinander. An ehemaligen Bachläufen entdeckte man ebenfalls Leichenansammlungen. Teils mögen die Tiere im Morast versunken sein, teils aber wurden sie von Krokodilen ins Wasser gezerrt und angefressen, wie Bißspuren z. B. bei Altpferdfunden belegen.

Die Bergungstrupps, bestehend aus Wissenschaftlern, Präparatoren, Studenten und Gehilfen, bekamen nur in den seltensten Fällen die ganze Schönheit des von ihnen gefundenen Fossils zu sehen, denn die Beschaffenheit der Weichbraunkohle mit über 50 % Wassergehalt verbot von selbst die völlige Freilegung an Ort und Stelle. Die Funde wurden mit Lack getränkt, anschließend mit Gips umhüllt und in die Präparationswerkstatt nach Halle transportiert, wo sie sorgfältig von unten nach oben — vom Liegenden zum Hangenden — freipräpariert wurden. Durch langsame Austrocknung wären jedoch die Funde zerfallen, man entwickelte daher eine Methode, sie mit »Geiseltallack« (Zaponlack und Azeton) zu tränken und so zu härten. Besonders zarte Objekte, wie Blattreste, Zweigreste, Frösche, Schlangen, Eidechsen und kleine Halbaffen, wurden mit einer Lackfilmschicht überstrichen und als Lackfilmpräparat geborgen. Diese Methode hat den einzigartigen Vorteil, daß auch Reste des tierischen Weichkörpers gesichert und untersucht werden können. So ist das Geiseltal dafür berühmt, daß quergestreifte Muskelgewebe, Froschepithelzellen mit Zellkernen, fossile rote Blutkörperchen einer Eidechse, Tracheengänge von Insekten u. a. erhalten geblieben sind. Diese Funde haben viel zur Ansicht beigetragen, daß man Fossilien nicht nur als versteinerte, unbiologische Reste ansieht, sondern daß es sich im günstigen Fall um konservierte tote Lebewesen handelt.

Aus all dem geht hervor, daß das Naturdenkmal Geiseltal im Tagebau selbst im rohen Zustand vorlag, daß erst Bergung, Präparation und Aufstellung im Geiseltalmuseum in Halle für uns die Enthüllung dieses einzigartigen Naturdenkmals bedeutet. Es hängt nun sehr vom Geschmack des Besuchers ab, welchen Funden er sein Interesse schenkt, den etwa hundegroßen vorn vier-, hinten dreizehigen, sicherlich noch laubfressenden Geiseltalpferdchen, die allerdings nicht die direkten Vorläufer unserer heutigen Pferde wurden, dem Riesenlaufvogel Diatryma, den Beutelratten, den Fledermäusen oder dem nur 4 cm kleinen (zuzüglich 4,5 cm langen Schwanz) halbaffenartigen Insektenfresser Ceciliolemur de la saucei. Die farbigen Käferfunde (Abb. 27) werden noch heute unter Wasser und vor hellem Licht geschützt aufbewahrt.

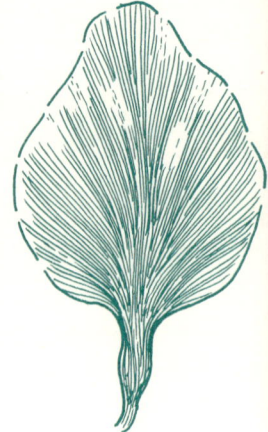

Eichhornia eocenica

Die reiche Flora der Geiseltalkohle ist erst in den letzten Jahrzehnten wissenschaftlich bearbeitet worden; 1976 erschien eine umfangreiche Abhandlung von zehn Bearbeitern zu den wichtigsten Ergebnissen. Zu den mitteleozänen Fundstellen gesellte sich noch eine Fundstelle im hangenden Obereozän mit einer reichen Farn- und Monokotylenflora. Die Ufer waren mit dem subtropischen Farn Acrostichum aureum bestanden, dessen scharfe Maschennervatur sich sogar auf anderen Blättern durchdrückte und so fossil erhalten blieb. Im Wasser schwamm Eichhornia eocenica. In das Wasser gefallene Fagaceenblätter zeigen oft den weißen Überzug einer Kalk- oder Barytinkrustierung. Auf gelegentlich trockene Standorte deutet das Vorkommen der Cycadee Eostangeria und solcher Angiospermen wie Comptonia, Leguminosen und Mimosaceen hin. Sicherlich aber herrschte im Geiseltaleozän ein ausgeglichenes Klima, was einigen südlichen Elementen aus dem damaligen Mittelmeerbereich wie auch einigen nördlichen Elementen (Fagaceen) die Existenz neben der Hauptmasse von Mammutbaumgewächsen (z. B. Doliostrobus), Kiefern, Palmen (Phoenix, Sabal, Livistona), Magnolien und Nyssa ermöglichte.

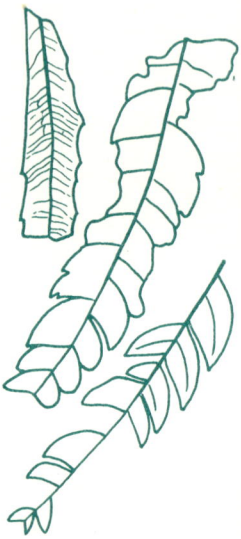

Mit die häufigsten Fossilien bilden die Lorbeergewächse. Vertreten sind auch die auf anderen Bäumen schmarotzenden Loranthaceen mit mehreren Viscophyllumarten. Eine Besonderheit war das Auftreten dichter Packungen von fast nur einer Blattart in einem Fundtrichter des Geiseltalflözes. Diese Blätter konnten in großer Menge einfach auseinandersortiert werden und zeigten noch ihre natürliche Elastizität. Die Bearbeiter bestimmten diesen Blattyp als Symplocus hallensis. Mit ihnen gemeinsam traten untergeordnet Acrostichumblätter, Lorbeerblätter und Euphorbiaceensamen auf. Am Rande dieses Vorkommens häuften sich Milchsaftschläuche (»Affenhaare«; Abb. 94). So vermitteln uns die Blattfunde den Eindruck einer teilweise geschlossenen Waldformation, in der sich hartlaubige Strauchformation und Ufergemeinschaften an kleinen Seen und Bachläufen einordneten. Insbesondere die Palmen belegen das damals wärmere Klima, das wir heute wenigstens zehn Breitengrade südlicher suchen müßten und etwa auf den Kanarischen Inseln, in Florida, auf Kuba bzw. in Mexiko fänden. Die Montanwachs liefernde Palme Copernicia war nicht nur im Halleschen Braunkohlenrevier massenhaft vertreten, sondern gehört heute zu den schönsten Fächerpalmen des Gebietes von Havanna auf Kuba. Ähnlich ist die im Eozän so verbreitete Sterculia labrusca zu interpretieren, die mit den Flaschenbäumen unter den Bombacaceen auf Kuba verglichen werden kann. Die weitere Umgebung des Geiseltales wird während des Eozäns eine Waldsteppe gewesen sein.

Comptonia diformis

Zapfenschuppe und Zweig von Doliostrobus certus

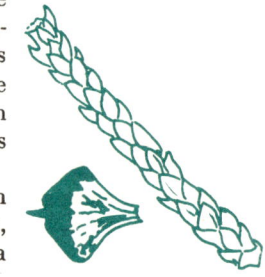

Über die Dauer der Flözbildungszeit gehen die Schätzungen der Geologen und Paläobotaniker weit auseinander, 120 000 Jahre mag der Mindestwert, zwei Millionen Jahre der Maximalwert sein. Die Fundschichten mit Flora und Fauna repräsentieren demnach nur schlaglichtartige Ausschnitte.

Das Präparieren von Fossilien

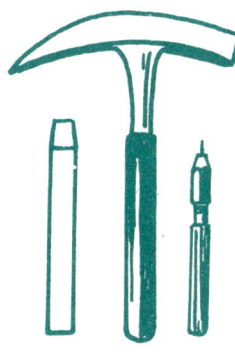

Meißel, Hammer, Nadel

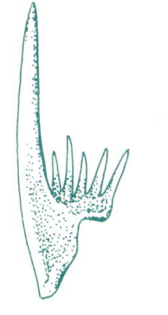

Conodont (30 : 1)

Haizahn

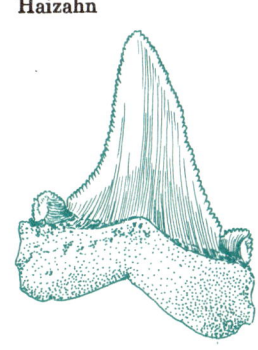

Bei der Präparation werden wir manche Überraschung erleben — wir sollten uns von vornherein keine falschen Hoffnungen auf Erfolge am laufenden Band machen. Einerseits erfordert das Präparieren viel Geschick und Erfahrung, die man jedoch am besten erwerben kann, wenn man einem erfahrenen Präparator bei der Arbeit zuschauen darf. Andererseits wird das Ergebnis unserer Arbeit durch den vorgefundenen Zustand des Fossils bestimmt. Ein im Plattenkalk plattgedrückter Fisch oder der Trilobit im Dachschiefer ist eben nicht mehr vollkörperlich aus dem Gestein herauszuarbeiten, so wie es ein im Kalkstein eingeschlossener Trilobit oder eine im Steinmergel liegende Schnecke zulassen.

Unsere Präparationsmethode wird vom jeweiligen Gestein, dem besonderen Erhaltungszustand und der Größe des Fossils sowie vom Ziel unserer Arbeit bestimmt. Das Freilegen eines Fundstückes ist dort am einfachsten, wo die Grenzflächen des Fossils eine Unstetigkeitsfläche der Festigkeit des Gesteins bilden: das Seeigelgehäuse im kaum verfestigten Sandstein, ein Blatt in Ton oder Schiefer. Ein geschickter Hammerschlag an der richtigen Stelle kann hier das Fossil schon zu 70 bis 90 % bloßlegen. Darum zerschlägt man Gesteine nicht wahllos, sondern bemüht sich, die natürliche Schichtung des Gesteins aufzuspalten, um auf den Schichtflächen nach eingebetteten Fossilien zu suchen.

Einfach gestaltet sich die Präparation auch dann, wenn das Fossil härter als das Gestein ist, wie die Muschelschale im Mergelstein, der Knochen eines Flugsauriers oder die Schmelzschuppen eines Fisches im Plattenkalk von Solnhofen. Für die bisher genannten Fälle reicht ein einfaches Präparierbesteck aus. Mit kleinen Hämmern, Meißeln und Schabeisen verschiedener Form sowie mit diversen Präpariernadeln, Sticheln, Beißzangen und spitzen Messern werden die Fossilien behandelt. Man bettet die Stücke zuvor auf ein oder mehrere Sandkissen, damit sie bei der Bearbeitung nicht wackeln. Für die Nadelpräparation eignen sich in ein Spannheft eingespannte Tapetenstifte wegen ihrer Härte besonders gut. Eine Kollektion von Pinseln und Bürsten benötigen wir zum Sauberhalten des Stückes. Sind pyritisierte Fossilien in Dachschiefern erhalten, dann empfiehlt es sich, beim Freilegen weiche Kupferdrahtbürsten oder gar ein feines Sandstrahlgebläse zu benutzen. Auf den Gesteinflächen sind diese Fossilien oft nur schemenhaft angedeutet. Bei umfangreichen Aufsammlungen — z. B. von Bundenbacher Schiefer — kann man sich viel Mühe ersparen, wenn man »verdächtige« Schieferplatten einer Röntgenuntersuchung unterzieht. Dabei wird die Gestalt des verkieselten Fossils sichtbar, und das Ziel der Präparation kann abgesteckt werden.

Etwas diffiziler ist das Präparieren dort, wo sich die mineralischen Substanzen von Fossil und Gestein zwar chemisch, aber kaum nach ihrer Härte unterscheiden. In diesen Fällen versucht man, das Gestein chemisch zu lösen, um das Fossil zu erhalten. Gewöhnlich geht es darum, Kalkgestein mit verdünnter Salz- oder Essigsäure aufzulösen. Hier ist Vorsicht geboten, denn leicht kann man dabei einen Fund beschädigen. Doch es gibt Fälle, bei denen sich eine solche Behandlung lohnt, allerdings sollte man sie zunächst an weniger guten Stücken ausprobieren. Phosphatische Reste (Knochen, Zähne, Conodonten) lassen sich mit Essigsäure freilegen. Salzsäure hilft uns, wenn wir verkieselte Schalenfossilien, Gliedertierreste oder Korallen aus Kalken herauslösen wollen. Erkennt man aber ein nur leicht verkieseltes oder gar kalkiges Fossil auf der Oberfläche eines Kalksteins in verschwommenen Umrissen, so ist das milde Ätzen mit Essigsäure angebracht, um gelegentlich klarere Strukturen sichtbar werden zu lassen. Abgerollte Seeigel mit Feuersteinkern, von deren ursprünglicher Gehäuseoberfläche nichts mehr zu erkennen ist, geben nach kräftigem Ätzen oftmals interessante Strukturen und dekorative Verkieselungsmuster preis.

Mit einer kombinierten Säurebehandlung ist es möglich, körperlich erhaltene Graptolithen aus dem kalkigen, aber schlammreichen Graptolithengestein herauszulösen, doch muß das Gestein unverwittert sein, da sonst die Prozedur schnell zum Zerfall der Graptolithen führt. Die freigelegten, äußerst empfindlichen Graptolithen sollte man immer in Flüssigkeit aufbewahren.

Bei kalkig-mineralisierten Trilobitenpanzern in Kalksteinen haben wir es mit zu geringen chemischen Unterschieden zu tun, um eine chemische Präparation zu erwägen. Wir müssen auf die geringen Festigkeitsunterschiede bauen und zur mechanischen Feinpräparation unter dem binokularen Präpariermikroskop übergehen. Ein Dentalbohrer ist hierbei kaum zu entbehren. Wir benötigen ihn zum Abtragen des Gesteins, doch ist der Trilobit sehr schnell beschädigt, wenn unsere Formenkenntnis noch nicht ausreicht, wenn wir nicht genau wissen, was wir zu erwarten haben. Nur dann können wir rechtzeitig wenige Millimeter vor der Trilobitenschale das Schleifen einstellen und das durch die Schleifhitze leicht gelockerte Gestein mit Nadeln vorsichtig von der Schale absprengen. Bei manch bizarrer Trilobitengestalt hat der Präparator hierbei eine Arbeit zu leisten, die der eines Bildhauers oder Bildschnitzers vergleichbar ist.

Problematisch bleibt die vollständige Präparation von Fossilien, die weicher als das Gestein sind — z. B. infolge der Verwitterung — oder aber schichtige Schalenstrukturen aufweisen und nach diesen schon bei der Grobpräparation aufreißen, wie es häufig bei Weichtier- und Armfüßerschalen der Fall ist. Auch Stachelhäuterreste reißen des öfteren beim Aufschlagen des Gesteins nach den Spaltflächen der Kalzitkristalle auf. An den glänzenden Spatflächen sind sie übrigens leicht zu erkennen. Aufgerissene Schalenfossilien erlauben es wohl, die Feinstruktur der Schalen zu studieren, doch deren Morphologie bleibt unscharf. Um sie kennenzulernen, können wir mit Säure die Schalenreste ablösen und uns dadurch künstliche Abdrücke und Steinkerne schaffen.

Die Negativgestalten der Abdrücke und Steinkerne können durchaus sehr informativ und dekorativ sein, aber es ist schwierig, sie mit entsprechenden versteinerten Schalen morphologisch zu vergleichen. Man ist folglich darum bemüht, von ihnen künstliche Positive durch Abgießen in Gips oder Kunstharz herzustellen. Man kann sich aber zunächst auch mit Knetmasse behelfen. Um Abdrücke und Steinkerne in mürben Sandsteinen zu sichern, hat es sich bewährt, den Sandstein noch im bergfeuchten Zustand mit verdünntem, farblosem Latex zu tränken, wie man es zur Sicherung gefährdeter Abdrücke vor dem Abgießen tut.

Tone, z. B. des Lias, der Kreide und des Tertiärs, enthalten zuweilen derbe, ursprünglich feste Pflanzenreste (Blätter von Pterophyllum, Sagenopteris, Koniferennadeln), die sich beim Trocknen von ihrer Unterlage ablösen. Man klebt sie vorsichtig auf Papier oder legt sie in ein Glasröhrchen. Es wäre ein Fehler, diese Teile mit einem Pinsel wegzuwischen — der zurückbleibende Abdruck ist weniger wert als das weggeblasene Fossil.

Vorsicht beim Benutzen von Wasser! Pflanzenreste auf Schiefertonen sehen zwar bei Wasserbenetzung wunderbar aus, aber durch das Quellen

Monograptus

Seelilie

Pagiophyllum pere-
grinum — eine Arau-
karie des Lias

Sagenopteris nilssoniana

der Tonmineralien und durch ein Verschlämmen kann der Pflanzenrest beschädigt werden. Wenn Fossilien in Schwefelkieserhaltung (Pyrit, Markasit)
goldglänzend vorliegen, so ist Feuchtigkeit eine große Gefahr, denn zerfal-
lener Schwefelkies ist sehr unansehnlich und zerstört das schönste Fossil.
Verkieste Fossilien wird man darum möglichst — nach dem langsamen Austrocknen — mit verdünntem Lack tränken oder überziehen. Ein entsprechen-
des Verfahren empfiehlt sich auch gelegentlich für andersartig erhaltene Fossilien in Tonen und Mergeln. Pflanzenfossilien sollte man jedoch nur in
Ausnahmefällen lackieren. Bei einer wissenschaftlichen Untersuchung des
Kohlenbelages, z. B. um Epidermispräparate herzustellen oder um Sporangien auf ihren Sporeninhalt zu untersuchen, muß der Lack später wieder abgelöst werden, wodurch das Fossil leidet.

So unansehnlich die sich abhebende schwarze Kohlenhaut auf einer Ton-
platte auch erscheinen mag, schon ein winzig kleines Stück davon ist Träger
wichtiger Informationen. Mit Hilfe der Mazerationsmethode erhält man gute
Epidermispräparate. Der Grund für diese Möglichkeit liegt darin, daß sich
die dünne kutinisierte Oberhaut über der Epidermis im Inkohlungsprozeß

Die Epidermisstruktur einer Blattunterseite der Bennettitee Pseudocycas acifolia
aus dem Wealden der DDR (450 : 1)

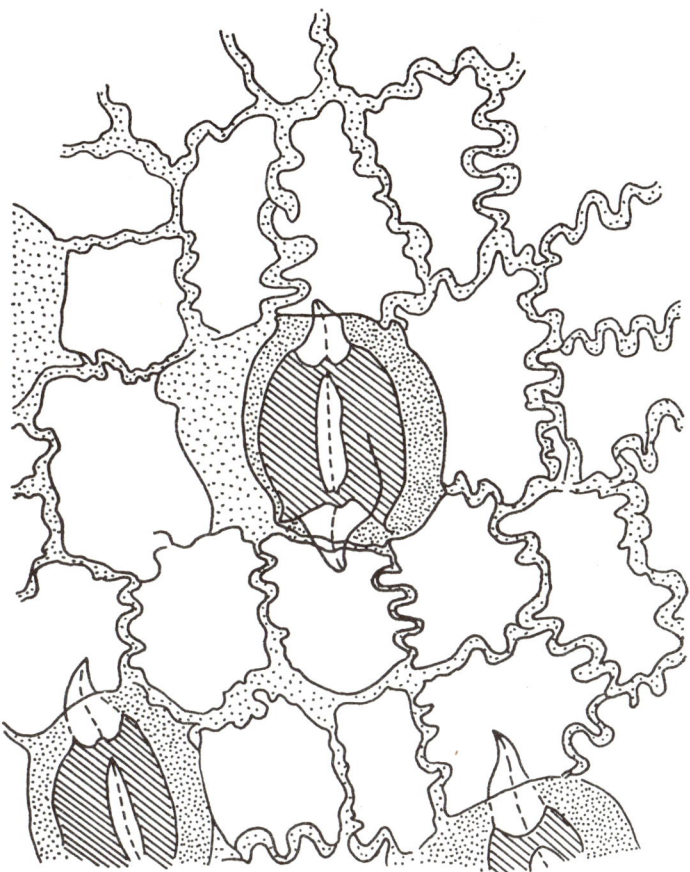

zunächst fast gar nicht verändert. Legt man den kleinen schwarzen Pflanzenrest in einige Tropfen Salpetersäure, der man ein wenig Kaliumchlorat
(KClO₃) zufügt, um ihre Aggressivität zu erhöhen, so wird der Rest gebräunt.
Nun muß mit destilliertem Wasser die Säure ausgewaschen werden, und der
zweite Arbeitsgang beginnt mit schwacher Lauge, z. B. mit Ammonium-
hydroxid. Sie löst alle braunen Substanzen, und die zarte Kutikula bleibt
übrig. Sie kann nun vorsichtig ausgewaschen, mit einer feinen Glasnadel
präpariert und zur Anfertigung eines Dauerpräparates in Glyzeringelatine
gebracht werden. Unter einem Schülermikroskop — auch alte (und billige)
Mikroskope sind wegen des großen Gesichtsfeldes zu empfehlen — gewinnt
man dann völlig neue Eindrücke von diesem Fossil. Die Mazerationsmethode
eignet sich stets bei schwach inkohlten Substanzen, z. B. bei Blattfossilien
der Braunkohle und bei Pflanzenresten aus dem Wealden. Bei gering inkohlter Steinkohle ist sie auch anwendbar, doch gehört dazu schon eine gewisse
Meisterschaft.

Zum Anschleifen fossiler Hölzer und Stämme benötigt man durchaus keine
teuren Maschinen. Einige dicke Glasplatten als Unterlage und wenige Sorten
Schleifpulver (Karborundpulver) genügen — neben der großen Geduld, die
man aufbringen muß, um mit drehender Handbewegung auf der Glasplatte
und dem feuchten Schleifmittel das Fossil glattzuschleifen. Das Polieren
kann man sich danach sparen, denn feucht oder lackiert sind alle Einzelheiten im Anschliff sichtbar.

In zwei Flözhorizonten des rheinisch-westfälischen Steinkohlengebietes
(Flöz Katharina und Flöz Finefrau-Nebenbank, BRD) kommen Kalk-Dolo-
mit-Knollen vor. In diesen Konkretionen ist die oberkarbonzeitliche Pflanzensubstanz einmalig erhalten. Die ehemals vom Moorwasser ausgefüllten
Zellhohlräume sind von reinem bzw. dolomitischem Kalk erfüllt, die Substanz der Zellwände ist zu braunschwarzer Kohle umgewandelt. Dünnschliffe
zeigen eine wahre Wunderwelt fossiler pflanzlicher Strukturen, so als han-
dele es sich um Mikrotomschnitte heutiger Pflanzen. Aber eine noch viel ein-
fachere Methode ist üblich geworden: Eine Konkretion wird glatt durch-
gesägt und geschliffen. Der feuchte Anschliff zeigt nun die erhaltene pflanz-
lich-fossile Struktur und gibt darüber Auskunft, ob sich weiterer Arbeitsauf-
wand lohnt. Dann wird die glattgeschliffene Fläche mit verdünnter Salzsäure
schwach angeätzt, so daß eine dünne Kalkschicht weggelöst wird und die
dünne, schwarzbraune, inkohlte Substanz einen Mikrotomschnitt hoch aus
der Anschlifffläche ragt. Man läßt sie trocknen, bringt etwas Azeton auf die
Fläche und preßt einen glatten, klaren Filmstreifen darauf. So klebt mikro-
tomschnittdünne Kohlensubstanz bald am Film, und das Filmabzugpräparat
kann gezogen werden. Wiederum ein Erlebnis unter dem Mikroskop! Nie-
mand würde glauben, daß die Luftgewebe der Lepidodendronwürzelchen so
erhaltungsfähig waren, daß man Schnitte durch Sphenophyllumachsen, Blüten von Calamiten und Lepidodendronäste mit ihrer dicken Rindenpolster-
schicht beobachten kann. Daß sich diese Methode auch bei pyritisierten
Pflanzenfossilien der Devonzeit anwenden läßt, ist eine Erkenntnis der letzten Jahrzehnte.

Fossile Tiere stellen sich vor

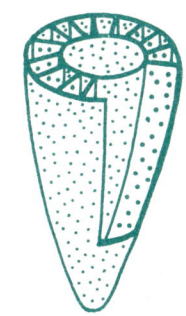

Urbecher
(Archaeocyathus)

1 Das Meer im Mittelkambrium

Die Ablagerungen der kambrischen Meere enthalten die ältesten tierischen Fossilien, und doch haben wir damit keinesfalls die Reste der ersten Tiere in den Händen, sondern nur die ersten tierischen Hartteile. Es gab eine kaum dokumentierte Vorgeschichte »weicher« tierischer Vielzeller, wie die erstaunliche Fülle und Differenzierung der kambrischen Faunen vermuten läßt und die Ediacara-Fauna beweist.

Abgesehen von den Wirbeltieren, finden wir im Kambrium bereits alle als Fossilien wichtigen Tierstämme mit ersten Formen, wenn auch mit sehr unterschiedlichem Faunenanteil. Mehr als die Hälfte der Arten entfällt allein auf die schon hoch differenzierten Triboliten; fast ein Drittel wird von den Armfüßern gestellt, unter denen die einfachen, schloßlosen Formen schon ihr Maximum erreichen. Ganz auf das Unterkambrium beschränkt ist der seinerzeit sehr bedeutende Stamm der Urbecher (Archaeocyathiden), der systematisch zwischen den Schwämmen und den Hohltieren steht. Die Urbecher besiedelten die tropisch warmen Flachmeere und gingen als die ersten tierischen Riffbildner in die Erdgeschichte ein. Ein massiger Kalkstein aus jener fernen Zeit, der allerdings so gut wie fossilleer ist, wird seit langem bei Görlitz (DDR) abgebaut.

Im Kambrium nahmen die Tiere in einem lang andauernden Prozeß den Meeresboden in Besitz, wobei schützende und stützende Strukturen an Bedeutung gewannen. Neue Formen breiteten sich von vermutlich kleinen und daher bislang unbekannten Evolutionszentren aus. Kleinstlebewesen und »Würmer« erschlossen als erste den Meeresboden, wie häufige Spurenfossilien zeigen. Ihnen folgten die höheren Wirbellosen.

Im warmen Seichtwasser gesellten sich die Urbecher zu den kalkabscheidenden Algenkolonien, die schon seit zwei Milliarden Jahren Kalksteinpolster (Stromatolithen) aufbauten. Bei der endgültigen Definition der Untergrenze des Kambriums — bisher sind sich die Fachleute noch nicht einig — werden sie eine besondere Rolle zu spielen haben, da sie vor den ersten Trilobiten erschienen. Neuerdings wurden Urbecher in Namibia in Schichten mit einer Fauna gefunden, die bisher als präkambrisch galt. Es handelt sich um eine fremdartig anmutende, relativ einheitliche Fossilgemeinschaft ältester Tiere, die inzwischen von fast allen Erdteilen bekannt und ursprünglich nach den Funden bei Ediacara im Innern Südaustraliens beschrieben wurde.

Die Erhaltung der Ediacara-Fauna verdanken wir besonders günstigen Umständen. Die tierischen Reste wurden wohl in einen großen, wattähnlichen Flachmeerraum geschwemmt und dort zusammen mit den Lebensspuren anderer Tiere begraben. Hohltiere, Ringelwürmer und Gliederfüßer sind schon eindeutig in dieser Grabgemeinschaft vertreten. Manche Formen aber lassen sich keinem der späteren Tierstämme mit Sicherheit zuweisen, gerade sie aber sind die weit verbreiteten Elemente und geben der Fauna ihren eigentlichen Charakter. Vermitteln die südafrikanischen Urbecher nun dort, wo man bislang infolge von Sedimentationslücken den großen Schnitt zwischen der Ediacara-Gemeinschaft und den ersten kambrischen Faunen sah? Existierten die ältesten Urbecher und die Ediacara-Formen von Anfang an in verschiedenen Lebensräumen nebeneinander, oder traten die Urbecher erst später auf? Diese und viele andere Probleme zur Frühgeschichte der Tiere harren noch ihrer Lösung.

2 Sao hirsuta

Mittelkambrium, Skryje-Schichten; Barrandium; Skryje (ČSSR). Sammlung Buch

Vor uns liegt ein Trilobit aus dem Kambrium des Barrandiums, jenes Verbreitungsgebietes paläozoischer Schichten um Prag, das die Geologen nach seinem großen Erforscher Joachim Barrande benannten. Die Entdeckung der Larvenstadien durch Barrande hat die vorliegende Art schon Mitte des vorigen Jahrhunderts zu einer wissenschaftlichen Attraktion gemacht. Am Beispiel von Sao hirsuta beschrieb der Forscher erstmals Wachstumsstadien von Trilobiten. Seitdem findet man die sich morphologisch stark wandelnden Stadien der Art in jedem einschlägigen Lehrbuch (s. S. 75, a—e). Der berühmte Fundpunkt Barrandes, »Pod hruškou« (Unter dem Birnbaum), liegt bei Skryje an der Berounka. In dem blaugrauen bis bräunlichen feinen Glimmerschiefer fallen sogar die winzigen Entwicklungsstadien von weniger als einen halben Millimeter Größe noch auf, weil Steinkerne und Abdrücke mit einem rostbraunen Belag von Brauneisenmulm überzogen sind. Unter der ungewöhnlichen Menge von Jugendstadien im Schiefer dieses Fundpunktes befinden sich auch solche von Paradoxides und von Agnostiden.

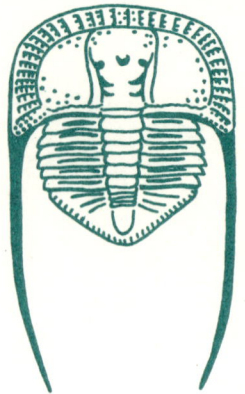

Trilobit

In jüngster Zeit ist die vergleichende Morphologie bei Larvenstadien aus verschiedenen systematischen Einheiten in der Trilobitenforschung stark vorangetrieben worden. Sie brachte wichtige Erkenntnisse über verwandtschaftliche Beziehungen, über die Genese der Gesichtsnaht und die damit verknüpfte ungleiche Herkunft der Wangenstachel bei verschiedenen Trilobitenfamilien.

Ein kurzes Pygidium aus nur zwei Segmenten kennzeichnet Sao hirsuta. An unserem Stück ist es eingekrümmt und liegt nicht frei. Ferner besitzt die Art siebzehn Rumpfsegmente, deren Längsteilung hier am Steinkern sehr deutlich wird, während das Abbild der medianen Stachelreihe nur auf Abdrücken zu erwarten ist. Das Cephalon läuft in kurze Wangenstachel aus, die zu den durch die Gesichtsnaht abgetrennten freien Wangen gehören. Vor der kurzen Glabella liegt ein breiter Rand. Die Furchung der Glabella läßt sich hier nicht erkennen, da der Steinkern an dieser Stelle aufgebrochen ist. Das aber gibt den Blick frei auf ein Panzerelement der Trilobitenunterseite, auf das schalenförmige, den Magenraum schützende Hypostom, dessen Hinterabschnitt wir hier als Abdruck sehen. Seine Form und das Grübchenpaar verraten uns dieses Element. Vor der Ruine der Glabella liegt ein weiteres, nur bei ursprünglichen Trilobiten vorhandenes Unterseitenelement frei, die Rostralplatte. Deutlich ist sie durch zwei konkave und zwei parallele Nahtspalten im Vorderrandbereich des Cephalons umrissen.

Die vorgestellte Art Sao hirsuta ist nur aus den Skryje-Schichten des böhmischen Mittelkambriums bekannt. Unser instruktiver Steinkern eines fast vollständigen Panzers wurde schon vor mehr als hundert Jahren geborgen.

Lebensspur

Lebensspuren

Unter den ältesten fossilen Beweisen für tierisches Leben haben Lebensspuren eine besondere Bedeutung; darüber hinaus liefern sie uns zusätzliche ökologische Informationen aus allen Zeiten der Erdgeschichte. Nicht selten zählen Lebensspuren zu den häufigen, auffallenden Fossilien. Oft aber hat erst die Beobachtung der Lebensaktivitäten heutiger Tiere erlaubt, sie richtig zu deuten, d. h., die Spuren größeren oder kleineren systematischen Einheiten zuzuordnen. Vergleichende Studien solcher Art gehören zu den Aufgaben der Aktuopaläontologie, speziell der Ichnologie (Spurenkunde).

3 Plagiogmus

Unterkambrium, Geschiebe; unbekannter Fundpunkt im Norden der DDR

Diese merkwürdige bandförmige Sprossenspur ist bisher relativ selten gefunden worden. Aufgrund von zwei Geschiebefunden wurde sie 1926 erstmals beschrieben, war aber schwedischen Paläontologen aus losen Blöcken grünen Sandsteins auf Öland schon früher bekannt. Vor wenigen Jahren wurde sie nun auch aus Südaustralien und aus dem Westen der USA gemeldet; im Museum für Naturkunde in Berlin sind in den letzten Jahren sechs Geschiebe mit Plagiogmus zusammengekommen. Gewöhnlich handelt es sich um einen wulstig-plattigen Sandsteinschiefer mit viel dunkelgrünem Glaukonit auf den Schichtflächen. Die bandförmige Spur und zahlreiche kaum bleistiftstarke Grabgänge heben sich dunkelbraun vom Gestein ab. In einem Fall liegt die Spur in einer mäanderartigen Schleife schichtparallel auf einem Geschiebe von bankigem, rostbraunem Sandstein und weist sehr kräftige Querrippen auf.

Die abgebildete, besonders gut erhaltene Spur windet sich über dunklen, glimmerhaltigen Sandstein. Sie ist 2 cm breit und scharf begrenzt. Sieht man von den Sprossen ab, so wirkt das Gestein durch das leicht konkave Band deutlich geglättet. Das weist auf ein fließendes Kriechen hin, wie wir es von Schnecken kennen. Nicht zu übersehen ist eine Gliederung der Spur. Ein mittleres Sprossenband wird beiderseits von glatten Randstreifen begleitet. Die erhabenen Sedimentsprossen unseres Stückes sind auffallend flach und fallen — besonders in den Kurven — stellenweise ganz aus. Bisher scheinen keine schärferen Kurven von Plagiogmus bekannt zu sein als im vorliegenden Beispiel.

Die Erzeuger dieser Spuren sind unbekannt. Man denkt an schalenlose sedimentfressende ursprüngliche Mollusken mit Kriechfuß und Mantel. Wahrscheinlich haben die Tiere unter der Sedimentoberfläche gelebt und vielleicht ihre Fährte durch Ausscheidungen glättend verfestigt. Man wird weitere Funde abwarten müssen, um mehr Klarheit über Plagiogmus zu erhalten.

4 Skolithos, Nereites, Ophiomorpha

Drei häufige Lebensspuren aus verschiedenen erdgeschichtlichen Zeiten mögen hier für viele stehen.

b Skolithos

Unterkambrium, Geschiebe; Bezirk Frankfurt/Oder (DDR)

Skolithensandsteine kann man in den eiszeitlichen Ablagerungen des nördlichen Tieflandes sehr häufig antreffen und auf fast jedem Sandhaufen finden. Doch sind sie selten so kontrastreich wie das vorliegende Stück, auf dessen Oberfläche wir zwei senkrecht aufeinanderstehende Farbstreifensysteme erkennen. Sie sind Ausdruck der inneren Struktur. Horizontal macht sich die Schichtung des Gesteins aus weißlichen und rotbraunen Sandpartien bemerkbar. Senkrecht dazu verläuft ein gebündeltes System dicht bei dicht stehender Röhren, die mit weißem oder rotbraunem Sand gefüllt wurden. Man nimmt an, daß es sich bei den Röhren um die Wohnbauten von Würmern gehandelt hat. Die Röhren wurden nicht von oben her gegraben, sondern nach oben hin gebaut, entsprechend dem Sedimentzuwachs. Einen ähnlichen »Orgelwuchs« kennt man heute von Sabellaria in der Nordsee. (Die ältere Schreibweise, Skolithos, ist gemäß den Regeln der jüngeren Form, Scolithus, vorzuziehen.)

c Nereites
Oberes Unterdevon, Nereitenquarzit; südlich Saalfeld (DDR)

Ein völlig andersgeartetes Spurenfossil ist die im Paläozoikum verbreitete Zopfspur, Nereites. Hatten wir es bei Skolithos mit den Wohnbauten sich filternd ernährender Würmer in flachen Sandgründen zu tun, so begegnen wir nun der Weidespur eines Ringelwurmes auf tiefem, lichtlosem Meeresboden. Von Spuren bedeckt, scheint ein Ausschnitt des alten Meeresbodens vor uns zu liegen. Doch die nähere Betrachtung zeigt, daß es sich nicht um eine ursprüngliche Oberfläche handelt, sondern um ihr Negativ. Die Oberfläche einer feinen Schlammschicht wurde von Ringelwürmern mehrmals abgeweidet, wie verwaschene ältere Spuren zeigen, und dann mit einer dünnen Schicht feinen Sandes zugedeckt. Der Sand versteinte zu einer schaligen Quarzitlinse, deren Unterseite die Morphologie des verschütteten Meeresbodenausschnittes überlieferte.

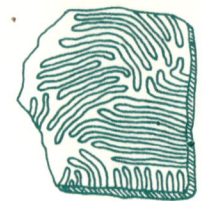

Am Treffpunkt der Zopfspur mit einer feinen, wellenartigen Perlspur endet die letztere, während die Zopfspur deutlich versetzt ist. Was mag sich dahinter verbergen? Handelt es sich vielleicht um Kotperlen? Außerdem erscheint die Gesteinsoberfläche im Bereich der Perlspur geschrammt. Hier haben wir es mit einem anderen Typ von Spuren zu tun, die der Fachmann abgrenzend als Marken bezeichnet, in unserem Fall als Schleifmarken. Marken sind alle sich im Sediment widerspiegelnden abiotischen Transportereignisse und entstehen beispielsweise, wenn tote Gegenstände durch die Wasserbewegung über den Boden geschleift oder gerollt werden. Aber auch Wellenrippeln zählen zu den Marken oder die Eindrücke von Regentropfen als Hinweise auf ein Trockenfallen des Ablagerungsraumes.

Weidespuren im Flych

a Ophiomorpha
Tertiär, Geschiebe; unbekannter Fundpunkt im Norden der DDR

Gar nicht so selten stößt man beim Sammeln an der Ostseeküste oder auch im Jungtertiär des Wiener Beckens auf zylindrische Gebilde mit einer knotig-warzigen Oberfläche. In »Schlangengestalt«, wie ihr Name meint, treten sie uns aber kaum entgegen. Gewöhnlich handelt es sich nur um Bruchstücke; unser Exemplar ist ein Endstück. Die Natur dieser Gebilde als Wohnröhren zehnfüßiger Krebse ist den massiven Geschiebefundstücken jungtertiärer Herkunft kaum anzusehen. Deutlicher zeigt sich der Röhrencharakter bei den weitlumigen Ophiomorphen der Oberkreide und des Alttertiärs. Das Studium dieser in Kalksandsteingeoden enthaltenen Fossilien läßt die glatte Innenseite der Röhrenwand und den unregelmäßig gepflasterten Aufbau aus zementierten Sedimentballen erkennen. Vergleichbar sind die Wohnröhren der heutigen Calianassa major, die massenhaft auf den Sandstränden der Ostküste Floridas vorkommt. Calianassa lebt dort in flachem, relativ ruhigem Wasser. Als zementierende Substanz zum Verkitten von Sandkügelchen scheidet der sedimentfressende Krebs Kalziumphosphat aus.

Bemerkenswert sind gelegentliche Anhäufungen der Skelettnadeln von Kieselschwämmen im Innern von Ophiomorpha. So mag die frühere Deutung dieser Fossilien als Kieselschwämme verständlich erscheinen. Daß man aber die wahren Bewohner bisher nicht fossiliert in ihren Wohnröhren fand — abgesehen von einzelnen Häutungsresten —, ist nicht weiter verwunderlich, verlassen doch Krebse stets vor dem Sterben ihre Gänge.

5 Xenusion auerswaldae
Unterkambrium, Geschiebe; Sewekow (DDR)

Der Fund von Sewekow, einem Dorf südlich der Müritz, ist auch heute noch von Rätseln umwoben. Auf einem braunvioletten, weißlich gebänderten Quarzitgeschiebe erkennen wir den fingergroßen Abdruck eines Wesens mit raupenartigem Körper, der beiderseits je eine Reihe quergeringelter und längsgeriefter Körperanhänge trägt. Der offensichtlich von einem Gliedertier stammende Hohldruck sagt leider nichts über das Kopfende aus. Die zu beobachtenden Körpermerkmale erscheinen uns in ihrer Kombination heute wie schon bei der Erstbeschreibung des Fossils vor 50 Jahren so unvollständig und widerspruchsvoll, so unvereinbar mit unserer Kenntnis von den Gliedertiergruppen, daß wir den fossilen Rest keiner dieser Gruppen zuordnen können. Immer noch ist das verursachende Tier für uns, wie es der wissenschaftliche Name ausdrückt, ein Fremdwesen, ein Xenusion.

Die paarigen, geringelten Körperanhänge kann man sicher berechtigt als Extremitäten ansprechen. Ähnlich geringelte Füße kennen wir von den heutigen Stummelfüßern der Tropen; während diesen aber die Längsstriemung fehlt, sind sie mit Endkrallen versehen, wovon nun wiederum an unserem Fossil nichts zu erkennen ist. Die raupenartige Wirkung des Körperabdrucks wird durch die prägnanten paarigen Buckelwarzen bedingt; doch liegt uns nicht das Negativ der Bauchseite des Tieres vor, sondern der Hohldruck seiner Rückenpartie, trugen doch die Buckel Stacheln. Derartige Strukturen sind nach unserer heutigen Kenntnis weder mit den Stummelfüßern (Onychophoren) noch mit den Ringelwürmern vereinbar.

Die Stummelfüßer sind Bodentiere, die in feuchten Laublagen leben, Xenusion aber fand sich in einem Gestein, das sehr wahrscheinlich aus einer Meeresablagerung entstanden ist. Insgesamt gesehen, erweist sich das bislang bekannte bunte Mosaik der Merkmale von Xenusion als einmalig und spricht für eine stammesgeschichtliche Position zwischen den Ringelwürmern und den Gliederfüßern, ähnlich, aber nicht gleich jener der Stummelfüßer.

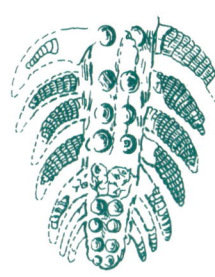

Xenusion

Doch Xenusion verdient doppeltes naturhistorisches Interesse. Haben wir es soeben als stammesgeschichtliches Zwischenglied kennengelernt, so erscheint es andererseits als fossiles Dokument einer lebensgeschichtlichen Zeitenwende ersten Ranges vor rund 600 Millionen Jahren. Diese Wende spiegelt sich in der auffallenden Erscheinung wider, daß die frühen Zeiten einer sehr seltenen Überlieferung von tierischen Fossilien einer Zeit reichlicherer fossiler Dokumentation von größeren Vielzellern wichen. Für Europa ist Xenusion neben den winzigen Schalen von Mobergella holsti, einer Art der Monoplacophoren (ursprüngliche, einschalige Weichtiere), das älteste größere Körperfossil.

Xenusion ist als Fossil eine größere Seltenheit als der Urvogel Archaeopteryx. Nur zwei weitere, noch bruchstückhaftere Funde von Fürstenwalde (DDR) und aus der Lüneburger Heide (BRD) wurden bisher bekannt. Erst ein Fund, der uns Informationen über das Kopfende liefert, kann die wissenschaftliche Interpretation des Rätselwesens entscheidend voranbringen. Die Möglichkeit vollständigerer Funde ist durchaus gegeben, wenn wir auf die charakteristischen braunvioletten Quarzitgeschiebe in den eiszeitlichen Ablagerungen des nördlichen Flachlandes achten. Diese Geschiebe haben ihren Ursprung vermutlich im Gebiet des Kalmarsundes an der schwedischen Ostküste. Das Gestein ist wie auch andere unterkambrische Sandsteine häufig dicht von den senkrecht stehenden Wohnbauten der Skolithen erfüllt. Sicher liegen im Schutt der ehemaligen Inlandgletscher weitere Exemplare des Rätselwesens verborgen. Sie für die Wissenschaft zu entdecken ist eine verdienstvolle Aufgabe für Natur- und Heimatfreunde.

Wie um den Beweis für diese These anzutreten, entdeckte das Ehepaar Deichfuß 1978 auf Hiddensee ein weiteres Exemplar. Der Urlaubsfund erregte ihren Verdacht, da sie das Bild aus der ersten Auflage des Buches kannten. Nachdem Fachleute die Vermutung bestätigt hatten, übereigneten die beiden Freizeitpaläontologen ihren wertvollen Fund dem Geiseltalmuseum in Halle/Saale. Weniger direkt war der Weg des ersten Exemplars. Ein Einwohner von Sewekow entdeckte es im Garten und zeigte es gelegentlich einem Professor, der das Fossil damals für einen Trilobitenrest hielt. Der Abdruck gelangte dann in die Stiftssammlung Heiligengrabe bei Pritzwalk, geriet in Vergessenheit und wurde erst nach Jahren wieder entdeckt. 1927 wurde das rätselhafte Fossil dem Museum der Berliner Universität übergeben und dort erstmals beschrieben.

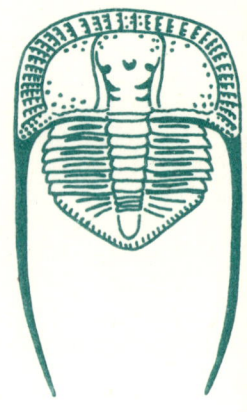

Trilobit

Trilobiten

Dort, wo uns fossilreiche paläozoische Sedimentgesteine entgegentreten, gehören die Trilobiten seit langem zu den beliebten Sammel- und Studienobjektes, sei es nun in der Umgebung von Prag, in der Eifel (BRD) oder im küstennahen Tiefland, wo die Moränen eiszeitlicher Gletscher zahllose nordische Geschiebe aus dem Paläozoikum enthalten. Als typische Bewohner der paläozoischen Meeresböden waren die Trilobiten in großer Vielfalt speziellen Lebensbedingungen angepaßt. Wühlend, kriechend, schwimmend und schwebend suchten sie in Schlamm und Plankton ihre Nahrung. Phacops könnte sich aufgrund seiner Extremitäten sogar als Räuber spezialisiert haben und über kleinere Tiere hergefallen sein. Viele Arten existierten nur kurze Zeit — geologisch gesehen — und stellen heute wichtige Leitfossilien dar. Für die Gliederung des Kambriums spielen sie ganz überragend die Hauptrolle. Heute kennen wir rund 3000 Gattungen und Untergattungen, doppelt so viele wie vor fünfzehn Jahren. So sind die Trilobiten ein beeindruckendes Beispiel für die Wissensexplosion auch in der Paläontologie.

Nach Blütezeiten im Kambrium und im Ordovizium waren die Trilobiten in ständigem Rückgang begriffen, um schließlich am Ende des Paläozoikums ganz zu verschwinden. Die Wende vom Kambrium zum Ordovizium stellt den wichtigsten Einschnitt in ihrer Stammesgeschichte dar. Die Mehrzahl der an Faulschlammsedimente gebundenen Formenkreise erlosch; dafür wurde im großen Stil das kalksandige, gut durchlüftete Flachmeer, das die Kontinente weithin bedeckte, als neuer Lebensraum besiedelt. Die Differenzierung ging von einer einzigen der kambrischen Gruppen aus, von den Ptychopariiden. Daneben überlebten allerdings die planktonischen Agnostiden noch bis zum Ende des Ordoviziums.

Die Trilobiten waren ursprünglich gebaute Gliederfüßer, die die Systematiker als selbständige Klasse innerhalb dieses Tierstammes führen. Der Körper der Trilobitenvorfahren muß in viele gleichartige Segmente gegliedert gewesen sein (Metamerie). Einige Segmente haben sich dann zum Kopf- und zum Endabschnitt differenziert. Diese Dreiteilung spiegelt sich im Rückenpanzer deutlich wider. Der Panzer bestand aus einer unterschiedlichen Anzahl beweglicher Segmente der Rumpfregion und den zu starren Schilden verschmolzenen Segmenten des Kopf- und des Schwanzendes, den sieben Segmenten des Kopfschildes (Cephalon) und der variierenden Anzahl von Segmenten des Schwanzschildes (Pygidium). Die von der zentralen Spindel durch einen Knick deutlich abgesetzten Seitenteile dienten dem Schutz der darunter befindlichen zurückziehbaren Gliedmaßen. Jedem Segment entsprach ein Spaltfußpaar.

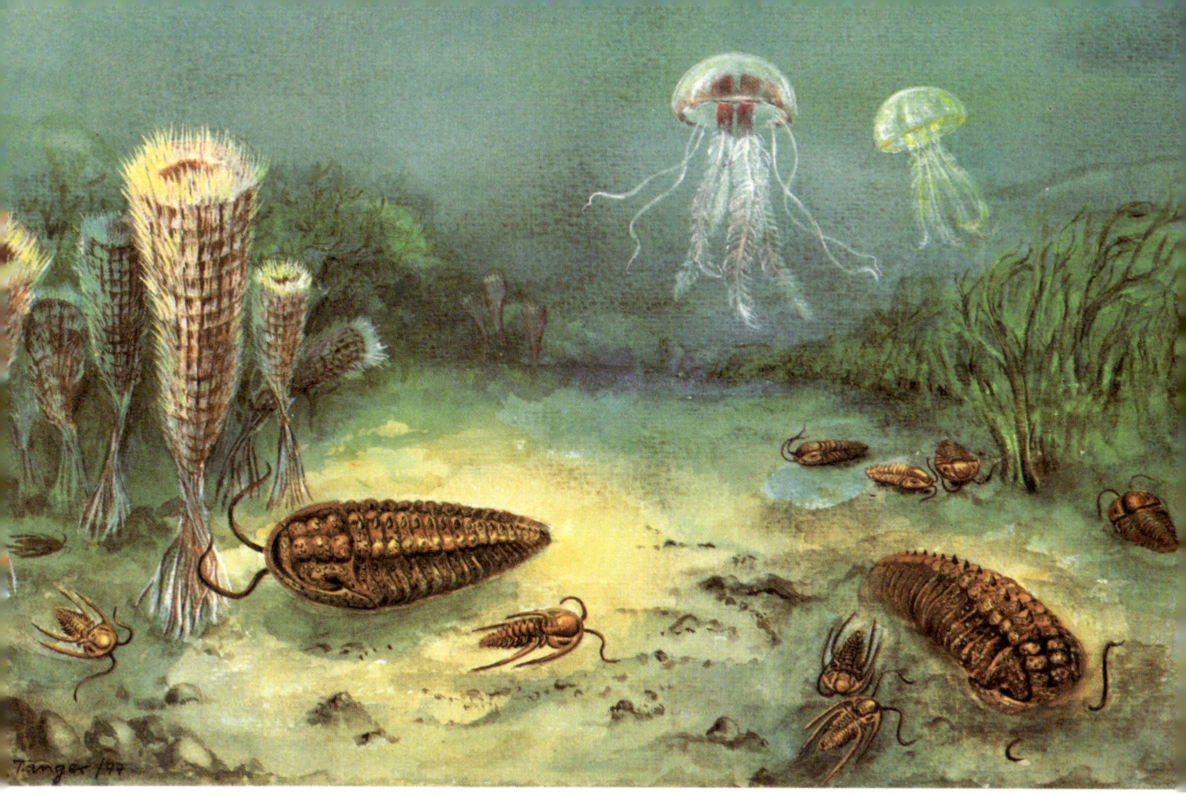

1 Das Meer im Mittelkambrium, S. 59
2 Trilobit: Sao hirsuta, S. 60

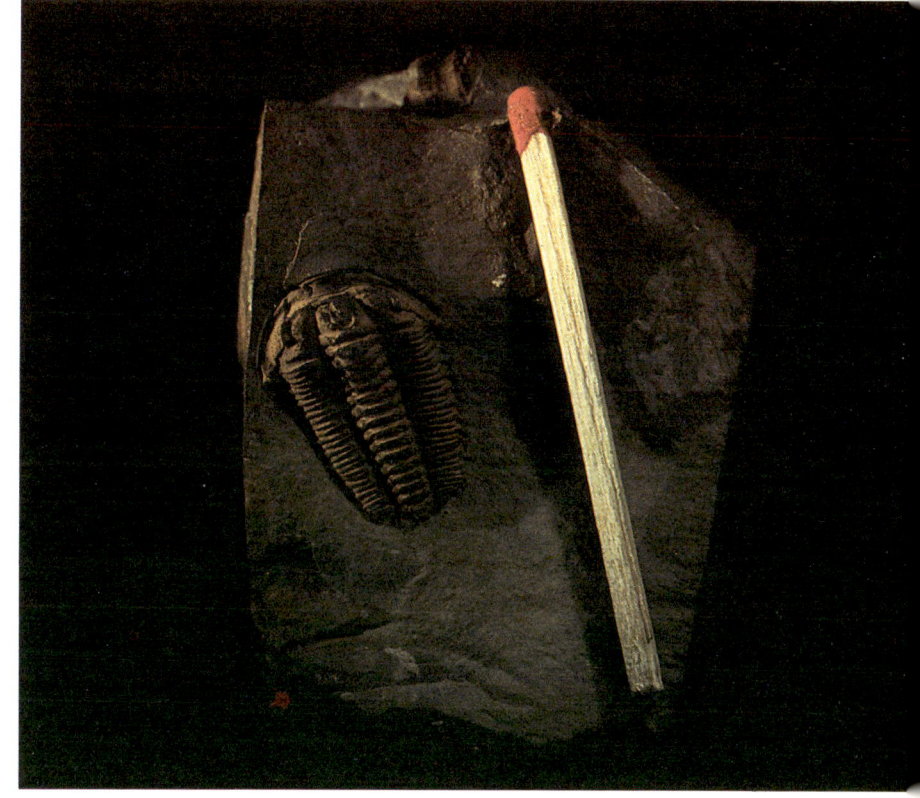

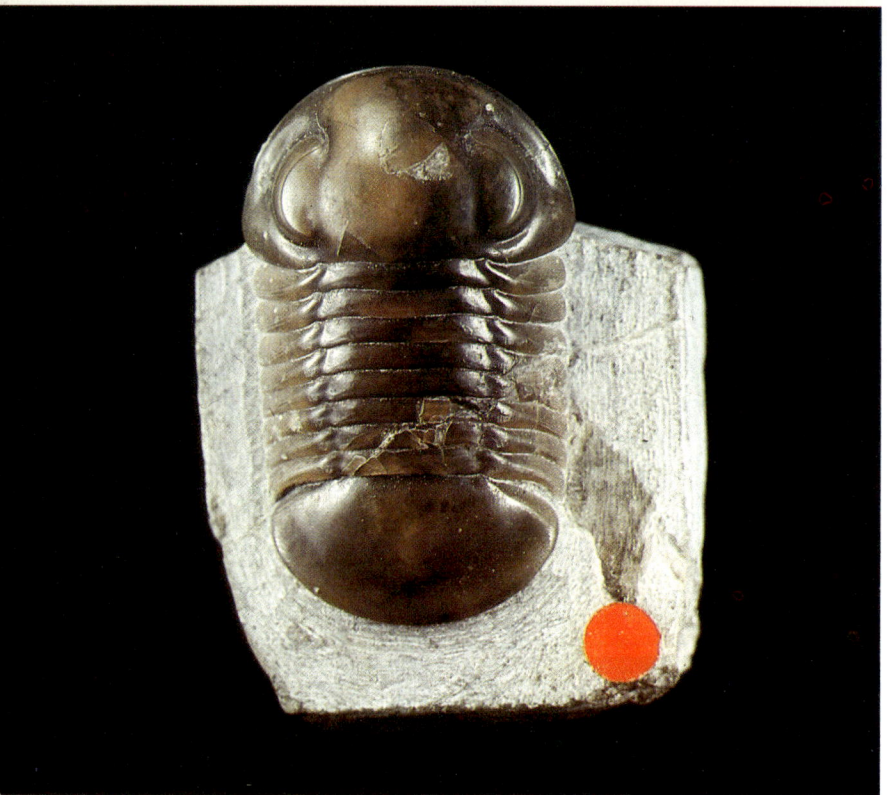

Trilobiten, S. 64 bis 78:
6 Dalmanitina socialis,
   S. 73
7 Nileus platys platys,
   S. 76

8 Ellipsocephalus
   hoffi, S. 77

Graptolithen.
S. 86 bis 87:

13 Monograptus
spiralis, S. 87
14 Monograptus
chimaera und
M. dubius, S. 87

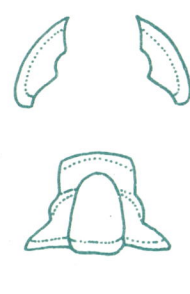

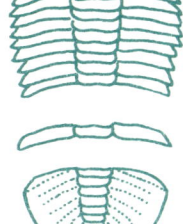

Trilobitenteile
Freiwangen
Cranidium
Cephalon
Rumpf
Rumpfsegment
Pygidium

Bau, Aufgaben und Zahl der Extremitäten spielen in der Systematik der Gliederfüßer eine grundlegende Rolle. Die Interpretation der gegabelten Trilobitenbeine hatte vor Jahren dazu geführt, die Trilobiten von den Krebsen weg, mehr in die verwandtschaftliche Nähe der Spinnen zu stellen, bis man sie schließlich zusammen mit einigen ähnlichen Gliederfüßern als selbständigen Unterstamm Trilobitomorpha ansah. Neueste Untersuchungen deuten nun doch wieder Gemeinsamkeiten der Trilobitomorphen mit den Krebsen an, die eine gemeinsame Ahnengruppe wahrscheinlich machen.

Der starre Panzer mußte während des Wachstums wiederholt abgeworfen werden. Als Resultat dieser Häutungen — man rechnet mit 30 und mehr — finden wir Trilobitenfossilien viel häufiger in der Art getrennter Panzerteile denn als intakte Panzer. Am häufigsten bemerken wir beim Sammeln in Kalksteinen zunächst die stabilen Pygidien, die leicht aufreißen. Gelegentlich liegt im Gestein die abgestoßene Panzerhaut noch am Ort der Häutung, ohne daß durch Umlagerung ein weiterer Zerfall eingetreten wäre. Die sogenannte Saltersche Einbettung bei Phacopiden zeigt in solchen Fällen den Kopfpanzer in charakteristischer Weise umgekippt vor dem übrigen Panzer liegend. Für die Häutung spielte die Gesichtsnaht eine wichtige Rolle. Ihr systematisch hoch gewerteter variabler Verlauf über das Cephalon ist an den gezeichneten Trilobiten auf den folgenden Seiten gut zu erkennen. An der Gesichtsnaht konnte das Cephalon bei der Häutung aufbrechen, wobei die »freien Wangen« mit den Augen vom zentralen Teil (Cranidium) abfielen.

Die Festigung der chitinösen Hülle zu starren Panzerelementen erfolgte wie bei den Krebsen durch Mineralisation der inneren Hüllenschichten. Kalzit und Kalziumphosphat sollen dabei wichtig gewesen sein. Das intensive Studium der Panzerschalenstruktur mit modernem optischem Instrumentarium hat erst begonnen. Erste Ergebnisse an Asaphus raniceps zeigen einen zweischichtigen Aufbau: eine sehr dünne Außenschicht aus senkrechten Kalzitprismen und eine dicke Innenschicht aus Kalzitlamellen. Im Augenbereich entspricht der dünnen Außenschicht eine »Hornhaut«, das Pendant der dicken Schicht aber sind die Kalzitlinsen.

Die Mineralisation des Außenskeletts einschließlich der Augen war die wesentliche Voraussetzung der häufigen Trilobitenfossilisation. Als mit Beginn des Kambriums erstmalig Mineralsubstanz in Gerüsteiweißstrukturen eingelagert und damit die Möglichkeit der Fossilisation entscheidend erweitert wurde, wiesen die Trilobiten bereits eine fortgeschrittene morphologische Differenzierung auf. Der fossil belegten Geschichte der Trilobiten geht eine nichtdokumentierte Vorgeschichte im Präkambrium voraus.

Von den mehr als 10 000 bisher beschriebenen Trilobitenarten können hier nur vier Arten verschiedener Gattungen aus dem Barrandium und aus Geschieben im farbigen Porträt vorgestellt werden (Abb. 2, 6, 7, 8). Je zwei Arten repräsentieren mittelkambrische bzw. ordovizische Formenkreise. 24 weitere Gattungen wurden zeichnerisch wiedergegeben (s. S. 74 und 75).

6 Dalmanitina socialis
Ordovizium, Caradoc, Letná-Schichten; Barrandium, Beroun (ČSSR)
Trilobitenfossilien finden sich überwiegend als isolierte Panzerteile, die bei der Häutung abgestoßen wurden. Diese Exuvien blieben entweder am Ort der Häutung liegen, oder sie wurden sortiert, verfrachtet, zerbrochen, zerrieben, zu Schill angehäuft. Man hat einen vollständigen, sehr dünnschaligen Panzer eines Trilobiten, neben seinem abgestoßenen Panzer liegend, gefunden. Offensichtlich ist der Trilobit kurz nach der Häutung verendet.

An Hand einiger ausgewählter Gattungen aus Kambrium, Ordovizium und Silur werden hier verschiedene Formen von Trilobiten vorgestellt. Zur Ergänzung sei auf die Bestimmungshilfe »Trilobiten des Devon« (S. 231) hingewiesen.

a bis e Sao hirsuta. Vier Larvenstadien (1—4 mm) und das Reifestadium (40 mm) (s. auch Abb. 2)

f Holmia. Leitfossil der Holmia-Stufe, Unterkambrium Skandinaviens. Mächtiges Cephalon, große Augenwülste, alle sechzehn Rumpfsegmente in Stachel auslaufend, winziges Pygidium. Insgesamt ursprünglicher Habitus, Ordnung Redlichiida, 2 : 3

g Peltura. Zone 5 des Oberkambriums Skandinaviens. Nierenförmiges Cephalon, kleine, weit vorn liegende Augen, Pygidium mit Segmentstacheln, 1 : 1

h Olenus. Zone 2 des Oberkambriums. Breites, vorn stumpfes Cephalon mit Wangenstacheln. Der Verlauf der Gesichtsnähte von vorn nach hinten wird als opisthophar bezeichnet. Das Pygidium ist gerundet dreieckig. Peltura und Olenus sind in Geschieben anzutreffen, 1 : 1

i Conocoryphe. Mittelkambrium. Cephalon halbkreisförmig, keine Augen, Gesichtsnaht randlich verlaufend, 2 : 3

j Eurycare. Zone 4 des Oberkambriums. Cephalon kurz, aber breit ausgelappt, mit sehr langen, gebogenen Wangenstacheln, die an den meistens isoliert zu findenden Freiwangen (Häutungsreste!) in schwarzen Stinkkalkgeschieben leicht zu erkennen sind, 1 : 1

k Eodiscus. Mittelkambrium. Im Gegensatz zu f (Redlichiida) und g bis j (Ordnung Ptychopariida) mit winzigen oder kleinen Pygidien und zahlreichen Rumpfsegmenten gab es im Kambrium mit den planktonischen Agnostiden auch bereits eine Trilobitenordnung, welche Merkmale extrem vorwegnimmt, die sonst erst ab Ordovizium Bedeutung gewannen: Zahlenreduktion der Rumpfsegmente und Vergrößerung des Pygidiums bis auf die Größe und Form des Cephalons (q, t, u). Eodiscus ist im Paläozoikum von Görlitz (DDR) zu finden. Die Gattung ist durch drei Rumpfsegmente ausgezeichnet, 3 : 2

l Agnostus. Ähnlich k, jedoch zwei Rumpfsegmente. Sehr häufig in Geschieben der Zone 1 des Oberkambriums. Eine Anzahl von Agnostiden-Gattungen dient im Mittelkambrium Skandinaviens als Leitfossilien, 8 : 1

m Ceratopyge. Ordovizium, Tremadoc. Kopf- und Schwanzschild. Leitfossil für die Basis der ordovizischen Kalke auf dem skandinavischen Schild. Ceratopyge-Kalk. Das auffallend gehörnte Pygidium war Anlaß für den Gattungsnamen

n Chasmops. Ordovizium. Cephalon mit Wangenhörnern. Wie Dalmanitina (Abb. 5) ein früher Vertreter der Ordnung Phacopida, die noch im Devon von großer Bedeutung ist (s. S. 231).
Glabella nach vorn erweitert, pokalartig. Gesichtsnaht propar (von Auge zum Seitenrand verlaufend). Häufig in Kalkgeschieben des Caradoc, 6 : 5

o Ampyx. Ordovizium. Opisthopar, blind, Glabella frontal in einen Sporn ausgezogen, 3 : 4

p Calymene. Silur — Devon. Auffällige Glabella mit aufgeblähten Seitenabschnitten, 3 : 4

q Megistaspis. Unterordovizium. Mehrere leitende Arten dienen zur Gliederung der roten Orthocerenkalke Skandinaviens. Opisthopar, großwüchsig. Die großen Pygidien fallen in Orthocerenkalkgeschieben neben denen anderer Asaphiden (u) auf.

r Trinucleus. Ordovizium. Der Name bezieht sich auf das „dreikernige" Cephalon. Charakteristischer »Siebsaum«. Blind, 5 : 3

s Cheirurus. Ordovizium — Devon. Propar; die hinteren beiden Glabellarfurchen x-förmig. Pygidium mit breiten, hakenförmigen Randstacheln, 3 : 4

t Illaenus. Ordovizium. Stark gewölbte, fast glatte Schilde; opisthopar. Nicht selten in Geschieben des oberen grauen Orthocerenkalkes, 3 : 4

u Asaphus. Ordovizium. Opisthopar, acht Rumpfsegmente, gewölbt; gutes Einrollungsvermögen. Häufig in Geschieben (vgl. q), 3 : 4

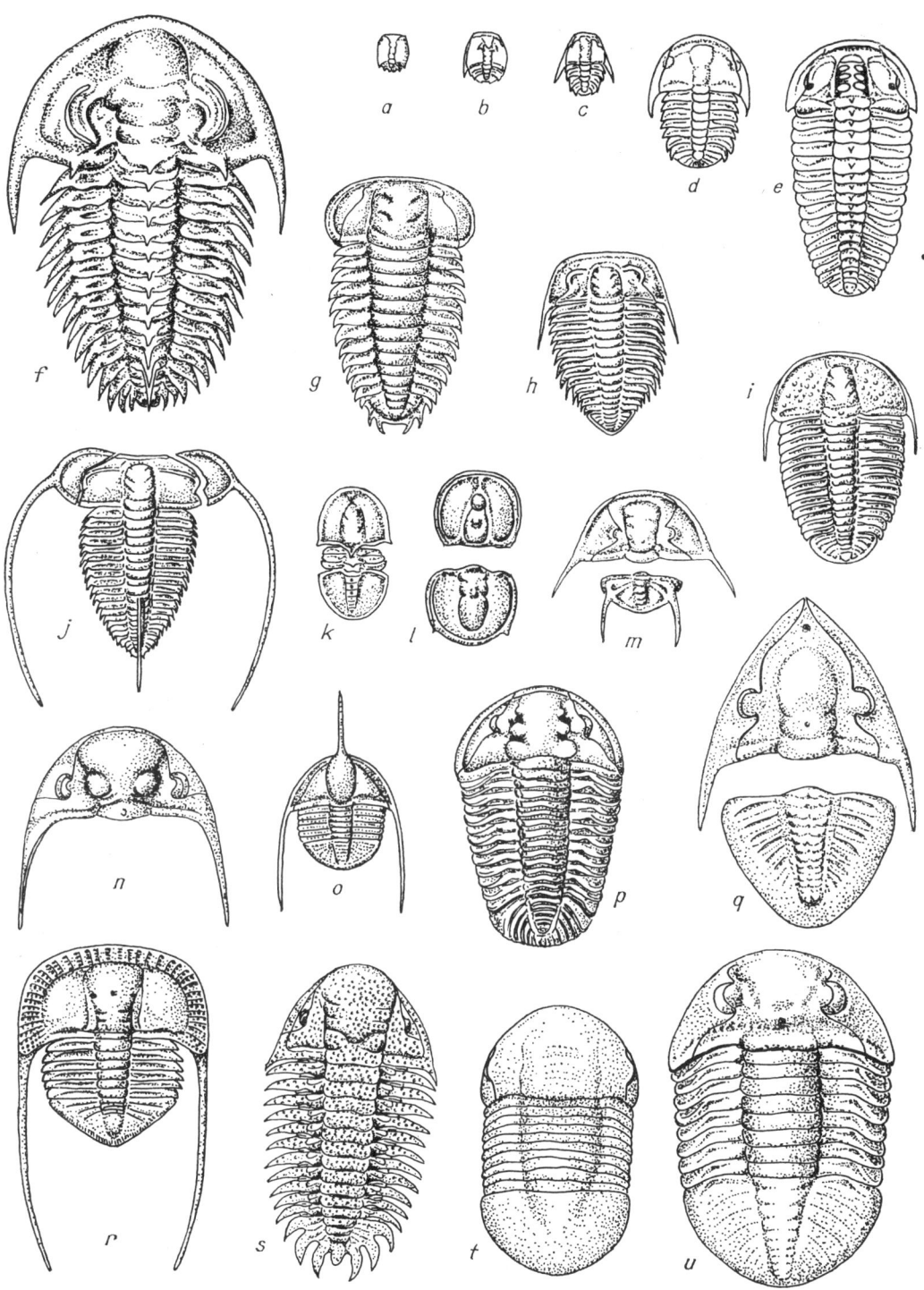

Unter diesem Aspekt zeigt unser Bild ganz gewöhnliche Trilobitenreste, die Steinkerne isolierter Panzerteile. Es handelt sich dabei um Kopf- und Schwanzschild einer sehr charakteristischen und häufigen Art des mittleren Ordoviziums, die schon von Barrande beschrieben wurde. Beide Schilde sind etwa gleich groß und gerundet dreieckig im Umriß. Am Kopf fallen die großen Augen auf sowie die nach vorn aufgeblähte »Glatze« (Glabella). Die Augen zeigen bei näherer Untersuchung eine Vielzahl isolierter, in Reihen geordneter Linsen (s. S. 231). Diese und andere Merkmale kennzeichnen die Dalmaniten, die auch im Unterdevon noch einmal sehr häufig waren, als Vertreter der Phacopiden. Die Rekonstruktion vollständiger Phacopidenpanzer aus isolierten Teilen ist insofern relativ einfach, als alle Phacopiden konstant elf Rumpfsegmente besaßen (s. S. 231, Fig. 10, 17, 23, 24 u. a.).

Die Glabella ist in charakteristischer Weise durch Furchen gezeichnet. So sind von den sieben zum Cephalon verschmolzenen Segmenten vier noch gut zu erkennen. Diesen vier hinteren Kopfsegmenten entsprechen im allgemeinen auf der Unterseite vier Paar Beine, was jedoch nur in Ausnahmefällen sichtbar wird, z. B. beim Röntgen von verkiesten Trilobiten in Schieferplatten. Bei Phacops waren diese Beine auf drei Paar reduziert und könnten der Form nach der Nahrungszerkleinerung bei räuberischer Lebensweise gedient haben. In diesem Zusammenhang interessiert auch die Aufblähung der Glabella bei den Phacopiden, denn unter ihr lag der Trilobitenmagen.

Auf dem spitzbogig umrissenen Schwanzschild (Pygidium) ist die Segmentierung noch so kräftig ausgeprägt, daß man sich ein Bild von der Gestalt des Rumpfes machen kann. Leider ist am vorliegenden Steinkern die in einen Stachel auslaufende Schwanzspitze beschädigt, aber Fossilien sind gemeinhin nicht vollständig. Im Gegensatz zum Cephalon setzt sich das Pygidium aus einer variablen Anzahl von Segmenten zusammen, z. B. zwei bei Sao hirsuta (Abb. 2) und 28 bei Megistaspis gigas. Eine vergleichende Betrachtung der Zeichnungen auf den Seiten 75 und 231 macht uns auf die Mannigfaltigkeit der Kopf- und Schwanzschilde bei den Trilobiten aufmerksam. Auf die beiden Schilde konzentriert sich das Gros der Merkmale. Meistens ist das Cephalon am wichtigsten, gelegentlich beobachten wir die entscheidenden Unterschiede aber auch am Pygidium.

7 Nileus platys platys
Ordovizium, Caradoc, Geschiebe; Saßnitz (DDR). Holotypus; Original zu Schrank 1972, Sammlung Krueger, 2 : 1

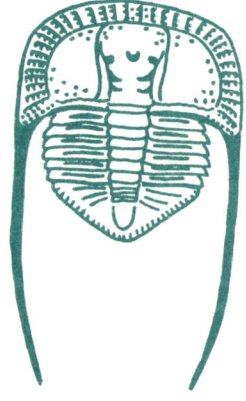

Trilobit

Vor einigen Jahren wurde ein reichhaltiges Geschiebematerial an Trilobiten der ordovizischen Gattung Nileus zur Grundlage einer vergleichenden Studie. Als Ergebnis dieser Untersuchungen lassen sich heute in dieser merkmalarmen Gruppe glattschaliger Trilobiten aus Geschieben elf Arten und Unterarten voneinander abgrenzen; fünf davon wurden neu beschrieben. Zum Teil handelt es sich wohl um Glieder einer abwandelnden Ahnenreihe, die im Tremadoc beginnt und bis zum Caradoc reicht, also einen großen Teil des Ordoviziums überspannt.

Unser Stück ist der Holotypus der neuen Unterart Nileus platys platys Schrank, 1972. Als Holotypus bezeichnet man das bei der Erstbeschreibung einer Art oder Unterart zu ihrem alleinigen Richtmaß erklärte Exemplar.

In der Farbaufnahme kommt die bezeichnende Erhaltungsart der Trilobiten in den Geschieben des zuckerkörnigen hellgrauen Ludibunduskalkes sehr gut zum Ausdruck. Allerdings springen uns die Trilobiten beim Aufschlagen der Geschiebe nicht gleich in solcher Schönheit entgegen. Die Spur des Hammerschlages, der zur Entdeckung des Trilobiten aufgrund seiner Querschnittsfigur im Gestein führte, läuft als Bruchlinie schräg über die Schale. Nach sachkundiger Ermittlung der Lage des Trilobitenpanzers wurden die beiden Gesteinsstücke kleiner geschnitten und wieder zusammengekittet. In stundenlanger sorgfältiger Präparationsarbeit wurde das Fossil dann von oben her mit rotierenden Schleifkörpern, Schabeisen und Nadeln freigelegt. Das Ergebnis der Mühe ist dieses kleine Meisterwerk.

Im Vergleich mit den anderen abgebildeten Trilobiten fällt an Nileus nicht nur der Erhaltungszustand auf, sondern auch der auf alle »Schnörkel« verzichtende, abgerundete Bau des Panzers. An den gleich großen Schilden ist keinerlei Segmentierung zu erkennen. Man vermutet für solche Formen eine grabende Lebensweise, wozu aber die großen Augen nicht recht passen wollen. Vollendet war das Einrollungsvermögen von Nileus, das eine Schutzfunktion hatte. Das Herausbilden einer gut abschließenden Einrollung bei vielen Formen war offenbar eine wichtige Anpassung an die Umwelt in den bereits belebteren Flachmeeren des Ordoviziums.

Man kann nicht umhin, an dieser Stelle auf eine Trilobitengruppe hinzuweisen, die bereits im Kambrium ähnliche Mechanismen entwickelt hatte, auf die Agnostiden (s. S. 75 k bis l). Diese winzigen Trilobiten treten in manchen kambrischen Bitumenkalken (»Stinkkalken«) in großen Massen, ja gesteinsbildend auf. Man sieht in ihnen schwimmende Formen des offenen Meeres und vermutet, daß ein plötzliches Zusammenklappen der Schilde bei ihnen eine Schwimmfunktion gehabt haben könnte, ähnlich dem Rückstoßgleiten, das wir von den heutigen Kammuscheln (Pecten) kennen.

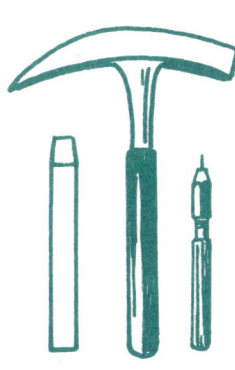

Meißel, Hammer, Nadel

8 Ellipsocephalus hoffi
Mittelkambrium, Jince-Schichten; Barrandium; Jince (ČSSR). Sammlung Schlotheim, 3 : 1
Ansprechende Gruppenfunde von Trilobiten sind wohl der Wunsch jedes Trilobitensammlers. Mehrere vollständige Exemplare auf einem einzigen kleinen Handstück, die sich farbig und plastisch äußerst dekorativ vom Gestein abheben, lassen sein Herz höher schlagen. Die schönsten Stücke dieser Art wanderten wohl schon im vorigen Jahrhundert in die Sammlungen. Damals erfaßte ein »Trilobitenrausch« die Sammler, und die berühmten Fundpunkte mittelkambrischer Trilobiten um Jince und Skryje, rund 50 km südwestlich von Prag, wurden um und um gekehrt. Allein aus der Umgebung dieser beiden Orte stammen die vielen Trilobiten und anderen Fossilien des mittelböhmischen Kambriums, die heute weltweit in Sammlungen enthalten sind und in Büchern immer wieder abgebildet wurden.

Schon zu Beginn des 18. Jahrhunderts — an der Wiege der Paläontologie — erregten Jince und Skryje das Interesse der jungen Wissenschaft. E. F. von Schlotheim beschrieb 1823 die vorliegende Art von Jince als Trilobites hoffi. Aus seiner Belegsammlung stammt unser prächtiges Stück. Durch die Hände vieler Forscher und Studenten ist es gegangen, Generationen haben es gehegt und gepflegt. So hat es wohl in mehr als 150 Jahren einiges vom ursprünglichen farbigen Kontrast eingebüßt, nicht aber seine beeindruckende Wirkung und seine wissenschaftliche Bedeutung für die Charakterisierung der Art.

E. hoffi wurde zur typischen Art für die Kennzeichnung der Gattung Ellipsocephalus erwählt, einer Gattung, die im Mittelkambrium von New Brunswick (Kanada) über Marokko bis Skandinavien verbreitet war. Bezeichnend für sie ist die Form der Glabella, die im Umriß an eine Dosenöffnerschneide

77

erinnert. An ihr können wir auch die größeren Arten der Gattung aus nordischen Geschieben mittelkambrischen Alters leicht erkennen. Der Rumpf weist zwölf Segmente auf, das Pygidium ist kurz, aber relativ breit.

Auf unserem Fundstück prangen zwei vollständige Steinkerne und ein schöner Abdruck. E. hoffi ist neben einer Paradoxidesart praktisch alleiniger Faunenbestandteil eines Abschnitts in den Jince-Schichten und nur von dort bekannt.

Kopffüßer

Unter den Weichtieren haben die Kopffüßer das höchste Entwicklungsniveau erreicht, auch wenn sie das Meer, das sie als frei bewegliche Schwimmer bewohnen, nie verlassen haben. Gegenüber den Muscheln und Schnecken zeigen die heutigen Kopffüßer eine erstaunliche Leistungsfähigkeit ihrer Sinnesorgane und Motorik. Ein relativ zentralisiertes Nervensystem ermöglicht ihnen komplizierte Verhaltensweisen. Ihre hohe Entwicklungsstufe haben sie offenbar in engen Umweltbeziehungen zu den meeresbewohnenden Wirbeltieren erreicht. Nahrungskonkurrenz und wechselseitige Räuber-Beute-Beziehungen spielten hierbei eine Rolle. Darauf weisen Anpassungen hin, die den Wettbewerb ermöglichten, wie die fast fischartige, durch das Rückstoßprinzip verstärkte Beweglichkeit der schwarmbildenden Tintenfische, das »Einnebeln« mit Tinte oder der Lebensformtyp der bodenbewohnenden Kraken. Der volkstümliche Ausdruck Tintenfische charakterisiert treffend das Wesen und die Entwicklungshöhe der nackten Kopffüßer. Nur eine ursprüngliche, gehäusetragende Form überlebte in tieferen Wasserschichten. Jenen wenigen Nautilusarten stehen heute rund 700 Arten von Tintenfischen gegenüber. Dieses Verhältnis kehrt sich um so mehr in sein Gegenteil, je weiter wir es in die Erdgeschichte zurückverfolgen. In den Meeren der Vergangenheit spielten die ursprünglicheren Kopffüßer mit gekammerten Gehäusen die bedeutendere oder alleinige Rolle.

Kopffüßer (Nautilus), Längsschnitt

Wir unterscheiden drei große Gruppen von Kopffüßern: Nautiliden, Ammoniten (s. S. 107 bis 138) und Tintenfische. Sie lösten sich lebensgeschichtlich in ihrer Bedeutung ab. Die Nautilusartigen hatten ihre Blütezeit schon im Altpaläozoikum, die erloschenen Ammoniten im Mesozoikum, während die Tintenfische in der Gegenwart in voller Blüte stehen, vermutlich seit Beginn des Tertiärs. Fossil überliefert sind uns nur die Hartteile oder ihre Prägungen im Gestein. Das sind gewöhnlich die Gehäuse oder ihre Abdrücke und Steinkerne, seltener die Kiefer. Die hornigen Armhäkchen, wie sie außer Saugnäpfen zur Bewehrung von Kopffüßerarmen dienen, wurden gelegentlich ebenfalls fossilisiert. Man fand im Mageninhalt von Ichthyosauriern Unmengen davon. Andere liegen wieder reihenweise auf Gesteinsflächen, schemenhaft die zehn Arme eines Tintenfisches andeutend. Manchmal stößt man in hellen Plattenkalken auch auf eine kohlige Struktur, die an den Schulp eines Tintenfisches gebunden ist, auf einen fossilen Tintenbeutel.

Nautiliden

Das Perlboot (Nautilus) ist der letzte Nachfahre eines großen Geschlechts. In Teilen des Indopazifiks hat er als Reliktform überlebt, als »lebendes Fossil«. Vor allem aber bewohnt Nautilus die tropischen Gewässer von den Philippinen bis zu den Fidschiinseln. Die auffallenden Kammergehäuse kennt man als leeres »Treibgut« seit langem auch von der Ostküste Afrikas und hielt sie für verdriftet. Heute ist Nautilus auch dort lebend nachgewiesen worden. Dennoch bleibt das Verbreitungsgebiet leerer Schalen weiterhin erheblich größer als der eigentliche Lebensraum. Der Einbettungsort fossiler Gehäuse kann nach diesem Befund weit vom ehemaligen Lebensraum entfernt liegen. Paläontologische Analysen von Kopffüßerfaunen vergangener Zeiten führten aber zu der berechtigten Schlußfolgerung, daß die Gehäuse sehr oft am Sterbeort zu Boden sanken. Für Nautilus ist das zwar nicht bewiesen, aber zu vermuten, weil bei nachlassender Lebensaktivität das Vermögen, Flüssigkeit abzupumpen, nachläßt und das Tier absinkt.

Nautilus ist das einzige lebende Studienobjekt, das uns über die gesamte Biologie eines Kopffüßers mit Außengehäuse Aufschluß geben kann. In den letzten Jahren sind die Bemühungen um Nautilus verstärkt worden. Wie werden beispielsweise die »Flutkammern« gebildet, und wie funktionieren sie? Schon lange aber stellt uns die Kombination der Merkmale bei Nautilus vor systematische Probleme. Welche Merkmale sind spezialisiert, welche sind Gruppennorm? Nautilus besitzt keinen Tintenbeutel wie die anderen heutigen Kopffüßer — er benötigt ihn in der lichtlosen Tiefe nicht. Haben die fossilen Nautiliden auch keinen Tintenbeutel besessen, oder haben wir es bei Nautilus mit einer Rückbildung zu tun? Viele Fragen stehen zur Diskussion. Nautilus lebt in Tiefen bis zu 500 m und mehr, Cousteau gibt sogar Tauchtiefen bis 700 m an. Sollten auch die fossilen Schalenträger solche oder größere Tauchtiefen erreicht haben? Es scheint Beispiele zu geben, doch hat das Gros der Ammoniten wohl nur in Tiefen zwischen 50 und 200 m gelebt.

Obwohl uns das Perlboot als Reliktform die Biologie einer großen Kopffüßergruppe der Vergangenheit vor Augen führt, die Mannigfaltigkeit der Formen ließe das elegante, »technisch« ausgereifte Nautilusgehäuse allein kaum erahnen. Erst die Vielzahl der Fossilien offenbart uns den historischen Weg dieser Gruppe bis zum heutigen Nautilus und dokumentiert, wie viele konstruktiv verschiedene Entwicklungswege gleich beim Erscheinen der Gruppe beschritten wurden und bereits im Paläozoikum wieder endeten (s. Stammbaum, S. 81). Alle diese Stammlinien erblühten sehr schnell — innerhalb weniger Millionen Jahre — schon im Ordovizium zu ihrer größten Formenfülle und wurden dann allmählich über lange Zeiträume zurückgedrängt. Zum Teil verdrängten sie sich offenbar gegenseitig. Für den allgemeinen rückläufigen Trend aber könnte die wachsende Konkurrenz der Fische eine Rolle gespielt haben. Hier wie dort wurde höhere Mobilität durch positive Auslese gefördert. Weiterhin erkennen wir auf der Zeichnung S. 81 verschiedene Einschnitte in den Häufigkeitsfeldern. Sie weisen Zeiten allgemein ungünstiger Lebensbedingungen nicht nur für Kopffüßer, sondern gleichzeitig oft auch für andere Tiergruppen aus. In der Abfolge der fossilen Faunen machen sich solche Zeiten durch deutliche Faunenwechsel bemerkbar. Diese Erscheinung wurde schon in der Frühzeit der Geologie für die Gliederung der Erdgeschichte mit herangezogen.

Die Nautiliden traten als die ältesten Kopffüßer im jüngeren Kambrium auf und erreichten bereits im Ordovizium ihre größte Vielfalt. Sie sind die Stammgruppe der Kopffüßer. Aus ihr gingen noch im Paläozoikum die Ammoniten und die Belemniten hervor, die Belemniten schließlich führten zu den modernen Tintenfischen. Die Nautiliden dürften im Altpaläozoikum die Böden der Flachmeere beherrscht haben. Wir haben Kunde von gerade gestreckten Gehäusen bis zu 4 m Länge, maximal sollen sogar fast 10 m erreicht worden sein.

Mit dem Perlboot hatten alle fossilen Nautiliden ein relativ dickschaliges Gehäuse gemeinsam, dessen Kammern, durch einfache konkave Scheidewände getrennt, durch eine relativ großlumige, schlauchartige Röhre (Sipho) aber miteinander verbunden waren. Der Siphonalschlauch schied zwar selbst gruppenspezifische Kalkstrukturen aus, stellte aber auch die Verbindung zum kalkausscheidenden Gewebe in den Kammern her. Er diente also nicht nur dem Fluten und Leichtern der Kammern beim Sinken und Steigen wie heute bei Nautilus, sondern durch das Kalkausscheiden auch der Gleichgewichtslage vor allem von gestreckten Gehäusen.

Die in den Hauptgruppen der Nautiliden verwirklichten grundsätzlichen Kombinationen von Gehäusegestalt und Siphonal- wie Kammerstrukturen sind in der nebenstehenden Zeichnung angedeutet und sollen im einzelnen nicht näher geschildert werden. Im allgemeinen sind bei den Nautiliden unumgängliche Bestimmungsmerkmale im Innern der Fossilien verborgen, so daß man nicht umhin kann, sie zu brechen bzw. Längs- und Querschnitte anzufertigen.

Das nebenstehende Schema bringt einerseits die Herkunft, Existenzdauer und wechselnde Formenvielfalt der einzelnen Kopffüßergruppen zum Ausdruck und demonstriert andererseits die Abwandlung des Gehäusebauplans. Die Kopffüßer bauten ursprünglich ein leicht gebogenes, spitzkegeliges Gehäuse auf, dessen Kammerscheidewände recht eng standen. Bei diesen relativ kleinen Formen dürfte der Auftrieb der leeren Kammern etwa die Gehäusemasse kompensiert haben. Die entwicklungsgeschichtlich allgemeine Tendenz zu größeren Formen ließ jedoch den Auftrieb schneller zunehmen als die Gehäusemasse und veränderte die Gleichgewichtslage. Das so entstehende Auftriebs- und Balanceproblem wurde bei den frühen Kopffüßern im Zusammenhang mit der Differenzierung der Lebensweise unterschiedlich gelöst und führte zu deren Aufspaltung in mehrere Hauptgruppen mit verschiedenem Gehäusebauplan. Eine bewährte Lösung des Problems war die Einrollung des Gehäuses. Auf diese Weise kam der Auftriebspunkt über den Schwerpunkt zu liegen — die Gehäuselage wurde stabilisiert —, der Kopffüßer aber befand sich weiterhin im Endabschnitt der Wohnkammer in einer mehr oder weniger horizontalen Position. Im Gegensatz zum langgestreckten Gehäuse blieb eine allseitige Manövrierfähigkeit des Gehäuses erhalten. Dieser Schalentyp war besonders im Mesozoikum sehr erfolgreich, wie die Unmengen fossiler Nautiliden und vor allem Ammoniten beweisen. Für ein schnelles Davonschießen und ausdauerndes Schwimmen war er jedoch nicht geeignet. Der moderne Schwimmertyp der Tintenfische entwickelte sich aus Formen mit gestreckten Gehäuse. Wie aber wurde hier das Balanceproblem gelöst? Auf der einen Seite bestand die Möglichkeit, das gestreckte Gehäuse senkrecht zu tragen. Ob dieser Fall bei den Orthoceren verwirklicht war, ist noch umstritten. Ihre Manövrierfähigkeit wäre dann speziell vertikal orientiert gewesen. Vielleicht konnten sie so den größeren, waagerecht schwimmenden Endoceren besser ausweichen. Auf der anderen Seite konnten sekundäre, einseitig betonte Kalkablagerungen im Bereich der Gehäusespitze dem Auftrieb entgegenwirken. Dabei wurden zwei Wege beschritten: die Kalkabscheidung im Innern des Gehäuses oder auf seiner Oberfläche. Der erste Weg wurde in verschiedener, zum Teil recht komplizierter Weise von den Endoceren, Actinoceren und Ascosoriden verwirklicht. Der zweite Weg wurde erst möglich, als sich Kopffüßer entwickelt hatten, die ihr ganzes Gehäuse mit einem Muskelmantel umgaben, der nun auch von außen an der Spitze des Gehäuses Lage für Lage Kalk abscheiden konnte. So entstanden ausgangs des Paläozoikums die Belemniten. Die Entwicklung eines zähen Muskelmantels machte die Schutzfunktion des Gehäuses schließlich gegenstandslos. Es wurde reduziert und zum Schulp umgestaltet — die rationellste Lösung des Auftriebproblems. Von den Belemniten führte der Weg zu den heutigen Tintenfischen. Ein schwammiger Rückenschulp unter dem Mantel — Rudiment der einstigen Kammerschale — erfüllt bei ihnen vergleichsweise die Stützfunktion der Wirbelsäule und die hydrostatische Schwimmblasenfunktion der Knochenfische.

80

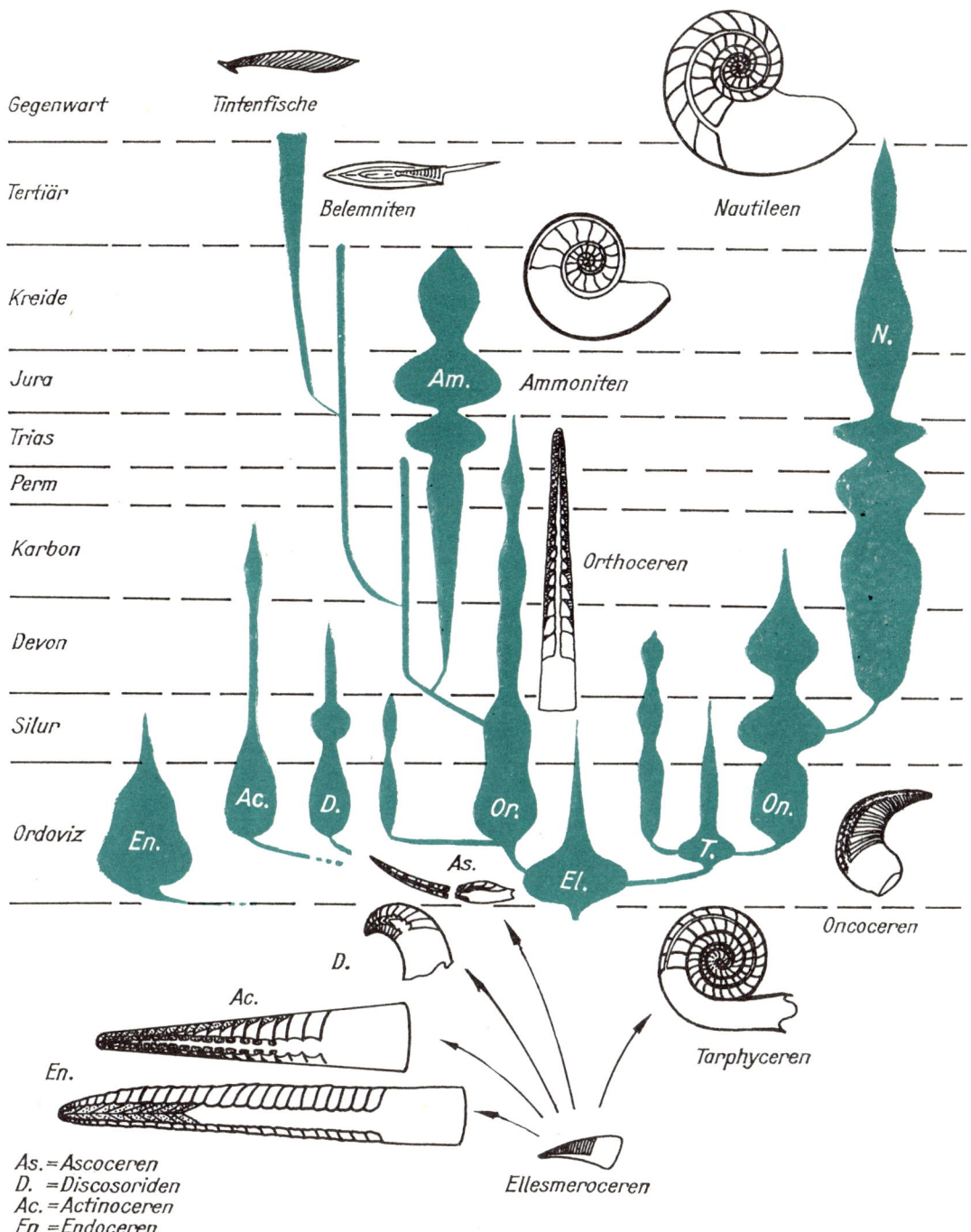

Gegenwart   Tintenfische

Tertiär   Belemniten   Nautileen

Kreide

Jura   Am.   Ammoniten

Trias

Perm

Karbon   Orthoceren

Devon

Silur

Ordoviz   En.   Ac.   D.   As.   Or.   El.   On.   T.   Oncoceren

D.

Ac.

En.   Tarphyceren

As. = Ascoceren
D. = Discosoriden
Ac. = Actinoceren
En. = Endoceren

Ellesmeroceren

81

Am bekanntesten unter den paläozoischen Nautiliden sind die Geradhörner (Orthoceren), deren langgestreckte Kammerschalen in vielen Kalksteinschichten nicht zu übersehen sind (Orthocerenkalke). Sie besitzen einen zentralen, relativ engen Sipho. Leicht zu unterscheiden sind daher wegen ihres randständigen, weiten Siphos die äußerlich gleichgestalteten Endoceren. Sie sind oft sehr groß, können massenhaft vorkommen und fallen in den Geschiebeblöcken des unteren Ordoviziums mehr auf als die Orthoceren, zumal die Steinkerne der mächtigen Siphonen eine eigenartige Schrägringelung aufweisen.

Tarphyceren (alle 1 : 1,5)
Die vier Nautiliden auf Seite 70 sind unter folgenden Gesichtspunkten vereinigt worden: Alle stammen aus eiszeitlichen Geschieben von mittelordovizischen Kalken des Ostseeraumes, gehören einer engeren Verwandtschaftsgruppe an, sind selten und daher gesucht und wissenschaftlich wertvoll. Ferner zeigen die vier Exemplare verschiedene Beispiele aufgerollter Gehäuse und gesteinsbezogener Erhaltung.

9 Trocholites sp.
Ordovizium, Llandeilo, Geschiebe; Parchim (DDR)
Die Gattung Trocholites möge hier den Typ des planspiral aufgerollten Kopffüßergehäuses vertreten, wie er erstmals bei den Tarphyceren verwirklicht wurde. Das Gehäuse unseres Stückes ist vollständig und eng aufgerollt, wobei die breiten Windungen einander reitend aufsitzen. Als weiteres wichtiges Merkmal der Familie der Trocholiten kommt die Lage des Siphos in der Nähe der Kammerinnenwand hinzu, was aber auf dem Bild nicht zu sehen ist. In dieser groben Charakteristik zeigen die Trocholiten eine gewisse Übereinstimmung mit den Clymenien des Oberdevons, insbesondere durch die in beiden Gruppen vom Normalen abweichende Sipholage. So verwundert es nicht, daß Trocholites-Arten bei ihrer Erstbeschreibung um die Mitte des vorigen Jahrhunderts von Eichwald zur Gattung Clymenia gestellt wurden. Eichwald beschrieb 1842 auch eine Clymenia antiquissima, eine großwüchsige Art, die heute als typisch für die Gattung Discoceras gilt (Genotypus). Diese nahe verwandte Gattung von Trocholites ist in Geschieben nicht ganz so selten zu finden.

Unser Neufund eines Trocholiten wurde beim Aufschlagen eines Geschiebeblocks von dunkelgrauem Orthocerenkalk gemacht. Das Stück ist dabei als Steinkern herausgesprungen. Die Schale blieb fest am Abdruck haften, bis auf Reste am klar segmentierten Steinkern. In den Segmenten geben sich die Ausfüllungen der einzelnen Kammern zu erkennen. Die Nahtspuren ihrer Scheidewände verlaufen gerade oder leicht geschwungen quer über die Steinkernwindungen. Drei Fünftel des letzten Umganges aber sind nicht gekammert. Hier wird am Steinkern die Fülle der Wohnkammer sichtbar. Die gelbbraune Färbung durch Eisenoxide könnte ein Hinweis für die Herkunft des Geschiebes aus den unteren Lagen des oberen grauen Orthocerenkalkes in Schweden sein, sich also auf Einflüsse aus dem darunterliegenden oberen roten Orthocerenkalk zurückführen lassen. In der typischen Gesteinsfarbe des roten Kalkes begegnet uns das folgende Fossil.

10 a Rhynchorthoceras angelini virgata
Ordovizium, Llanvirn, Geschiebe; Finowfurt (DDR). Remelé-Original
Ganz im Gegensatz zu Trocholites kann man hier wohl kaum von einer Ein-

Nautilide; Lituites

rollung sprechen, und doch müssen wir aufgrund des Komplexes aller Schalenmerkmale auf den leichten Bogen des Gehäuses besonders achten. An der leider fehlenden Gehäusespitze käme die Einrollung noch etwas deutlicher zum Ausdruck. Die teilweise erhaltene Schale ist an ihren scharf abgesetzten Anwachsstreifen gut zu erkennen. Infolge eines Austausches von Kalzium gegen Eisen sind Weichtierschalen in roten Kalken oft dunkler als das Gestein. Wo an unserem Stück die Schale abgeplatzt ist — am spitzen Ende und rechts —, wird die Kammerung sichtbar, von der Wohnkammer blieb in diesem Falle nichts erhalten. Der Sipho liegt etwa zentral und umfaßt ein Sechstel des Kammerquerschnitts.

Das Stück stammt aus der Kollektion Remelé, einer der bedeutendsten älteren Sammlungen von Geschiebefossilien. Ihre Ausstellung auf dem Internationalen Geologenkongreß 1885 in Berlin erregte berechtigtes Aufsehen. Zu den vielen »Originalen« der Sammlung, d. h. zu den Fossilien, die Grundlage wissenschaftlicher Beschreibungen und Abbildungen waren, zählt auch unser Exemplar von Rhynchorthoceras. Es ist ein Beleg für die von Remelé 1889 aufgestellte Varietät virgata von Rhynchorthoceras angelini Boll. Die Seltenheit der Tarphyceren macht es auch heute noch schwer, die Variabilität der Arten richtig einzuschätzen, so daß die Berechtigung der Unterart R. a. virgata noch eine offene Frage ist. So manche Art wurde lediglich auf ein Fundstück hin beschrieben. Andererseits finden wir in den Sammlungen noch verschiedenerlei unter einem Artnamen zusammengefaßt (»Sammelarten«).

10 b Ancistroceras undulatum
Ordovizium, Llandeilo, Geschiebe; Groß Zicker auf Rügen (DDR)
Boll beschrieb die eigentümlich gestaltete Art 1857 erstmals. Unser relativ vollständiges Exemplar — jedoch ohne Wohnkammer — wurde 1966 während einer Sammelexkursion am Blockstrand Rügens in einem Geschiebe des oberen grauen Orthocerenkalkes gefunden und dann im Museum freipräpariert. Dadurch blieb die Schale mit ihrer bezeichnend geschwungenen Anwachsstreifung erhalten. Das Gehäuse dieser Art wuchs zunächst spiralig, nach zwei Umgängen dann aber gerade gestreckt und weit werdend.

11 Lituites tenuicaulis
Ordovizium, Llandeilo, Geschiebe; Oderberg (DDR). Original zu Remelé 1889
Wie bei der voranstehenden Art finden wir auch hier ein frühes Spiralstadium ($2^1/_2$ Umgänge) und einen anschließenden gestreckten Gehäuseabschnitt, doch ist am vorliegenden Stück nur ein Viertel des Gehäuses als Steinkern mit Schalenresten erhalten. Längen- und Breitenwachstum stehen in einem sichtbar anderen Verhältnis als bei Ancistroceras. Das Schwingen der Anwachsstreifen ist aber bei beiden Gattungen sehr ähnlich.

Die Gattung Lituites (»Bischofsstab«) ist nicht gar so selten, so daß man die Schichten ihrer größten Häufigkeit, den oberen grauen Orthocerenkalk auf Öland, auch als Lituiteskalk bezeichnet. Der Name Lituites geht schon auf Breyn (1732) zurück. Er gab ihn diesen Fossilien wegen ihrer Gestaltähnlichkeit mit dem Stab der Auguren (lituus augurum). Breyn benutzte bei seiner Beschreibung schon zwei Namen, jedoch nicht im Sinne der späteren binären Nomenklatur Linnés. Er nannte das Schalenfossil Lituus, den Steinkern Lituites. Im Sinne späterer Autoren kennzeichnen beide Namen noch heute die Typusart Lituites lituus.

Die dargestellten Gattungen Rhynchorthoceras, Ancistroceras und Lituites gehören heute in die Familie der Lituiten. Sichere Vertreter dieser Familie sind nur aus dem skandinavisch-baltischen Ordovizium bekannt, sie stellt also ein provinzielles Element dar. Vor Jahren hat man die drei Gattungen in der genannten Reihenfolge als stammesgeschichtlichen Beleg einer schritt- weisen Einrollung der frühen Nautiliden bis zum Trocholitesstadium ge- sehen. Das beruhte auf einem Irrtum — die stratigraphische Position der Geschiebe mit Rhynchorthoceras war zu tief angesetzt worden. In Wirklich- keit sind die Zusammenhänge komplizierter. Die ursprünglichen Tarphyce- ren waren in lockerer Spirale aufgerollt. Aus ihnen entwickelten sich einer- seits die fest aufgerollten Trocholiten, andererseits wurde die relativ lose Spirale variiert. Aus solchen Formen sind die Lituiten durch Spezialisierung der Lebensweise hervorgegangen. Die Ancistroceras ähnliche Gattung Holmi- ceras erschien als erste plötzlich mit einem betont gestreckten Gehäuse, dar- auf Ancistroceras selbst. Die übrigen Formen sind durch weitere Differenzie- rung ableitbar. Durch den Wechsel der Lebensweise sind auch noch andere Familienmerkmale bedingt, z. B. die komplex gebaute Mündung und volu- minöse Kalzitablagerungen in den Kammern zum Ausgleichen des Auf- triebs. Dabei wurden die Kammern des aufgerollten Gehäuseabschnitts häu- fig schon primär völlig mit Kalzit aufgefüllt, um eine horizontale Lage zu gewährleisten.

12 Nordische Korallen
Eiszeitliche Geschiebe aus dem Silur

Auch am Strand der Ostsee können wir Korallenkelche und -stöcke auflesen, manche in vorzüglicher Erhaltung. Doch sie hat das Meer nicht über Nacht gebrochen und angespült wie am Strand von Havanna oder Sansibar. Un- sere Korallen sind von der See nur wieder freigelegt, vielleicht noch halb im Lehm des Kliffes steckend, vielleicht schon ausgewaschen und von einer Welle vor unsere Füße gespült. Woher kommen sie? Heutzutage können Korallen in der Ostsee nicht existieren — sie ist nicht salzig genug und viel zu kalt. Nicht einmal an den heißesten Sommertagen erreicht sie die Mini- maltemperatur für Korallen. Riffkorallen sind Bewohner tropischer Meere, sie waren es auch in erdgeschichtlicher Vergangenheit. So weisen auch unsere Funde von Riffkorallen auf ein ehemaliges tropisches Meer hin. Vor 300 bis 400 Millionen Jahren zog der Äquator von Nordwesten nach Südosten quer über die Meere und Inseln an der Stelle des heutigen Europas. Auf unserem heimatlichen Stück Erdkruste herrschten tropische Bedingungen, und auf Untiefen einer »Urostsee« wuchsen im Silur Korallenriffe. Auf Gotland sind sie noch erhalten und liegen heute — von jüngeren Deckschichten z. T. wie- der befreit und über den Meeresspiegel herausgehoben — offen zum Stu- dieren da.

Koralle

Beim Freilegen der tropischen Riffe haben die Gletscher der Eiszeit we- sentlich mitgewirkt. Welch ein erdgeschichtlicher Wandel kommt hier zum Ausdruck! Die großen Inlandgletscher haben viel Riffmaterial aufgenommen und mit anderem Gesteinsschutt weit nach Süden transportiert. Gletschern verdanken wir, daß wir heute an der südlichen Ostseeküste die Überreste einer tropischen Meeresfauna finden können.

Europa ist in der Erdgeschichte in immer höhere Breiten geraten, sei es nun durch Polwanderung oder Kontinentaldrift. Die letzten Riffkorallen wuchsen im Ostseebereich zur Zeit der Urvögel, im Oberjura. Einzelkorallen, die auch im kühleren Tiefenwasser vorkommen, finden sich noch im Tertiär.

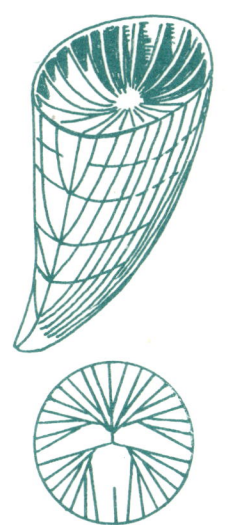

Tetrakoralle (Rugose),
Einschaltung der Septen

12 a Einzelkoralle: Dinophyllum sp.

Berlin-Biesdorf (DDR). 3 : 2

Diese für einen Geschiebefund sehr schöne Silurkoralle wurde unlängst von einem Schüler beim Baden in einem Kiessee entdeckt und ins Museum gebracht. Das Kalkskelett des Kelches ist versteint, d. h., es sind in gewöhnlicher Weise alle Hohlräume mit Kalzit ausgefüllt. Ungewöhnlich aber ist die ins Auge fallende korallenrote Färbung einer dünnen Oberflächenschicht. Sie ist sekundärer Natur, jedoch nicht von der Farbe des ehemals umgebenden Sediments herzuleiten. Dieses war, wie Reste davon zwischen den radialen Septen zeigen, ein hellgrauer Mergel. Die ursprüngliche stratigraphische Position und die Artzugehörigkeit waren bisher nicht zu ermitteln.

Die Aufnahme zeigt den Kelch in Lebensstellung. Er lag mit der stark ausgeweiteten Rückenfläche dem Boden auf, stellte also am Fuß des Riffes — im »Rübenriff« — einen ähnlichen Lebensformtyp dar wie die Pantoffelkoralle des Mitteldevons (Abb. 20). Auf der breiten Rückseite findet sich ein Merkmal der Tetrakorallen in besonders charakteristischer Weise ausgeprägt — die Fiederstellung der Septen an dem einen der vier Hauptsepten. Eine kleine Grube am Kelchrand unseres Stückes, die Kardinalfossula, ist ein gelegentliches Merkmal bei den Tetrakorallen. Ein Kennzeichen der Gattung ist die Art und Weise der Verwirbelung der Septen im Zentrum, die zu einer erhabenen Achsialstruktur führte (Columella).

12 b, c Kettenkoralle: Catenipora escharoides

Gdańsk (VR Polen). 3 : 2

Die Kettenkorallen sind unter den Erbauern tropischer Korallenriffe als Geschiebefossilien am leichtesten wiederzuerkennen, da ihre Stöcke auf der Oberfläche von Kalkgeschieben durch Kettenmuster ins Auge fallen. Benetzt oder lackiert heben sie sich für gewöhnlich besser ab. Das gilt auch für andere abgerollte Korallenstöcke. Doch erst im Schnittbild sind sie einwandfrei zu studieren. Da zeigt sich dann auch, daß der Kettenbau durchaus Abweichungen aufweist. Es werden mehrere Gattungen und Arten unterschieden.

Neben einem Schnitt wurde auch ein Naturpräparat abgebildet. Es verschafft uns einen Einblick in die Räumlichkeit des Stockes. Die ehemals kalzitischen Wände des Stockes sind verkieselt. Durch ein allmähliches Lösen des umhüllenden, schützenden Kalksteins sind sie von der Verwitterung wieder freigelegt worden. Solche Naturpräparate regen dazu an, ähnliches an unverwittertem Material mit Säuren nachzuvollziehen. Leider sind entsprechend verkieselte Fossilien in Mitteleuropa nicht eben häufig.

Der Stock der Kettenkorallen ist nicht massiv. Das Korallenbauwerk umschließt zahlreiche unregelmäßige Innenhöfe zwischen hohen schlanken Mauern, die aus den aufgereihten, englumigen Coralliten der einzelnen ehemaligen Polypen bestehen und regellos aufeinanderstoßen. Im Schnittbild rufen die Corallitpalisaden den Eindruck von Ketten hervor.

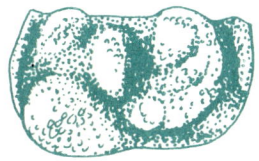

Muschelkrebs; Beyrichia

12 d Muschelkrebs: Nodibeyrichia tuberculata

Obersilur, Beyrichienkalk, Geschiebe; Niederfinow (Bezirk Frankfurt/Oder, DDR). 3 : 2

Das kleine Gesteinsstück besteht vorwiegend aus einer verbackenen Ansammlung kleiner, muschelartiger Schalen, aus den Klappen von Muschelkrebsen (Ostrakoden). Diese sind im allgemeinen winzig klein und darum Objekte der Mikropaläontologie. Hier handelt es sich um relativ große Formen, die auch dem bloßen Auge oder der Betrachtung mit der Lupe zugänglich sind. Diese sogenannten Beyrichien hatten im Silur und im Devon erhebliche Bedeutung und sind, wie wir sehen, sogar gesteinsbildend aufgetreten. Das trifft vor allem für das höchste Silur zu. Der sogenannte Beyrichienkalk ist unter den nordischen Sedimentärgeschieben weit verbreitet und fast auf jedem Kieshaufen nachweisbar. Viel seltener aber geben sich die grobhöckerig skulpierten Beyrichien so gut zu erkennen. Oft fehlen sie auch ganz, und andere Fossilien treten in den Vordergrund: Armfüßerklappen, Steinkerne von Muscheln und Schnecken. Auch unser Stück zeigt davon Reste sowie im Zentrum zwei Stielglieder von Seelilien.

Lange Zeit wußte man nichts über die Herkunft des Gesteins. Heute ist sicher, daß auf dem Boden der Ostsee südlich von Gotland noch Beyrichiengestein ansteht. Das Gestein dürfte in der Ostseedepression von den Inlandgletschern der Eiszeit in großem Umfang ausgeräumt worden sein.

Graptolith

Graptolithen

Im Vergleich mit der Tierwelt der heutigen Meere waren die Graptolithen eine merkwürdige, ungewöhnliche Tiergruppe. Sie haben die paläozoischen Zeiten im Fluß des Lebens mit geprägt, aber nicht überlebt. In großen Mengen sind die am höchsten entwickelten Formen, die eigentlichen Graptolithen, als plattgedrückte, ausgewalzte Fossilien in den schwarzen Schiefern des Ordoviziums und des Silurs enthalten. Diese kohlenstoffreichen Graptolithenschiefer sind aus Faulschlammablagerungen hervorgegangen, was darauf hinweist, daß die echten Graptolithen in den oberen Wasserschichten weit über der vergifteten, lebensfeindlichen Tiefwasserzone gelebt haben müssen und wohl als Bestandteil des Planktons im Meer dahintrieben.

Auf den Schieferflächen wirken diese Fossilien manchmal, wenn wir nur so darüberhinschauen, wie aufgetragene Schriftzeichen. Man nannte sie deshalb Graptolithen — Schriftsteine. Bei näherer Betrachtung jedoch geben sie sich als zarte kohlige Häutchen zu erkennen, oft im Umriß Laubsägeblättern ähnelnd. Der Inkohlungsgrad ist unterschiedlich und reicht bis zum Graphit, wie bei Pflanzenfossilien, doch hat Stoffaustausch darüber hinaus auch zur Neubildung von Mineralien geführt. Die Ausgangssubstanz — das Baumaterial des röhrenförmigen Stützskelettes der Graptolithen — war ein tierisches Gerüsteiweiß, ähnlich dem Chitin. Unter Sauerstoffabschluß, wie beispielsweise im Faulschlamm, erhalten sich solche organischen Feststoffe gut, bei Zutritt von Sauerstoff werden sie jedoch bald durch Oxydation zerstört. Daher wohl zählen Graptolithen in den Ablagerungen gut durchlüfteter Flachwasserbereiche zu den Seltenheiten.

Der Stabkörper (Rhabdosom) eines Graptolithen stellt die gekammerte Wohnröhre einer Tierkolonie dar. In jeder der untereinander verbundenen Kammern (Theken) hauste eines der durch fortgesetzte Knospung hervorgegangenen Tiere. Das Muttertier in der andersartigen Anfangskammer (Sikula) entwickelte sich aus einer geschlechtlich erzeugten Larve.

Für die Stellung der Graptolithen im System der Tiere, die lange Zeit unklar geblieben war, wurde schließlich ein eigenartiges Konstruktionsmerkmal der Wohnröhre entscheidend. So dienen als Bauelemente der Röhre neben Vollringen auch Halbringe, die in Form einer auffälligen Zickzackfuge miteinander verschränkt sein können. So etwas gibt es auch unter den heutigen Meerestieren bei Vertretern einer unscheinbaren, wenig bekannten Gruppe, den Pterobranchiern. Diese sind daher wohl als eine aus dem Paläozoikum überkommene Schwestergruppe der Graptolithen anzusehen, die dadurch den

Wirbeltieren und Stachelhäutern verwandtschaftlich näherstehen als den ebenfalls koloniebildenden Moostieren oder Korallen.

Die Fülle der Formen war größer, als das zunächst erscheinen mag. Über 1000 Arten wurden bisher beschrieben. Abfolge und Verteilung der Graptolithen in den Gesteinsschichten lassen eine hohe Evolutionsgeschwindigkeit erkennen und verweisen auf eine wechselvolle Geschichte, die noch schwer zu deuten ist. Auffallend ist die Übereinstimmung von Blütezeiten der Graptolithen mit Perioden besonders weiter Verbreitung von Faulschlammsedimenten in den Meeren. Als Nahrung diente ihnen sicher skelettloses, nicht überliefertes Mikroplankton, das wohl auch Hauptlieferant der Faulschlammsubstanz war. Vom Mikroplankton wissen wir heute, daß es außerordentlich empfindlich schon auf geringfügige Abweichungen des Meerwassers hinsichtlich des Salz- und Nährstoffgehalts sowie der Temperatur reagieren kann.

Da die Graptolithen als Planktonten weit über die Meere verbreitet waren, bilden ihre Arten für die geologische Praxis hervorragende Zeitmarken. Wegen dieser praktischen Bedeutung wird ihnen seit zwei Jahrzehnten wieder sehr starkes Interesse entgegengebracht. Mit ihrer Hilfe läßt sich der 100 Millionen Jahre überspannende Zeitraum vom Ordovizium bis ins Unterdevon in etwa 80 Graptolithenzonen und -subzonen gliedern.

Monograptus

13 Monograptus spiralis
Silur, Llandovery, Zone 25; Stolzenberg (DDR)
In den Graptolithenschiefern der Mittelgebirge sind die Stabkörper der Graptolithen infolge der Schieferung extrem ausgewalzt und stofflich verändert. Hell schimmernd zieren sie den grauen Stein. Unter den für das Silur kennzeichnenden Monograpten finden wir neben den überwiegenden Arten mit einem gestreckten Stabkörper auch manche Spiralformen, besonders im mittleren Silur. In rotierender Bewegung vermochten sie wohl das Nahrungsangebot besser zu nutzen als passiv, weniger bewegt dahintreibende Kolonien.

14 Monograptus chimaera und M. dubius
Silur, Unterludlow, Zone 34/34; Geschiebe des grünlichgrauen Graptolithengesteins; Berlin(West)-Spandau
Die beiden auf dem Geschiebe vorliegenden Graptolithenarten unterscheiden sich für den Nichtfachmann kaum, oft ist es ihm geradezu unmöglich, Monograptusarten auseinanderzuhalten. Wenn es um die wissenschaftlich exakte Bestimmung geht, also um die Bestimmung von Art und Unterart, hat heute überall in der Paläontologie der Spezialist das letzte Wort. Dem Bildungsbedürfnis aber genügt die Übersicht, die allgemeine Aussage, was nicht ausschließt, daß auch Privatsammler immer wieder zum Speziellen vordringen und wertvolle Ergebnisse erzielen.

Da das Gestein verwittert ist und die Graptolithen uns als mehr oder weniger vollständige Abdrücke und Steinkerne mit Resten der Sklerotinhülle in einer ganz gewöhnlichen Erhaltung entgegentreten, sind die Artmerkmale auf dem Bild schwer abzugrenzen. Doch lassen sich an den meisten Exemplaren winzige Stachel an den Mündungsrändern der Kammern beobachten. Die Rückenlinie dieser Rhabdosome ist gerade gestreckt oder leicht hohl. Hierbei handelt es sich um M. chimaera. Die Mündungsränder der anderen Art tragen keine Stacheln, sondern bilden eine gerade gestreckte oder leicht hohle Randlinie, während der Rhabdosomrücken leicht gekrümmt ist.

Als »grünlichgraues Graptolithengestein« ist der vorliegende Sedimenttyp

allen Geschiebesammlern bestens bekannt, denn neben den häufig körperlich
erhaltenen Graptolithen sind auch andere Fossilien zu finden: Orthoceren,
Brachiopoden, Schnecken, Trilobiten, Ostrakoden u. a. Auf unserem Handstück lenkt der Wohnkammersteinkern eines kleinen Orthoceren in der linken Ecke den Blick auf sich. In frischem Gestein sind die körperlich vorliegenden Rhabdosome oft in so vorzüglicher Weise überliefert, daß man sie
mit Säuren vorsichtig herausätzen kann. Das Studium solcher wissenschaftlich besonders wertvollen Objekte war die Voraussetzung für das Verständnis der Graptolithen. Erst auf dieser Grundlage wurde eine kritische Bewer-
tung der geschieferten Rhabdosome möglich. Je nach ihrer Lage zur Schie-
ferungsrichtung können die geometrischen Maße einer Art durch die Ver-
zerrung so verändert sein, daß es früher wiederholt zur Beschreibung »neuer«
Arten kam.

Koralle

15 Das Meer im Silur

Nachdem bereits in den Erläuterungen der voranstehenden Abbildungen
charakteristische Tiere silurischer Meere vorgestellt wurden, soll hier ein anderes lebensgeschichtliches Ereignis im Mittelpunkt stehen, die Entfaltung
der Fische. Wie viele andere Tiergruppen traten auch sie im Ordovizium erstmals auf; Bedeutung aber erlangten sie erst in den warmen Flachmeeren des
Silurs, die weithin die Kontinente bedeckten. Viele der paläozoischen Fisch-
gruppen erschienen zuerst in den obersilurischen Meeren. Der Rest folgte zu
Beginn des Devons, als mit der kaledonischen Gebirgsbildung und Land-
werdung verstärkt differenzierte Lebensräume für Fische angeboten wurden, besonders auch das Süßwasser. Das Devon war das Zeitalter der Fische.
Bemerkenswert sind im Silur auch die z. T. sehr großen Eurypteriden, skor-
pionartige, räuberische Gliederfüßer. Vielleicht haben sie nicht unwesentlich
zur Selektion von gepanzerten Fischen beigetragen.

Unser Lebensbild zeigt, wie man sich eine Lebensgemeinschaft am Meeresboden der obersilurischen »Ostsee« vorstellen kann. Auf dem lichten Grund
siedeln Seelilien, stocken Moostiere und vereinzelt Korallen, kriechen Trilobiten und winzige Muschelkrebse. Man erkennt einige festgeheftete Armfüßer (Delthyris) und liegende Einzelkorallen. Ein Kopffüßer schwebt über
dem Meeresboden. Im Vordergrund schwimmt ein kieferloser Panzerfisch
(Tolypelepis), ein Stachelhai nähert sich einer Gruppe anderer Agnathen
(Logania). Im Hintergrund schließlich lauern Eurypteriden im »Seegras«.

16 Panzer eines kieferlosen Fisches: Tolypelepis sp.

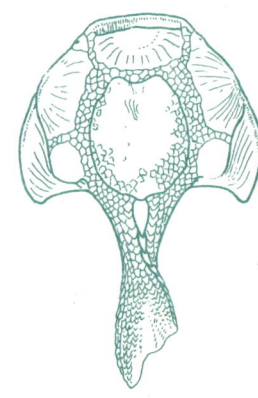

Kieferloser Panzerfisch

Obersilur, K$_3$-K$_4$, Geschiebe; Gräfenhainichen (DDR). Sammlung Quilitzsch.
Die aalähnlichen Neunaugen und Inger unserer heutigen Fischfaunen vertreten die älteste Stammeslinie der Fische, die kieferlosen Rundmäuler
(Agnatha = Cyclostomata). Wir hätten wohl weniger oder überhaupt nichts
von ihrer Geschichte erfahren, wäre die Haut der frühen Formen nicht mit
Knochenplatten gepanzert gewesen. Nicht zu erahnen wäre dann die Viel-
gestalt der silurischen und devonischen Agnathen. Vom Systematiker werden sie heute als Oberklasse den Gnathostomen (Kiefermünder) gegenübergestellt, also allen anderen »Fischen«.

Der abgebildete Kopf-Rücken-Panzer gehört zu einem Vertreter der Un-
terklasse Heterostraci, der »verschieden gepanzerten« Agnathen. Er scheint
aus einzelnen Schuppen zu bestehen, doch handelt es sich hier um Dentin-
tuberkel, die einem einheitlichen Hautknochen als panzernde Außenschicht
aufgesetzt sind. Diese Oberflächenstruktur wird als ursprünglich gewertet.

88

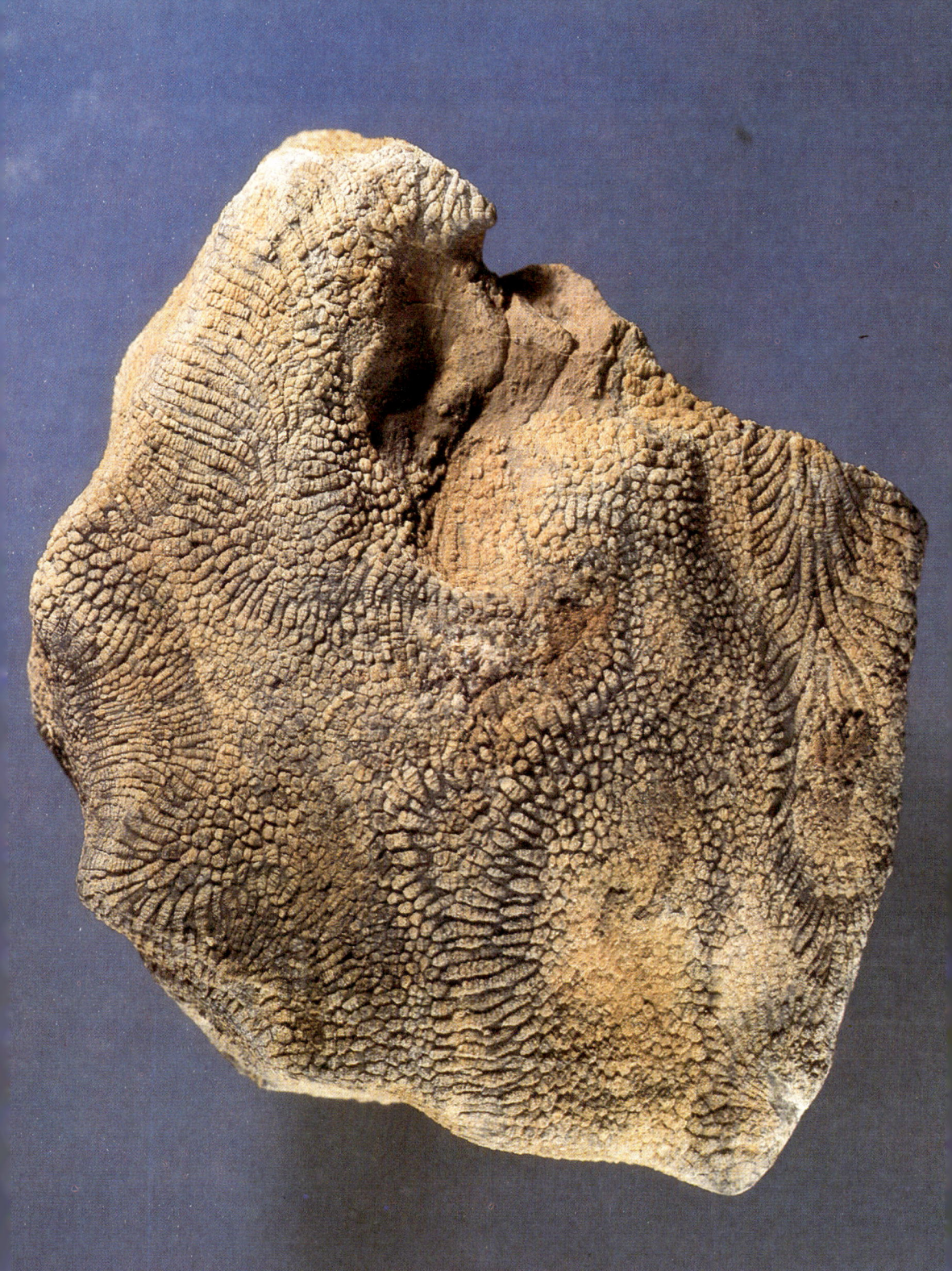

Sie erinnert an die vielen isolierten Hautknochenelemente noch einfacherer Agnathen, wie sie auch als ältester Fossilbeleg für Wirbeltiere kürzlich in einer 500 Millionen Jahre alten marinen Kalkablagerung Spitzbergens (Norwegen) gefunden wurden.

Der nur 27 mm lange Panzer ist leider am Vorderende beschädigt, so daß die schwachen Randaufbiegungen für das Augenpaar nicht zu sehen sind. Dagegen ist das Sinnesliniensystem an den Poren kleinerer Täfelchen, die in vier Längs- und undeutlichen Querreihen angeordnet sind, gut zu verfolgen. Die kleinen Panzer der Cyathaspiden — eine Ordnung, zu der auch Tolypelepis gehört — werden immer in einer bestimmten, arteigenen Größe gefunden. Sie sind nach ihrer Ausbildung im Anschluß an ein längeres Larvenstadium der Tiere nicht mehr gewachsen. Vom wahrscheinlich knorpeligen Innenskelett der Vertreter dieser Gruppe, deren Blütezeit im Obersilur und Unterdevon lag, ist nichts erhalten geblieben — im Gegensatz zu anderen Agnathen, deren Endocranium in Schliffserien auf das genaueste untersucht werden konnten.

Bemerkenswert ist schließlich noch, daß es sich bei dem vorliegenden Stück um einen Geschiebefund handelt; denn silurische und devonische Panzeragnathen gehören zu den Seltenheiten unter den Geschiebefossilien. Bisher kennt man zwei Gattungen aus Geschieben, aber ein Fund von Tolypelepis wurde bislang noch nicht gemeldet. Gut bekannt dagegen ist die Gattung aus dem oberen Silur der Insel Saaremaa (Oesel), Estnische SSR, doch liegt uns offenbar eine neue, noch nicht beschriebene Art vor. Der Dank der Wissenschaft gilt einem jungen aufmerksamen Sammler aus Gräfenhainichen, der auch das folgende Stück fand.

17 Moostiere und Armfüßer

Silur, K$_3$-K$_4$, Geschiebe; Gräfenhainichen (DDR)

Selten nur erlaubt uns ein so fossilreiches Geschiebe einen Blick auf den Grund der silurischen Urostsee abseits von den Korallenriffen. Wir müßten schon in die Estnische SSR reisen, wollten wir diese Ablagerungen an Ort und Stelle studieren. Ein Stück Meeresboden mit zahllosen Trümmern verschiedenartiger Moostierstöckchen liegt vor uns, dazwischen Armfüßerklappen. Dem ersten Augenschein nach hält man es kaum für möglich, daß die Moostiere (Bryozoen) und Armfüßer (Brachiopoden) zwei nahe verwandte Tiergruppen darstellen. Beide gehören zu den Kranzfühlern. Während die einen als winzige Tierchen in Kolonien hausen und noch heute in großer Zahl ihre mannigfaltigen, grazilen Stöckchen bauen, ja sogar in der brakkischen Ostsee anzutreffen sind, lebten die anderen — ähnlich den Muscheln von zwei Klappen geschützt — als größere Einzelwesen vorwiegend in der Vergangenheit unserer Erde. Heute sind die Brachiopoden zu einem unbedeutenden Bestandteil der Meeresbodenfauna geschrumpft.

Neben verzweigten Asttypen erkennen wir unter den Trümmern der Bryozoenstöckchen in erster Linie die gitterartigen Stockbauten der Fenestellen, wie sie im allgemeinen mehr aus dem Devon und dem Karbon bekannt sind, speziell aber auch in den Zechsteinriffen bei Pößneck (DDR) in Form der trichterförmigen Netzwände von Fenestella retiformis gern gesammelt werden. Auf dem vorliegenden Geschiebe handelt es sich um Fenestella unifaria. Einer der dünnen Aststöcke erwies sich als Orthopora rhombifera, eine Art, die bereits das Devon ankündigte. Die dickeren Äste sind wohl zu Fistulipora zu stellen.

Die beiden auffallenden, lamellenschaligen Brachiopodenklappen gehören

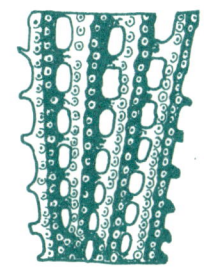

Moostierstock;
Fenestella

zu der Spiriferenart Delthyris magnus. Sie dürften wahrscheinlich beide als Stiel- und Armklappe zu einem Tier gehört haben. Die Armklappe — auf ihrer Innenseite findet das Armgerüst der Armfüßer seinen Halt — fällt durch die mittlere Wulstrippe unter den radialen Rippen auf. Das negative Gegenstück auf der Stielklappe erhielt die Bezeichnung Sinus. Einige weitere, aber winzige Brachiopodenklappen gehören der Art Homoeospira baylei an.

Aufgrund seiner Fossilgemeinschaft, die zwar zusammengeschwemmt, aber kaum transportiert worden ist, gehört das Geschiebe in das höchste Silur des Ostseegebietes. Es kündet somit von der letzten Phase jener ersten Ostsee, die weit über den Rahmen ihrer heutigen Grenzen hinaus seit kambrischer Zeit als flaches Meer bestanden hatte. An der Wende zum Devon fiel sie infolge der kaledonischen Gebirgsbildung in Norwegen und Schottland trocken, und in den weitspannigen Becken des flachen Kontinents wurden nun Serien roter Festlandsedimente abgelagert, das Old Red.

Das schöne Naturpräparat wurde vor wenigen Jahren von einem begeisterten Sammler auf einer alten Braunkohlenhalde gefunden und dankenswerterweise dem Museum übergeben. Jahrzehntausende hatte es in alteiszeitlichen Sandschichten gelegen — in schwach kalklösendem Grundwasser —, gelangte dann auf die Oberfläche einer Abraumhalde und war hier über Jahrzehnte Regen, Frost und Hitze ausgesetzt. Das anhaftende, kalkigmergelige Sediment der Deckschicht wurde weiter gelockert und fortgewaschen, bis schließlich das Prachtstück in die Hände des Sammlers fiel.

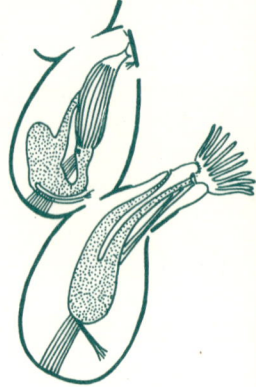

Moostiere; Längsschnitt

18 Brachiopodenplatte
Unterdevon, oberes Siegen, untere Herdorfer Schichten; Höhe zwischen Rinsdorf und Unter-Wilden bei Siegen (BRD). Platte mit »Spirifer« primaevus und anderen Brachiopoden
In Schichten des Paläozoikums spielen fossile Armfüßer eine große Rolle. Sie haben nicht nur die kalkig-mergeligen Böden der weiten kontinentalen Flachmeere besiedelt, sondern auch sandigere Meeresböden in Küstennähe, z. B. der rheinischen Geosynklinale zur Zeit des Devons. Unser Bildausschnitt einer Schichtfläche mit zahlreichen Abdrücken und Steinkernen verschiedener Brachiopodenarten zeigt das typische Bild der sandigen »rheinischen Fazies« des Unterdevons. Für die Gliederung der mehrere tausend Meter mächtigen Schichtenfolge haben sich die Brachiopoden bestens bewährt, aber sie bieten kaum Anhaltspunkte für den Vergleich mit gleichaltrigen Schichten der kalkigen »böhmischen Fazies«, in der ganz andere Brachiopoden lebten. Das unterstreicht die Milieuabhängigkeit dieser bodenbewohnenden Meerestiere.

Armfüßer

19 Armfüßer
19 a »Productus« horridus, Zechstein; Gera (DDR)
19 b »Spirifer« ostiolatus, Mitteldevon; Gerolstein (BRD)
19 c Leptaena rhomboidalis, Silur; Gotland (Schweden)
19 d Siphonotreta anguiculata, Ordovizium; Estnische SSR (UdSSR)
19 e »Rhynchonella« daleidensis, Unterdevon; Eifel (BRD)
Armfüßer (Brachiopoden) sind wie die Muscheln Zweiklapper, haben aber nichts weiter mit ihnen gemeinsam. Sie sind Kranzfühler und keine Weichtiere. Da man gemeinhin von den heutigen Armfüßern kaum eine Vorstellung hat, fällt es dem Laien gewöhnlich schwer, Unterschiede zu machen. Für ihn sind alle fossilen Zweiklapper Muscheln, und die mißverständliche

wissenschaftliche Bezeichnung Bivalvia für Muscheln scheint ihm sogar Recht zu geben. Doch jedem Sammler sind die grundsätzlichen Unterschiede der Klappen beider Gruppen bald vertraut. Armfüßer besitzen immer zwei deutlich verschiedene Klappen, die Arm- und die Stielklappe. Sie werden beide von der Symmetrieebene in der Mitte geschnitten, so daß die Hälften spiegelbildlich gleich sind. Bei den Muscheln dagegen liegt die Symmetrieebene — von Ausnahmen abgesehen — zwischen den Klappen. Sie besitzen eine linke und eine rechte Klappe, die sich im allgemeinen, bis auf das Schloß, weitgehend gleichen.

Der Weichkörper der Armfüßer besitzt ein Paar spiralig aufgerollter Kiemenarme, die von einem kalkigen Armgerüst auf der Innenseite der Armklappe getragen werden. Seine Form spielt in der Großsystematik der Armfüßer eine wichtige Rolle. Ein Charakteristikum der Stielklappe ist eine Öffnung im Wirbel oder unterhalb von ihm als Durchlaß für den Muskelstiel. Der Stiel dient der Befestigung auf der Unterlage. Wurde er zurückgebildet, so war der Armfüßer auf andere Weise zeitlebens ortsgebunden.

Auf der Innenseite der Schalen finden sich noch weitere wichtige Merkmalgruppen. Sie sind vor allem durch verschiedenartige Muskeleindrücke sowie Stütz- und Trennwände bedingt. Unsere kleine Auswahl paläozoischer Armfüßer zeigt im Zentrum die besonders charakteristische Innenseite der Armklappe einer Leptaena (c). Wie a und b weist sie ferner einen langen, geraden Schloßrand auf. Die Schalen der Productiden (a) sind mit Stacheln versehen. Am Steinkern einer Rhynchonelliden (e) erkennen wir an den Scharten die Ausbildung von Stützelementen. Die Gattung Siphonotreta (d) ist eine Vertreterin der hornschaligen, schloßlosen Armfüßer. Die verwandte Gattung Lingula wurde als Beispiel für extreme Langlebigkeit berühmt. Sie hat vom Silur bis heute 430 Millionen Jahre unverändert überdauert.

Den etwa 1200 fossilen Brachiopodengattungen stehen nur 65 rezente gegenüber. Bereits im Mesozoikum wurde die paläozoische Formenvielfalt im wesentlichen auf die noch heute existierenden Terebrateln und Rhynchonellen reduziert, die jedoch noch recht häufig vorkommen konnten, ja z. T. gesteinsbildend waren, wie die Terebratelbänke des Muschelkalkes beweisen.

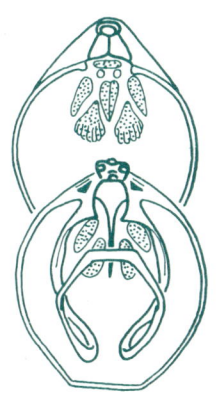

Armfüßer; Terebratel.
Innenseite von Stiel-
und Armklappe mit
Muskelabdrücken
und Armgerüst

Koralle

20 Pantoffelkorallen: Calceola sandalina

Unteres Mitteldevon; Eifel (BRD), mehrere Fundpunkte

Ein mächtiger, in der Eifel besonders stark verbreiteter Komplex von kalkigmergeligen Sedimenten ist durch ein sehr auffallendes Leitfossil gekennzeichnet, durch die bei Sammlern und Studenten gleichermaßen beliebte Pantoffelkoralle Calceola sandalina. Den Gesteinskomplex und die durch ihn repräsentierte erdgeschichtliche Zeit, das ältere Mitteldevon, pflegt man international seit langem als Eifel (Eifelium, Eifel-Stufe), regional aber auch nach dem Leitfossil als Calceola-Stufe zu bezeichnen, obwohl Calceola noch etwas höher hinaufreicht.

Die hochspezialisierten Deckelkorallen zählen zu den eigenartigsten Formen unter den paläozoischen Tetrakorallen, insbesondere aber die durch ihren Namen so treffend charakterisierte Pantoffelkoralle. Wir notieren als entwicklungsgeschichtliche Besonderheit für Korallen die Ausbildung einer schwach zylindrisch gewölbten Liegefläche in Kombination mit einem Deckel zum Verschließen des Kelches (Zeichnung e und f, S. 141). Durch den Deckel war die Koralle vor Feinden und zeitweilig stärkerer Wassertrübung geschützt. Die gewölbte Liegefläche mochte bei Wasserbewegung und Kontraktion des Polypen mit Deckelverschluß Schaukelbewegungen hervorrufen, die dem allmählichen Einsedimentieren entgegenwirkten. Von den fünf abgebildeten Exemplaren zeigen zwei das Kelchinnere und das Deckelscharnier, während ein anderes Stück durch den Deckel verschlossen ist. Die beiden übrigen Pantoffelkorallen sind umgekehrt und zeigen die Liegefläche.

21 Bundenbacher Fossilien
Unterdevon, oberes Siegen; Bundenbach (Hunsrück, BRD)
21 a Gliederfüßer: Mimetaster hexagonalis
21 b Schlangenstern: Furcaster palaeozoicus
21 c Schlangenstern: Encrinaster roemeri
21 d Seelilie: Taxocrinus stuertzi var. spinifer

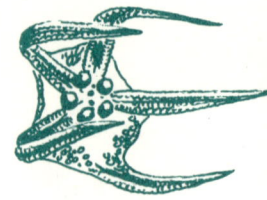

Schlangenstern

Zu den beliebten Schaustücken paläontologischer Museen und zu den begehrten Prachtstücken privater Sammlungen gehören Fossilien aus dem Hunsrückschiefer. Immer wieder rufen die grazilen Seelilien Bewunderung hervor, regen die vielfältigen See- und Schlangensterne mit geschleppten Armen zu Gedanken über die Umstände ihrer Einbettung an. Wie von Künstlerhand auf Stein ausgebreitet, so liegen manche dieser fossilen Stachelhäuter auf den dünnen Dachschieferplatten vor uns, beeindruckend durch klare Kontur, Symmetrie und Arrangement. Neben die wissenschaftliche Bedeutung tritt hier in besonders hohem Maße die ästhetische Wirkung der einzelnen, immer wieder andersartigen Fossilien. Vielfach übertrifft dann der Schau- oder Bildungswert eines Stückes bei weitem seinen wissenschaftlichen Wert. Ganz ähnlich liegen die Verhältnisse bei den Jurafossilien aus dem Plattenkalk von Solnhofen (Bayern, BRD).

Noch etwas verbindet die beiden weltberühmten Fundschichten schöner Fossilien, den dunklen Dachschiefer aus dem Hunsrück und den hellen Lithographenstein aus dem Jura. In beiden Fällen verdanken wir den besonders informativen Blick in die Vergangenheit des Lebens der wirtschaftlichen Nutzung des Gesteins, seinem Abbau in Stollen oder Steinbrüchen und vor allem dem anschließenden Spalten der Gesteinsplatten. Dabei wurden viele Quadratkilometer Gesteinsoberfläche gemustert. Nur durch die jahrzehntelange manuelle Aufbereitung des Rohsteins konnten die in beiden Gesteinen relativ seltenen Fossilien überhaupt entdeckt werden und in so stattlicher Anzahl in die Sammlungen gelangen. Die fossilen Schätze von Bundenbach und Solnhofen (BRD) verdanken wir letztlich der Aufmerksamkeit jener Arbeiter, die sich über Generationen ihr Brot mit dem Spalten von Gesteinsplatten verdienen mußten.

Die Fossilien des Hunsrückschiefers stammen vorwiegend aus den Dachschiefergruben von Bundenbach und Gemünden (BRD). Sie entstanden einst unter Bedingungen, die noch nicht völlig geklärt sind. Fest steht, daß in ruhigem Wasser eine schnelle Einbettung erfolgte und daß es bald darauf zu einer Umwandlung der Skelettelemente ($CaCO_3$) in Schwefeleisen (FeS_2) kam. Flächig-breitgedrückt liegen die Fossilien heute im Schiefer vor. Sie bedürfen aber immer erst einer sorgfältigen Präparation, bevor sie sich in ihrer vollen Schönheit zu erkennen geben (S. 55).

Der Charakter der Bundenbacher Fossilgemeinschaft wird ganz durch die Stachelhäuter geprägt. Allein von den festgehefteten Seelilien sowie von den frei beweglichen See- und Schlangensternen sind jeweils etwa 50 Arten durch vollständige Exemplare belegt. Daneben sind Gliederfüßer und Fische wichtige Bestandteile der Fauna und die ältesten Ammoniten von besonderem entwicklungsgeschichtlichem Interesse. Unter den Fischen bilden neben den Kieferlosen die Panzerfische einige absonderliche Formen, wie man sie sonst nirgendwo gefunden hat. Nur ein Stück Schädeldach weist auf den ältesten Lungenfisch hin und wirft die Frage nach seiner Herkunft auf. Wurde dieser Rest eingeschwemmt, oder bewohnten die ältesten Lungenfische noch das Meer? Ein Skorpionrest unterstützt die Vorstellung von eingeschwemmten Bestandteilen der Fossilgemeinschaft. Im großen und ganzen liegt aber eine Grabgemeinschaft vor, die überwiegend Bestandteile einer einzigen Lebensgemeinschaft umfaßt.

Die Annahme einer Bestattung an Ort und Stelle wird durch eine Reihe von Schieferplatten gestützt, die, wie unser Beispiel, Mimetaster und Furcaster nebeneinander oder gar übereinander zeigen. Wer hat hier wen überwältigt? Zunächst hielt man Furcaster für den Angreifer, doch das Gegenteil dürfte der Fall gewesen sein. Offenbar hat sich Mimetaster an den Körpersäften des sehr häufigen, schlammfressenden Schlangensterns gütlich getan. Der »Scheinstern« (Mimetaster) ist ein seltsames Fossil, dem man seine Geheimnisse erst mit Hilfe der Röntgenstrahlen entlocken konnte. Die ersten Funde hatten noch den Anschein erweckt, als lägen ein Seestern und ein Gliedertier aufeinander, bis sich herausstellte, daß hier ein Gliederfüßer mit zwei Paar langen Schreitbeinen und vielen kürzeren sowie mit einem Fühlerpaar einen sechsstrahligen, seesternartigen Rückenpanzer mit Randdornen trägt. Inzwischen wurden noch ein Paar Stielaugen und weitere Merkmale nachgewiesen, die Mimetaster in die weitere Verwandtschaft der Trilobiten und Spinnen stellen. Die einzige näher verwandte Gattung ist Marella aus dem mittelkambrischen Burgesschiefer der kanadischen Rocky Mountains. Als eine Spezialität des Hunsrückschiefers sei schließlich noch erwähnt, daß er Trilobiten mit fossilisierten Gliedmaßen enthält. Diese Entdeckung ermöglichten ebenfalls Röntgenbilder.

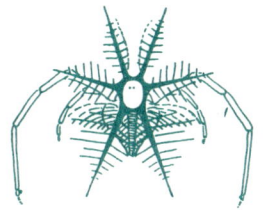

Mimetaster

Über die Tiefe des Hunsrückschiefermeeres sind recht widersprüchliche Meinungen geäußert worden. Die bizarre Echinodermen- und Arthropodenfauna ließ zunächst an größere Tiefen denken. Dann wurden aber Wellen- und Blasenmarken bekannt — Hinweise auf flaches Wasser und zeitweiliges Trockenfallen. Man wird wohl mit wechselnden Tiefen bis rund 200 m rechnen können. Die fossilen Überreste einer deutlich küstennäheren Flachwasserfauna jener Zeit haben wir bereits bei der Betrachtung der Brachiopodenplatte kennengelernt (Abb. 18).

22 Rugosenstock: Lonsdaleia sp.
Unterkarbon; Herkunft unbekannt (aus alter Sammlung)
Wie im Fall der Kettenkoralle (Abb. 12 b) haben wir es auch hier mit dem natürlichen Präparat eines verkieselten Korallenstockes zu tun. Die chemische Verwitterung hat das verkieselte Skelett des Stockes vom kalkigen Sediment befreit und präsentiert uns seine ursprüngliche Gestalt. Die wabenartig angeordneten Taschen (Korallite) wurden jeweils von einem Korallenpolypen bewohnt und als starres Skelett zu seiner Verankerung abgeschieden. Das Wachstum erfolgte rhythmisch. Neben den sich scharf abhebenden radialen Septen fällt uns im Zentrum der Kelche ein Säulchen auf (Columella), ähnlich wie bei der Einzelkoralle Dinophyllum (Abb. 12 a).

Koralle

Die Rugosen oder Tetrakorallen waren auf das Paläozoikum beschränkt. Sie gewannen in jenen fernen Zeiten zunehmend an Bedeutung, während die der konkurrierenden Tabulaten oder Bödenkorallen in gleichem Maße zurückging. Doch dürfen wir uns das nicht als kontinuierlichen Prozeß vorstellen. Das Schicksal der riffbildenden Korallen war im Paläozoikum durch drei Etappen gekennzeichnet. Riffkorallen sind nicht nur klimaabhängig, sie

101

müssen in der tropischen Zone auch die entsprechenden Gewässer und Siedlungsplätze vorfinden. Dreimal wurden ihre Lebensbedingungen arg beschnitten. Viele Stammlinien erloschen jeweils, und neue Vielfalt trat nach Wiederkehr der Bedingungen an ihre Stelle. Das geschah an der Wende Ordovizium/Silur, wo es noch vorwiegend die Bödenkorallen betraf, dann im Oberdevon, als am Ende des Frasne in geologisch kürzester Zeit alle fossil bekannten Riffe abstarben, und schließlich mit Ausgang des Paläozoikums, als die Korallenriffe wiederum völlig verschwanden. Aus überlebenden Einzelkorallen tieferen Wassers — sie stellen nicht so hohe Ansprüche — entstand in der frühen Trias mit den Hexakorallen ein neuer Skelettbautyp. Erst in der späten Trias (Nor) aber baute die neue Gruppe wieder weltweit Korallenriffe.

Das Korallenriff stellt in den Meeren den am höchsten differenzierten Lebensraum dar. Die Filme von Cousteau und anderen Tauchern haben uns das anschaulich vor Augen geführt. In der Mannigfaltigkeit der Lebensformen und der Vielzahl der Arten ist das Riff mit dem tropischen Regenwald vergleichbar. Wenn die Riffkorallen sterben, hat das verheerende Auswirkungen auf die ganze Faunengemeinschaft. In dieser Hinsicht erwiesen sich manche stammesgeschichtlichen Einschnitte eindeutig als lebensgeschichtliche Episoden. Der zu Beginn örtliche Neuaufbau von Riffgemeinschaften erfolgte offenbar wie auch die Ausbildung anderer Lebensraumgemeinschaften in relativ kurzer Zeit zu einer optimalen Mannigfaltigkeit, über die hinaus eine weitere Differenzierung Nachteile für die Arten brachte. Anscheinend blieb dann das einmal erreichte optimale ökologische Spektrum über lange Zeiträume erhalten. Die Arten änderten sich und wechselten, ihre Anzahl aber und ihre Verteilung blieben im großen und ganzen konstant. Mit Fragenkomplexen solcher Art befaßt sich unter anderem die ökologisch orientierte Paläontologie unserer Tage.

23 Pleurodictyum problematicum
Devon, Unterems; Daun (Eifel, BRD)

Reizvolle Sammelobjekte und außerordentlich charakteristische Fossilien im rheinischen Devon sind die Steinkerne dieser Art von Bödenkorallen. Unwillkürlich mögen sie den einen an das Ebenmaß gotischer Rosettenfenster erinnern, während andere sie mit Großmutters Filetdeckchen vergleichen. Doch wie sind die vorliegenden Strukturen zu erklären? Dazu muß gesagt werden, daß in den feinsandigen, braunverwitterten Gesteinen der Eifel die Fossilien gewöhnlich als Negative mit einem rostbraunen Mulmbelag vorliegen. Das gilt auch für unseren flachen, kreisrunden Korallenstock. Die kalkigen Wände und Böden des Stockes wurden im Gefolge der Verwitterung aufgelöst. Das Füllsediment der Korallitinnenräume, der Wandporen und des zentral gelegenen Bohrwurmganges aber blieben stehen. Vor allem verwitterte die derbe, konzentrisch gerunzelte Grundplatte des Stockes und wurde so zu einer Trennfuge im Gestein. Gezielt aufgeschlagen, gab sie den Blick auf das Ensemble der Korallite frei. Wir schauen auf die Unterseite des Stockinhaltes — auf den Steinkern — wie auf einen umgestülpten Napfkuchen. Auf dem abgespaltenen Gegenstück haben wir uns den Abdruck der runzeligen Unterseite der Grundplatte vorzustellen und in ihrem Zentrum den Abdruck einer Unterlage — häufig einer Armfüßerklappe —, auf der sich die Polypenlarve einst ansiedelte.

Ein Wurmgang im Innern der Stöcke von Pleurodictyum problematicum kann fast als Normalfall gelten. Schindewolf hat 1958 in einer interessanten

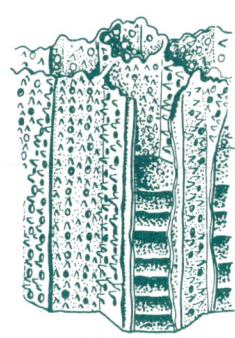

Favosites. Wohnbasen
der Korallenpolypen
mit Böden, Wandporen
und Dornen

Fährte

Studie die Beziehungen zwischen Korallenstock und Wurm (Hicetes) untersucht. Alle Vorteile lagen offenbar beim »Untermieter«, wobei aber der Stock
nicht geschädigt wurde. Wir haben hier ein klassisches Beispiel für fossil
überlieferten Kommensalismus vor uns. Korallenpolypen und Wurm lebten
in einer »Tischgemeinschaft«, wie wir sie auch heute verschiedentlich im Tier-
reich antreffen, z. B. bei bestimmten Fischen, die im Bereich der Fangtenta-
keln von Seeanemonen leben.

24 Tabulatenstock: Favosites styriacus

Mitteldevon, oberes Eifel (?), Barrandeikalk; Admonter Kogel bei Graz
(Österreich). Aus der Schausammlung des Landesmuseums Joanneum, Graz
Die massiven Favositenstöcke oder Teile von ihnen erkennt man leicht. In
der Aufsicht oder im Querschnitt fallen sie durch das regelmäßige, zarte
Wabenmuster der Korallite auf. Im Längsbruch erweisen sich die Korallite
als sehr lang und dünn. Sie sind durch viele einfache Querböden unterteilt.
Aufgrund verschiedener Dimensionen und Wandporenmuster wird heute
eine Reihe von Gattungen und Arten unterschieden.

Unter den Geschieben des Silurs können wir Favositenstöcke ebenso finden wie in den devonischen Riffkalken der Mittelgebirge oder des Grazer
Paläozoikums. Die einfachen Querböden sind das typische Element der Tabulaten oder Bödenkorallen. Sie sind auch bei den anderen abgebildeten
Gattungen vorhanden, bei Halysites (Abb. 12) und bei Pleurodictyum
(Abb. 23). Unser angewitterter Block zeigt mehrere, sich gegenseitig bedrän-
gende Stockabschnitte, so daß der Anschnitt der Korallite durch die Block-
oberfläche ständig wechselt. Die grobkalzitische Füllung der ehemaligen
Hohlräume widerstand der chemischen Verwitterung besser als die fein-
kristallinen kalzitischen Wände und Böden, ebenso wie sich grober Zucker
schwerer löst als feiner. Infolgedessen zeichnet sich der Stock auf dem Block
in Negativstrukturen ab.

Der 150 bis 450 m mächtige Barrandeikalk der Umgebung von Graz ist
ein Schichtenkomplex aus vorwiegend blaugrauen Kalken, die mit schwarzen oder roten Mergeln wechsellagern. Daraus erklärt sich die Farbigkeit
unseres Favositenstockes, denn er umschließt solche Mergelreste. Die Kalke
sind vorwiegend aus feinsten Schalen- und Rifftrümmern in Küstennähe gebildet worden. Eingelagert finden sich Bank- und Rasenriffe, einst im flachen
Wasser von zahlreichen Korallen- und Brachiopodenarten erbaut. Neben den
Tabulaten und Rugosen hatten die Stromatoporen großen Anteil, so wie es
bei den Riffbildungen des Silurs und Devons üblich war. Die winzigen Stro-
matoporenpolypen bauten polsterförmige, porige Stöcke mit betont lamel-
laren Strukturen.

25 Saurierfährte: Ichniotherium (Saurichnites) cottae

Perm, Oberrotliegendes; Tambach (Bezirk Erfurt, DDR), 1 : 4
Auf Sandsteinplatten sind Fährten entgegen unserer Erwartung gewöhnlich
nicht als Eindrücke erhalten, sondern als erhabene Formen. Das gilt für Insektenfährten ebenso wie für Saurierfährten und scheint unseren Erfahrungen in der heutigen Natur zu widersprechen. Doch in einem Steinbruch, wo
Fährtensandsteine gebrochen werden, kommen wir der Wahrheit auf die
Spur. Dort bemerken wir bald, daß die Oberfläche der Sandsteinbänke uns
gar nichts bietet. Die Fährten finden wir erst, wenn wir die Platten umkippen
und eventuell noch anhaftenden Schieferton abklopfen. Unterseitenspuren
stellen nicht die ursprünglichen Trittsiegel dar, sondern sind als deren Aus-

güsse anzusehen. Die Tiere sind seinerzeit durch den noch plastischen, schon aufgerissenen Ton eingetrockneter Wasserlachen gelaufen, der bald darauf von Wind oder Wasser unter einer Sandschicht begraben wurde. Aus dem Sand entstand über die Zeiten fester Sandstein, aus dem Ton ein Schieferton, dessen dünne Lagen in den Steinbrüchen beim Brechen der Sandsteine bröckelig zerfallen. Während die Trittsiegel im Schieferton dabei zerstört werden, bleiben ihre Abgüsse auf der Unterseite der Sandsteinplatte erhalten.

Die roten Fährtensandsteine sind Indikatoren für ein warmes bis heißes, hinreichend feuchtes Klima zur Zeit des Rotliegenden. Unser Wissen um die Verbreitung der frühen Reptilien wird durch die Fährten in erheblichem Maße bereichert.

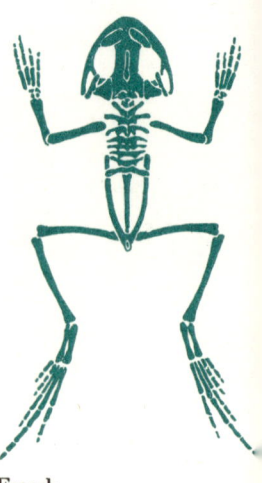

Frosch

26 Eine Bachmündung im Alttertiär

Unser Lebensbild aus dem Tertiär möge zu den folgenden nachpaläozoischen Fossilien überleiten. Seit dem Mesozoikum begannen sich Schritt für Schritt die Strukturen des gegenwärtigen Lebens herauszubilden. Im Alttertiär hatten sich die heutigen Lebensräume im wesentlichen profiliert, Pflanzen und Tiere waren den heutigen Formen schon ähnlich oder, wie die Säuger, noch in rascher Entwicklung begriffen.

Das Bild zeigt, wie man sich das Leben in einem Bach des Geiseltals aufgrund reicher Fossilfunde vorstellen kann. Als pflanzliche wie tierische Fossillagerstätte in einem Braunkohlenflöz ist das Geiseltal von bisher einmaliger Dimension auf der Erde. In 40 Jahren wurden rund 40 000 größere Wirbeltierreste geborgen, darunter mehr als 100 Krokodile, mehr als 200 Eidechsen, rund 300 Schildkröten und 160 Frösche. Doch nicht nur im Offensichtlichen, auch im Detail liegt die wissenschaftliche Attraktivität der Geiseltalfossilien. Bei der gründlichen Musterung von Skelettfunden wurden mit Hilfe durchsichtiger Lackfilmabzüge wiederholt kleine Partien strukturbietender Weichteile entdeckt, die Zell- und Gewebestudien in gleicher Weise wie heutiges Material zuließen und zu diagnostischen, paläophysiologischen und paläobiologischen Aussagen führten. Beispielsweise ergaben Untersuchungen der fossilen Haut von Fischen und Fröschen aus den sogenannten Leichenfeldern in der Braunkohle, daß der Tod dieser Moorseebewohner durch Ersticken eintrat.

Die besonderen Fossilisationsbedingungen im Geiseltal sind auf die geologische Situation zurückzuführen. Durch Salzauslaugung im Untergrund entstand im Eozän eine ständig absinkende Waldmoorsenke inmitten einer Umgebung von Kalkbergen. Der in den Wasserzuflüssen gelöste Kalk neutralisierte die Huminsäure des Moores, verhinderte aber nicht, daß Gerbsäure die organischen Reste durchdrang. Stellenweise kam es auch zu leichter Verkieselung.

Insekt

27 Aaskäfer: Eosilphites decoratus

Alttertiär, Mitteleozän; Braunkohlen-Tagebau Neumark-West, Geiseltal bei Halle/Saale (DDR). Aus dem Geiseltalmuseum der Martin-Luther-Universität Halle-Wittenberg (DDR)

Als farbiges Beispiel für die vielen paläozoologischen Funde aus der Braunkohle des Geiseltals möge dieser Käfer mit seinen farbig erhaltenen Flügeldecken stehen. So berühmt und wissenschaftlich wertvoll die Geiseltalfossilien auch sind, so fehlt ihnen doch meistens die optische Attraktivität. Kohle ist eben im allgemeinen nicht fotogen. Auch unser Käferfossil gab das Interferenzfarbenspiel seiner Flügeldecken erst im Bade preis.

Die zahlreichen Käfer sind die fossilen »Schönheiten« des Geiseltals, aber sie verdienten dieses Attribut in der Fülle ihres tropischen Glanzes sicher auch zu Lebzeiten. Bisher hat man 112 Arten aus vierzehn Familien nachgewiesen. Die Käfer sind damit im Geiseltal erheblich besser belegt als die übrigen Insektenordnungen. Das liegt einmal an der leichteren Fossilisation ihrer harten Chitinpanzer und zum anderen an ihrem Farbglanz, der sie in der bergfeuchten schwarzen Kohle aufleuchten läßt. An Käferflügeldecken aus dem Geiseltal gelang übrigens der erste chemische Nachweis von fossilem, unverändertem Chitin $(C_8H_{13}O_5N)_n$. Bei den erhalten gebliebenen Farben handelt es sich sowohl um ursprüngliche Strukturfarben infolge von Interferenzerscheinungen als auch um echte Pigmentfarben. Selbst die grüne Farbe der Frösche ist z. T. bei der Freilegung in der Kohle noch erhalten gewesen und erst durch die Behandlung mit Lack und Paraffin verlorengegangen.

Ob es sich bei unserem Vertreter der Aaskäfer (Silphidae) wirklich um einen aasfressenden Käfer handelt, ist nicht völlig sicher, doch wurde immerhin ein Exemplar im Spülschatten einer angeschwemmten Krokodilleiche gefunden.

28 Seeliliengrab: Encrinus carnalli

Trias, unterer Muschelkalk, Schaumkalkzone; Freyburg/Unstrut (DDR). Original zu Jaekel 1894

Laut Sitzungsbericht der Gesellschaft naturforschender Freunde zu Berlin vom 19. Juni 1894 legte Herr Otto Jaekel eine Platte mit Encrinus carnalli vor. Er gab dazu einige Erläuterungen und zwei Skizzen. Die interessante Platte mit siebzehn Seelilien hätte es längst verdient gehabt, einmal im Bild vorgestellt zu werden. Unser Ausschnitt in annähernd natürlicher Größe enthält die von Jaekel skizzierten Kelchstrukturen. Seinerzeit war in den Freyburger Schaumkalkbrüchen eine Bank aufgeschlossen, die stellenweise mit Seelilien nahezu besät war; alle gehörten der sonst im germanischen Muschelkalk seltenen Art Encrinus carnalli an. Viele prachtvolle Kelche gelangten damals in die Sammlungen.

Seelilie

Seelilien — vom Laien immer wieder für Pflanzen gehalten — sind Meerestiere. Als festsitzende Stachelhäuter spielten die Krinoiden in der Erdgeschichte eine wichtige Rolle (s. Abb. 21). Da ihre Kalkskelette nach dem Tode schnell in die Einzelteile zerfallen, sind intakte Seelilienskelette selten. Sehr viel häufiger stoßen wir auf die zusammengeschwemmten Skelettelemente, insbesondere die Glieder der langen Stiele und der Fangarme, die in den Krinoidenkalken zum gesteinsbildenden Faktor wurden. Hierher gehört auch der Trochitenkalk des oberen Muschelkalkes.

Im Vergleich zu den Bundenbacher Seelilien (Abb. 21) sind die blumengestaltigen Muschelkalkkrinoiden viel stabiler gebaut. Sie lebten in flacherem, bewegtem Wasser. Auf unserer Platte sind die halbwegs vollständigen Seelilienskelette neben Liegespuren von Schlangensternen (Ophiuren) die einzigen Fossilien. Doch über die spezielle Aussage der Platte möge Prof. Dr. O. Jaekel selbst berichten (1894):

»Die Gesteinsplatte besteht aus einem reinen, ziemlich dichten Schaumkalk, dessen Oberseite ockergelblich bis rostbraun gefärbt ist und unstreitig die Oberfläche eines einstigen Meeresgrundes darstellt, auf welchem sich jene Crinoiden angesiedelt hatten. Auf diesem Boden finden sich verschiedene scharf ausgeprägte Schlepp- und Kriechspuren, ferner sind die von den Ophiuriden hinterlassenen Eindrücke in der gebräunten Oberfläche vollkommen scharf ... Hier mußte der Boden unstreitig zur Zeit der Ansiedelung der Crinoiden eine ziemliche Festigkeit erlangt haben, was für die Art der Bildung submariner Kalkschichten nicht ohne Interesse ist, und das Wasser über dem Boden muß relativ klar und rein gewesen sein.«

»Über dieser besprochenen Kalkbank lag eine gelbliche lehmige Schicht, als ich die Platte erhielt, nur in der geringen Mächtigkeit von einigen Millimetern; sie dürfte vielleicht an Ort und Stelle im Steinbruch dicker gewesen sein ... Mit der Ablagerung dieses lehmigen Schlammes mußten sich die ökologischen Verhältnisse für die Bewohner des vorher reinen Wassers sehr wesentlich und jedenfalls nicht zu ihrem Vorteile ändern. Namentlich ist nicht anzunehmen, daß Crinoiden bei der eigentümlichen Art ihrer Ernährung in stark verschlammtem Wasser leben können. Die hieraus sich ergebende Folgerung, daß dieselben bei der Ablagerung der Lehmschicht schnell gestorben seien, erlangt meines Erachtens dadurch eine sehr beweiskräftige Stütze, daß in der betreffenden Bank Individuen der verschiedensten Altersstadien liegen.«

»Nun zeigt sich aber bei den Crinoiden unserer Platte noch eine weitere Erscheinung, die in ihren Folgen sehr wichtig geworden ist. An neun von siebzehn Kronen sind die oben gelegenen Arme abgelöst und bisweilen in toto, meist in einzelnen Stücken eine Strecke weit von dem Kelch auf dem Boden verstreut. Da diese auffallende Erscheinung an der Mehrzahl der Kelche zu beobachten ist, so kann sie nicht als Zufall betrachtet werden, sondern muß eine gemeinsame Ursache haben. Diese kann aber nur darin zu suchen sein, daß die aus der einhüllenden Schlammschicht herausragenden Teile der bereits verwesten Crinoiden durch Strömungen abgelöst und ein Stück weit verschleppt wurden ... Die besprochene Ablösung der oben gelegenen Arme von den Kronen hat nun die für das Studium jener Crinoiden äußerst erfreuliche Folge gehabt, daß dadurch an einer Reihe von Exemplaren die Kelchdecken in ausgezeichneter Weise freigelegt worden sind.«

Auf der vorliegenden Platte konnte Jaekel so erstmals bei Encrinus carnalli die sonst fest von den Armen eingeschlossene Kelchdecke mit Mund und Analtubus studieren. Sie war einmal lederartig biegsam, und ihre Skelettierung bestand aus einem dünnen Pflaster sehr kleiner, kaum millimetergroßer Kalkplättchen. Doch wollen wir den wissenschaftlichen Details hier nicht weiter nachgehen. Das allgemein Interessante ist neben den besprochenen Erhaltungsumständen die relative Kleinheit der Körperhöhle dieser merkwürdigen gestielten Meerestiere, wie sie uns durch die Lage der Kelchdecke, ihrer oberen Begrenzung, vor Augen geführt wird.

29 Aus alter Sammlung: Monotis salinaria (Lectotypus)
Alpine Obertrias, Nor; Hallstätter Kalk, Monotis-Lumachelle im Hangendrotkalk. Wahrscheinlich vom Siriuskogel bei Ischl und von Hallein im Salzburgischen (beides Österreich)

Die Sammlung Schlotheim bildete einst den Grundstock der speziellen paläontologischen Sammlung der Berliner Universität und ist heute Bestandteil der Sammlungen des Paläontologischen Museums im Museum für Naturkunde der Humboldt-Universität Berlin (DDR). Im Jahre 1833 wurde die aus 5 899 Exemplaren bestehende Schlotheim-Sammlung angekauft — auf Fürsprache von Alexander von Humboldt, Leopold von Buch und Georg August Goldfuß, einem der Mitbegründer der Paläontologie. Die Sammlung enthielt vor allem das Belegmaterial für Schlotheims paläontologische Werke von 1804 und 1820 und wurde schon damals hoch bewertet. Leider sind durch den zweiten Weltkrieg Verluste eingetreten.

Muschel

Auf unserer Abbildung werden drei von mehreren Belegstücken wiedergegeben, die Schlotheim 1820 seiner Beschreibung von Pectinites salinarius zugrunde legte. Da jedoch das erst später entwickelte Typusverfahren in der Paläontologie fordert, ein einziges Exemplar als Typus (Richtmaß) einer fossilen Art auszuwählen, hat Ichikawa 1958 bei seiner monographischen Bearbeitung von Monotis und verwandten Muscheln unter den Belegstücken (Syntypen) Schlotheims ein Exemplar von Monotis salinaria ausgesucht und zum Lectotypus bestimmt. Es ist auf der Abbildung durch einen roten Punkt gekennzeichnet.

Schlotheims Originaletiketten aus rotem Glanzpapier haben die Zeiten nur z. T. in voll lesbarem Zustand überdauert. Die aufgewandte Sorgfalt und Ausführlichkeit bei der Etikettierung sind uns heute noch ein Vermächtnis im Umgang mit Fossilien. Unsere vorliegenden Stücke von Monotis salinaria sind recht gewöhnlich erhalten, es gibt viele bessere, aber sie waren Ausgangspunkt der Erkenntnis dieser Art und haben die Priorität.

Berühmt wie die Sammlung sind auch die Fundschichten, der Hallstätter Kalk des Salzkammergutes in Österreich. Die bunten bankigen Kalke wurden z. T. für das Verbauen im alten Salzbergbau gebrochen. Dabei fiel ihr Fossilreichtum frühzeitig auf (s. auch Abb. 30, 31). Wie unsere alten Sammlungsstücke zeigen, wurden damals auch einzelne Muschelschillbänke mit abgebaut, die vollständig aus Schalenbruch von Monotis-Schalen bestehen. Aus einer solchen Lumachelle feinschaliger Muschelfragmente vollständige Schalen zu bergen ist fast nicht möglich. Die Gattung Monotis ist heute längst nicht mehr nur aus den Ostalpen bekannt, dem klassischen Gebiet der alpinen Trias, sondern ist als Leitfossil des Nor fast überall im Bereich der jungen Faltengebirge unserer Erde gefunden worden.

Ammoniten

Wappentiere der Geologie hat man die Ammonshörner früher gelegentlich genannt, haben sie doch durch ihre auffällige Vielfalt die Aufmerksamkeit der Geowissenschaftler ganz besonders auf sich gezogen. Ihre dokumentarische Aussagekraft rief eine Flut paläontologischer Spezialarbeiten hervor. Rund 1 500 Gattungen wurden beschrieben, Sammler und Naturfreunde begeistern sich wie eh und je für Ammoniten, variieren sie doch das dynamische, graphisch klare Grundmotiv der Spirale schier unendlich in schlichter Formenschönheit. Diese merkwürdigen »Steine« erregten schon in frühgeschichtlicher Zeit das Interesse der Menschen, selbst Symbolismus und Zauber verbanden sich mit diesen »Schlangensteinen«. Auch heute sind die Ammonshörner gebietsweise noch sehr populär. In Schwaben (BRD) besonders erfreuten sie sich schon immer großer Beliebtheit. Dort wurde ihre wahre Natur als Kopffüßergehäuse 1708 von Johann Jacob Baier erkannt. Man begegnete ihnen häufig auf den Feldern, in vielen kleinen Steinbrüchen und Tongruben. Hier und dort zeigen sich alte Hausgiebel noch heute im Schmuck prächtiger großer Arietiten, die wohl besonders stark an aufgewundene Widderhörner erinnern (aries: Widder). Auf einen solchen Vergleich geht auch die sehr alte Bezeichnung der Gruppe zurück. Schon Plinius (23—79 u. Z.) sprach von den Cornua Ammonis (Hörner Ammons) als den heiligsten »Steinen« des alten Äthiopiens. Die merkwürdigen Steine wurden mit den gewundenen Hörnern des widderköpfigen ägyptischen Sonnengottes Ammon verglichen.

Als Albert Oppel um die Mitte des vorigen Jahrhunderts erst die Juraablagerungen Schwabens und dann Frankreichs und Englands systematisch

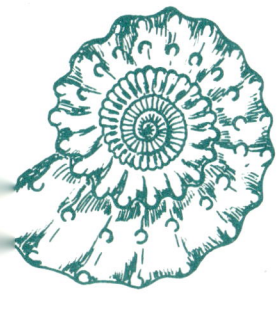

Ammonit

untersuchte, erwiesen sich für deren Charakterisierung die Ammoniten als besonders geeignet. Vorwiegend zeichneten sie sich unter den fossilen Arten durch kurze vertikale Reichweite in den Gesteinsfolgen aus. Bestimmte Ammonitenarten charakterisieren immer nur bestimmte Schichten, waren in diesen aber weit verbreitet. Dabei fiel jedoch auf, daß sich die vertikale Reichweite der einzelnen Arten in mannigfaltiger Weise überlappte. Folglich mußten während der Ablagerung der Meeressedimente nicht nur zu bestimmten Zeiten, sondern ständig neue Ammonitenarten aufgetreten sein. Es lag also kein wiederholter vollständiger Ersatz ganzer Faunen vor, wie es der damals vorherrschenden Ansicht entsprochen hätte. Die theoretische Erklärung der Oppelschen Erkenntnisse wurde schon wenig später durch Darwins Werk über die Entstehung der Arten möglich, zu jener Zeit aber noch kaum von den Paläontologen erwogen.

Ausgehend von seinen reichen Erfahrungen über Jurafossilien und ihre historische Abfolge, entwickelte Albert Oppel vor 120 Jahren die Methode der vertikalen Feingliederung von Gesteinsfolgen nach Zonen, wobei er unter Zonen Schichten verstand, die durch das Vorkommen bestimmter, weit verbreiteter Leitarten charakterisiert sind.

Oppels Gliederung des Jura in 33 Zonen markiert die Geburtsstunde der Biostratigraphie. Mehr und mehr erkannte man nun den biostratigraphischen Wert der Ammoniten auch für andere geologische Systeme. Die Ammoniten wurden zu den Leitfossilien par excellence. Schließlich hatte man dann mit Hilfe der fossilen Ammoniten die Erdgeschichte vom Devon bis zur Kreide in viele Abschnitte gegliedert. Das entspricht dem gesamten Existenzzeitraum der Ammoniten, einer Zeitspanne von rund 300 Millionen Jahren, wie wir seit Einführung der radiometrischen Altersbestimmung von Gesteinen wissen.

Aus der raschen Abfolge, der Verteilung und den Häufigkeitsschwankungen der Ammonitenarten läßt sich eine wechselvolle, dramatische Geschichte herleiten. Mit der Widerspiegelung dieses Geschehens in den Fossilien verfügen wir heute über ein praktisches Ordnungsschema für erdgeschichtliche Ereignisse. Die Ammoniten kennzeichnen als Ausdruck ihrer Zeit das relative Alter der Schichten, in denen wir sie vorfinden. Aber die Geschichte allen Lebens ist eingewoben in die Erdgeschichte, in den historischen Wandel der Meere und Kontinente, und alle fossilen Organismen sagen folglich etwas über ihre erdgeschichtliche Zeit aus. So ist das biostratigraphische Schema, das ursprünglich auf Ammoniten beruhte, inzwischen längst ergänzt und verfeinert worden, insbesondere mit Hilfe von Leitfossilien aus dem Reich der Myriaden von Kleinstlebewesen, die der Stratigraph eben auch in den kleinsten Bohrkernproben noch finden kann. Nur im Jura sind die Ammoniten bislang noch als Leitfossilien so gut wie konkurrenzlos.

Bekamen die Fakten der Lebensgeschichte einerseits eine zunehmende praktische Bedeutung in der Geologie, so behielten sie andererseits doch ihre besonderen naturhistorischen und biologischen Aspekte. Die Geschicke der Ammonitengeschlechter haben ganz besonders immer wieder als Fundgrube für evolutionstheoretische Betrachtungen gedient. So gab sich besonders an ihrem Beispiel ein phasenhaftes Geschehen stammesgeschichtlicher Abläufe zu

Ammonitenformen der Kreidezeit:
a Cirroceras, b Haplocrioceras, c Scaphites, d Ancyloceras, e Acanthoceras, f Hoplites, g Hauericeras, h Polyptichites, i Texanites, k Baculites

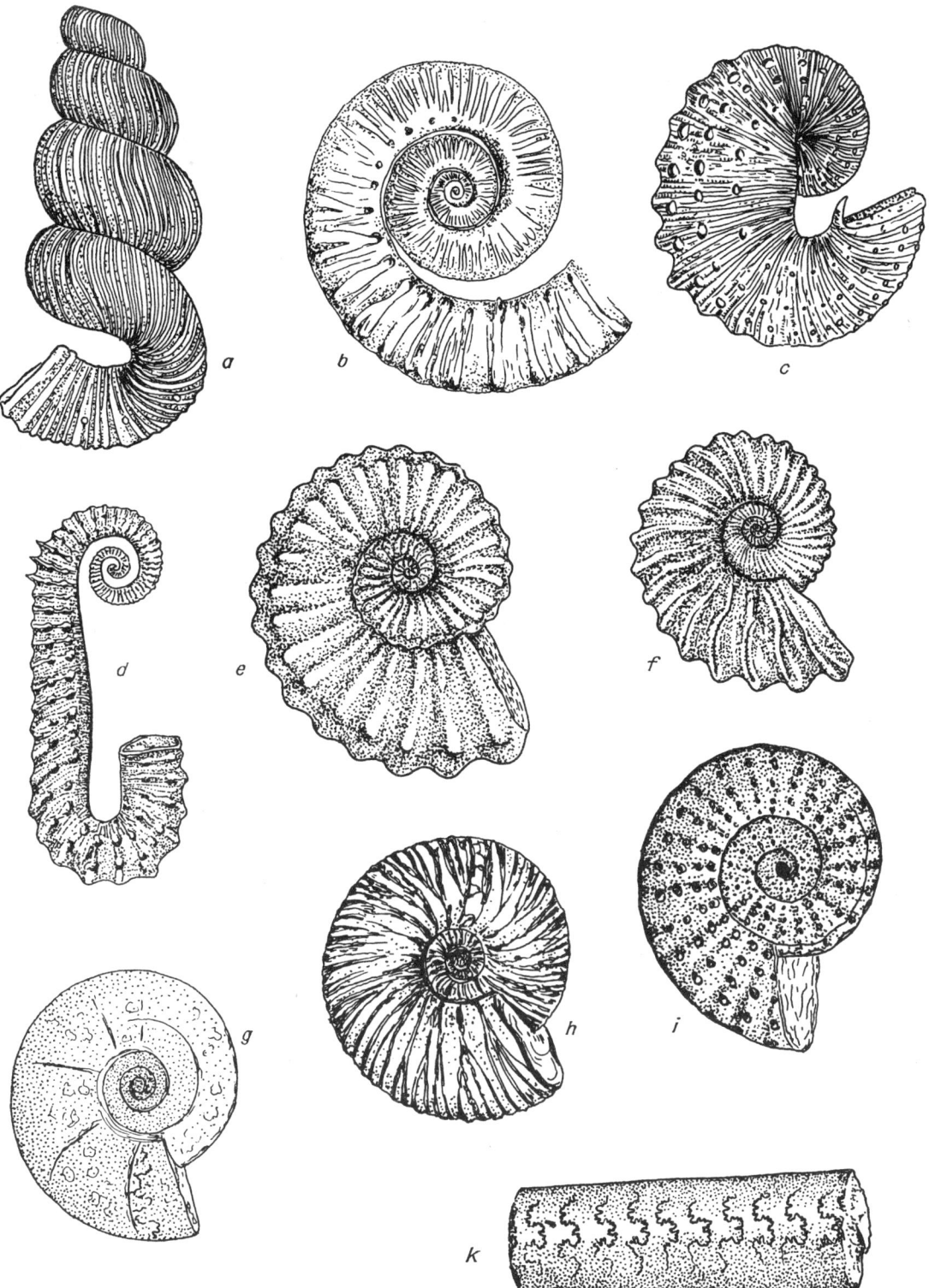

erkennen. Doch eine Überbewertung der Phasenhaftigkeit in der Stammes-geschichte führte theoretisch wie philosophisch in die Sackgasse. Was wir be-obachten, ist nicht Ausdruck eines Erblühens und Erlöschens der »inneren Lebenskraft« eines Geschlechts — nein, die Umwelt förderte oder behinderte schlicht die Existenz seiner Populationen. Das eigentliche Problem ist nicht die Stammesgeschichte, sondern die Lebensgeschichte, die Evolution, unter den jeweils besonderen Bedingungen.

Die Ammoniten gingen im frühen Devon aus den Nautiliden (S. 81) her-vor, überrundeten dann bald diese Stammgruppe der Kopffüßer und er-loschen nachkommenlos am Ende der Kreidezeit, gleichzeitig mit den Sau-riern und anderen Tiergruppen. Schon früher hatten sie einschneidende Rückgänge erlitten, die jedoch immer wieder wettgemacht wurden. Beson-ders hervorzuheben sind die Einschnitte zu Beginn und am Ende des Trias, der Hauptverbreitungszeit der Ammoniten. Die beiden großen Krisen führ-ten jedesmal in relativ kurzer Zeit zu einem grundlegenden Faunenwandel. So sprechen wir heute von drei großen stammesgeschichtlichen oder besser lebensgeschichtlichen Einheiten, den Paläo-, Meso- und Neo-Ammoniten.

Auf das ständig neu entstehende Angebot freier Lebensräume hin entwik-kelte sich aus zufällig überlebenden Arten oder aus breiter angepaßten Hoch-seearten immer wieder neue Vielfalt, traten neue Arten an die Stelle der er-loschenen. In den Schelfmeeren bildeten sich massenhaft hochspezialisierte endemische Ammonitenarten heraus, die stärkeren Milieuänderungen relativ leicht zum Opfer fielen, wenn ihnen nicht gar durch Rückzug des Meeres (Regression) von weiten Schelfgebieten die Existenzbedingungen entzogen wurden. Mit dem erneuten Vorrücken des Meeres (Transgression) entstand dann sehr rasch eine neue Fauna, die einem ähnlichen Prozeß der Differen-zierung in Lebensformtypen unterlag. So sehen wir im Wechselspiel von Transgression und Regression das häufige Phänomen der wiederholten Be-setzung von bestimmten Lebensräumen mit ähnlichen Differenzierungseffek-ten. Diese Wiederholung von ähnlichen Formen und Abläufen (Konvergenz) tritt bei den Ammoniten besonders deutlich in Erscheinung.

Ähnlich überraschend sind in der Gegenwart beispielsweise die Konver-genzen der Beuteltiere Australiens mit den echten Säugern der anderen Erd-teile, nur daß hier zwei große Gruppen nicht zeitlich, sondern räumlich ge-trennt sind. In den beiden früh getrennten Säugergruppen haben sich viele einander entsprechende Lebensformtypen herausgebildet, deren erstaunliche Übereinstimmung schon in unseren vergleichenden Bezeichnungen für manche Beuteltiere zum Ausdruck kommt, wie z. B. Beutelmaus, Beutel-dachs, Beutelwolf oder Beutelbär.

Der Grundtyp der gekammerten Ammonitenschale ist das planspiral auf-gerollte Gehäuse. Daneben kommen untergeordnet in der Obertrias und im Mitteljura, häufiger aber in der Kreide, verschiedene Abweichungen vom Grundtyp vor. Man hat diese Formen Heteromorphe genannt. Jedesmal be-obachtet man im Anschluß an das plötzliche Erscheinen mehr oder weniger gestreckter Formen verschiedene Stadien einer sekundären Wiedereinrollung. In den Schichten der Kreidezeit wurden besonders kuriose Gestalten ent-deckt. Hier war dieses »Formenexperiment« der Natur besonders erfolgreich und führte zu mehreren Entwicklungslinien, die bemerkenswert oft fast wie-der bis zur idealen Planspirale hinführten. Die Heteromorphen gaben zu mancherlei evolutionstheoretischer Spekulation Anlaß. Da wurde abwertend von Abirren (Aberration), Degeneration oder Typolyse gesprochen. Selt-samerweise aber zeigten diese von derartigen Hypothesen disqualifizierten

»Außenseiter« häufig mehr Ausdauer als ihre »normalen« Brüder, mit denen sie den Lebensraum der Flachmeerböden teilten.

In der Architektur der Ammonitengehäuse kommt bis zu einem gewissen Grade die spezialisierte Lebensweise zum Ausdruck, wenn auch eine direkte Wechselbeziehung gewöhnlich kaum zu erfassen ist oder gar nicht vorhanden war. Äußere Gestalt, Skulptur und Zuwachsstrukturen des Gehäuses unterlagen raschen stammesgeschichtlichen Veränderungen. Im Bereich der Endwindung ausgewachsener Individuen können wir nicht selten Abweichungen in der Morphologie beobachten. Hierher gehört auch die sogenannte Ohrenbildung des Mündungsrandes mancher Ammoniten (Abb. 34 b).

Die Gehäuseform kann als räumliche Spiralspur des ständig zunehmenden Mündungsquerschnittes angesehen werden. Ein planspirales Gehäuse ist daher leicht durch sein Querschnittbild zu charakterisieren. An einem solchen durch das Zentrum geführten Querschnitt ist die Entwicklung der Gehäusegestalt durch die ganze Ontogenese zu verfolgen. In manchen Fällen erkennen wir sehr deutlich Veränderungen. So konnte aus einer jugendlich schlanken Form eine fast kugelige Altersform werden, aber auch das Gegenteil war möglich. Es handelt sich hierbei um die ontogenetische Wiederholung von Ahnenmerkmalen. Gewöhnlich aber waren bislang keine Regelmäßigkeiten bei Wachstumsänderungen an Ammonitengehäusen zu beobachten. In den letzten Jahren nun haben variationsstatistische Analysen ergeben, daß es im Gehäusewachstum verdeckte, aber errechenbare Regelmäßigkeiten bei Wachstumsänderungen gibt.

Man kann am Querschnittsbild typische Gehäuseparameter verfolgen, wenn man Windung für Windung mißt. So ließ sich eine unterschiedlich schnelle Zunahme von Gehäuseradius, Windungsbreite und Nabelradius feststellen (allometrisches Wachstum). Jeder dieser Parameter wächst logarithmisch an. Während der zweiten Wachstumshälfte kommt es unvermittelt zu einer gleichzeitigen aber verschiedenwertigen Änderung im Wachstum der einzelnen Parameter. Die absoluten Änderungswerte streuen stark, verfolgt man aber ontogenetisch das Verhältnis von Gehäuseradius und Windungsbreite, also deren relatives Wachstum, so ergibt sich ein für die jeweilige Art charakteristischer Änderungswert. Dieses errechenbare, relativ stabile Merkmal kann zukünftig in taxonomischen Streitfragen eine Rolle spielen. Mit seiner Hilfe lassen sich auch Zwergformen als solche erkennen, d. h., sie sind durch das Altersmerkmal von nicht ausgewachsenen Jugendformen oder von unvollständigen Gehäusen zu unterscheiden.

Dieser kleine Exkurs mag andeuten, wie sich die Paläontologie der Gegenwart bemüht, auch mit statistischen und anderen mathematisch-analytischen Verfahren Ordnung in die oft verwirrende Fülle der Formen zu bringen, er mag aber auch zeigen, daß die exakte Bestimmung von Ammoniten neben der speziellen Erfahrung gelegentlich aufwendige Methoden voraussetzt.

Die Gestaltungsmöglichkeiten eines planspiralen Gehäuses sind rein rechnerisch enorm, insbesondere, wenn man die Form des Gehäuses mit den variablen Skulpturelementen Berippung, Kiel und Furche, Zuwachsstreifung, Mündungsrand und Schaleneinschnürung kombiniert. So ist denn auch die Vielfalt der Ammoniten überwältigend, und doch wurden bei weitem nicht alle Möglichkeiten in der Natur realisiert. Konstruktive, genetische und ökologische Gegebenheiten beschränkten das mathematische Formenspiel, ja führten sogar zu häufigen Wiederholungen. Immer wieder können wir habituelle Übereinstimmungen zwischen Vertretern verschiedenster Ammonitensippen beobachten. Diese Erscheinung (Homoeomorphie) erschwert auch

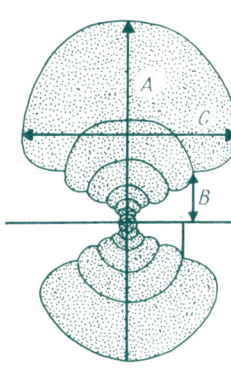

Ammonit
im Querschnitt:
A Gehäuseradius,
B Nabelradius ,
C Windungsbreite

heute noch in manchen Fällen die stammesgeschichtliche Einordnung von Ammoniten, wenn es z. B. nicht möglich ist, die Lobenlinie, das systematisch wichtigste Merkmal, eingehend zu studieren. Näheres über die Lobenlinie bringt die Erläuterung zur Abb. 31.

Schon seit langem hat man sich Gedanken über die Zweckmäßigkeit der Gehäuseformen von Ammoniten bei der schwimmenden Fortbewegung gemacht. Während sich manche Schalen mit Nautilusgehäusen vergleichen lassen und möglicherweise ebenfalls für mäßig schnelle Bewegungen in stabiler Schwimmlage geeignet waren, ist das in der Mehrzahl der Fälle schwer vorstellbar, ganz besonders bei den vom planspiralen Bau abweichenden Heteromorphen. Hier kommt nur eine bodennah schwebende oder gar kriechende Lebensweise in Betracht, denn dabei dürfte die Gehäuseform nicht gestört haben.

Was bewirkte das Aussterben der Ammoniten? Warum ging die Anzahl ihrer Arten schon vor Ende der Kreidezeit langsam zurück? Warum führte eben jene Krise zum Erlöschen der Stammesgruppe, wenn doch die Ammoniten schon 160 bzw. 130 Millionen Jahre zuvor ähnliche Krisen überstanden hatten? Daß gleichzeitig mit ihnen die großen Meeresreptilien verschwanden, mag noch verständlich erscheinen, könnten die schwer beweglichen Ammoniten doch deren Hauptnahrung gewesen sein. Warum aber erloschen in eben derselben Zeit auch die Land- und Flugsaurier?

In der Oberkreidezeit setzten sich in verstärktem Maße weiterentwickelte Organismengruppen durch, die im Verborgenen schon seit dem Jura oder gar seit der Trias ihre neuen Eigenschaften erworben hatten. In den Meeren gewannen die Raubschnecken an Bedeutung, und die sehr wendigen modernen Knochen- und Tintenfische wurden immer häufiger. Sie waren anscheinend die erfolgreichen Nahrungskonkurrenten und Feinde der Ammoniten. Auf dem Festland der Oberkreidezeit waren die Blütenpflanzen auf dem Vormarsch und in ihrem Gefolge Insekten, Vögel und Säugetiere. Aber vermochten sie es, die Existenz der Saurier zu untergraben? Welche Änderung im allgemeinen Gefüge des Lebens bewirkte eine Gleichgewichtsstörung solchen Ausmaßes, auf dem Lande wie im Meer? Man hat an kosmische Ursachen gedacht. Sie erklären aber nicht die Auswahl der Betroffenen, denn andere überlebten, und manche Gruppen nahmen an Bedeutung zu.

Auch an der Basis der Nahrungsketten im Meer gab es Veränderungen. Die Gesteine der Oberkreide lassen ein rasches Aufblühen der Coccolithen und der planktonischen Foraminiferen erkennen. In Unmassen sanken ihre mikroskopisch kleinen Kalkgehäuse und Trümmer zu Boden und bescherten uns die Kreide (»Schreibkreide«) mit ihren besonderen Eigenschaften. Da beide Gruppen dem Meeresplankton angehören, bewirkten sie eine weitere Verbreitung und stärkere Verteilung biogener Kalksedimente — über den Schelf hinaus bis in die ozeanischen Räume. Mehr als dieses geologisch wichtige Ergebnis einer massenhaften Planktonproduktion in den Meeren der Oberkreidezeit interessieren uns hier aber zwei bedeutende ökologische Aspekte. Die Menge des pflanzlichen Planktons führte zu einem reichen Nahrungsangebot und zu einer hohen Sauerstoffproduktion. Hierauf konnten sich die Tiere des Landes wie der Meere über Jahrmillionen einstellen. Unter den Ammoniten wuchsen die größten bekannten Formen mit mehr als 2 m Durchmesser heran. Am Ende der Kreide aber kam es plötzlich zu einem einschneidenden Rückgang des Planktons. Das muß erhebliche Folgen für das Nahrungsangebot und die Sauerstoffproduktion gehabt haben. Plankton reagiert sehr empfindlich auf die Veränderung ökologischer Faktoren.

26 Eine Bachmündung
   im Alttertiär, S. 104
27 Aaskäfer: Eosilphites
   decoratus, S. 104

32 Pachylytoceras
   torulosum, S. 132
33 Quenstedtoceras
   vertumnum, S. 133

$$\frac{a}{b}$$

34 a Pleuroceras
     spinatum, S. 135
34 b Normannites
     orbignyi multi-
     costatus, S. 136

47 Korallenstöckchen: Siderastrea crenulata S. 147
48 Stachelauster: Spondylus crassicostata, S. 148

49 Schildstern: Clypeaster crassicostatus, S. 150

Umstehend:
a b c d
  e f g
h i j k
  m l n
50 Schnecken aus dem Tertiär, S. 150

Was war geschehen? Haben hier kleine Ursachen große Folgen gehabt? Oder wirkten die Ursachen auch direkt auf die Tierwelt und reduzierten sie? Wir wissen es noch nicht.

30 Trachyceras austriacum

Alpine Obertrias, Karn, Jul, Aonnoides-Zone, Austriacum-Lager; Feuerkogel bei Bad Aussee (Steiermark, Österreich)

Das »rauhe Horn«, eine Gattung der Meso-Ammoniten aus der alpinen Obertrias, fällt durch seine charakteristische Knotenskulptur ins Auge. Die Schale ist relativ dick und zeigt an unserem Stück das rostbraune Aussehen aller Schalen in den roten Ammonitenkalken. Die nicht sichtbare Lobenlinie läßt sich als entwickelt-ceratitisch beschreiben. Sie weist Trachyceras als Ceratitenabkömmling aus, ist aber bereits total gezackt. Das Gehäuse umfaßt nur relativ wenig Windungen, die rasch an Höhe zunehmen. Der steilwandige Nabel ist verhältnismäßig eng. Die Gehäuseflanken sind abgeflacht, der Rücken (richtiger: Bauch) ist abgerundet, auf ihm verläuft eine flache Medianfurche. Die Knoten ergeben sich aus der Überlagerung von zwei Rippensystemen, dem stärker ausgeprägten System der leicht geschwungenen, z. T. sich gabelnden Radialrippen mit dem der Spiralrippen.

In den oft rotbunten Ammonitenkalken lernen wir einen sehr charakteristischen Sedimenttyp mit vielen, manchmal angehäuften Ammoniten kennen. Neben dem Hallstätter Kalk, aus dem der abgebildete Ammonit stammt, wären noch die Clymenienkalke des Oberdevons, der »Adneter Marmor« des alpinen Unterjura und der »Ammonitico rosso« des mediterranen Juras erwähnenswert. Zu Tausenden sind die Ammonitengehäuse stellenweise im Kalkschlamm eingebettet worden, gewöhnlich in mehr oder weniger lokalen Senken des Schelfes.

Schon früh stand die ostalpine Trias im Ruf, ungewöhnlich reich an Ammoniten zu sein. Er ging besonders von einem kleinen Gebiet um Hallstatt und Aussee im Salzkammergut (Österreich) aus, wo die rotbunten Hallstätter Kalke der Obertrias (Karnische und Norische Stufe) stellenweise massenhaft Kopffüßerschalen enthalten. Der berühmteste Fundpunkt ist wohl der Feuerkogel am Rötelstein, von dem nahezu 500 Ammonitenarten bekannt wurden. Mojsisovics hat vor 100 Jahren in einer bewundernswerten Monographie mit mehr als 200 lithographischen Tafeln vorzugsweise diese prächtige Fauna beschrieben und abgebildet, wobei er auch die hier vorgelegte Art Trachyceras austriacum aufstellte. Die vielgestaltige Gattung Trachyceras enthält einige Leitfossilien für die Stufengliederung der alpinen Trias. Einige davon sowie Leitformen aus anderen Gattungen sind im Bereich der jungen Faltengebirgsgürtel weit über die Erde verbreitet.

Ammonit

Neben dem Feuerkogel seien noch einige altbekannte Fundpunkte erwähnt, von denen reiches Material in die Sammlungen gelangte: Raschberg bei Goisern, Rossmoos und Sommeraukogel bei Hallstatt und Sandling (alle Österreich). Abgesehen vom obertriassischen Hallstätter Kalk, sind reiche Ammonitenfaunen auch aus tieferen Schichten der alpinen Trias bekannt geworden, z. B. aus den Reiflinger Schichten, dem Schreyeralmkalk und den Cassianer Schichten, die aber mehr für die herrliche Schneckenfauna berühmt sind. Der Formenreichtum der Triasammoniten ist besonders auffallend. Das betrifft nicht nur Gestalt und Skulptur, sondern auch die Lobenlinie (Abb. 31). Schon bis zur Jahrhundertwende waren rund 1000 Ammonitenformen in der alpinen Trias nachgewiesen worden. Wieviel von diesen und den hinzugekommenen Taxa nach Abschluß moderner Revisionen noch anerkannt sein werden, ist allerdings offen. Die höchste Anzahl von Gattungen kennt man aus der Karnischen Stufe. Das weist auf Differenzierungsprozesse in den inselreichen, geologisch aktiven Meeresteilen (Geosynklinalen) jener Zeit hin. So finden wir im Karn der Ostalpen neben dem Hallstätter Kalk im Norden die kohlenführenden Lunzer Schichten ausgebildet. Sie enthalten eine interessante Flora (Abb. 84) und in den Basisschichten »fliegende Fische«.

Schließlich wollen wir im Hinblick auf Geschichte und Lebensweise der Kopffüßer bei der Vielzahl der Ammoniten nicht übersehen, daß uns in den Triaskalken der genannten Fundpunkte in großer Zahl die letzten Geradhörner (Orthoceren), frühe Belemniten (Aulacoceras) und auch viele Nautilusarten überliefert sind.

31 Pinacoceras metternichi

Alpine Obertrias, Nor; Sommeraukogel bei Hallstadt (Oberösterreich)

Ammonit

Über die Steinkerne der Ammoniten verlaufen seltsam geschlungene Linien, die wir hier im Detail sehen können. Immer wieder erwecken sie unsere Bewunderung, und oft ist es nicht möglich, dem schlängelnden oder gezackten Hin und Her auf den ersten Blick durch das Labyrinth der Linien zu folgen. Näher betrachtet, folgt Linie für Linie immer wieder wie nach einer Vorschrift den gleichen Figuren quer über den Steinkern der Gehäusewindung. Forscher und Sammler kommen oft nicht umhin, das Feld zwischen zwei Linien farbig auszumalen, damit es sich deutlich abhebt und der Linienverlauf sich so analysieren läßt. Dann aber werden auch bei komplizierten Linien die wenigen vor- und rückschwingenden Großformen sichtbar, die Sättel und Loben einer »Lobenlinie«, wie der Paläontologe zu sagen gewohnt ist. Im Paläozoikum war die Lobenlinie der Ammoniten ursprünglich nur einfach geschwungen, doch schon im Perm erschienen einerseits erste Zacken auf dem Lobengrund und andererseits großblättrig zerschlitzte Sättel. Bei den Ceratiten der Trias sind die Sättel einfach geschwungen, die breiten Loben aber basal gezackt. Zur gleichen Zeit stieg in anderen Entwicklungslinien die Zackung vom Lobengrund auch auf die Sättel (z. B. bei Trachyceras, Abb. 30), oder es wurde die blättrige Zerschlitzung der Lobenlinie bis zum Extrem vorangetrieben, so daß sie schon in der Obertrias bei der Gattung Pinacoceras ihr Maximum erreichte. Bei den Neo-Ammoniten schließlich wurde nur noch die Komplexität variiert. Die Lobenlinie unterlag also einem fortschreitenden Evolutionsprozeß, und ihr wird aus diesem Grund besonderes stammesgeschichtliches Interesse entgegengebracht. Lobenlinien stellen die Spuren der verfalteten Kammerscheidewände auf der Steinkernoberfläche dar, markieren also deren Verwachsungsnähte mit der Gehäusewand. Da ein Ammonitengehäuse alle seine Entwicklungsstadien eingewickelt mit sich trägt, ist es grundsätzlich möglich, die Ontogenese der Lobenlinie eines Ammoniten bis zur Embryonalblase zurückzuverfolgen. Die erste Lobenlinie (Primärsutur) hat eine hervorragende Bedeutung für die Großsystematik der Ammoniten erlangt, insbesondere durch das Lebenswerk von Prof. Dr. O. H. Schindewolf. Die Form der Primärsutur ist ein Merkmal hoher Konstanz. Nur wenige geringfügige Änderungen traten schrittweise in der langen Stammesgeschichte der Ammoniten ein und erlauben eine natürliche Gruppierung.

Leider ist nicht jeder Ammonit für Studien der Ontogenese geeignet, und entsprechend gut erhaltene Stücke — z. B. zarte Pyritsteinkerne — werden bei einer solchen Prozedur gelegentlich der Wissenschaft geopfert. Im Inter-

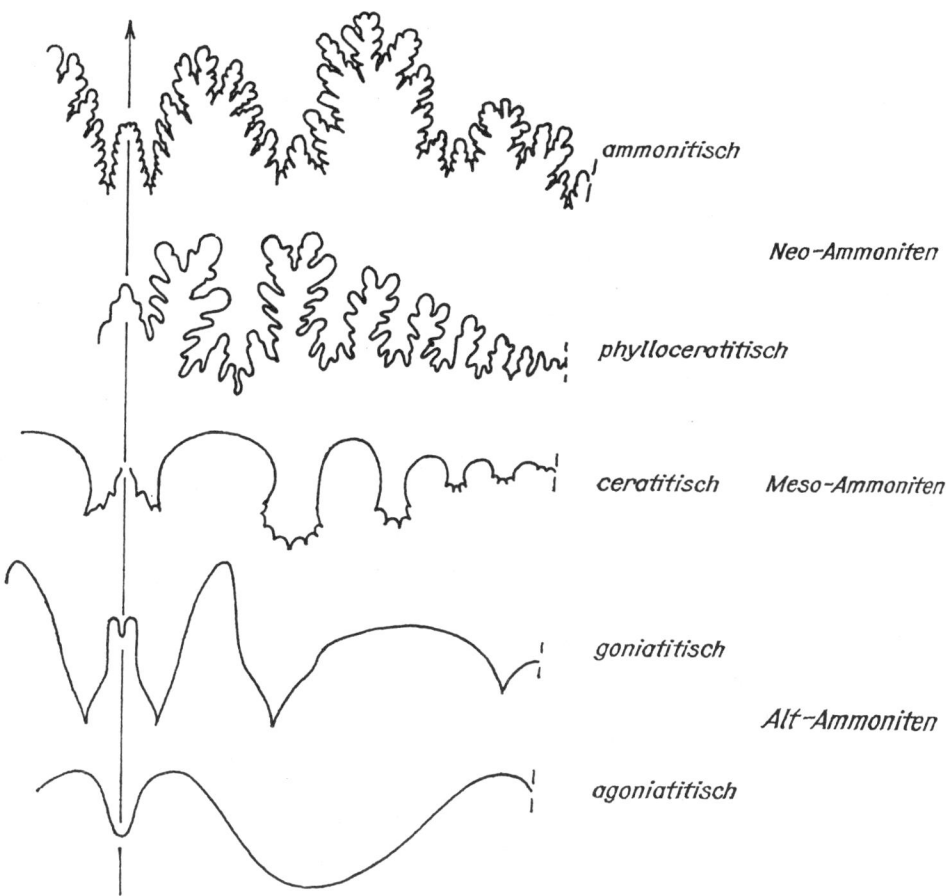

ammonitisch

Neo-Ammoniten

phyllocerotitisch

ceratitisch   Meso-Ammoniten

goniatitisch

Alt-Ammoniten

agoniatitisch

Die Gestalt der Lobenlinie, wie sie sich auf der Steinkernflanke vom »Rücken« (Pfeil) bis zum Nabel abgewickelt darstellt

esse des Erkenntnisgewinns kommt der Paläontologe auch bei anderen Fossilgruppen oft nicht umhin, das Fossil wissenschaftlich zu verarbeiten, d. h., die Vollständigkeit des Fundstückes dem wertvollen Detail unterzuordnen. Das Fossil wird dann gewöhnlich in eine Schnitt- oder Schliffserie zerlegt, angeätzt oder aufgebrochen, um all seinen Geheimnissen auf die Spur zu kommen.

Im oberen Teil des Hallstätter Kalkes (Nor) finden sich die bis wagenradgroßen, diskusförmigen Gehäuse der Gattung Pinacoceras. Sie sind die größten Ammoniten der Trias und weisen gleichzeitig die komplizierteste Lobenlinie auf. Die Abbildung zeigt einen kleinen Ausschnitt aus der Oberfläche eines angeschliffenen und polierten Pinacocerassteinkerns, doch erscheinen die Lobenlinien hier vereinfacht, weil beim Abschleifen der Schale auch etwas vom Steinkern mit verloren ging. So ist der wahre Nahtverlauf nicht mehr zu sehen, dafür läßt aber der etwas tiefere Schliff durch die gefalteten Kammerwände das Grundmuster deutlicher werden. Die Kammern des Gehäuses wurden bei der Einbettung über offene Bruchstellen mehr oder weniger mit rotem Kalkschlamm gefüllt. In den restlichen Hohlräumen kristallisierte dann später bei der Gesteinsbildung (Diagenese) weißer Kalkspat aus.

Die sehr auffällige Art wurde schon 1846 von Hauer beschrieben. Heute ist sie über die Ostalpen und den Himalaja hinaus bis zur Insel Timor aus der Obertrias bekannt.

32 *Pachylytoceras torulosum*
Jura, Basis des Dogger; Heiningen bei Göppingen (BRD)

Diese auffallende Ammonitenart wurde 1831 von Zieten beschrieben. Als Leopold von Buch 1837 die Dreiteilung des Juras in Deutschland einführte, benutzte er bereits das Lager dieser Art, um die Basis des mittleren Juras zu kennzeichnen. Dieses Verfahren übernahmen zwei weitere Klassiker der Juraforschung, Quenstedt und sein Schüler Oppel. In seiner Zonengliederung des Juras schied Oppel eine Zone mit »Ammonites« torulosus aus (1856 bis 1858). Auch heute noch läßt man im Schwäbischen und Fränkischen Jura (BRD) die untere Stufe des braunen Juras, das Aalenium, mit der Subzone des »Lytoceras« torulosum an der Basis der Leioceras-opalinum-Zone (Opalinumtone) beginnen, doch reicht unsere Art nicht über den genannten Raum hinaus. Sie ist eine regionale Leitart endemischer Natur, ein spezialisierter Abkömmling einer global verbreiteten Verwandtschaft. Im mittleren Lias schon stießen Lytoceraten mit anderen mediterranen Formen nach Mitteleuropa vor und bildeten mehrere Reihen lokaler Arten aus.

Ammonit

Für den Unvoreingenommenen liegt bei der Betrachtung unseres Ammoniten der Vergleich mit einem Widderhorn auf der Hand. Wenige, rasch an Fülle zunehmende Umgänge des Spiralkörpers, mit kräftigen Wulstrippen verziert, charakterisieren das Stück. Hinzu kommt noch der von der Seite her nicht erkennbare, annähernd kreisrunde Querschnitt der Windungen.

Es ist deutlich zu sehen, daß wir einen Steinkern vor uns haben. Nur Reste der Schale sind noch vorhanden. Als man das Stück fand, war es nicht so vollständig, wie es jetzt scheint. Die nähere Betrachtung zeigt, daß links oben und rechts unten Teile des letzten Umganges ergänzt worden sind. Das Stück wurde für eine Lehrsammlung mit Sachkenntnis restauriert.

Mit den Radialrippen hat es bei der Art eine besondere Bewandtnis, denn grobe Rippen sind für Lytoceraten nicht typisch. Diese Besonderheit wurde schon durch den Artnamen von Zieten gekennzeichnet, torulosum: wulstig. Doch das Bemerkenswerte sind weniger die Wülste als die zwischen ihnen liegenden Schaleneinschnürungen, die in kürzesten Abständen aufeinanderfolgen. Man wird fragen, ob es nicht gleich sei, wie man das Wellblechmuster der Schale interpretiert. Doch entscheidend ist die Entstehung der Struktur. Für alle Lytoceraten sind Schaleneinschnürungen bezeichnend. Die Jugendwindungen von P. torulosum zeigen einen noch fast normalen lytoceraten Bau der Schale, wenn auch die Einschnürungen den normalen Schalenzuwachs schon relativ häufig unterbrechen. Bald aber folgen die Einschnürungen einander in so kurzem Rhythmus, daß nur noch das geübte Auge den Charakter der Schalenwellung zu erkennen vermag.

Über die Länge der Wohnkammer werden wir durch das Aussetzen der Lobenlinienfolge informiert, ferner durch einen Farbumschlag, denn die Wohnkammer ist durch einen bräunlichen Phosphoritsteinkern repräsentiert, das gekammerte Gehäuse jedoch als dunkler Kalzitsteinkern ausgebildet. Auf dem dunklen Kalzit, der die leeren Kammern erst nach der Einbettung der Schale im Verlauf der Gesteinsdiagenese ausfüllte, sind die Lobenlinien gut zu sehen. Sie bestehen nur aus wenigen Sätteln und Loben.

132

Die Lytoceraten waren eine relativ einförmige, konservative Gruppe von Neo-Ammoniten. Möglicherweise ist jedoch aus ihnen in der späteren Jura-zeit durch Rückmutation die vielgestaltige Gruppe der Kreideheteromorphen hervorgegangen. Der Lebensraum der Lytoceraten könnte gleich dem der ebenfalls konservativ erscheinenden Phylloceraten jenem des heutigen Nautilus ähnlich gewesen sein, ähnlicher jedenfalls als dem der übrigen Ammoniten, also das tiefere Wasser des Schelfes und vor allem der morphologisch unruhigen, inselreichen ozeanischen Räume (Geosynklinalen).

33 Quenstedtoceras vertumnum
Jura, Dogger, Obercallovien; Łuków (VR Polen)

Der Blick in das Innere eines Ammonitengehäuses fesselt unsere Aufmerksamkeit. Aufgebrochen liegen über anderthalb Umgänge die leeren Luftkammern offen vor uns — schützend umschlossen vom Steinkern der Wohnkammer. Wir erkennen, auf welche Weise das zartwandige Gewölbe der Außenwand durch die ebenso zarten Kammerscheidewände (Septen) abgestützt wird. Im Zentrum sind die Jugendwindungen beim Aufschlagen der Geode fast unbeschädigt geblieben und führen unseren Blick bis auf embryonale Gehäusestadien zurück. Die Schalenstruktur hat sich im Gestein über Jahrmillionen hinweg kaum verändert, selbst die Perlmuttschicht hat ihr Interferenzfarbenspiel bewahrt.

Die Ammonitenschale macht einen äußerst zerbrechlichen Eindruck, und doch widerstand sie einst einem hohen, allseitig wirkenden Wasserdruck. Wir erkennen auch, warum. Lange vor der menschlichen Technik wurde in der Natur das »Wellblechprinzip« zur Stabilisierung im Leichtbau benutzt. Wir sehen, daß der Steinkern die Skulptur der Schale vollständig wiedergibt. Die radialen Rippen sind nicht der Schalenoberfläche aufgesetzt, sondern durch wellige Verbiegungen der hauchdünnen Schale bedingt. Bezogen auf die geringe Masse der Schale bringt die Wellung einen hohen Stabilisationseffekt. Auch der Stützcharakter der Septen wird durch wellige Strukturen erheblich verbessert.

Die Verfaltung eines Septums nimmt von seinem fast ebenen Zentrum zum Rande hin zu, wobei Falten verschiedener Ordnung auftreten. In der Verwachsungsnaht mit der Gehäusewand (Lobenlinie) erreicht die Fältelung schließlich ihr Maximum (Abb. 31 und 32). Wir müssen bei der Septenstruktur auch in Betracht ziehen, daß sie nicht nur der Abstützung der Gehäusewand zu dienen hatte, sondern auch den über das Tier auf die Septalfläche wirkenden Wasserdruck abfangen mußte, um der Implosionsgefahr der gasgefüllten Auftriebskammern entgegenzuwirken.

Aufgrund der neuerdings eingehend studierten Verhältnisse bei heutigen Kopffüßern kann man annehmen, daß auch in den Kammern der Ammoniten ein konstanter Unterdruck von 0,7 bis 0,8 atm herrschte. Die rezenten Vorgänge zeigen: Nach der Bildung eines neuen Septums wird die physiologische Kammerflüssigkeit der gefüllten neuen Kammer über den Sipho — ein die Kammern verbindender Schlauch mit Blutgefäßen — allmählich »abgepumpt« und nur wenig Gas in die Kammern ausgeschieden. Das Abpumpen erfolgt — z. T. sicher osmotisch — aufgrund des Konzentrationsgefälles zwischen Meerwasser und Kammerflüssigkeit. In den jeweils zuletzt gebildeten Kammern findet man nebeneinander verschiedene, abgestufte Stadien der Entleerung. Der Auftrieb der gasgefüllten Räume gleicht die Masse von Tier und Gehäuse zum Schwebegleichgewicht aus. Leichte Veränderungen des Flüssigkeitsinhaltes der Kammern lassen den Kopffüßer steigen oder sinken bzw. passen sein Schwebegleichgewicht der aktiv mit Hilfe des Rückstoßes erreichten Tiefenposition an. Im einzelnen ist hier noch vieles zu klären.

Die Ausscheidung der Septen scheint einem biologischen Rhythmus zu folgen. Dann wäre der Septenabstand eine Widerspiegelung der Wachstumsgeschwindigkeit, die kürzeren Septenabstände vor Erreichen des Endstadiums wären eine Folge des nachlassenden Wachstums. Isotopenuntersuchungen ließen jahreszeitliche Temperaturschwankungen erkennen und, daraus resultierend, beispielsweise eine Wachstumsgeschwindigkeit von zwölf Septen je Jahr.

Wenden wir unsere Aufmerksamkeit nun noch kurz dem Erhaltungszustand zu, der typisch für die Ammoniten von Łuków ist. Die so unversehrten Ammonitenschalen sind in phosphoritischen Geoden eines Tonlagers überliefert. Sie waren offenbar von jeder Stoffwanderung in wäßriger Lösung abgeschirmt, so daß nicht einmal der sonst übliche Kalzit in die Hohlräume dringen konnte. Der Ton hat immer nur in geringer Tiefe gelegen und ist über 160 Millionen Jahre geologisch nicht beansprucht worden, bis er — und nun ein Kuriosum — von den Gletschern der Eiszeit als eine quadratkilometergroße Scholle in seinem litauischen Herkunftsgebiet abgeschert und bis Łuków, 100 km südöstlich von Warschau, als Ganzes verfrachtet wurde.

In den kopfgroßen Geoden der Ziegeleigrube Łuków sind die Ammoniten vorwiegend durch Arten der Gattung Quenstedtoceras vertreten. Beim Studium der vorzüglich erhaltenen Fauna stieß Makowski auf mehrere Formenpaare aus je einer kleinen und einer großen Form, die in einem natürlichen Mengenverhältnis vorkommen. Das Verhältnis in der Zahl der Windungen zwischen den kleinen und großen Formen betrug 6 : 8 oder 8 : 9 und mehr. Die kleinen wie die großen konnten an der Drängung der letzten Lobenlinien wie auch am teilweisen Skulpturverlust auf der Wohnkammer und an der Nasenbildung des Mündungsrandes als Reifeformen erkannt werden. Die Jugendstadien ließen sich nicht voneinander unterscheiden und wiesen auf die Zusammengehörigkeit der Paare hin.

Anhand dieses Materials von Łuków und unter Einbeziehung weiterer Beispiele konnte Makowski 1962 endlich den Beweis für die Existenz dimorpher Ammonitenarten führen und den Sachverhalt als Sexualdimorphismus glaubhaft machen. Das wissenschaftliche Echo war positiv, zumal fast gleichzeitig entsprechende Ergebnisse an Macrocephalus und Amoeboceras von Callomon vorgelegt wurden. Der Engländer aber hielt sich in der Deutung des Dimorphismus zurück und sprach neutral nur von Makro- und Mikrokonchen, Bezeichnungen, die sich inzwischen in der Ammonitenforschung durchgesetzt haben. Betrachtet man die Verhältnisse bei den rezenten Kopffüßern, so sind die Geschlechter sehr häufig gleich groß, bei Größendifferenzen aber sind gewöhnlich die Männchen die kleineren. Unter Hinweis auf diesen Sachverhalt haben die Franzosen Blainville und d'Orbigny schon Mitte des vorigen Jahrhunderts einen Geschlechtsdimorphismus bei Ammoniten angenommen.

Bei der abgebildeten Makrokonche handelt es sich um ein noch nicht ausgewachsenes Exemplar, wie schon der gleichbleibende Septenabstand erkennen läßt. Das Größenverhältnis der Geschlechter im Reifezustand demonstriert für diese Art anschaulich die Zeichnung auf Seite 20. Die große weibliche Form wurde bisher Quenstedtoceras carinatum genannt. Der Name Quenstedtoceras vertumnum für die Mikrokonche ist aber älter und den Regeln gemäß nun für beide, d. h. für die dimorphe Art, gültig.

Nicht gleich innerhalb einer Riesenscholle verfrachtet, aber doch als Lokalgeschiebe vom Eis angehäuft wurden andere berühmte Jurageoden, die Lias-Epsilon-Geschiebe von Ahrensburg (BRD) mit Eleganticeras. Auch in diesem Fall erfolgte eine sehr rasche Fossilisation der monotonen, aber individuenreichen Ammonitenfauna. Gute Erhaltung, feines Sediment und klarer Kalzit sind hier die verheißungsvollen Faktoren, die Freunde des Forschers. Prof. Lehmann hat bei Eleganticeras nicht nur einen erstaunlichen Größendimorphismus festgestellt, er hat auch zielgerichtet die Wohnkammerfüllungen anhand von Schnitten untersucht.

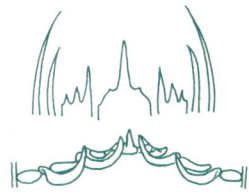

Zähne der Raspelzunge (Radula) eines Ammoniten und vom Nautilus

Etwa gleichzeitig mit D. Closs in Argentinien entdeckte U. Lehmann Teile der Raspelzunge (Radula) von Ammoniten. Ihr Typ läßt an den der Tintenfische denken, harmoniert aber nicht mit dem Typ von Nautilus. Die altbekannten, oft isoliert gefundenen Aptychen — bisher als Ammonitendeckel betrachtet — wurden als Unterkiefer demaskiert und die zugehörigen, sehr zarten Oberkiefer entdeckt. Im Unterkiefer sieht Lehmann weniger ein beißendes Werkzeug als ein Nahrung schaufelndes Organ. Die Entdeckung eines wahrscheinlichen Eibeutels in einer makrokonchen Wohnkammer unterstützt die bestehende Vorstellung über den Sexualdimorphismus bei Ammoniten. Ein Tintenbeutel wird für möglich gehalten, doch ist die vorliegende Struktur nicht eindeutig. Andere bituminöse Strukturen wurden als Kropf mit Inhalt und Kiemen gedeutet, also ebenfalls als Reste des Weichkörpers.

34 oben *Pleuroceras spinatum*
Jura, Lias, Domérien; Quedlinburg (DDR)

In Tongesteinen sind die Ammoniten gewöhnlich wie alle Fossilien platt zusammengedrückt, weil der ursprünglich sehr wasserreiche Schlamm unter Sedimentauflast gleichsam ausgepreßt wurde. Bei solchen Vorgängen kam es je nach Zusammensetzung des Tones bis zu einer Raumminderung von 90 % und mehr. Wenngleich die »Plattgedrückten« dem Geologen als Leitfossilien nicht minder wichtig sind und z. T. auch noch ansprechend aussehen können, gilt die besondere Aufmerksamkeit von Sammlern und Paläontologen bei tonigen Sedimenten dem Auftreten von festen Knollen (Konkretionen, Geoden). In Ton- und Baugruben beobachtet man, daß sie gelegentlich in bestimmten Horizonten gehäuft auftreten, ja bankartig miteinander verwachsen sein können. Diese Geoden umschließen oft prachtvoll erhaltene Fossilien — im Jura vielfach Ammoniten —, deren räumliche Dimension nach der Einbettung nicht mehr verändert wurde. Wohl unter dem Einfluß der Zersetzung organischer Substanz konnte unter Umständen der Chemismus des Bodenwassers stellenweise umschlagen, so daß es — ausgehend von organischen Resten — zu Mineralausscheidungen kam und die betreffenden Sedimentpartien in kurzer Zeit verfestigt wurden. Die Abbildungen 32, 33 und 34 mögen diese Art der Fossilisation belegen. Darüber hinaus deuten die vorgestellten Ammoniten aber auch an, wie verschieden im einzelnen die Erhaltung der Fossilien dabei sein kann. Infolgedessen steht mal dieses, mal jenes besonders gut fixierte Merkmal eines Fossils im Mittelpunkt des Interesses.

Ammonit

Der Erhaltungszustand der Fossilien vieler Fundpunkte ist so spezifisch, daß durch langjährige Erfahrung mit ziemlicher Sicherheit die Herkunft so manchen etikettlosen Fossils lokalisiert werden kann. So sind z. B. die Ammoniten der Amaltheenschichten von Quedlinburg durch den violetten Schimmer der perlmuttglänzenden Schalen und durch die violette Tönung des dunklen Toneisensteins der Geoden auffällig gekennzeichnet. Unsere Abbildung zeigt ein ganz normales Fundstück von der Art, wie man sie vor

Jahren in der ehemaligen Ziegeleigrube am Hinterkley unter einer entkalkten Zone in mehr als 10 m Tiefe in großer Zahl fand. Der Perlmuttglanz entsteht durch die innere Perlmuttschicht der Ammonitenschale. Sie ist hier besonders gut erhalten und riß beim Zerschlagen der Geoden als Unstetigkeitsfläche leicht auf.

Das morphologisch so charakteristische Pleuroceras spinatum ist für die Ablagerungen des Liasschelfes in Europa ein typisches Leitfossil unter den echten Ammoniten. Schon Oppel führte es 1856 und 1858 als Leitart einer seiner Jurazonen auf. Gemeinsam mit den nächstverwandten Arten beherrscht es fast ausschließlich die Ammonitenfaunen des oberen Lias Delta, die Spinatenschichten. P. spinatum gehört zur Gruppe der Amaltheen und wird vielfach auch als Amaltheus spinatus geführt. Als »Ammonites« spinatus geht die Art bereits auf Bruguière (1789) zurück.

Die Amaltheen sind die typischen Kennzeichen des Lias Delta (Domérien). Sie unterlagen einer raschen morphologischen Umgestaltung, die in der ökologisch spezialisiert angepaßten Spinatumgruppe ihr Endstadium erreichte. Das mosaikartige Fortschreiten der morphologischen Differenzierung läßt sich an der Abfolge der Arten ablesen. Wir beobachten die schnelle Entwicklung des gekerbten »Zopfkiels« (Hauptmerkmal der Gruppe) und daneben Tendenzen der Vereinfachung und Vergröberung der Radialrippen sowie der Ausbildung seitlicher Knoten und eines quadratischen Windungsquerschnittes, verknüpft mit einem Aufweiten des Nabels. Als jedoch der Lebensraum der nunmehr spezialisierten Amaltheen — ein stark gegliederter Meeresgrund — absank und dem eintönigen Milieu des Posidonienschiefermeeres wich, verschwanden sie plötzlich, und Einwanderer aus dem Süden traten an ihre Stelle — die Dactyliocerasgruppe.

34 unten Normannites orbignyi multicostatus
Jura, Dogger, Mittelbajocien; Goslar (BRD)
Ein interessantes Fossil tritt uns hier entgegen — ein mit »Ohren« versehener echter Ammonit. Seine Vollständigkeit macht ihn besonders wertvoll, denn sehr oft sind derart extrem geformte Mündungsränder postmortal beschädigt worden. Würden wir auch die andere Seite des prächtigen Stückes betrachten, so könnten wir uns davon überzeugen, daß der merkwürdig ausgelappte Mündungsrand als paarig ausgebildete Struktur vorliegt, wie es die bilaterale Symmetrie eines planspiralen Gehäuses schon vermuten läßt. Diese Struktur wurde ganz offensichtlich nach Wachstumsschluß des eigentlichen Gehäuses im Reifestadium gebildet. Nichts weist auf eine Resorption früherer Mündungsstrukturen hin, an keiner Stelle ist die Regelmäßigkeit der Rippenskulptur unterbrochen. Daß es sich bei derartigen Fossilien tatsächlich um die Gehäuse von ausgewachsenen Tieren handeln muß, läßt sich auch aus der bezeichnend engständigen Folge der zuletzt gebildeten Lobenlinien ablesen, einer Erscheinung, der wir ganz allgemein bei Ammoniten begegnen. Bei Normannites finden sich die letzten Lobenlinien auf dem Steinkern zu Beginn der letzten Windung neben den Auslappungen des Mündungsrandes. Diese Position macht uns auf die bemerkenswerte Länge der Wohnkammer und damit des ehemaligen Tieres aufmerksam: etwa ein Umgang. Berechnungen der wahrscheinlichen Massenverteilung im Gehäuse lassen zu Lebzeiten der Tiere eine Schwebelage des Gehäuses mit aufwärts gerichteter Mündung vermuten — vergleichbar mit der Orientierung auf unserer Abbildung.

Schon lange bezeichnet man die beiden seitlichen Mündungsapophysen

Ammonit

schlicht als »Ohren«. Sie haben natürlich nichts mit einem Gehör zu tun. Eher könnten wir in ihnen eine Art »Rettungsgürtel« sehen. Offenbar waren die Ohren Attribute der Männchen einiger Ammonitengruppen, in denen die Vertreterinnen des weiblichen Geschlechts erheblich größer wurden. Man könnte vermuten, daß die Ohren dem Schutz der kleinen Männchen bei der Fortpflanzung dienten. Nachgewiesenermaßen war unter den fossilen Kopffüßern wie unter den heutigen der Kannibalismus verbreitet. Vielleicht begaben sich die geschlechtsreifen kleinen Männchen in Lebensgefahr, wenn sie sich den Weibchen näherten. Verringerten die Ohren die Möglichkeit, verspeist zu werden? In manchen Fällen — z. B. bei unserer Gattung Normannites — engen die Ohren in charakteristischer Weise die Mündung der Wohnkammer ein, so daß sich das Weichtier sicher nicht aus dem Gehäuse herausziehen ließ. Aus den vier fensterartig eingeengten Restöffnungen konnten wohl nur einzelne Arme und sicher das muskulöse, bewegliche Trichterrohr ausgefahren werden. Die wiederholte Entwicklung von Ohren in verschiedenen Stammeslinien der Ammoniten und ihre geradezu als »modisch« anmutende Häufigkeit im Mitteljura (Dogger) sprechen des weiteren von einem eher nützlichen als sekundären Geschlechtsmerkmal.

Solchen neueren Deutungsversuchen stehen ältere gegenüber, die in den Ohren Vorrichtungen zum Schutz der Brut sehen wollten, sie also als weibliche Attribute betrachteten. Lange Zeit wurde selbst der Sachverhalt des Dimorphismus heftig bestritten, zumal wenn einander gegenübergestellte Arten sich nicht völlig in ihrer Verbreitung und Lebensdauer decken. Heute ist man sich im allgemeinen darüber einig, daß Ohren als Geschlechtsmerkmale zu deuten sind. Dazu aber hat sich bereits der Autor der Gattung Normannites Munier-Chalmas 1892 bekannt und die ohrentragenden Normanniten den größeren, glattmündigen Stephanoceraten als zugehörige Vertreter des anderen Geschlechts gegenübergestellt.

Heute spielen die mit dem Dimorphismus verknüpften Probleme eine große Rolle in der Ammonitenforschung. Noch sind die taxonomischen und nomenklatorischen Konsequenzen für den Nichtspezialisten verwirrend, schließlich aber können sie doch zu einer Bereinigung der unübersehbaren Fülle von Taxa und Namen führen.

Das abgebildete Exemplar stammt aus einer Kollektion von Mascke, die dieser vor rund 70 Jahren zusammengetragen hat. Der Fundpunkt des Stückes ist die Tongrube am Ostrand des »Osterfeldes« (Goslar, BRD). Dort enthält eine Kalkbank von kaum einem halben Meter Stärke eine außerordentlich reiche Ammonitenfauna. Das geringmächtige, brauneisenoolithische Kalksteinlager vertritt gleichsam das gesamte Mittelbajocien in einer ufernahen Ausbildung.

Mascke hat sein Stück Normannites asper genannt, wie aus seinem Etikett hervorgeht. Da er seine Otoiten-Studien aber nie veröffentlicht hat, ist der Artname nicht verfügbar. Die erfolgversprechenden Vorarbeiten von Mascke haben Westermann zu einer Monographie über die ohrentragenden Ammoniten des Mittelbajocien angeregt (1954). Wie bis dahin üblich, wurde das morphologisch hervorstechende Merkmal der Ohrenbildung auch systematisch hoch bewertet, ein heute als höchstwahrscheinlich geschlechtlich bedingt erkanntes Merkmal wurde dabei in den systematischen Rang eines Familienmerkmales erhoben. Nach Vergleich der von Westermann vorgenommenen Gruppierung ist Masckes vorzügliches Exemplar nunmehr Normannites orbignyi multicostatus Westermann zu nennen, sofern sich die auf lediglich sieben Stücke begründete Unterart weiterhin als berechtigt erweisen sollte.

Noch steht in Frage, welches Stephanoceras sich als wahrscheinlich weibliches Gegenstück herausstellen wird.

35 *Berriasella cf. pergrata*

Jura, Malm, Mitteltithon; Unterhausen bei Neuburg/Donau (Bayern, BRD)

Ammonit

Beschließen wollen wir unser kleines Ammonitenkapitel mit einem zünftigen Ammonitensiegel in hellem Weißjurakalk. Eine besonders gut gelungene Prägung der Natur, ein Siegel von erlesener Schönheit wurde uns überliefert und durch eine Sprengung im Steinbruch freigelegt. Leider fehlen der Steinkern und der Gegenabdruck. Für einen Ammonitenabdruck in einem Schlammkalk des Malms ist unser Fundstück bemerkenswert vollständig, unverdrückt, farbkräftig und scharf gezeichnet. Vertieft sich jemand eine Weile in die Aufnahme und dreht sie dabei ein wenig, so wird er bald den Eindruck eines erhaben-plastischen Reliefs bekommen, also eine optische Täuschung erleben. Das Pseudorelief entspricht nicht der wahren Räumlichkeit des Ammoniten. Es zeigt die Gehäusewindungen wegen einer Überlagerung von Beleuchtungseffekt und Farbtonunterschieden des Objektes zu gewölbt. Die Flanken sind in Wirklichkeit flacher. Die scharfe Zeichnung verdanken wir den Negativformen der engstehenden, sehr schmalen Rippen. Auf dem Abdruck der Wohnkammerschale sind sie durchweg einfach gegabelt.

So sehr ein solches Fundstück den Sammler auch erfreut, es ernüchtert ihn wieder, wenn er sich versucht fühlt, das Stück zu bestimmen. Wir haben ein Beispiel für die alte Sammelgattung »Perisphinctes« vor uns, für einen Formenkreis, dessen Vielfalt heute in zahlreiche Gattungen aufgesplittert ist. In solchen Fällen können bei der Bestimmung nur ein Spezialist oder oft schwer zu beschaffende Spezialliteratur weiterhelfen. Ist einem die neueste Monographie nicht zugänglich, so behilft man sich notfalls mit älteren einschlägigen Beschreibungen und Abbildungen und bezieht seine Bestimmung erkennbar auf diese. Im vorliegenden Fall stand eine für den bekannten Fundpunkt spezielle Monographie der Ammoniten des Neuburger Bankkalkes von Schneid (1915) für die Bestimmung Pate. Aus seiner Berriasella-ciliata-Gruppe kommt Berriasella pergrata hinsichtlich der Merkmalsausbildung unserem Abdruck am nächsten.

Auch für den Vergleich der sehr verschiedenartigen Ablagerungen der Oberjurameere spielen die Ammoniten eine wichtige Rolle, doch leider waren nur wenige Arten weiter verbreitet. Erschwerend für den zeitbezogenen Schichtenvergleich ist aber nicht nur die vorwiegend begrenzte Verbreitung, sondern auch die Umweltabhängigkeit der Ammoniten. Wassertiefe und -temperatur scheinen eine besondere Rolle gespielt zu haben, wie man aus Studien an Malmammoniten ersehen kann. Erscheinen und Verschwinden einer Art an einem Ort sind keinesfalls immer durch ihre Lebensdauer bedingt, sondern zunächst nur durch die Dauer ihrer Lebensbedingungen, die an anderen Orten abweichend gewesen sein kann. Berücksichtigen wir die Lebensgewohnheiten der Ammoniten, so behalten ihre Schalen für uns durchaus ihren Wert als Leitfossilien und sind darüber hinaus auch wertvolle Anzeiger für den Lebensraum, also Faziesfossilien.

Die Perisphincten beherrschten global die Ammonitenfaunen des flachen, warmen Schelfmeeres (bis 100 m Tiefe) der Oberjurazeit, besonders über den weitverbreiteten Kalkschlammböden. In größerer Tiefe folgten zunächst die »Oppelien« und schließlich Phylloceraten und Lytoceraten. Die rund um die Erde verbreitete Perisphinctengattung Berriasella ist kennzeichnend in den Jura-Kreide-Übergangsschichten Tithon und Berrias.

Seeigel

Urvogel

36 Kronenigel: Hemicidaris hoffmanni

Oberer Jura, Kimmeridge; linkes Stück: ehemalige Malmbrüche nahe der polnischen Ostseeküste; rechtes Stück: Calne (Wiltshire, England)

Zu den beliebten Schmuckstücken einer Fossiliensammlung gehören auch die kräftig ornamentierten regulären Seeigel, speziell aus den Zeiten des Malms und der Oberkreide (S. 149 d, e). Sie treten in kalkreichen Sedimenten als echte Versteinerungen auf. Während die Unterseite von der großen Mundöffnung beherrscht wird, konzentrieren sich auf der Oberseite des Gehäuses die ornamentalen, fünfstrahlig angeordneten Plattenreihen mit den Gelenkwarzen der Großstacheln. Zu den Seltenheiten zählen Gesteinsplatten, auf denen sich die abgefallenen Stacheln noch um das Gehäuse gruppieren und so die Zusammengehörigkeit der normalerweise isolierten Teile dokumentieren.

37 Urvogel: Archaeopteryx lithographica

Zweiter Skelettfund, 1877, sogenanntes Berliner Exemplar;
Jura, Malm Zeta, Solnhofener Plattenkalk; Eichstätt (Bayern, BRD).
Mineralisiertes Skelett mit Abdruck des Federkleides

Der Solnhofener Plattenkalk aus dem höchsten Jura der Fränkischen Alb zählt zu den weltbekannten Fundschichten, vor allem wegen der Urvögel, die bislang nur von dort in fünf mehr oder weniger gut erhaltenen Skeletten bekannt wurden. Das »Berliner Exemplar« ist nicht nur das vollständigste, sondern auch das schönste Fundstück und avancierte so zum »Star« unter den evolutionstheoretischen Paradebeispielen, zum meistabgebildeten Fossil.

Der Plattenkalk entstand unter tropischem Klima. Feinster Kalkschlick sammelte sich in mehreren Sedimentationswannen zwischen abgestorbenen Riffen unweit eines im Norden gelegenen flachen Festlandes. Die Tiere oder ihre Leichen wurden offenbar episodisch — z. B. bei Stürmen — zugleich mit dem im Riffbereich aufgewirbelten Kalkschlamm in die Wannen eingespült oder aber eingeweht und dort rasch begraben. Vorwiegend wurden die verschiedensten Meerestiere eingebettet, die, eingespült, im übersalzenen, schwefelwasserstoffhaltigen Wasser zugrunde gegangen waren. Daneben gelangten aber auch Insekten, Flugsaurier und Pflanzen in die Lagune und — allerdings nur selten — mehr oder minder mumifizierte Landsaurier und Urvögel.

Insgesamt wurden aus dem Solnhofener Plattenkalk rund 650 Tierarten und etwa 25 Pflanzenarten bekannt. Der einzigartige Erhaltungszustand der Solnhofener Fossilien läßt oft feinste Details erkennen. Die Urvogelfedern wurden beispielsweise so vorzüglich in den Stein geprägt, daß man sie mit denen heutiger Vögel vergleichen kann. Die gefundene Übereinstimmung ist bemerkenswert groß, denn die Entwicklung der Federn hatte vor 150 Millionen Jahren im Prinzip schon den heutigen Stand erreicht.

Die Vögel bilden heute unter den Wirbeltieren die geschlossenste Formengruppe, doch nicht nur der Besitz von Federn charakterisiert ihre Zusammengehörigkeit, auch die Skelette der Vögel weisen viele spezifische Gemeinsamkeiten auf. Wegen ihres Federkleides müssen wir die Urvögel aus heutiger Sicht als Vögel klassifizieren. Betrachten wir jedoch das Urvogelskelett, so werden wir erhebliche Unterschiede zum heutigen Vogelskelett finden. Wir stoßen vorwiegend auf reptilhafte Merkmale, wie die Form des Schädels, die bezahnten Kiefer, die vielen Wirbel des langen Schwanzes, das locker gebaute und nur mit wenigen Wirbeln verbundene Becken, die Bauchrippen sowie die freien, mit Krallen versehenen Finger. Dagegen stehen nur wenige Vogelmerkmale: die zum Gabelbein verschmolzenen Schlüsselbeine, die abgewinkelte Hand und das nach hinten gerichtete Schambein, das man auf der Abbildung zwischen den Oberschenkelknochen erkennen kann. Archaeopteryx ist also im heutigen Sinne weder Vogel noch Reptil. Als ein fernes Bindeglied heute gut getrennter Klassen weist er eine mosaikartige Kombination von Reptil- und Vogelmerkmalen auf und zeigt uns den Weg der Evolution. Im Mosaik der Merkmale wandelt sich bald dieser bald jener Baustein — schnell oder langsam, mehr oder weniger —, bis allmählich ein neuartiges Bild entstanden ist. Die Evolution der Organismen kennt weder eine sprunghafte Entstehung neuer Organisationstypen noch ein gleichmäßiges, zeitgleiches Fließen aller Merkmale eines organischen Gefüges.

Die Vögel leiten sich nicht von den Flugsauriern oder anderen hochspezialisierten Echsen her, sondern wie diese von weniger spezialisierten Formen. Die Vogelvorfahren erwarben zunächst das Merkmal der zweifüßigen Fortbewegung, spezialisierten sich jedoch nicht in diese Richtung, sondern gingen wohl zu einem teils laufenden, teils kletternden Leben unter Bäumen über. Die »Vorvögel« erhielten sich damit eine Voraussetzung für das spätere Fliegen, die kräftigen Vordergliedmaßen. So möchte es zumindest die Theorie. Aber selbst die Lebensweise der Urvögel ist noch umstritten, man glaubt heute nicht mehr an die Kletterfunktion der Fingerkrallen. Der aus den Fossilien zu erschließende Körperbau erlaubte mit Sicherheit nicht das oft bildlich dargestellte Stammklettern des Urvogels. Aber vielleicht konnten sie springend und flatternd von Ast zu Ast gelangen und gleitend zurück zum Boden. Wenn ein Klettern nicht in Betracht kommt, entfällt auch das Gleiten als Vorstadium des Fliegens. Die Flugkünste des Urvogels dürften denen der heutigen Hühnervögel und Sporenkuckucke ähnlich gewesen sein und somit wohl auch der Lebensraum. Wahrscheinlich konnte der Urvogel gut rennen, Schwanz und Schwingen dabei als Stabilisationsflächen nutzend.

38 Rudistenschnitt: Hippurites heritschi
Oberkreide (Gosau), Obercampan; Kalchberg bei St. Bartholomä (Steiermark, Österreich). Aus der Schausammlung des Landesmuseums Joanneum, Graz

Dem Nichteingeweihten wird ein solcher Querschnitt sicher rätselhaft erscheinen, doch wer in den Ostalpen bewandert ist oder sich in naturhistorischen Museen auskennt, dem mag dieses Fossil aus der Gosaukreide vertraut sein. Wir haben es hier mit der eigenartigen Muschelgruppe der Rudisten zu tun. Die rechte Klappe dieser Muscheln wuchs in Konvergenz zu den Korallen rübenartig bis zylindrisch heran, während die linke Klappe als flacher Hubdeckel den Kelch verschloß. Dieser Hubdeckel war zur Verhinderung eines Querversetzens mit langen, kräftigen Schloßzähnen versehen (S. 141 d, g).

Muschel

Dicht bei dicht standen die schnellwachsenden Muscheln im Sediment des Meeresbodens und bildeten im Flachwasserbereich tropisch warmer Meere weithin die charakteristischen Rudistenrasen. Eigentliche Riffe haben sie nicht gebaut, da sie nicht in Gemeinschaft mit den notwendigen zementierenden Riffbildnern, wie Algen und Hydrozoen, lebten. Hippuriten konnten bis zu einem Meter lang werden. Da sie außerdem kräftige Längsrillen aufweisen, erinnert ihre äußere Form gelegentlich an einen Pferdeschwanz, woraus sich auch der Name Hippurites ableitet.

Der abgebildete Querschnitt durch den oberen Teil einer Kelchklappe von Hippurites bietet uns Informationen verschiedener Art. Zunächst aber sei gesagt, daß wir auf die Unterseite einer abgeschnittenen Scheibe schauen. Auffallend sind die radialen Strukturen in der dicken Schale, die durch eine ent-

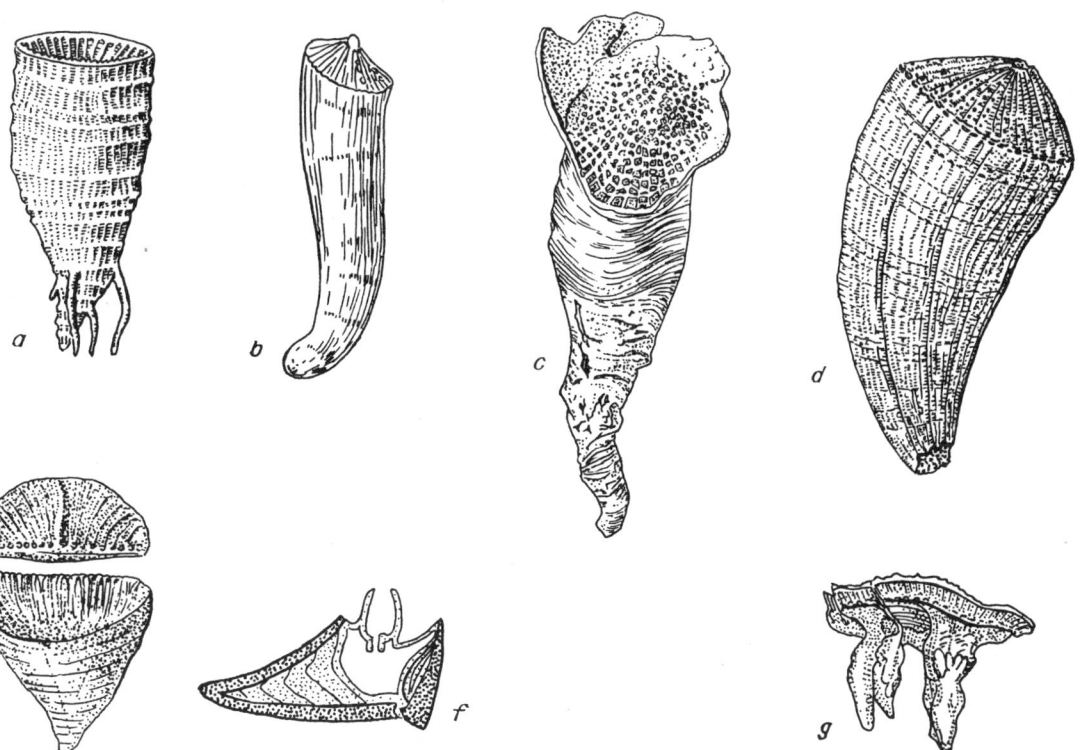

Eine vergleichbare Lebensweise im Lebensraum der Korallen hat in der Erdgeschichte wiederholt dazu geführt, daß Vertreter verschiedener Wirbellosenstämme
die Gestalt von Einzelkorallen angenommen haben (Konvergenz)

a Ketophyllum, Silur, rugose Einzelkoralle mit wurzelartigen Stützen,
b Pyrgoma, eine »Seetulpe« (Gliederfüßer) des Tertiärs und der Gegenwart,
c Richthofenia, ein Armfüßer des Perm,
d Hippurites, eine Muschel der Oberkreide (s. auch Abb. 38),
e Calceola, Pantoffelkoralle, Mitteldevon. Deckelbildung bei Korallen als Konvergenz zu den »Zweiklappern« (s. a. Abb. 20)
f Längsschnitt durch Calceola,
g Hubdeckel von Hippurites mit langen Schloßzähnen (linke Klappe der Muschel)

sprechende Verteilung von weißer in klarer Schalensubstanz entstehen. Zwei
etwas feiner strukturierte Vorsprünge der Wand in den sedimentgefüllten
Innenraum werden als Pfeiler bezeichnet. Ihnen sind im Deckel auffälliger-
weise zwei Löcher zugeordnet. Über die mögliche Funktion dieses Struktur-
komplexes sind verschiedene Ansichten geäußert worden. Die Pfeiler sind
auch an embryonalen Stadien bereits vorhanden, wie unser Schnitt beweist.
Betrachten wir die Sedimentfüllung näher, werden wir auf zwei weißschalige
Querschnitte von Jugendformen aufmerksam. Bei gerundet dreieckigem Umriß zeigen sie schon deutlich die beiden Wandpfeiler. Mit dem Binokular
sind noch sechs weitere, kleinere Querschnitte auszumachen, und es zeigt
sich, daß die Embryonen den leeren Innenraum eines verendeten Rudisten
besiedelt haben. Allen sind in gleicher Weise Splitter von feinen Kalkschalen
seitlich angeheftet. Nur 3 cm höher, im Mündungsbereich der Altschale, fül-

len die Jugendformen schon nahezu den ganzen Querschnitt des Innenraums aus. Während sie heranwuchsen, wurde zwischen ihnen kalkiges Sediment mit Schalentrümmern abgelagert. Als sie jedoch über den Rand der Altschale hinausragten, starben sie plötzlich ab, und ihre Schalen sowie die Resträume im Innern der Altschale füllten sich mit einem grünlichgrauen Kalkschlamm. Am Kalchberg liegen alle Rudistenkelche wirr durcheinander.

Die Rudisten waren auf die Kreide beschränkt. Ihre Herkunft von den Diceraten des Juras gilt als wahrscheinlich. Sie entwickelten sich schnell, und die Zahl der Formen nahm ständig zu, bis sie auf dem Höhepunkt ihrer Vielfalt an der Wende Kreide/Tertiär schlagartig erloschen.

39 Inoceramen

Oberkreide des Harzvorlandes, unteres Mittelsanton
39 a Inoceramus (Sphenoceramus) cardissoides, Neinstedt (DDR)
39 b Inoceramus (Cordiceramus) cordiformis, Quedlinburg (DDR)
39 c Inoceramus (Sphenoceramus) pachti, Neinstedt (DDR)

Muschel

Wie die Rudisten waren auch die Inoceramen eine gestaltlich äußerst plastische Muschelgruppe, wenn sie auch durch ihre Formen die landläufige Vorstellung von Muscheln nicht sprengen. Auch die Inoceramen erlebten ihre Blütezeit in der Oberkreide, traten dann aber zusammen mit Rudisten, Ammoniten und Mosasauriern für immer von der Bühne des Lebens ab.

Die teilweise recht großen, plattigen Inoceramen sind im allgemeinen relativ leicht zu erkennen. Das gilt auch für Steinkerne, wie sie uns im Bild vorliegen. Doch die Bestimmung der Artzugehörigkeit kann uns schnell in Verlegenheit bringen, denn selten sind die Merkmale so deutlich verschieden wie an unseren drei Steinkernen. Das gestaltliche Mittelmaß der Inoceramen kommt ungefähr in dem abgebildeten Jugendexemplar zum Ausdruck sowie in der Zeichnung von Posidonia (S. 237 a). In Oberkreideablagerungen stoßen wir oft auf diese Fossilien, sei es nun im Vorland des Harzes, im Elbsandsteingebirge oder in der Gosaukreide der Ostalpen. Sie waren an die weitverbreiteten schlammigen Meeresgründe jener Zeit gebunden und sind heute für die Kreide-, Pläner- und Mergelgesteine der Oberkreide ähnlich bedeutsam wie die Belemniten. Wegen ihrer Häufigkeit übertreffen beide die Ammoniten im praktischen Gebrauch als Leitfossilien.

Wo in kalkreichen Schichten die Schalen der Inoceramen erhalten geblieben sind, fällt beim Sammeln schnell ein Charakteristikum des Schalenaufbaus ins Auge, die mächtige Prismenschicht, die mit ihren senkrecht zur Oberfläche orientierten Faserprismen aus Kalkspat fast die ganze Schalenstärke bestreitet. An den Prismen sind auch kleine Schalenbruchstücke sofort als Inoceramenbruch zu erkennen, was für den Geologen unter Umständen von Bedeutung sein kann, weil ihre Anwesenheit stets eine stratigraphische Aussage beinhaltet.

40 Fossilien der Schreibkreide

Oberkreide, Untermaastricht; Rügen (DDR)
40 a Galerites vulgaris; Flintsteinkern eines Seeigels
40 b dsgl.; pathologisch vierstrahlig, Schale geätzt
40 c Plinthosella squamosa; aufgeschlagene Flintknolle des Klappersteinschwammes
40 d Kugeliger dickwandiger Kieselschwamm; als Flintknolle erhalten
40 e Parasmilia excavata; Einzelkoralle, kalzitisch versteinert
40 f Pycnodonta semiplana; Auster, Schalenerhaltung

142

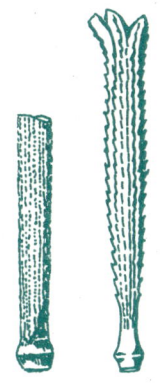

Kleinfossilien
der Kreide:
2 Seeigelstacheln,
Seeigelplatte
mit Stachelgelenk,
Teil eines Seelilienstiels,
2 Serpeln

40 g Belemnella occidentalis; charakteristischer »Donnerkeil« der Schreibkreide

In Aufsammlungen von Fossilien der Schreibkreide spielt der Flint oder
Feuerstein eine große Rolle. Einerseits hervorragendes Fossilisationsmittel
für feine Details, ist er andererseits sehr spröde gegenüber mechanischer Präparation. Das bedeutet, die größeren Fossilien müssen meist so genommen
werden, wie man sie findet. Am Geröllstrand der Ostsee kann man beobachten, welch hartes Material der Flint ist, aber auch, wie heimtückisch scharf
er splittert, wenn man beispielsweise versucht, einen kleinen Seeigel aus
einer Feuersteinknolle herauszuschlagen. Mit Vorliebe benutzten ihn ja unsere fernen Vorfahren in der Steinzeit wegen seiner scharfen Kanten zur Her-
stellung von Klingen, Schabern und Pfeilspitzen. Mit Feuerstein können wir
Stahl und auch Glas ritzen — ein Zeichen seiner Härte. Mineralogisch handelt
es sich um eine mikrokristalline Abart des Quarzes, um Chalzedon.

Der Flint hat sich episodisch auf dem Boden des Schreibkreidemeeres gebildet, wie es uns die dunklen Feuersteinbänder in den Kreidewänden der
Steilküste oder der Kreidebrüche verraten. Offenbar kam es von Zeit zu Zeit
zu einer SiO_2-Übersättigung im Bodenwasser und damit zur Ausfällung von
klumpigem Kieselgel. Die Anreicherung von SiO_2 erklärt man sich aus der
Auflösung einer Unmenge von Skelettnadeln der Kieselschwämme (c, d). Bei
erfolgter Sättigung aber fungieren die Kieselschwämme dann auch als Aus-
fällungskeime, so daß wir heute auf der Oberfläche von Flintknollen häufig
typischen Schwammstrukturen begegnen können (d). Doch auch die Reste
anderer Organismen wurden vom Kieselgel umhüllt und durchdrungen, von
zarten Moostierstöckchen bis zu dickschaligen Austern und Seeigeln. Für all
diese Flintfossilien wurde damit die Chance des Überdauerns enorm gestei-
gert, sie widerstehen sogar eine Weile der Abrollung im Strandgeröll.

Zu den gewöhnlichen Urlaubsfunden an der Ostsee gehören in der Reihenfolge ihrer Häufigkeit »Donnerkeile«, Kieselschwämme, Austern und andere
Muscheln sowie Seeigel und Einzelkorallen. Bei einigem Finderglück kann
eine solche Urlaubskollektion durchaus mit der abgebildeten Suite verglichen
werden. Anstelle einer gefalteten Austernschale werden wir jedoch viel häufiger die glatten, sehr dicken, aus zahllosen Lamellen aufgebauten Schalen
der Auster Pycnodonta vesicularis finden. Wie unsere Faltenschale sind
auch sie meist von Gängen winziger Bohrschwämme durchzogen. Einer patho-
logischen Abweichung von der Fünfstrahligkeit bei Seeigeln (b) begegnen wir
vielleicht erst, wenn wir schon über 100 normale Galeriten gefunden haben.

Der Klappersteinschwamm klappert auch nur in Ausnahmefällen. Ein auf-
geschlagenes, nicht klapperndes Stück (c) erlaubt, die Voraussetzungen zu
erklären. Der kugelige Körper dieser Schwammart weist keinen Stiel, aber
eine Anzahl regellos verteilter Fortsätze auf. Diese sind wie die gesamte
Oberfläche mit winzigen Platten belegt, die der Schwamm beim Rollen über
Kalkschälchenbruch aufgelesen und verkittet hat. Gelegentlich geriet diese
Hülle relativ dick, wohl weil auch Kreide mit eingebacken wurde. Nach der
zufälligen Flintummantelung der verendeten Schwämme mochten manche
Fortsätze noch über die Knolle hinausragen, so daß nach Jahrmillionen die
Verwitterung Ansatzstellen fand und in das Innere der Flintkugeln vordringen konnte. Unterstützt vom Rollen und Stoßen in der Brandung, ist die eingeschlossene, weitgehend kalkige Hülle in manchen Fällen so weit zerstört
worden, daß der kieselige Schwammkörper zum losen, klappernden Kern
wurde.

Die Koralle Parasmilia (e) gehört eigentlich schon zur »Mesofauna«. Das

143

sind Kleinfossilien in der Größenordnung der Kieskomponenten, die wir am erfolgreichsten dort suchen, wo am Kliff frisch herabgebrochenes Kreidematerial durch die See ausgewaschen und sortiert worden ist. Hierbei richten wir unser Augenmerk auf die kleinen Kiesflächen im Strandgeröll und lassen den Kies durch die Finger rieseln. Dabei fallen uns zunächst kleine, porige Kugeln von 0,5 bis 1 cm Durchmesser auf. Es sind Porosphären, kleine Kalkschwämme, die häufig von anderen Organismen durchbohrt wurden. Daneben finden sich in größerer Zahl 1 bis 3 cm lange, manchmal keulenförmig gestaltete und, bei vollständigerer Erhaltung, am unteren Ende mit einer Gelenkkapsel versehene Stäbchen. Hier haben wir Bruchstücke von Seeigelstacheln vor uns (S. 149 e). Kleine fünf- oder sechseckige Platten mit kreisrundem Innenfeld und zentraler Gelenkkugel gehören dazu. Es sind isolierte Gehäuseplatten von »Kronenigeln« (S. 149 d, e). Weiterhin finden wir kleine, radial berippte Klappen mehrerer Armfüßerarten, Bruchstücke von Muschelschalen, Stielglieder von Seelilien, kleine Exemplare unserer Korallenart und kalkige Wurmröhren. Diese sogenannten Serpeln sind entweder zart und knäuelartig verschlungen oder größer, gestreckt und kanneliert. Auch Bruchstücke von Donnerkeilen fallen uns hierbei in die Hand, so wie sie viele bernsteinsuchende Urlauber an der Ostsee neben braunem Flaschenglas und gelbem Feuerstein immer wieder irritiert auflesen.

Seeigel

Als Donnerkeile bezeichnet der Volksmund noch heute die massiven, geschoßartigen Schulpspitzen (Rostren) eines erloschenen Tintenfischgeschlechtes — der Belemniten. Diese Rostren waren vom Muskelmantel der Tiere umhüllt und wuchsen durch rhythmische Ausscheidung von Kalklamellen mit radialfaserigem Aufbau. Jeder kann auf Bruchflächen von Donnerkeilen die so bedingten Wachstumsringe beobachten. Das eigentliche Kammergehäuse der Belemniten war so zart, daß es gewöhnlich nicht erhalten blieb. Es ist nicht viel, was wir von jenen Tieren in den Händen halten, und doch spiegeln sich für den entwicklungsgeschichtlich forschenden Paläontologen in der Variation dieses Merkmalskomplexes »Rostrum« eine intensive Differenzierung und viele Entwicklungsreihen wider. Diese Artenreihen umfassen manche Formen, die von den Biostratigraphen zum zeitbezogenen Vergleich von Gesteinsschichten genutzt werden.

Ihre Blütezeit erlebten die Belemniten im Jura und in der Kreide (S. 236 k bis p). Die letzten Vertreter ihres Stammes hinterließen uns jene Donnerkeile der Schreibkreide (Abb. 40 g), deren Bruchstücke die am häufigsten aufgelesenen Fossilien der Ostseeküste sowie der Kies- und Sandgruben in der glazialen Serie des Flachlandes sind. Doch nicht nur von dort und nicht erst in unseren Tagen sind die Donnerkeile bekannt geworden; seit Jahrhunderten fand sie der Bauer am Rande der Mittelgebirge und im schwäbisch-fränkischen Jura (BRD) auf dem Felde, am Berghang oder in Tongruben. Nur jene aus der Schreibkreide aber sind bernsteinfarben; sonst überwiegen dunklere Töne. Die Donnerkeile sind ein interessantes Beispiel dafür, daß auch die Menschen früherer Zeiten häufige Fossilien durchaus kannten und sich Gedanken darüber machten, gewöhnlich jedoch in kultischen und abergläubischen Vorstellungen befangen blieben. Götter, Elfen, Hexen wurden mit den Belemnitenrostren in Zusammenhang gebracht. Daran erinnern alte Bezeichnungen, wie Schoßstein, Albschoß, Donnerkegel, Luchsstein, Mahrenzitze.

Belemnit

41 Fischpärchen: Stemmatodus rhombus
Unterkreide; Castellamare bei Neapel (Italien). Sammlung Buch

Die Sammlung Leopold von Buchs, einem der großen Geologen der ersten Hälfte des 19. Jahrhunderts, gehört ebenfalls zum Grundstock der paläontologischen Sammlungen des Museums für Naturkunde in Berlin. Sie wurde 1854 erworben und zählte 8975 Nummern. Unter den 57 Fischen und Amphibien dieser Sammlung befindet sich auch dieses schöne Pärchen pycnodontiformer Fische aus der Unterkreide der Küstenlandschaft südlich von Neapel.

Die Vierfüßer haben seit dem ersten »Landgang« im Devon eine großartige Entwicklung durchgemacht. Die Ergebnisse kommen uns als Lurche, Kriechtiere, Vögel und Säugetiere noch heute vor Augen. Jeder weiß, daß Vögel und Säuger die Saurier lebensgeschichtlich abgelöst haben. Weniger ist jedoch bekannt, daß auch unter den Fischen eine entsprechende Entwicklung stattfand. Fast alle der rund 12 000 Arten gegenwärtiger Knochenfische gehören deren höchstentwickelter Gruppe an, den Teleostei. Die ältesten fossilen Hinweise auf diese Fischgruppe fanden sich in Schichten der Trias, ähnlich wie bei den Säugetieren. Gut bekannt sind einzelne Formen aus dem Jura, vor allem die häufig gefundene »Solnhofener Sprotte« Leptolepis. Diese Zeitgenossin des Urvogels und der größten Saurier steht den heutigen Heringen sehr nahe. Doch die eigentliche Blütezeit der echten Knochenfische begann — wie jene der Vögel und Säuger — nach einer sichtlichen Zunahme in der Oberkreide erst mit dem Tertiär. Während des Mesozoikums dagegen standen unter den Knochenfischen die Holostei auf dem Höhepunkt ihrer Entwicklung. Sie vermitteln merkmalsmäßig zwischen ihren jungpaläozoischen Vorläufern und den heutigen Teleostei. Ihre Wirbel waren noch nicht ganz verknöchert, die ursprünglich dicken Schmelzschuppen noch nicht völlig reduziert. An dem hier vorgestellten Fund ist das gut zu beobachten.

Bei den pycnodontiformen Holostei, denen unser Pärchen angehört, handelt es sich um eine Gruppe seitlich abgeflachter, fast kreisrunder Fische mit einem hochdifferenzierten Zermalmgebiß, das aus mehreren Reihen halbkugeliger Zähne im Ober- und Unterkiefer bestand. Ein solches Gebiß weist auf harte Kost, wie Muscheln und Schnecken, hin. Die isolierten Unterkiefer größerer Arten mit ihren typischen Pflasterzähnen sind keineswegs seltene Fundstücke aus Malm- und Kreideschichten. Vollständige Skelette solcher Fische sind vor allem aus dem Oberjura von Solnhofen (Gyrodus und Microdon) und dem Eozän von Monte Bolca (Pycnodus) bekannt geworden.

Ihr mit schmelzbedeckten Hautknochen gepanzerter Kopf war kurz, aber hoch, der Mund klein, die Augen relativ groß.

Merkwürdig erscheint ein knöchernes Netzwerk auf dem Vorderkörper gegenüber der uns gewohnt anmutenden Grätentracht des hinteren, offensichtlich beweglicheren Körperabschnittes. Diese Struktur ist durch die Überlagerung der Rippen mit dem in ein Gitterwerk umgewandelten Schmelzschuppenkleid bedingt.

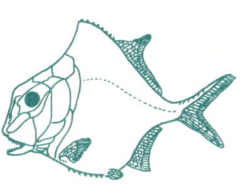

Fisch

42 Korallenfisch: Mene rhombeus
Alttertiär, Eozän; Monte Bolca bei Verona (Italien)
Zu den berühmten europäischen Fundpunkten fossiler Fische zählt der Monte Bolca bei Verona. Die dort entdeckte Fischfauna führt uns den bereits im Alttertiär erreichten Entwicklungsstand der marinen Teleostei gut vor Augen. Besonders auffallend sind große, hochkörperige Korallenfische, darunter die Gattung Mene. Der Vergleich mit dem ebenfalls hochkörperigen Stemmatodus (Abb. 41) zeigt deutlich die Unterschiede zwischen den Holostei und Teleostei: teilweise oder vollständige Reduktion des Schmelzschuppenpanzers,

teilweise oder vollständige Verknöcherung der Wirbel, unsymmetrischer oder symmetrischer Innenbau der Schwanzflosse.

43 Frosch

Jungtertiär, Miozän; Libros bei Teruel (Aragon, Spanien)

Kontrastreiche Froschfossilien aus dem Miozän sind beliebte Sammlungsstücke, zumal Frösche wegen ihrer charakteristischen Gestalt als Skelettfunde nicht zu verkennen sind. Wegen ihrer aquatischen Lebensweise stellen sie nach den Fischen die häufigsten intakten Skelettfunde unter den Wirbeltieren. Wir finden sie in den Faulschlammablagerungen von ehemaligen Seen. Waren diese reich an mikroskopischen Kieselskeletten von Diatomeen, so entstand ein dünnblättriger grauer Papierschiefer (Dysodil), auf dessen Schichtflächen die Skelette von Fröschen und Fischen, aber auch Blätter besonders gut gezeichnet sind. Oft haben sich in faulschlammigen Lagen auch die Körperumrisse als bituminöser Belag erhalten. Einige altbekannte Fundstellen für tertiäre Frösche sind Seifhennersdorf und das Geiseltal bei Halle (beide DDR), Bechlejovice bei Děčín (ČSSR), Oeningen, Willershausen am Harz und Rott im Siebengebirge (alle BRD).

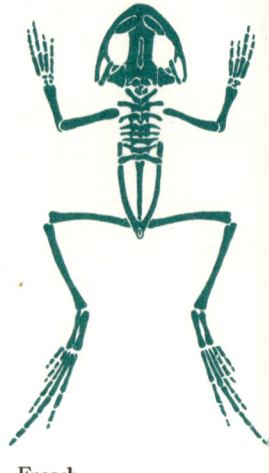

Frosch

Baltischer Bernstein

44 Bernsteinarten

a Buntknochiger Bernstein aus »geklärten und ungeklärten Flüssen«, geschliffen und poliert

b Knochiger Bernstein, Bruchstück

c Klarer Bernstein mit natürlichen Quellformen

45 Larve eines Blatthornkäfers in Bernstein 3 : 2

46 Eintagsfliege als Bernsteininkluse 4 : 1

Der Bernstein — das Gold des Nordens — hat nicht nur seit Jahrtausenden dem Schmuckbedürfnis der Menschen gedient. Generationen von Sammlern und Forschern haben ihn aus ganz anderer Sicht gepriesen — wegen seines einzigartigen Fossilinhaltes. Das fossile Baumharz Bernstein hat sich als ein hervorragendes Fossilisationsmittel erwiesen. Für ungezählte Insekten wurde das flüssige Harz der Bernsteinkiefer und wohl auch gewisser Zypressen zum »gläsernen« Sarg. Auch andere Kleinlebewesen und Teile von größeren Pflanzen und Tieren wurden umflossen. 40 Millionen Jahre überdauerten die körperlichen Hüllen im Bernstein und liegen heute teilweise vor uns, als wären sie erst gestern in Kunstharz eingegossen worden. Voll körperlich finden wir oft zarteste Details erhalten, von allen Seiten dem morphologischen Studium zugänglich. Für fossile Insekten oder Blüten beispielsweise ist das eine einmalige Erscheinung. Auch Gewebestrukturen konnten an den Einschlüssen nachgewiesen werden. Der Sauerstoffabschluß und die zerstörungssichere Einbettung allein konnten natürlich eine innere bakterielle Zersetzung nur teilweise verhindern.

Insekt
(Ameise im Bernstein)

Die Auswertung der reichen Insektenfauna führte zu der entwicklungsgeschichtlichen Erkenntnis, daß die Insekten im Alttertiär ihre heutige Entwicklungsstufe im wesentlichen schon erreicht hatten. Nur 30 % der damaligen Gattungen sind heute nicht mehr vertreten. Lediglich die Großschmetterlinge scheinen erst am Anfang ihrer Entwicklung gestanden zu haben, während die Kleinschmetterlinge schon mit heutigen Gattungen vorkamen. Bei diesem mageren stammesgeschichtlichen Ergebnis der Insektenstudien des baltischen Bernsteins darf man um so mehr auf die Auswertung neuer reicher Bernsteinaufsammlungen aus der libanesischen Unterkreide gespannt sein.

Im baltischen Bernstein überrascht nicht nur die Vielzahl der Arten — allein etwa 1000 Käferarten wurden bekannt —, sondern auch die Fixierung charakteristischer Lebens- und Verhaltensweisen. So finden wir Hinweise auf das Leben und Sterben der Insekten, wie sie uns ein heutiges Baumharz als Insektenfalle nicht anders liefern könnte. Heutige Lebens- und Verhaltensweisen, die überartlichen Charakter tragen, sind im Bernstein bereits belegt. Aus dem Leben der Ameisen, die sehr zahlreich eingeschlossen wurden, sind z. B. der Larventransport und die Fütterung festgehalten worden. Andere wurden in der Gesellschaft von Blattläusen vom Harz überrascht. Auch Spinnen und Wanzen neben ausgesogenen Ameisenleichen hat man gefunden. Diese und weitere Beispiele verweisen auf eine auffallende Konstanz der Lebensweise bei Insekten und Spinnen seit dem Tertiär. Das aber erlaubt uns, für die Rekonstruktion des Lebensraumes Bernsteinwald die Ökologie der heute lebenden jeweils nächsten Verwandten auszuwerten. Die statistische Analyse zeigt, daß nur bestimmte Organismen häufig in das flüssige Harz gerieten, andere dagegen selten oder gar nicht. Alles, was auf und in der Rinde der harzabscheidenden Bäume lebte oder auf und im Boden unter den Bäumen, konnte leicht und zahlreich im Harz eingeschlossen werden. Das gilt natürlich auch für die Schadinsekten, deren Häufigkeit also relativ zu sehen ist und keinesfalls die frühere Annahme stützen kann, der ganze Bernsteinwald sei ein kranker, von Insekten befallener Bruchurwald gewesen.

Die verschiedenartigsten Hinweise können wir den Einschlüssen in bezug auf das Wasser entnehmen. Pflanzen und Tiere zeugen einerseits nicht von einem Sumpfwald, sondern verweisen mehr auf einen Steppenwald. Andererseits müssen aber viele Organismen im Wasser vom Harz eingeschlossen worden sein, wie sollte man sich sonst Algenkolonien, Radiolarien, Korallenpolypen, Seepocken und selbst Wasser als Einschlüsse im Bernstein erklären. Man hat den Eindruck, als hätten einige Harzlieferanten am oder im Wasser gestanden — vielleicht die Zypressen. Doch weiß man auch von den Kiefern, daß sie speziell auf Staunässe mit verstärktem Harzfluß reagieren. Viele Insekten deuten die Nähe des Wassers an, so beispielsweise die Köcherfliegen und die Eintagsfliegen (Abb. 46). Da gibt es Köcherfliegen, deren Larven heute in kalten Gebirgsbächen leben, während andere Stillwasser anzeigen.

Beim Auswerten der wahrscheinlichen klimatischen Ansprüche der Eingeschlossenen stieß man gleichfalls auf scheinbar Ungereimtes. Elemente der Tropen und Subtropen stehen neben solchen der gemäßigten Zone. Besonders prägnant sind Hinweise auf ein Mittelmeerklima durch Termiten und gewisse Eichen. Erstaunliche Übereinstimmungen bestehen mit der Vegetation von Kuba und Honduras. In Analogie könnten wir uns den Bernsteinwald als Bergsteppenwald mit verschiedenen Höhenstufen vorstellen, er müßte jedoch bis zum ständig weiter vordringenden Meer hinabgereicht haben.

47 Korallenstöckchen: Siderastrea crenulata
Jungtertiär, Mittelmiozän, Badenien; Wien-Pötzleinsdorf (Österreich)
Original zu Zapfe 1969. Aus der Schausammlung des Naturhistorischen Museums in Wien, 2 : 1
Die sich auf den Seiten 126 und 127 gegenüberstehenden Abbildungen können uns nur einen kleinen Einblick in die reichen fossilen Meeresfaunen des Wiener Beckens vermitteln. Im Mittelmiozän lebten dort unter anderem solche Korallen, Muscheln und Seeigel im küstennahen warmen Flachwasser. Das

Wiener Becken war ebenso wie das Steirische Becken mit dem Meer in der Ungarischen Tiefebene verbunden. Seine Fauna wies große Ähnlichkeiten mit derjenigen des heutigen Mittelmeeres auf.

Der kleine Stock einer Steinkoralle hat sich auf einem Küstengeröll angesiedelt, wohl in einer kurzen Sedimentationspause, bevor ihn neue Kies- und Sandmassen aus den Alpenflüssen verschütteten. Zur Ausbildung echter Korallenriffe kam es damals im Wiener Becken nicht, aber kalkabsondernde Rotalgen (Lithothamnien) bauten mächtige Kalkbänke auf, den Leithakalk, der in zahlreichen Steinbrüchen am Leithagebirge aufgeschlossen ist und vielfach Austern, Kammuscheln, Seeigel (Abb. 49) und große Haizähne geliefert hat.

48 Stachelauster: Spondylus crassicostata

Jungtertiär, Mittelmiozän, Badenien; Wien-Grinzing (Österreich). Aus der Schausammlung des Naturhistorischen Museums in Wien

Pecten

Unverkennbar für jedermann haben wir es hier mit einer Muschel zu tun und überdies mit einer erdgeschichtlich jungen Form, denn sie ist »erst« etwa 15 Millionen Jahre alt. Sie könnte fast aus unseren Tagen stammen, nur der Glanz der Perlmuttschicht ist verblichen, und die kräftigen Pigmentfarben sind in ein schmutziges Grau verwandelt. Die Gattung Spondylus erschien im Jura, war in der Kreide häufig und ist heute nicht nur im Mittelmeer und im Schwarzen Meer vertreten, sondern darüber hinaus in den warmen Meeren der ganzen Erde. Die Stachelaustern sind zwar eßbar, doch handelt es sich keinesfalls um Austern, vielmehr gehören sie in die Verwandtschaft der Pilgermuscheln (Pecten), wenn sie auch wie Austern festgewachsen am Boden leben.

Wir schauen in das Innere einer linken Klappe. Die oberflächig dunkle, kalzitische Außenschicht der Schale umfaßt den Rand. Im weißlichen, aragonitischen Perlmuttfeld erkennen wir die Mantellinie, die äußere Haftlinie des muskulösen Mantels der Tiere, mit ihrer Schale. Sie begrenzt (ohne hintere Einbuchtung) das etwas dunklere Innenfeld, in dem ein einzelner, sehr kräftiger Muskelabdruck dominiert (Spondylus ist monomyar). Im Schloß fallen zwei robuste Zähne auf, die drei zwischen ihnen liegende Gruben flankieren. Die beiden äußeren Gruben dienen zwei Zähnen der rechten Klappe als Zahngruben (isodontes Schloß), die mittlere jedoch ist der Sitz eines elastischen Polsters (inneres Ligament), das bei nachlassendem Muskelzug die Klappen selbsttätig öffnet. Bei dieser kurzen Betrachtung der Innenseite einer Muschel haben wir bereits die wichtigsten Merkmalskomplexe für die Grobbestimmung fossiler Muscheln kennengelernt: Schloß, Ligament, Muskelabdrücke und Mantellinie.

Die Muscheln sind als Zweiklapper den Armfüßern äußerlich ähnlich, jener Gruppe, die sie in der Lebensgeschichte nach und nach abgelöst haben. Im Gegensatz zu den Armfüßern werden sie durch Formen- und Individuenarmut in der Altzeit gekennzeichnet, dann aber durch fortschreitende Mannigfaltigkeit und Menge bis zur Gegenwart. Das breitere Anpassungsspektrum sicherte ihnen den Vorsprung. Während die Armfüßer festsitzende Bodenbewohner blieben, findet man bei den Muscheln darüber hinaus kriechende, grabende, bohrende und schwimmende Formen; auch gelang ihnen mehrfach der Übergang in das Süßwasser. Der häufigste und wohl auch älteste Aufenthaltsort der Muscheln ist der schlammig-sandige Boden der Meere und Gewässer.

Wenn die Muscheln auch erst im Tertiär mit den Schnecken zusammen

Seeigelformen der Kreidezeit:
a Echinocorys (Seite und Unterseite), b Cardiaster (Oberseite), c Micraster (Oberseite und Seite), d Phymosoma (Seite), e Stereocidaris (Seite und zwei Stachel-
typen), f Conulus (Oberseite, Seite und Unterseite)

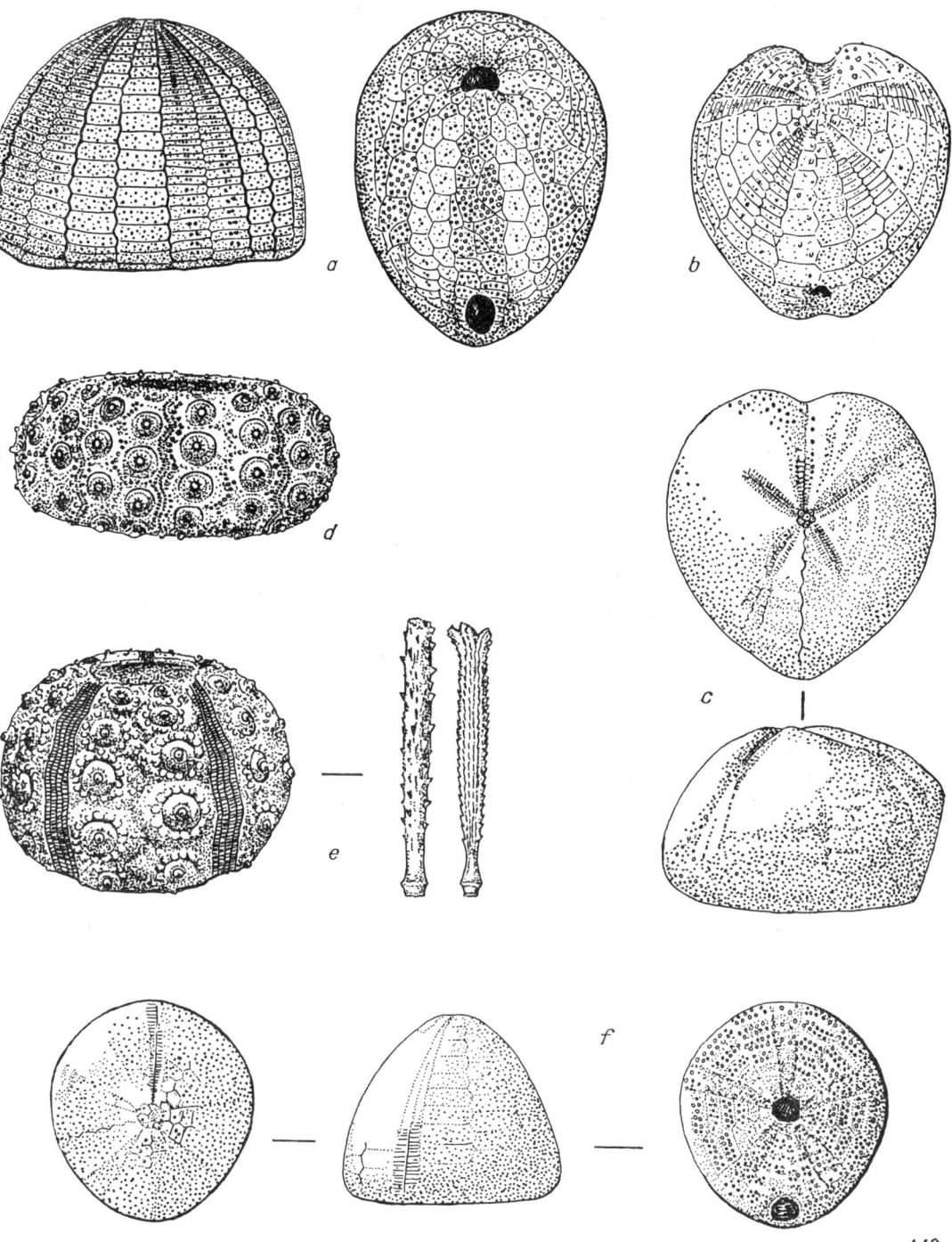

breitere biostratigraphische Bedeutung erlangen, so finden sich doch wiederholt in den langlebigen Ordnungen der Muscheln einige sich rasch entwik-
kelnde Zweige, die dem Geologen Leitformen liefern, so die Anthracosien im
Karbon/Perm, die Pteriiden im Devon/Karbon, die Trigoniiden mit Schizo-
dus im Perm, mit den Myophorien in der Trias und mit den Trigonien im
Jura, die Austern ab Jura, die Inoceramen in der Kreide (Abb. 39) und nicht
zuletzt die korallenförmigen Rudisten in der Oberkreide (Abb. 38). Zum Teil
lassen sich durch die biostratigraphische Nutzung dieser Muschelgruppen auch
die Ablagerungen gliedern, die sonst wenig oder keine Leitfossilien enthalten.

Seeigel

49 Schildstern: Clypeaster crassicostatus

Jungtertiär, Mittelmiozän, Badenien; Kainberg-Sausal (Steiermark, Österreich). Aus der Schausammlung des Landesmuseums Joanneum, Graz
Der Gattung Clypeaster gehören die größten bekannten Seeigel an. Von ihren
heutigen Ansprüchen her gesehen, bevorzugen die Vertreter dieser Gattung
bewegtes Seichtwasser warmer Meere. Die relativ flache, abgerundet fünf-
seitige Pyramidenform des Gehäuses sprengt den Rahmen dessen, was wir
hier schon an Seeigeln vorführten (Abb. 36, 40; Zeichnung S. 149). Schaut man
in das Innere eines aufgebrochenen Gehäuses von Clypeaster, so fühlt man
sich an eine Tropfsteinhöhle erinnert. Zahlreiche Kalkpfeiler stützen die Decke
der dickwandigen Schale ab. Das für den Sammler attraktive Äußere verdankt der Schildstern dem fünfstrahligen Petalon. Hierbei handelt es sich um
eine konzentrierte Beschränkung der Porenpaare des Wassergefäßsystems auf
die Oberseite des Gehäuses, eine Ordnung, die wir auch bei anderen Seeigeln
beobachten können (Seite 149 e). Bei Clypeaster jedoch ist diese Struktur
mit einer aufgeblähten Wölbung der Petalonfelder verknüpft. Der differenzierte Plattenbau des Gehäuses ist an unserem Exemplar an einer Stelle durch
das Fortätzen der äußeren, mit kleinen Stachelgelenkwarzen übersäten Kalk-
lamelle sichtbar gemacht worden. Wenn wir mit den Kreideseeigeln der
Seite 149 vergleichen, erkennen wir, in welch vielfältiger Weise die Seeigelgehäuse abgewandelt wurden; immer aber finden wir sie aus zwanzig radiä-
ren Plattenreihen aufgebaut. Das gilt für den Kronenigel (Abb. 36) wie für
den Schildstern.

Fossile Stachelhäuterreste fallen im Anbruch leicht an den glänzenden
Spaltflächen auf. Wie kommt das? Das aus einzelnen Platten, Gliedern und
Stacheln aufgebaute Innenskelett der Echinodermen besteht aus Kalkspat,
der in jedem einzelnen Skelettelement einen einzigen Kristall bildet. Dieser
Kristall ist jedoch nicht massiv, sondern aus Gründen der Materialeinsparung
und eines minimalen Gewichtes gerüstartig gebaut. Bei der Fossilisation im
Sediment lagert dieses Kristallgerüst Kalziumkarbonat aus zirkulierenden
Lösungen an, bis es vollständig ausgefüllt ist. Es bildet sich ein massiver
Kalkspatkristall in der organisch vorgegebenen äußeren Form des Skelett-
elementes. Kalkspatkristalle aber spalten sehr gut in bestimmten bevorzug-
ten Richtungen, wobei glänzende Spaltflächen entstehen.

Schnecke

50 Schnecken

Eine Suite von wenigen Tertiärschnecken und einer Kreideform möge einen
kleinen Einblick in die fossile Formenwelt dieser Weichtierklasse geben. Die
Fundorte der alten Sammlungsstücke stehen als Hinweise auf klassische
Fundgebiete tertiärer Schnecken. Einige besonders charakteristische Gattungen wurden zusätzlich als kleine Bestimmungshilfe auf S. 236, dargestellt.

a Lyria taurinia, Miozän; Laubrigues bei Dax (Gascogne, Frankreich)
b Scala sp., Mitteloligozän; Hermsdorf, Berlin (West)
c Fusus longirostris, Mittelmiozän; Baden bei Wien (Österreich)
d Typhis tubifer, Mitteleozän; Grignon (Frankreich)
e Nassa clathrata var. michelottiana, Pliozän; Siena (Italien)
f Crepidula cochlearis, Mittelmiozän; Grund (Niederösterreich)
g Cancellaria spinifera, Mittelmiozän; Steinabrunn (Niederösterreich)
h Cassidaria depressa, Unteroligozän; Latdorf bei Staßfurt (DDR)
i »Stenomphalus scalatus«, Mitteloligozän; Flörsheim östl. Mainz (BRD)
j Actaeon nystii, Unteroligozän; Latdorf bei Staßfurt (DDR)
k Clavatula granulatocincta, Mittelmiozän; Enzesfeld (Niederösterreich)
l Potamides hexagonus, Eozän; Ronca (Italien)
m, n Nerinea bicincta, Gosaukreide; Gosau (Oberösterreich). Gehäuselängs-
schnitte mit den typischen Querschnittfiguren der Umgänge

Für die Schnecken gilt ähnliches wie für die Muscheln, da auch diese Klasse
wegen ihrer großen Anpassungsfähigkeit keine Beschränkung auf einen bestimmten Lebensraum kennt. Die Schnecken waren sogar noch erfolgreicher
und eroberten bei Ausbildung einer Lunge auch das Land. Wie die Evolution der Muscheln weist auch die der Schnecken keine scharfen Einschnitte
auf, doch ist der Formenwandel deutlicher, besonders durch die Ablösung der
vorwiegend paläozoischen Archaeogastropoden mit Schlitzband durch die
fortgeschritteneren Ordnungen im Mesozoikum. Ab Jura erhielten Meso-
gastropoden, Neogastropoden, Opisthobranchier und Pulmonaten immer
stärkeren Auftrieb, besonders während der Kreide und des Tertiärs. Heute
sind sie formenreicher denn je.

Die Beschränkung der Klasse liegt im Überwiegen einer kriechenden
Lebensweise. Doch haben die Schnecken ihre Möglichkeiten sehr erfolgreich
genutzt, nicht zuletzt mit Hilfe der sehr vielseitig verwendbaren Raspelzunge
(Radula). Folgende Ernährungsweisen sind zu verzeichnen: Pflanzenfresser,
Aasfresser, Allesfresser, bohrende oder schlingende Räuber, Strudler, wei-
dende Formen.

Der Vielfalt der Anpassungen steht die große Zahl der Gehäuseformen
gegenüber, doch sind beide häufig noch nicht aufeinander beziehbar. Andererseits erschweren offensichtliche Anpassungsmerkmale stammesgeschichtliche Studien. Besondere Bedeutung für diese Studien an fossilem Material
hat das meist deutlich abgesetzte, adaptiv wenig beeinflußte Embryonal-
gewinde. Die erhebliche morphologische Plastizität der Schnecken äußert sich
einerseits in der Vielzahl echter Entwicklungslinien, andererseits aber auch
bei manchen Arten, vorzugsweise des Süß- und Brackwassers, in einer ausgeprägten Modifikationsfähigkeit. Solche Arten können aufgrund ihres gene-
tischen Reservoirs innerhalb eines breiten Spektrums auf ökologische Veränderungen reagieren und daher in den Faunen von Schichtenfolgen Entwicklungsreihen vortäuschen, die in Wirklichkeit umkehrbare Modifikationen
darstellen. Man kennt diese Erscheinung besonders von Planorben und Palu-
dinen.

Fossile Pflanzen stellen sich vor

Callipteris conferta (Rücktitel)

Unterperm, Unterrotliegendes; Crock (Thüringer Wald, DDR)

An einer kräftigen Achse (Rachis) sitzen spitzwinklig abgehende Seitenachsen mit den derbledrigen Blättchen eines Samenfarnes, der fern von den
feuchten Lokalklimaten der Kohlenbildungsmoore siedelte. Die Hauptachse
zeigt herabgeglittene Blättchen — Zwischenfiedern. Die Nervatur ist fiedrig
und zugleich alethopteridisch. Manchmal sind Miniergänge in den dann runzeligen Blättchen zu erkennen; schon Prof. Dr. H. Potonié bildete sie 1899
in seinem »Lehrbuch der Pflanzenpalaeontologie« ab. Sicherlich sind sie von
Larven gefressen worden, dafür kamen im Perm wohl nur Käferlarven in
Frage.

Es sind bis 80 cm lange Wedel bekannt geworden. Durch eifrige und kon-
tinuierliche Sammlertätigkeit kennt man auch einen Stamm, von dem Calli-
pteriswedel abgingen, und die pollentragenden Organe. Einerseits werden
schlauchartige Synangien (verwachsene Sporangien) zu Callipteris conferta,
andererseits telangiumartige (einer Visé-Namur-A-Pteridosperme ähnliche)
Synangien zu Callipteris scheibei abgebildet. Welcher Typ nun wirklich bei
Callipterisarten existiert, sollte, durch diese ersten Fundberichte angeregt,
noch herausgefunden werden! Gabelwedel besaß dieser Samenfarn nicht
mehr, aber die Tendenz, an der Spitze der Blattwedel die Hauptachse flexuos
hin- und herzupendeln und am Ende doch noch zu gabeln, ist bei manchen
Funden beobachtet worden. Callipteris conferta hat die einfache Blattform
einer Alethopteris; mit ihr zusammen oder einzeln in Rotliegendbecken des
variskischen Gebirges auftretende andere Callipterisarten haben noch feiner
aufgliedernde Blättchen. Immer sind diese Callipterisblattfunde Beweis für
eine flözferne Florengemeinschaft. In der unmittelbaren Flözassoziation, z. B.
in der Flora von Manebach (DDR), fehlt Callipteris. Im Stefan tritt Callipteris noch nicht auf. So ist Callipteris eine verläßliche Charakterpflanze nach-
stefanischer Schichten, sofern es nicht Kohlenvorkommen sind, denn dort
fehlte sie ja aus ökologischen Gründen.

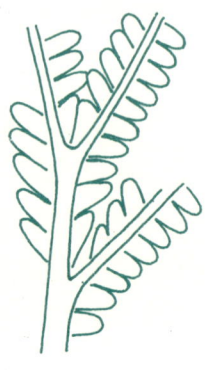

Callipteris conferta

Die große Verbreitung von Callipterisarten verdient erwähnt zu werden.
Nicht nur im euramerischen Florenreich, sondern auch aus dem Angara- und
dem Cathaysia-Florenreich (Sibirien bzw. China) sind Funde bekannt, die
Callipteris conferta sehr ähneln. Im Kupferschiefer begegnen wir der letzten
Callipterisart in Mitteleuropa.

Die samentragenden Wedel sind uns leider noch völlig unbekannt. Eine
der Callipteris im Namen und im Aussehen ähnliche Pflanze ist Callipteridium. Auch Callipteridium hat die bei Blattpflanzen so seltenen Zwischenfiedern an der Hauptachse, besitzt jedoch echte Gabelwedel und des öfteren
auch flexuose Rachisausbildung.

An einzelnen kleinen Stücken könnte man also in die Verlegenheit kommen, beide zu verwechseln, aber die Gabelwedel mit Fußstück, an dem nach
Neuropterisart Cyclopterisblätter sitzen, bilden einen wesentlichen Unterschied. Bei Callipteridium gehen die Wedelseitenachsen fast unter einem
90°-Winkel von der Hauptrachis ab. Auch die Blättchen sitzen mehr senkrecht und nicht schräg wie bei Callipteris an ihrer Achse. Callipteridium pteridium kommt sehr häufig im Stefan von Wettin/Plötz (DDR) vor und ist auf
der dortigen Steinkohlenbergehalde zu finden; sie hatte demnach auch keinen
solchen ökologischen Sonderanspruch wie Callipteris. Andere Callipteridium-

arten sind im Perm nicht nur des euramerischen, sondern auch des Cathaysia-Florenreiches häufig zu finden. Ihre Pollenorgane und ihre Samenwedel kennt man bisher noch nicht. Da von Pecopteris pluckeneti (Westfal D bis Unter-rotliegendes) und von Odontopteris aus einem französischen Fundort Samen direkt auf der Unterseite der normalen Blättchen ansitzend bekannt sind, ist nicht ausgeschlossen, daß ähnliche Funde auch einmal an Callipteridium oder an Callipteris gemacht werden.

51 Die Steinkohlenzeit (Westfal A—B) in Mitteleuropa

Es ist ein berechtigter Traum jedes Fossiliensammlers und Forschers, die als kohlige Substanz erhaltenen fossilen Pflanzen vor dem geistigen Auge grün und lebendig wiedererstehen zu lassen. Wenn genügend Funde aus einem Fundort, aus einem Profil, aus einer oder vielen geologischen Tiefbohrungen vorliegen, dann lassen sich die paläobotanischen Ergebnisse zu einer wissen-schaftlich gesicherten Rekonstruktion zusammenfügen.

Zuerst erarbeitet man sich mit Hilfe der Funde und der Literatur, in der viele Einzelergebnisse (z. B. anatomische, geologische, paläoklimatische) auf-geführt sind, gesicherte Vorstellungen der einzelnen Pflanzen. In unserem Bild z. B. überwiegen auf der linken Bildhälfte die Lepidodendronbäume. Das ent-spricht den massenhaften Funden von Lepidodendronrinde mit rhombischen Blattpolstern, wie ein Stück direkt unter unserem Vegetationsbild zeigt: Le-pidodendron aculeatum. Aber über anatomische Einzelheiten des Lepidoden-dronstammes, der Lepidodendronwürzelchen (Appendices) läßt man sich durch die Literatur belehren. Die Anatomie dieser Würzelchen mit großen Luftgeweben weist auf einen schlammigen, wenig durchlüfteten, der heutigen tropischen Mangrove ähnlichen Standort hin. Schließlich wird man die Erd-stämme mit den ansitzenden Würzelchen, die Stigmaria ficoides mit ansitzen-den Appendices, finden.

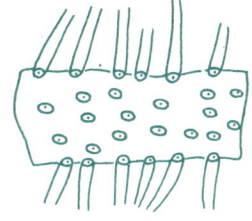

Stigmaria ficoides

Im Wasser und am Wasser wuchsen die großen Calamiten und die kleinen Sphenophyllen. Man wird die Erfahrung machen, daß man Lepidodendron und Sigillarien gemeinsam, Calamiten und Sphenophyllen jeweils ganz für sich in einer eigenen paläobotanischen Fazies findet. Sicherlich spiegelt dies drei ver-schiedene, aneinandergrenzende, aber sich nicht vermischende Pflanzenge-meinschaften wider. So ist es auch im Bild dargestellt. Die vierte Pflanzen-gemeinschaft nimmt die Randzonen dieses karbonzeitlichen Waldmoorgebie-tes ein und enthält hohe, schlanke Cordaitenbäume und vielgestaltige Farne und Samenfarne. Hier sind nur wenige Cordaitenbäume (rechts) und Gabel-wedel von Neuropterisarten (rechts und links) eingezeichnet. Einige Farne und Samenfarne dringen auch gelegentlich bis in die Gesellschaft der Lepi-dodendren ein. Üblicherweise aber besiedeln sie die vielfältig differenzierten Randzonen des Gebietes und sind daher bei kurzzeitigen Überschwemmun-gen auch lagenweise in Schiefertonen im oder über dem Flöz zu finden.

Sphenophyllum
cuneifolium

Vor über 100 Jahren haben die Professoren Goldfuss (1841), Unger (1851) und Geinitz (1855) die ersten wissenschaftlich gesicherten Vegetationsbilder der Karbonzeit veröffentlicht. Sie enthielten jedoch noch viele Fehler, da da-mals die Rekonstruktion der einzelnen Karbonpflanzen noch nicht genügend erarbeitet war. Als Prof. Dr. H. Potonié 1899 seine Steinkohlenwaldrekon-struktion als farbiges Gemälde abdrucken ließ, veröffentlichte er ein wissen-schaftliches Weltbild im vollen Sinne des Wortes — es wurde Vorbild für viele Darstellungen in Schulbüchern. Es bleibt jedoch Aufgabe der modernen wissenschaftlichen Paläobotanik, alle neu gefundenen Einzelheiten in neuen Bilddarstellungen in immer mehr gesicherter Form wiederzugeben. Die Steinkohlenwaldbilder waren die ersten Rekonstruktionen, und sie prägten auch unsere Vorstellung von der Vegetation des Devons, des Perms und der Trias. Das hier abgebildete Aquarell ist im Besitz des Museums für Naturkunde in Berlin (DDR); es wurde nach den Angaben des Autors und aufgrund der neuen Funde von Oberkarbonpflanzen (Westfal A-B) im Untergrund der Insel Rügen (DDR) (1962—1969) von Frau Eugenie Tanger gemalt. Die dunkle Regenwolke und der Nebel über der Wasserfläche symbolisieren die vor 310 Millionen Jahren herrschende äquatornahe tropische Regenzeitsituation.

52 *Lepidodendron aculeatum*

Oberkarbon, Westfal A-B; Newcastle (Großbritannien)

Dieses Stück alte Lepidodendronrinde wird hier abgebildet, um typische Lepidodendronblattpolster zu zeigen. Man sieht ein hier 4 cm langes und über 1 cm breites Rindenorgan, das sich in Felder und Narben aufteilt. In der oberen Mitte ist die 5 mm hohe, 4 mm breite Narbe der Blattansatzstelle zu sehen, diese Narbe ist mit der Rinde mitgewachsen. Wenn man Glück hat, zeigt sie drei fast nebeneinanderstehende kleine Narben, in der Mitte die des Blattleitbündelstranges, rechts und links davon, etwas abwärts versetzt, die oberen Luftgewebenarben. Von dieser Blattnarbe zieht eine Linie nach unten, in der als Regentropfenrinne Tau- und Regentropfen abflossen. Sie teilt zwei untere Blattpolsterfelder, die oben, dicht unter der Blattansatznarbe, zwei längliche untere Luftgewebenarben erkennen lassen. Auch nach oben zu zieht von der Blattansatznarbe eine Linie (Furche), die einige Millimeter über der Blattansatznarbe eine weitere kleine Narbe aufweist. Dabei handelt es sich um das wichtige Wasseraufnahmeorgan der Lepidophyten, die dieses »Ligularorgan« besaßen, eine mit einer kleinen Gewebezunge ausgestattete Grube in der Rinde. Auch heute unterscheidet man unter den Bärlappgewächsen diejenigen ohne (Lycopodium) und solche mit Ligula (Selaginella). Selaginella ist eine uralte Entwicklung, sie existierte unter dem Namen Selaginellites bereits im Westfal, z. B. in englischen Vorkommen und in Zwickau (DDR). Die spezifische Rindenstruktur mit Blattpolstern entwickelte sich bereits seit dem Mittel- und Oberdevon, aber Blattpolster mit Ligularorgan kennt man erst seit Beginn des Karbons.

Lepidodendron aculeatum ist die typische Lepidodendronart im Westfal des euramerischen Florengebietes. Normalerweise sitzen die Blattpolster dicht nebeneinander. Die starke Bänderung auf unserer Abbildung muß man wegdenken, sie ist eine Alterserscheinung.

Es gibt eine Lepidodendronart mit dieser starken Bänderung zwischen den Blattpolstern — Lepidodendron serpentigerum —, doch für sie ist wieder charakteristisch, daß die Blattpolster nach oben und unten lang ausgeschwänzt sind und daß diese Schwänze in einer Schrägzeile einander verbinden, ein effektiv gewesenes Wassertropfenzuleitungssystem.

Lepidodendronbäume bestanden zu 80 bis 90 % aus Rinde. Nach oben zu gabelten sie in viele Äste auf, die — je nach der Art — kleine Blättchen wie Nadeln oder große, lange Blätter wie Bänder oder Gras trugen. Endständig konnten sie Sporenblattzapfen ausbilden, es gibt fingerlange (im Unterkarbon), wurstgroße und schließlich 40 cm lange Zapfen. Immer zeigen die Blätter oder Sporenblätter eine Mittellinie. Es hat Lepidodendren gegeben, deren Zahl von Großsporen im Sporenbehälter sich zugunsten einer reduzierte, so daß ein Übergang zum Samenanlagenstadium entstand — Lepidocarpon (Samen-Lepidodendron) hat man diese entwicklungsgeschichtlich bedeutsame Gattungsneubildung benannt.

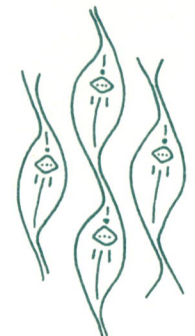

Lepidodendron
serpentigerum

Lepidostrobophyllum
lanceolatum

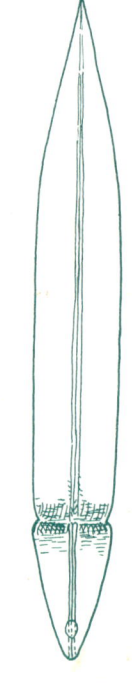

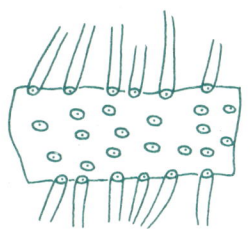

Stigmaria ficoides

Auch nach unten zu teilte sich der Lepidodendronstamm mehrmals und gliederte sich in Erdstämme (Stigmarien) auf, die waagerecht durch das Gestein zogen und ringsherum die Wurzelschläuche (Appendices) mit ihrem großen Luftgewebe an runden Ansatznarben (Stigmen) trugen. Die Sigillarien sind durch eine beginnende Reduktion der Blattpolsterbildung aus den Lepidodendren entstanden. Lepidodendren und Sigillarien waren die Hauptkohlenbildner im Steinkohlenflöz, teils durch ihre Rindenmengen, teils durch ihr, wenn auch geringes Holz und auch durch die ungeheuren Mengen an Mikro- und Megasporen, die wegen der Dauerhaftigkeit der Sporenhaut überdauerten und nun den Heizwert der Steinkohlen bestimmen. Nie wieder hat es eine Zeit in der Erd- und Lebensgeschichte gegeben, die solche Bäume — angepaßt an den Tropenregen und ihn durch ihre Rinde nutzend — hervorbrachte.

Da man die Blätter und Zapfen nicht mit Sicherheit den Rindentypen zuweisen kann, zu denen sie ursprünglich gehörten, bleiben Formgattungs- und Formartbegriffe für jedes Organ einzeln wohl noch lange Zeit die mögliche Erkenntnismethode.

53 Coelosphaeridium cyclocrinophilum

Ordovizium, Caradoc; Schünow bei Zossen (DDR)
Kugelige Thallusgebilde, bestehend aus einem birnenförmigen, gestielten Zentralkörper, von dessen oberem, verdicktem Ende ringsherum die unverzweigten Radialäste ausgehen. Diese Radialen erweitern sich nach außen zu keulenförmig, besonders in der Außenzone der Kugel. So bilden sie die geschlossene Rindenlage der im Durchmesser etwa 1 cm großen Kugel. Die Außenmembran ist nur in Ausnahmefällen verkalkt, hingegen ist zwischen den Ästen Kalk vorhanden, oft — wie hier im Bild — in Form von Kalkspatkristallen umkristallisiert.

Die Gattung ist nur aus dem Ordovizium bekannt und war auf den ordovizischen Ostseeraum beschränkt.

Als eiszeitliches Geschiebe ist dieses Fossil jedoch weit verbreitet in Kiesgruben und an der Nord- und Ostseeküste zu finden. In den Niederlanden ist verkieseltes Coelosphaeridiengestein mit herausgewitterten Kugeln von Coelosphaeridium cyclocrinophilum aus einem pliozänen Kaolinsand von Westerhaar bekannt.

Hauptsächlich kommt diese Kalkalge im Backsteinkalk vor, einem seltsam porösen und damit auffälligen Kalkgestein, das in Form und Farbe der Verwitterungskruste an einen alten Ziegelstein erinnert. Neben Coelosphaeridium cyclocrinophilum treten auch etwas größere kalkbildende Grünalgen — Cyclocrinus porosus — mit sehr schwacher Verkalkung und sehr dünnen Radialästen sowie die im Ganzen oft längliche und Apfelgröße erreichende Mastopora im Backsteinkalk auf. Außerdem sind oft auf demselben Handstück Trilobiten, Brachiopoden und Kieselschwämme vertreten. Unverwittert ist der Backsteinkalk graugrün und zäh. Ein ähnliches kieseliges Kalkgestein ist anstehend in Västergötland (Schweden) gefunden worden.

Die Caradoc-Stufe liefert mehrere Geschiebearten mit fossilen Algen. Als ältestes und im Profil am tiefsten im Caradoc liegend ist der Kukkersit zu nennen, ein gelblich-bräunliches Kalkmergelgestein, das zu einem erheblichen Teil aus der mikroskopisch kleinen Gloeocapsomorpha prisca besteht, der Name deutet auf eine Verwandtschaft zu den Blaugrünen Algen hin. Dieses ehemalige Gyttjagestein, das zahlreiche Bryozoen und Brachiopoden enthält, wird anstehend in der Estnischen SSR (UdSSR) gefunden und dort für die Ölgewinnung durch Verschwelen abgebaut. Als Geschiebe ist Kukkersit in Westfalen (BRD) und in den Niederlanden in Form von Kukkersitkalk gefunden worden.

Etwas jünger als der Kukkersit ist der Backsteinkalk. Ihm folgt der ältere Vermiporellenkalk, benannt nach länglichen, verzweigten und oft stark gekrümmten Thallusgebilden dieser zu den ursprünglichsten Dasycladaceen zu zählenden Kalkalge.

Höher im Caradocprofil folgen der Rollsteinkalk, in dem ebenfalls Exemplare vom Coelosphaeridium cyclocrinophilum zu finden sind, und der Ostseekalk, der auch Cyclocrinuskalk genannt wird, nach der bereits erwähnten Kalkalgengattung.

Zuoberst im Caradoc liegt noch der als Geschiebe häufige Palaeoporellenkalk. Er wird von den wenige Millimeter dünnen Schläuchen der auch zu den Grünalgen (speziell Codiaceen) zu zählenden Palaeoporella variabilis durchzogen. Im Ashgill folgt dann noch der jüngere Vermiporellenkalk.

Alle diese Funde zeugen von einem reichen und hochentwickelten Algenleben zu ordovizischer Zeit speziell auch im Ostseeraum.

Zu späterer Zeit haben sich noch mehrmals derartige Kalkalgengesteine ausgebildet, z. B. wird von Funden einer kleinen Dasycladacee aus dem Mitteldevon des Bergischen Landes im Rheinischen Schiefergebirge (BRD) berichtet. Die triassischen Dasycladaceen der nördlichen Kalkalpen (Wettersteinkalk, Karwendelhauptkamm) und in den Pragser Dolomiten in Südtirol (Österreich) waren erst in den letzten Jahren Gegenstand wissenschaftlicher Untersuchungen.

54 Taeniocrada decheniana

Unterdevon, Siegen; Hachenburg (Oberwesterwaldkreis, BRD)

Tangartige, an die rezenten Fucustriebe erinnernde Achsenreste mit einem dünnen Zentralstrang. Meist treten sie massenhaft auf und überdecken mit ihren aufgabelnden Achsenstücken ganze Schichtflächen. Früher nannte man diese Schiefer Fucoidenschiefer und war fest davon überzeugt, daß es sich um ein Massenvorkommen von flutenden Tangen gehandelt habe. Hier wurde ein Stück abgebildet, das Leopold von Buch vor 150 Jahren fand.

Seit 1930 hat sich unser Wissen über »Haliserites dechenianus«, wie diese Pflanze bis dahin genannt wurde, grundlegend geändert. Prof. Dr. R. Kräusel und Prof. Dr. H. Weyland befaßten sich in einer in Berlin als Abhandlung der Preußischen Geologischen Landesanstalt herausgegebenen Arbeit mit den unterdevonzeitlichen Landpflanzen und klärten auch diese lange bekannten Triebe als zu einer Urlandpflanze gehörig. Sie fügten die Teile zu einer Rekonstruktion zusammen und formulierten den neuen Gattungsnamen Taeniocrada. Der zentrale Strang der flachen Triebstücke erwies sich als dünnes Bündel wasserleitender und gleichzeitig der Festigkeit dienender Holzzellen (Tracheïden). Die gabelnden Sprosse hoben sich mit ihren dünner und fester werdenden Enden aus dem Wasser und trugen lockere Stände von Trieben mit ovalen, bis 5 mm großen Sporangien. Spaltöffnungsapparate konnten bisher nicht beobachtet werden. Somit handelte es sich um eine vermutliche Wasserpflanze, die aber bereits einen zum Wasserleiten nötigen Xylemstrang für das Landleben besaß und sich — wie eine Urlandpflanze — durch Sporen fortpflanzte. Der Xylemstrang bestand aus Treppentracheïden, eine später bei Farnen übliche Tracheïdenart. Ob Taeniocrada decheniana, in der Küstenzone lebend, dem Salzwasser angepaßt war oder in ausgesüßten Flußmündungsgebieten sich massenhaft ausbreitete und von dort in die Räume unserer

Fundgesteine verschwemmt wurde, steht noch nicht fest. Auch ist bisher ungeklärt, wie die Pflanze nach unten zu endete, denn es gab noch keine Wurzeln, und eine Haftscheibe zum Festhaften an einem Stein, wie bei vielen Küstentangen, wurde auch nicht gefunden.

Aus dem untersten Unterdevon (Gedinne-Stufe) sind noch keine Taeniocrada-decheniana-Reste bekannt. Sie beginnen in der Siegen-Stufe und reichen bis zum obersten Unterdevon, der oberen Ems-Stufe (Koblenz-Stufe). Bekannte Fundorte sind das Alkener Tal bei Alken a. d. Mosel, das Mühlbachtal bei Ehrenbreitstein und die unteren Ems-Schichten des Kreises Daun, wo es sogar zu einer solchen Anhäufung dieser Urlandpflanzenachsen kam, daß daraus ein kleines Kohlenflöz entstand. Weitere Fundpunkte sind Kleff bei Eiserfeld, unweit Siegen, bei Olpe und östlich Ratzel (alle Orte in der BRD). Auch aus Belgien sind Funde bekannt.

In der Literatur wurde 1970 von einem Massenvorkommen von Taeniocrada dubia aus einem Steinbruch in Alken (BRD) berichtet. Diese der erstgenannten recht ähnliche Art zeigt auf den Trieben runde Vertiefungen und feine Rillen, die von warzenartigen Erhebungen, Runzeln der Epidermis und Haaren herrühren können.

Allgemein hat man diese ersten Urlandgewächse als Nacktpflanzen (Psilophyten) bezeichnet, aber nur für einen Teil der Gattungen und Arten kann dieser Begriff wörtlich genommen werden. Zwar haben sie noch keine Blätter, aber Haare, Warzen, Auswüchse und bärlappartige Blättchen ohne Versorgungsgewebe wurden bei vielen ausgebildet und sorgten für die Vergrößerung der Assimilationsflächen.

Die vorliegenden Funde aus hochinkohlten Schiefern lassen eine Untersuchung der mikroskopischen Einzelheiten meist nicht zu. Man muß sich wie im Falle unserer Abbildung mit der glänzenden Oberfläche und dem hellfarbigen Gümbelit (ein Tonmineral) zufriedengeben und diese bei schräg einfallendem Licht beobachten und fotografieren.

55 Hornstein mit Anschliffbildern von Rhynia maior
Unteres Mitteldevon oder oberes Unterdevon; Rhynie bei Aberdeen (Schottland, Großbritannien)
Diese Hornstein-Schicht bildet ein glasiges Chalzedongestein, das auch noch bläulich opalisierende Partien aufweist. Es ist erfüllt von den Achsen einer höchst interessanten Psilophytenflora, so gut intuskrustiert erhalten, daß An- und Dünnschliffe alle Zellen wie bei Präparaten heute lebender Pflanzen erkennen lassen. So entdeckte man kurz nach dem ersten Weltkrieg an diesem Material, daß Urlandpflanzen Spaltöffnungsapparate zur Luftatmung, ringförmig verdickte Tracheïden zur Wasserversorgung und eine zartlumige Innenrindenschicht zum Säftetransport besaßen. Man entdeckte den Vegetationspunkt, die Sporangien mit Sporeninhalt, Zellhaare statt Wurzeln an der Basis. Rhynia maior, ein kleines, beinahe moosartig anmutendes Gewächs, war unzweifelhaft eine echte Landpflanze. Wenn der Begriff Psilophyt nicht schon bestanden hätte — von den Rhynia-Funden her erhielte er seinen Sinn. Allerdings entdeckte man noch eine kleinere, zweite Art mit gelegentlichen Anhängen und einer warzigen Oberfläche, sowie eine weitere ähnliche Gattung — Horneophyton. Horneophyton ist Rhynia sehr ähnlich, besitzt aber im Sporangium steriles Mittelgewebe, ähnlich einer Gewebesäule, wie sie heute bei Sphagnumsporogonen üblich ist. Außerdem fand man ein bärlappartiges Gewächs — Asteroxylon —, dem jedoch die Gewebestrangzuleitung in die zahlreichen »Blättchen« fehlt, genauer gesagt, diese endet, bevor sie in

die Blättchen eintritt. Mosaikartig stehen also Merkmale nebeneinander, nicht miteinander verknüpft. Dieser 1916 entdeckte, 1917 bis 1921 paläobotanisch erforschte Hornstein hat durch seine An- und Dünnschliffe eine neue Phase der Erforschung der Urlandpflanzen eingeleitet. Man fand in ihm die ältesten Pilzfäden und die ersten flügellosen Insekten. Über das genaue stratigraphische Alter ist man sich heute noch nicht einig.

56 Hyenia elegans

Mitteldevon, Givet; Elberfeld (BRD)

Zahlreiche, mehrere Dezimeter lange Triebe, an denen dicht ein- bis mehrfach dichotom aufgabelnde, schmallinealische Blättchen oder Assimilationstriebe stehen. Diese Haupttriebe entspringen — hier im Bild nicht sichtbar — einer stärkeren, möglicherweise kriechend am Boden liegenden Achse. Statt der Blättchen können auch ähnlich geformte Triebe ausgebildet sein, an denen endständig Sporangien bzw. Sporangienpaare stehen, die abwärts geneigt sind. Hyenia repräsentiert bereits eine höher entwickelte Form des Urlandpflanzendaseins. Das, was wir Blättchen nennen wollen, ist bereits zahlreich entwickelt und ist auch Träger der Fortpflanzungsorgane, der Sporangien. Von den in karbonischer und oberdevonischer Zeit als Sphenophyllum und Calamites ausgebildeten Schachtelhalmgewächsen rückschließend, hat man jahrzehntelang Hyenia und die gleichaltrige Gattung Calamophyton als den stammesgeschichtlichen Beginn der Schachtelhalmphylogenie angesehen. Durch das Auffinden einer farnartigen Innenstruktur bei Calamophyton ist die Ansicht vom Beginn der Schachtelhalmgewächse schon zu mitteldevonischer Zeit wieder gegenstandslos geworden. Hyenia führt uns einen Lebensformtypus der Urlandpflanzen vor Augen, der bereits in Achse und Blatt differenziert ist, aber sich noch nicht zu neuen Formen entwickelt hat. Die Krümmung der Sporangienstiele kann ein Ansatz zur späteren stielumfassenden (peltaten) Form bei Schachtelhalmgewächsen sein, aber diese existiert eben noch nicht. Man hat Hyenia auch in Frankreich, Belgien, Norwegen, Spitz-

Hyenia elegans

Ein größeres Stammstück mit senkrecht abgehenden Trieben von Hyenia elegans, einer sehr altertümlichen Landpflanze aus dem Mitteldevon. Hier ein etwa 20 cm langes Rhizomstück aus einem Steinbruch Böhlerhof bei Elberfeld (BRD) (nach Kräusel und Weyland 1932)

158

bergen (Svalbard) und in der UdSSR gefunden, was für eine damals weite Verbreitung spricht. Hauptfundstelle war ein Steinbruch am Kirberg bei Elberfeld (BRD) in den hier 40 m aufgeschlossenen oberen Honseler Schichten. Neben reichlichem Häcksel sind hier auch Lagen ausgebildet, in denen sich größere Bruchstücke erhalten haben. Gelegentliche Brachiopodenfunde belegen eine küstennahe Bildung. Neben Hyenia elegans wuchsen Calamophyton primaevum, Asteroxylon elberfeldense, Protolepidodendron scharyanum, Aneurophyton germanicum und Duisbergia mirabilis. Eigentlich bestätigen die genannten anderen Gattungen ein Variieren um einen Lebensformtypus, der aus unregelmäßig gabelnden Achsen und Anhangsgebilden besteht. Nur die sukkulentenhafte Duisbergia symbolisiert einen entwicklungsgeschichtlichen Ausbruch aus diesem Formenkreis. Aneurophyton mit kleinem, baumartigem Stamm und ausgestreckten farnwedelähnlichen Zweigen versinnbildlicht die späteren Entwicklungen mit Holzstamm. Die eigentliche Farnentwicklung aber beginnt mit einem ganz unscheinbaren, unregelmäßig aufgabelnden Gewächs mit kleinen gegabelten »Blättchen« als Anhangsgebilde: Cladoxylon scoparium. Von dieser Gattung wurde aber bisher nur ein einziges größeres Stück gefunden.

57 Drepanophycus spinaeformis

Unterdevon, Siegen; Hachenburg (Oberwesterwaldkreis, BRD)

Achsen von 1 bis 2 cm Stärke, manchmal auch stärker, relativ regelmäßig mit dornenähnlichen Assimilationsgebilden besetzt. Es handelt sich um eine weitverbreitete und gleichzeitig um eine der ältesten sicheren Landpflanzen. Aus der untersten Stufe des Unterdevons (Gedinne-Stufe) sind noch keine Funde bekannt geworden, aus der gesamten Siegen- und Ems-Stufe sind Funde aus Mitteleuropa, Wales und Schottland (Großbritannien), Kanada, Alaska (USA) gemeldet. Für die obere Ems-Stufe nahe der Grenze zum Mitteldevon liegen Funde aus dem westlichen Sibirien (UdSSR) und China vor. Aus dem Mitteldevon ist Drepanophycus nicht bekannt, aber aus dem Oberdevon wurden merkwürdigerweise aus dem Staat New York (USA) Funde gemeldet. 1852 wurden aus Hachenburg (BRD) die ersten Funde veröffentlicht, jedoch erst die Bearbeitung durch Prof. Dr. Kräusel und Prof. Dr. Weyland (1930) schuf die Grundlage zu unserem heutigen Wissen. Das hier farbig wiedergegebene Stück ist ein Original der erwähnten Abhandlung.

An günstigem Material gelang es, die Spaltöffnungsapparate auf der Achse und auf den dornenähnlichen Gebilden nachzuweisen. Gelegentlich sind auch die relativ großen Sporangien zu finden, die oberseits der dornenähnlichen Assimilationsgebilde einzeln abgabeln. Ob diese »Dornen« gelegentlich aufgabeln, steht weiterhin zur Diskussion. Über einen oder mehrere zentrale Holzstränge zur Wasserleitung weiß man noch wenig. Auffällig ist die Dicke der Achsen, wahrscheinlich vorwiegend Rindengewebe, ein sekundäres Dickenwachstum des dünnen Holzstranges fehlt noch. Die Achsen gabelten unregelmäßig auf und hoben sich von einem kriechenden Rhizom etwa 50 cm in die Höhe. Eine Rekonstruktion aus den gefundenen Teilstücken hat Prof. Dr. Weyland 1930 veröffentlicht. Danach müßte es sich um eine 50 cm hohe, relativ dickachsige Pflanze gehandelt haben.

58 Sphenopteridium dissectum

Unterkarbon; Kamienna Góra im großen innervariskischen Sedimentationsbecken (Südwesten der VR Polen)

In vielen mitteleuropäischen Unterkarbonvorkommen ist diese Pflanze in

Drepanophycus
spinaeformis

Sphenopteridium
dissectum

Form eines Achsenstücks mit einigen Blättchen vertreten. Die Achse ist mit kurzen Querriefen besetzt, dieses Merkmal scheint für viele Samenfarne des Unterkarbons charakteristisch zu sein. Die 1 bis 5 cm großen gelappten Blättchen, die, als Ganzes zusammengezogen, ansitzen, besitzen eine gleichmäßige Fächernervatur. Große Funde vollständig erhaltener Wedel zeigen uns einen Gabelwedel, eine bei kleinen Gabelwedeln breit aufgabelnde Achse, bei großen und langen Gabelwedeln, wie sie im mährisch-schlesischen Dachschiefer (ČSSR) gefunden wurden, eine stimmgabelartig aufgabelnde Wedelachse mit beblättertem Fußstück und langen Gabelachsen (30 nebeneinanderstehende Blättchen lang!). In Schottland und im mährisch-schlesischen Dachschiefer treten noch einige weitere, auch sehr charakteristische Sphenopteridiumarten auf, die mit anderer, stärker aufgeteilter Blättchenform von der hier genannten Art abweichen, aber sonst ihr doch recht ähneln. In Mitteleuropa kennt man viele Einzelfunde von Sphenopteridium dissectum. Ob das Verbreitungsgebiet darüber hinausreichte, ist ungeklärt. Aus Spanien wurde bisher nur ein fraglicher Rest gemeldet, aus den USA und aus der UdSSR sind bisher keine Funde bekannt. Es scheint doch eine Eigenart des mitteleuropäischen Unterkarbons zu sein, daß einige sehr charakteristische Samenfarne nur hier wuchsen und fossil wurden. Somit kommt diesen Funden eine große Bedeutung zu, denn sie lassen uns etwas über den Fortschritt der Pflanzenwelt zur Zeit der ältesten Samenfarne wissen. In Schottland fand ein paläobotanisch forschender Lehrer gut erhaltene Samen, die er durch Anschliffe und das Anfertigen von Filmabzugpräparaten untersuchte. So war es möglich, darüber Kenntnis zu erhalten, daß solche unterkarbonzeitlichen Samen z. B. Sammelsamenanlagen darstellten, Gebilde mit mehreren Samenanlagen. Es lag nahe, diese Gebilde mit Fruchtknoten der späteren Angiospermen zu vergleichen, jedoch klafft zwischen diesem ersten Entwicklungsansatz und den späteren Angiospermen der Oberkreide eine Zeitlücke von 230 Millionen Jahren. Eigenartigerweise sind entsprechend gute Funde untersuchbarer Samenanlagen in anderen Unterkarbonvorkommen noch nicht gemacht worden.

Ob die Samenanlagen bei Sphenopteridium an besonders gestalteten Wedeln saßen oder ob die Gabelwedel im Falle des Samentragens noch besondere Achsensysteme ausbildeten, ist noch ungewiß. Jedenfalls sollte man stets auch auf solche Achsensysteme ohne Blättchen, vielleicht mit hin- und herpendelnder Achse achten.

59 Rhodeopteridium cf. moravicum
Unterkarbon; Hüsten a. d. Ruhr (BRD)

In mehrfacher Hinsicht ist dieses von Prof. Dr. W. Gothan 1941 beschriebene Stück interessant. Es handelt sich um einen Fund eines Lehrers aus Hüsten in den visézeitlichen Kulmplattenkalken des Spreiberges südlich von Hüsten. Er liegt uns in Form eines Drucks (Kompression) und Gegendrucks (Impression) vor. Die Pflanze ist auf dem Druck als weißer Gümbelit erhalten, während der Gegendruck nur einen zarten Hauch einer im schrägen Licht schwach und matt spiegelnden Fläche zeigt. Die Gümbeliterhaltung weist auf den hohen Inkohlungsgrad (Anthrazit) hin. Der Pflanzenrest ist ein gabelnder, schwach angedeutet sogar doppelt gabelnder Wedel, dem an der Gabelstelle nur das Fußstück fehlt. Zusätzlich liegt noch ein weiteres Wedelstück auf der Fundplatte. Da man an den etwas hakenförmig gespreizten schmalen Fiedern vielleicht etwas Besonderes erkennt, was möglicherweise einen Hinweis auf eine neue Art gibt, brachte Prof. Dr. W. Gothan die sichere Verwandtschaft und doch nicht völlige Identität mit Rhodeopteridium moravicum durch das

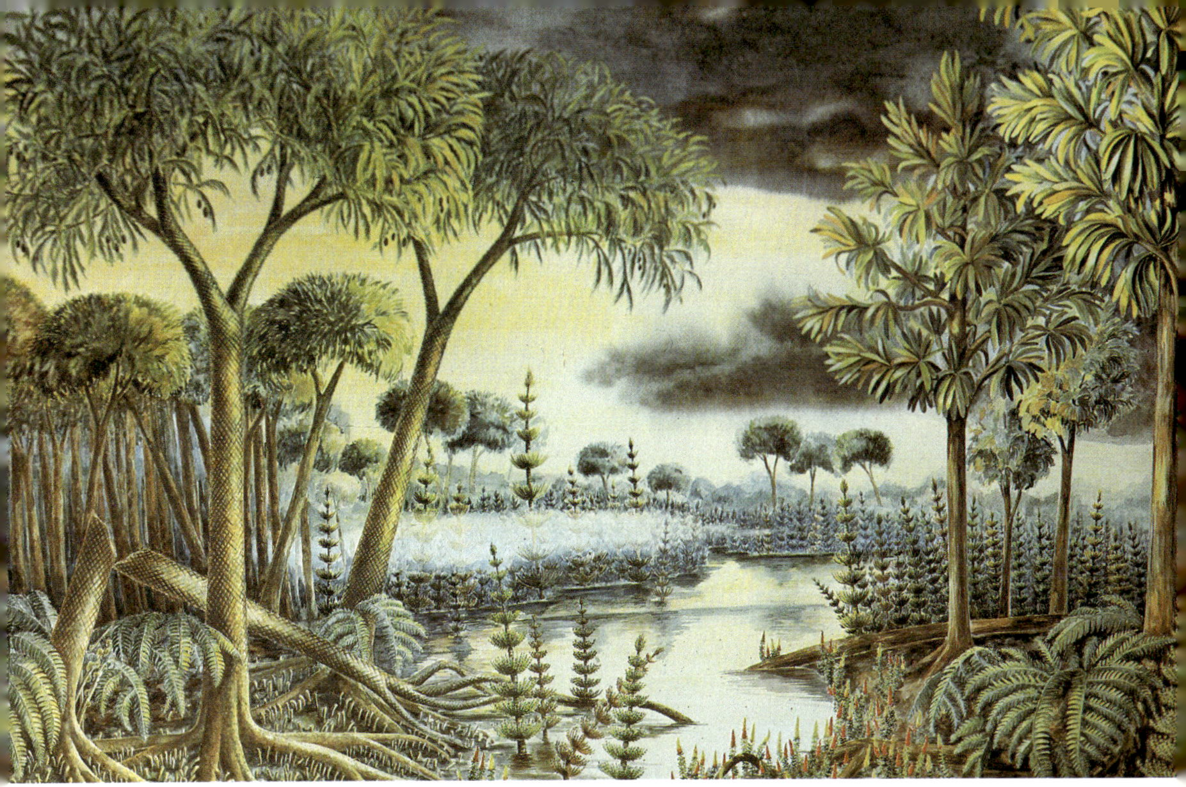

51 Die Steinkohlenzeit (Westfal A–B) in Mitteleuropa, S. 153

52 Bärlappgewächs: Lepidodendron aculeatum, S. 154

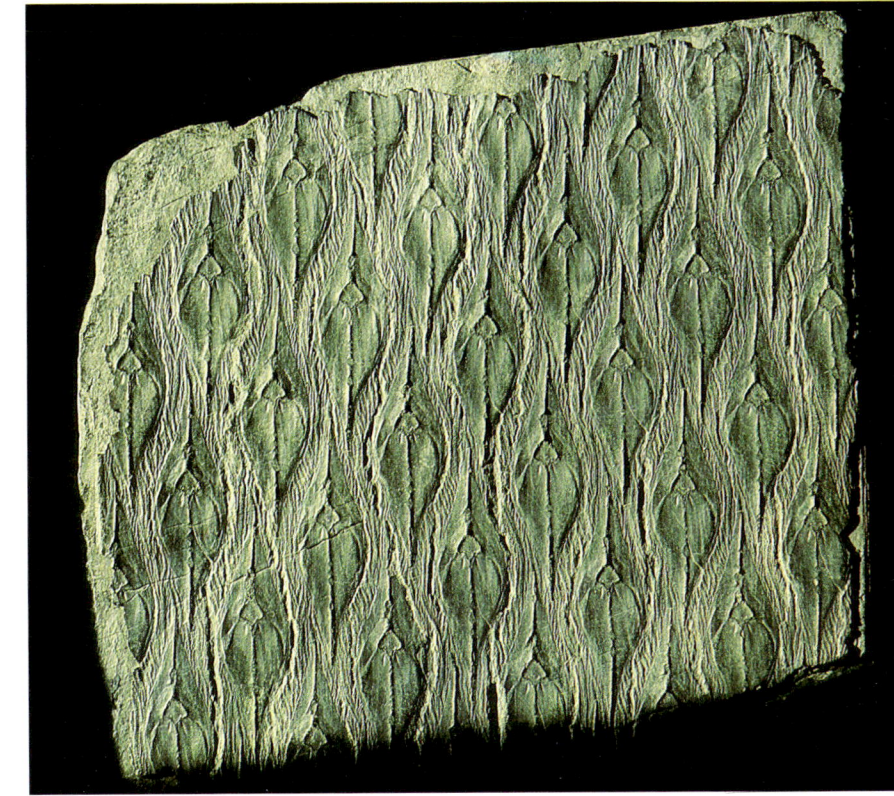

53 Kalkalge:
   Coelosphaeridium
   cyclocrinophilum,
   S. 155
54 Urlandpflanze:
   Taeniocrada deche-
   niana, S. 156

55 Hornsteinanschliff
   mit Rhynia maior,
   S. 157

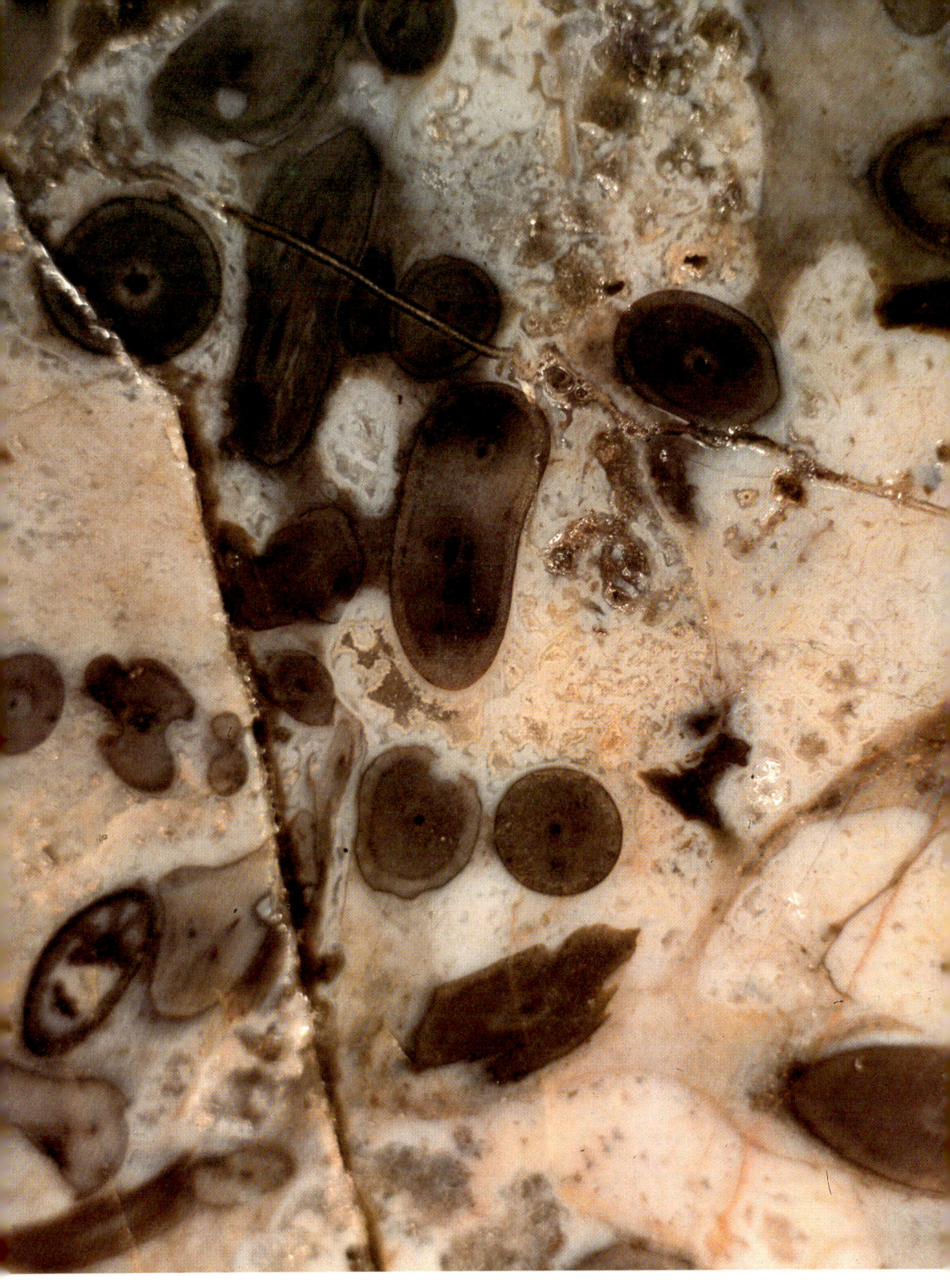

Samenfarne:
62 Sphenopteris
 adiantoides und
 Lyginopteris
 bermudensiformis,
 S. 179
63 Alethopteris
 lonchitica, S. 181

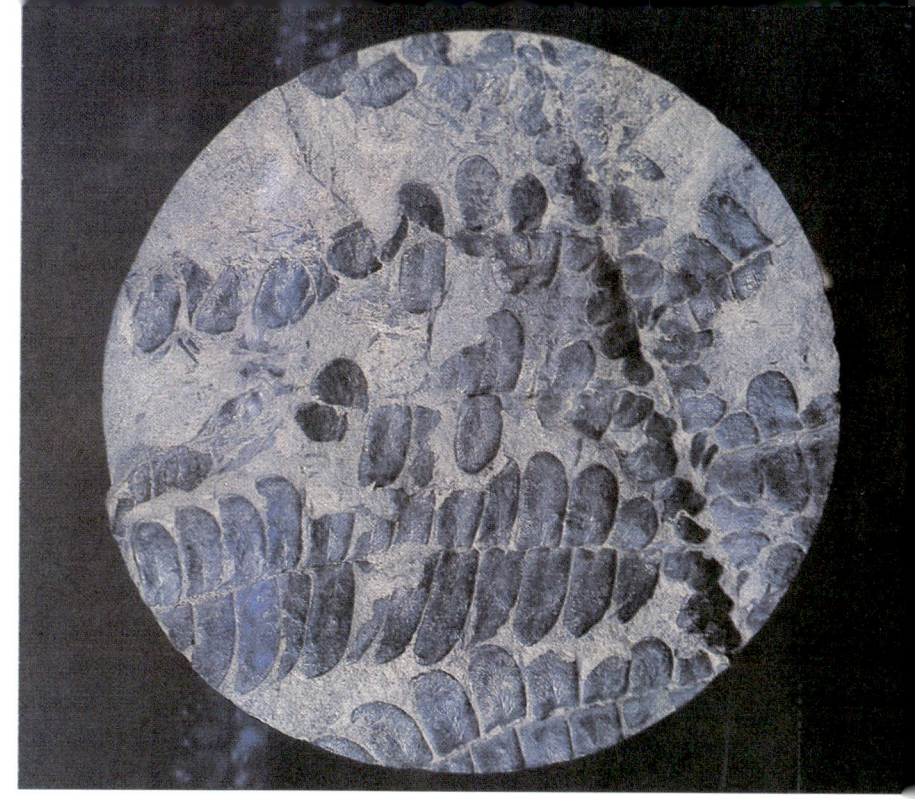

64 Linopteris
   neuropteroides,
   S. 183
65 Lonchopteris
   rugosa, S. 184

Samenfarne:
66 Sphenopteris
   sauveuri, S. 185
67 Margaritopteris
   coemansi, S. 185

68 Palaeoweichselia
   defrancei, S. 186

Samenfarne:
69 Mariopteris latifolia,
   S. 187
70 Reticulopteris
   münsteri, S. 188

172

73 Farn: Psaronius
   infarctus, S. 191
74 Samenfarn:
   Medullosa stellata,
   S. 192

75 Farn: Pecopteris
   plumosa, S. 201

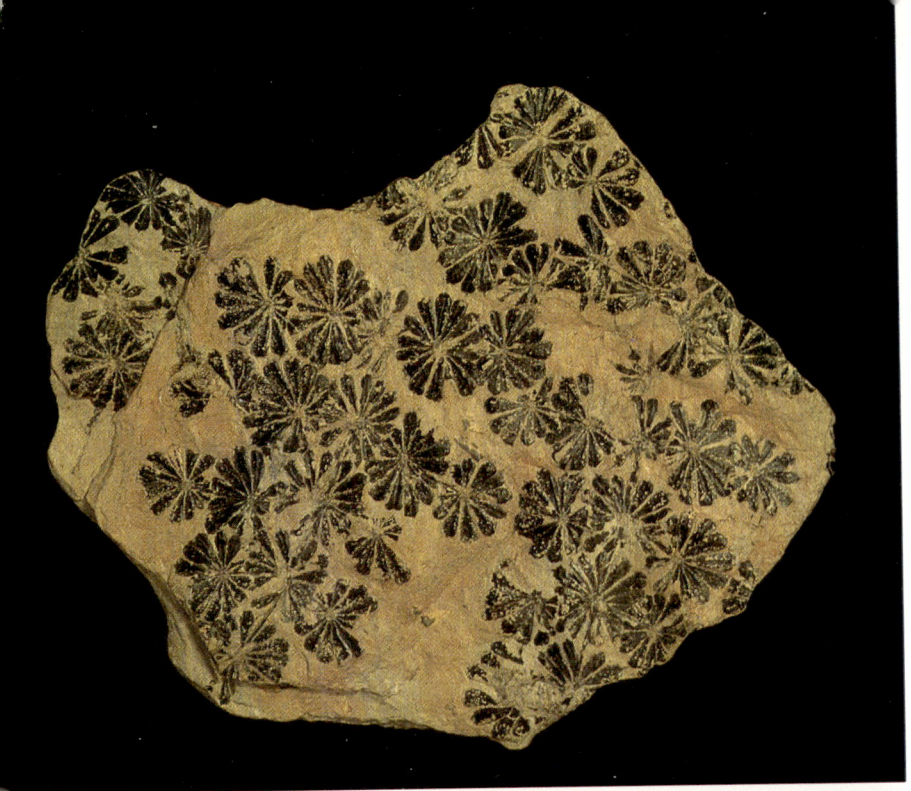

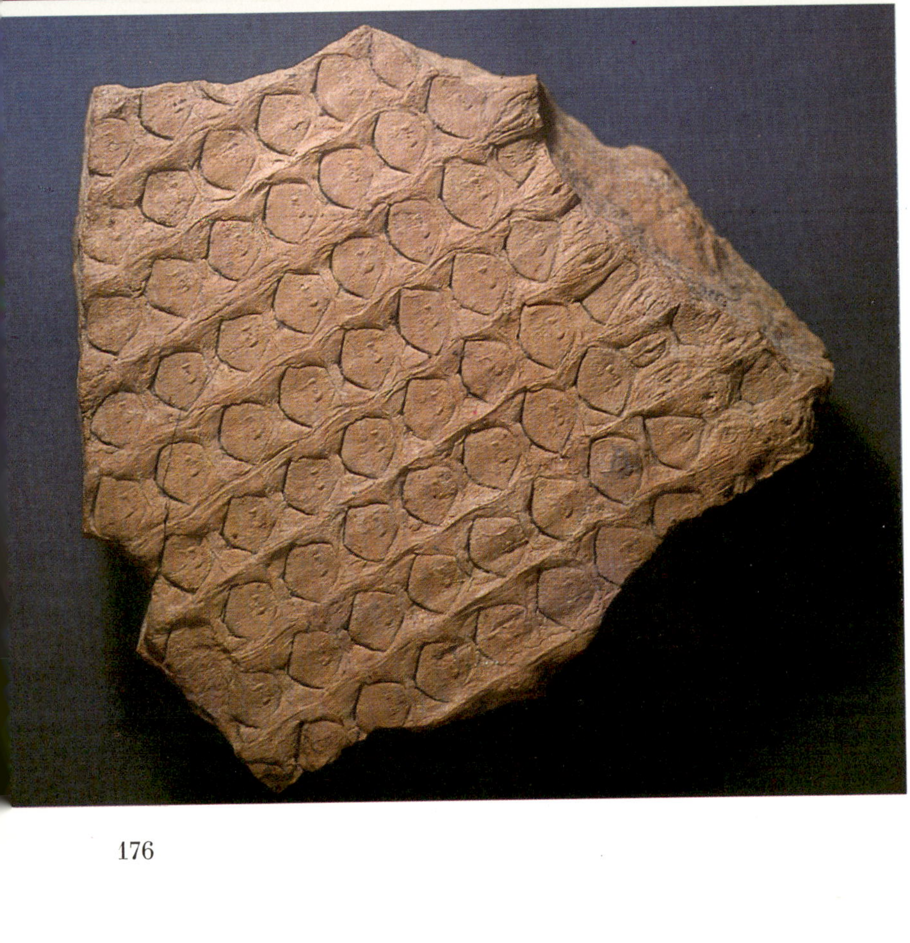

76 Schachtelhalm-gewächs: Annularia sphenophylloides, S. 201
77 Bärlappgewächs: Sigillaria boblayi, S. 202

Hinzufügen eines »cf.« zum Ausdruck — was aussagt, man solle es zur genannten Art stellen. In Sammlungen und Büchern ist meist noch der alte Name Rhodea moravica verzeichnet. Leider war ein gleichlautender Gattungsname bereits an eine höhere Pflanze der Jetztzeit vergeben, und so wurde 1959 vorgeschlagen, den alten Namen ein wenig zu verändern, so daß den botanischen Nomenklaturregeln Genüge getan ist und der alte Sinn beibehalten wird. So entstand der neue, nur wenig veränderte Name.

Die Blattsegmente sind einnervig und zeigen uns so einen Blattyp, der auf die flächige Verwachsung verzichtet und doch Blattfläche bildet. Vielleicht handelt es sich um eine Samenfarngattung.

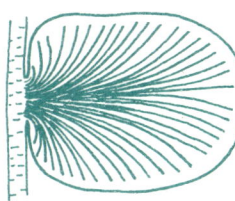

Cyclopteris
(Cardiopteris) frondosa

60 Cardiopteris frondosa
Unterkarbon; Vogesen (Frankreich)
Große runde bis rundlich-ovale Blätter mit gleichmäßig feiner Fächernervatur. Die Blätter sitzen an einer Achse an, die bei günstiger Erhaltung kleine Quermale zeigt. Dies sind Stellen der Rinde, die durch stark verdickte und verholzte Zellen (Sklerenchymzellennester) besonders gestaltet sind. Die Blätter erreichen unter Umständen Größen bis zu 8 cm Länge und 5 cm Breite. Es treten mehr runde und mehr ovale Blätter auf, die größeren sind von ovaler Form. Basal sind sie stets herzförmig zusammengeschnürt, nie sitzen sie in voller Breite an. Man kennt immer nur einfach gefiederte Reste, also Achsen, an denen beidseitig Cardiopterisblätter ansitzen. Sicherlich handelt es sich bei dieser Pflanze um einen Samenfarn, und da Cardiopteris frondosa im gesamten Unterkarbon vom Geigenschiefer bei Hof (BRD) bis zum Sandstein von Borna—Hainichen bei Karl-Marx-Stadt (DDR) vorkommt, wird es sich auch um eine der ältesten und wichtigsten Samenfarngattungen (Pteridospermae) handeln. Sie ist deutlich unterschieden von der kleinblättrigen Samenfarngattung Cardiopteridium, die im oberen Unterkarbon mit mehrfach-fiedrigen Wedeln auftrat und von der man auch die Samen kennt.

Es gibt in Mitteleuropa, von Frankreich bis zur VR Polen und der ČSSR zahlreiche Funde von Cardiopteris frondosa, jedoch ist unser Kenntnisstand mangels größerer Fundstücke nicht über das Wissen etwa um die Mitte des vorigen Jahrhunderts hinausgekommen. Damals benannte man solche Funde nach der einfachen Bestimmungsmethode von A. Brongniart Cyclopteris frondosa. Dann glaubte man, eine zweite, vielgestaltige Form gefunden zu haben, und benannte sie mit einem zweiten Namen (C. polymorpha). Dies erwies sich jedoch als nicht zutreffend, da die eine Art C. frondosa selbst sehr variabel in Blattgröße und Blattform sein kann. Später erkannte man, daß es in oberkarbonzeitlichen Schichten Neuropterisarten mit großen Gabelwedeln gibt, die am basalen Fußstück und manchmal auch noch etwas höher ähnliche, aber sicherlich andere (keine Achsenquermale) Cyclopterisblätter besaßen. Prof. Dr. Schimper, ein Botaniker und Paläobotaniker des vorigen Jahrhunderts, schlug in der Überzeugung, daß entsprechende Funde sicherlich noch zu machen seien, einige neue Gattungsnamen für solche häufigen und sehr charakteristischen Arten vor, die sich dann in Lehr- und Handbüchern auch bald durchsetzten. So auch in diesem Fall, nur mit seinem Gattungsnamen Cardiopteris irrte er sich leider mehrfach. Es wurden keine größeren Stücke gefunden — immer wieder die gleichen Achsen mit wenigen Blättern auf beiden Seiten — oft sehr schöne Funde, aber die Erkenntnis kam nicht voran. Da es im Unterkarbon mit einer Endfieder endende Neuropterisarten gibt, kann nicht ausgeschlossen werden, daß unsere Cardiopteris frondosa entweder die basale Beblätterung dieser oder eine andersblättrige Ausbildungsform der Neuropteris darstellt, d. h., der Name Cyclopteris hätte nicht mit so unfertiger Begründung aufgegeben werden sollen, jedoch spricht seit über 100 Jahren jeder Geologe von Cardiopteris und nicht von Cyclopteris frondosa. Man hätte diese Angelegenheit sicherlich ohne viel Aufhebens weiter bestehen lassen, der Name kennzeichnete unser Wissen hinreichend, wenn auch nicht ausreichend. Im Jahre 1962 tat ein strebsamer, junger amerikanischer Wissenschaftler, was er vielleicht nicht hätte tun sollen: Er entdeckte beim fleißigen Literaturstudium, daß sich Prof. Dr. Schimper 1869 auch in einer zweiten Aussage geirrt hatte, daß der Name Cardiopteris damals schon an eine rezente Gattung der in den Tropen und Subtropen verbreiteten Icacinaceae vergeben war. Er ersetzte Cardiopteris nun durch einen von ihm erfundenen Namen, der aus dem Namen seines Professors und einer lateinischen Endung, die soviel bedeutet wie »sieht so aus wie«, zusammengesetzt ist.

Da unsere Cardiopteris frondosa in Nordamerika gar nicht vorkommt, ist dieser Vergleich zwar originell, doch wenig aussagend. Wir haben hier den alten, in Sammlungen und Geologiebüchern geläufigen Namen noch einmal beibehalten, aber den botanischen Nomenklaturregeln entsprechend muß der noch ältere Name Cyclopteris frondosa wieder benutzt werden. Es ist zu hoffen, daß einmal ein Fundstück bekannt wird, das die Zusammengehörigkeit von Cyclopteris frondosa und Neuropteris antecedens oder N. broili klärt oder endgültig ausschließt.

61 Spathulopteris decomposita

Unterkarbon; Kamienna Góra im großen innervariskischen Sedimentationsbecken (Südwesten der VR Polen)

An einer kräftigen Achse sind starre und relativ kurze Seitenachsen ausgebildet, die ihrerseits aufgefiederte, länglich-ovale, nur wenige Millimeter große Blättchen tragen. Die kräftige Hauptachse gabelt an ihrer Spitze zweimal auf. Charakteristisch ist fernerhin eine feine Querriefung der Hauptachse, die sich durch Sklerenchympartien in der Rindenschicht erklärt. Die ovalen Blättchen stehen so dicht, daß sie sich ständig berühren oder auch partiell überdecken. Da diese Art in Schottland (Großbritannien), in Borna—Hainichen bei Karl-Marx-Stadt (DDR) und im innervariskischen Becken der VR Polen häufig verbreitet ist, darf man annehmen, daß auch noch weitere Stücke in unterkarbonen Schichten Mitteleuropas gefunden werden.

Aus dem großen außenvariskischen Becken im mährisch-schlesischen Dachschiefer der ČSSR sind zwei schöne Funde der sonst hier seltenen Art gemeldet. Aus den Kulmplattenkalken von Neheim (Nordrhein-Westfalen, BRD) wird eine nahestehende Spathulopterisart angegeben. Die kleinen Blättchen zeigen bei manchen Spathulopterisarten deutlicher, bei anderen weniger deutlich, eine Fächernervatur. Der bedeutende Paläobotaniker Großbritanniens, der Schotte Prof. Dr. Robert Kidston, erkannte 1923, daß es sich um eine besondere Gattung handelt, und führte den Gattungsnamen Spathulopteris in die Literatur ein. Besonders schöne und vielgestaltige Spathulopterisfunde liegen demzufolge in der Sammlung des Geological Survey in Edinburgh und im British Museum (Natural History) in London.

Für Prof. Dr. Kidston blieb es eine offene Frage, ob Spathulopteris zur Gabelwedelstruktur — wie im Falle unseres Stückes — oder zur fiedrigen Struktur tendiert. Vielleicht wurde die Gabelwedelstruktur nur noch terminal ausgebildet und somit als spätes Wedelwachstumsstadium verdrängt.

Wir wissen heute, daß derartige paläozoische Samenfarnwedel etwas anders wuchsen als heutige Blätter von Angiospermen oder Cycadeen. Man sieht dies an Funden wie dem hier abgebildeten Spathulopteriswedel. Solch ein Wedel ist mit starker Hauptachse und seiner Beblätterung fertig ausgewachsen, während seine Spitze offenbar noch im Wachsen, bei günstigen Funden sogar eingerollt und wenig entwickelt ist. Funde solcher altertümlichen Samenfarne gestatten somit Einblicke in die Mechanik des Wachstums der Blattorgane, das sich im Laufe der Jahrmillionen grundlegend umgestellt hat, so daß man aus heutigen Blättern gewisse Erkenntnisse gar nicht mehr erhalten kann. Somit sind Wedelstücke, die Wachstumsstadien erkennen lassen, wertvolle Funde. Obwohl noch keine Samen an Spathulopteriswedeln ansitzend gefunden wurden, muß man annehmen, daß es Samenfarne (Pteridospermae) waren, und darf solche Samenfunde künftig noch erwarten.

Zusammen mit Spathulopteris finden sich auch andere unterkarbonzeitliche Samenfarne, wie Sphenopteridium-, Rhodeopteridium-, Adiantitesarten u. a. Offenbar gab es damals bereits vier ökologisch unterschiedlich angepaßte Pflanzenvereine. Derjenige Pflanzenverein, der auf neuartige Weise bisher nicht besiedelbare Standorte etwas entfernt von den nassen Moorbildungsgebieten bewachsen konnte, war der der Samenfarne. Darum findet man Samenfarne, Lepidodendronreste, Archaeocalamiten (Asterocalamiten) und schließlich die Sphenophyllumachsen und -blätter relativ getrennt voneinander, und es hat meist wenig Zweck, im Bereich der einen Funde auch nach den anderen Ausschau zu halten. Wenn jedoch ein Fund vorliegt, dann soll man auch so optimistisch sein und die anderen Vertreter des entsprechenden Vereins suchen. Tatsache ist jedoch, daß der genannte Verein der Pteridospermen derjenige ist, der sich rar macht, der oft nur in wenig mächtigen, ja nur einige Zentimeter dünnen Lagen nur einmal oder zweimal im Profil auftritt, dann jedoch mit zahlreichen oder sehr guten Einzelfunden. Es gibt allerdings Gebiete, in denen solche Lagen absolut fehlen, und dann entsteht der Eindruck, daß die Unterkarbonflora nur aus Lepidodendren bestanden hätte. Vielleicht war Mitteleuropa ein Entwicklungszentrum für manche unterkarbonzeitlichen Samenfarngattungen und -arten.

62 Sphenopteris adiantoides (Pflanzenrest im oberen Teil des abgebildeten Fundstücks)
Lyginopteris bermudensiformis (Pflanzenrest im unteren Teil des Fundstücks)
Unteres Karbon; Namur A von Wałbrzych (VR Polen)
Zwei sehr charakteristische und übliche Samenfarnblattformen aus der Namur-A-Stufe, also dem untersten Oberkarbon, aber ein ganz besonderes und wissenschaftlich kostbares Unikat: das von E. F. von Schlotheim in seiner berühmten Arbeit »Beschreibung merkwürdiger Kräuter-Abdrücke und Pflanzen-Versteinerungen — ein Beitrag zur Flora der Vorwelt« 1804 auf der Tafel X als Kupferstich abgebildete Fundstück. Es ist somit ein Original zur ersten und ältesten wissenschaftlichen Arbeit über Paläobotanik! In einer zweiten umfangreichen Arbeit führte Schlotheim 1820 erstmalig die wissenschaftlichen Artnamen für fossile Pflanzen ein. Unser Stück beschrieb er als Filicites adiantoides und Filicites bermudensiformis. Diese Artnamen gelten auch noch heute. In alten Sammlungen und Büchern findet man unter Umständen auch den alten Begriff Filicites, was in etwa »farnartiger Fossilrest« bedeuten sollte. An die Stelle dieses Begriffs ist zuerst der Brongniartsche Gattungsbegriff Sphenopteris getreten, und zwar für beide Arten. Später erkannte man, daß beide zwei verschiedenen, anatomisch charakteristisch unterschiedenen Samenfarngattungen angehören.

13*

Die zweite (L. bermudensiformis) wurde mit den Achsen der Stämme gefunden, die eine rhombisch-vermaschte Struktur von Festigungsgewebe in der Rindenschicht zeigen — man nannte alle Arten mit solcher Rinde nunmehr Lyginopteris. Die erstere (Sph. adiantoides) dagegen zeigt eine ganz charakteristische und gleichmäßige Querriefung der stärkeren Achsen, also querliegende Festigungsgewebe (Sklerenchymplatten) der Wedelstiele und Hauptachsen. Man hat solche Achsen einzeln und ohne Blätter in Schottland (Großbritannien) in großer Menge gefunden und Heterangium genannt. Nun könnte man nach dieser neuen Erkenntnis Sphenopteris adiantoides in Heterangium adiantoides umbenennen, und in einigen Büchern ist dies auch geschehen, aber vorschnelle Eile ist unangebracht, denn wir wissen noch zu wenig darüber, welche anderen Arten des oberen Unterkarbons und unteren Oberkarbons die gleiche Heterangiumrindenstruktur besaßen. Eine 1976 im Americal Journal of Botany erschienene Arbeit diskutiert z. B. die Beziehung von Rhodeopteridium-, Telangium- und Telangiopsisarten zu Heterangium. Man sieht daran, daß der vorläufige Name Sphenopteris adiantoides noch eindeutig ist, deshalb wurde er auch hier beibehalten.

Sphenopteris adiantoides ist ein auf der Nordhalbkugel weit verbreitetes und verläßliches Leitfossil für die unterste Stufe des Oberkarbons (Namur A). Außerhalb Mitteleuropas wurde sie noch in Nordostgrönland, Kanada und den USA gefunden. Auch aus der UdSSR (Donezbecken) und Kleinasien wird Sphenopteris adiantoides angegeben. Charakteristisch sind die schmallinealen Blättchenabschnitte, die immer eine kräftige Kohlenhaut auf dem Fundgestein hinterlassen, und die dazugehörigen Achsen mit Querriefung, die so deutlich, gleichmäßig und kräftig ist, daß man meint, sie mit dem Fingernagel fühlen zu können (auf unserer Abbildung nicht zu sehen). Schon die kräftige Kohlenhaut ist ein untrügliches Zeichen für eine ehemals dickledrige Beschaffenheit des Blattes, eine Eigenschaft der Samenfarne (wie Cardiopteris, Neuropteris, Alethopteris, Mariopteris u. a.), nicht aber der Farne, deren Blatt wohl immer zarter war. Doch man kennt von Sphenopteris auch ganze Gabelwedel, das sind dann allerdings Funde von jugendlichen, also klein gebliebenen Wedeln, die weniger aufgeteilt sind. Diese Gabelwedel zeigen ein unbeblättertes Fußstück, das offenbar relativ lang sein konnte, mit der charakteristischen Querriefung, dann die Aufgabelung und die reiche Auffiederung. Die großen Stücke in Sammlungen führen uns Wedel von etwa 1 m Größe vor Augen. Diese sind dann so stark (dreimal) aufgefiedert, daß man vermuten möchte, die Pflanze hätte an ihrem Stamm nur große Fiederwedel gehabt. Die ganze Wedelachse ist dann auch deutlich quergerieft. Dort, wo die Wedelachsen an der Hauptachse der Pflanze ansaßen, erkennt man ein verdicktes basales Polster, und viele Paläobotaniker vermuten, dies sei bereits ein Gelenkpolster gewesen, das der Pflanze eine Schlafbewegung der Wedel ermöglichte. Vielleicht war diese merkliche Verdickung aber nur ein Widerlager der Wedelaustrittsstelle am Stamm. Auch bei heutigen Palmenblattsegmenten kennt man Verdickungen, ohne daß damit Schlafbewegung verbunden wäre. Zu Sphenopteris adiantoides kann man kleine sternförmige Samenkupulen finden, Organe von etwa 1 cm Durchmesser, die die kleinen Samen hielten — zumindest kennt man diese Kupulen sehr gut von einer gleichaltrigen Art (Sph. divaricata), deren Blättchen nur etwas zierlicher und deren Achsen glatt sind.

Es wäre ein zu erwartender Fortschritt, wenn zu Sphenopteris adiantoides die fiederlosen Achsensysteme, die nur mit diesen Kupulensternen besetzt sind, gefunden würden und wenn sich ermitteln ließe, wo diese früchtetragen-

Samenkupule

180

den Wedelteile am Gabelwedel mit Blättchen ansaßen. Kleine büschelige Pollensäcke hat man gefunden, und man darf annehmen, daß diese Pollangien auch an besonders gestalteten, »nackten« Wedel-Achsen-Systemen ansaßen. Als vielleicht wissenschaftlich interessante Ausnahme sei das von Prof. Dr. Gothan in seinem Bestimmungsbuch 1923 abgebildete Stück erwähnt, das einen Gabelwedel zeigt, der kurz nach seiner Gabelung noch einmal schmal aufgabelt. Solche Stücke sind wertvoll, wenn das mosaikartige Zusammenstoßen verschiedener Merkmale untersucht werden soll — diese zusätzliche Aufgabelung ist altertümlich, eine »Rückerinnerung« an die Psilophytenzeit.

Während wir von Sphenopteris adiantoides in bezug auf den früchtetragenden Wedel noch nicht wissen, wie und wo er entsprang, kennen wir dies bei der zweiten abgebildeten Art, bei Lyginopteris bermudensiformis. Diese Art beginnt schon im oberen Visé von Borna-Hainichen bei Karl-Marx-Stadt (DDR) mit ihrem Auftreten und endet im unteren Namur A. Sichere Funde stammen aus Mitteleuropa, Schottland und Kleinasien, aber auch aus den USA und der UdSSR (Donezbecken und Karaganda). Charakteristisch sind die kleinen, rundlichen Blättchen. Die Fiedern letzter Ordnung sind etwa 1 cm lang, manchmal schwach hin- und herpendelnd, wie hier in der Abbildung links unten. Größere Partien des Gabelwedels zeigen im Zickzack pendelnde Haupt- und Nebenachsen sowie Achsen letzter Ordnung. Alle Achsen des Wedelsystems sind mit Haaren (auch als Punkte erhalten geblieben) besetzt. Die Stämme zeigen eine überaus charakteristische Längsrhombenstruktur der Rinde, woran die Vertreter der Lyginopterisgruppe vom Visé bis zum Westfal B immer zu erkennen sind. Das Fußstück des großen Gabelwedels war unbeblättert. Es werden zwei Formen oder Unterarten unterschieden: eine etwas größerblättrige im Unterkarbon und eine kleinblättrige aus dem Namur A (unsere Abb.). Vor einigen Jahren gelangen dem Direktor des Museums in Wałbrzych (VR Polen) Funde, die das Ansitzen der samentragenden Achsensysteme am Blattwedel beweisen. Es sind große Gabelwedel, die an der Gabelungsstelle in ihrem Programmiertsein etwas aus der Ordnung geraten sind. Der Wedel gabelt zuerst einen beblätterten Gabelast ab und dann sofort ein zweites Mal, wobei er nach außen einen zweiten beblätterten Gabelast und nach innen ein sich weiter auffiederndes Achsensystem ohne Blättchen, aber mit zahlreichen Sternen von Samenkupulen bildet. So entsteht in der Gabel des beblätterten Gabelwedels ein Achsensystem mit den Samen. Diese von E. Sagan gemachten Funde entsprechen einer von dem englischen Botaniker Dr. R. Melville veröffentlichten Theorie, nach der es früher einmal Pflanzen gegeben haben mußte, bei denen die Blüten sozusagen an den Blättern gesessen haben. Einen ähnlichen Aufbau hatte man bereits vor Jahren bei einem Samenfarnwedel in Schottland beobachtet, und neue Funde permzeitlicher Samenfarne (Glossopteris) in Indien und Südafrika zeigen ebenfalls ganze Samen- oder Pollensammelorgane, die einem Blatt entspringen. Lyginopteris bermudensiformis gehört zweifellos an den ersten Anfang dieser Entwicklung. Hier können Sammler also noch grundlegende Entdeckungen machen!

63 Alethopteris lonchitica
Oberkarbon, Westfal A—B; Wanne-Eickel, Schacht Pluto (BRD)
Längsriefige Achsen, an denen wiederum längsriefige Wedelachsen sitzen. Die Längsriefigkeit hat ihren Grund in zahlreichen Baststrängen, die in der äußeren Rinde unter der Oberhaut liegen und sicherlich eine große Festigkeit dieser Blattachsen bewirkten. Diese längsriefigen Achsen belegte man mit

dem Namen Aulacopteris. Sie sind charakteristisch für Samenfarne wie Alethopteris, Neuropteris, Odontopteris u. a. Die eigentliche Formgattung ist das
Blatt mit einem spitz-ovalen Endfiederlappen und immer breit ansitzenden,
mit der Basis herabgezogenen länglichen Fiedern mit kräftiger Mittelader
und Seitennervatur. Wo die Blättchenbasis herabgezogen ist, münden die
Seitenadern nicht mehr in der Mittelader, sondern in der großen Blattader
oder Rachis. Die Konsistenz der Blätter muß derb gewesen sein, man kann
sie direkt fühlen. Nach Breite und Form der Blättchen hat man eine ganze
Reihe von Alethopterisarten unterscheiden können, die bereits im Namur B
beginnen und erst im Unterperm erlöschen. Es gibt schmalspreitige und breit-
spreitige Arten, Arten mit langgezogenen Blättchen und andere, die wieder
nur kurze Dreiecke bilden. Eigentlich immer sind die Blättchen glatt — Drüsen und Haare, die unter der Lupe bereits zu sehen wären, treten nicht auf.
Gabelwedel wurden noch nicht gefunden, doch wegen der engen Verwandtschaft zu Neuropteris und Odontopteris muß man annehmen, daß auch
Alethopteris Gabelwedel hatte. Wo die Samen ansaßen, und ob und wie Kupulen gestaltet waren, weiß man noch nicht. Da zusammen mit den Funden
von Alethopteris und Neuropteris zahlreiche zentimetergroße Samen vom
Trigonocarpustyp gefunden wurden, darf man wohl annehmen, daß diese
dazugehören. So ist die Beobachtung wichtig, wenn in einem Fundort und
einer Fundschicht immer wieder die gleichen Alethopteris- und Neuropterisarten und entsprechende Samen gefunden werden. Eine Klärung, ob die
Samen sozusagen als Ersatz einer Endfieder am Blatt oder ob sie wie bei
Lyginopteris bermudensiformis an einer besonderen, blättchenlosen Achse ansaßen oder ob sie vielleicht basal am noch unbekannten Fußstück des Gabelwedels entstanden, könnte nur durch eindeutige Funde erfolgen. Das gleiche
gilt auch für die Pollenorgane, die man als zentimetergroße länglich-ovale Gebilde, sozusagen als oben zusammengeschnürte Sektkelche, gefunden hat. Sie
bestehen aus langen, von Pollenmasse gefüllten Schläuchen und stehen auf
einem kleinen Stiel — aber wo saßen sie an?

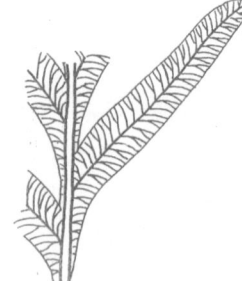

Alethopteris decurrens
(Fiedernervatur und
herablaufende Basis)

Die männlichen Organe der Samenfarne aus der Karbonzeit bilden durch ihre
becherförmige Verwachsung regelrechte Früchte:
a Aulacotheca, längs aufgeschnitten und Querschnitt,
b Whittleseya, Seitenansicht und aufgeschnitten,
c Potoniea, Seitenansicht und zugleich aufgeschnitten

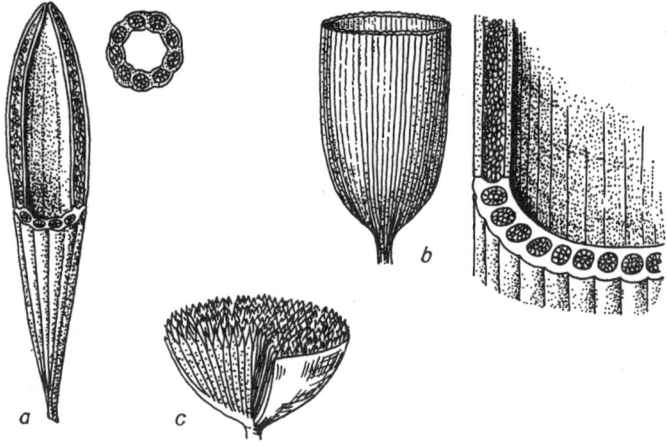

Alethopteris lonchitica ist eine sehr charakteristische und im ganzen europäisch-amerikanischen Raum — man hat beschlossen, dieses Paläoflorenreich euramerisches Florenreich zu nennen — verbreitet (genaugenommen umfaßt dieses Gebiet ganz Europa, Kleinasien, den Norden Nordafrikas und Nordamerika). Sogar darüber hinaus reicht das Vorkommen von allerdings anderen, speziellen Alethopterisarten, so bis nach China, wo man ein ähnliches, aber eigenes Cathaysia-Florenreich in oberkarbonisch-permischer Zeit kennt.

Alethopteris lonchitica hat seine Hauptdaseinszeit im Westfal A und B, aber Formen, die schon als A. lonchitica bestimmt werden können, treten vereinzelt bereits vom Namur B an auf und ziehen sich noch bis zum Westfal D hin. Inwieweit diese eigentlich in die Variationsbreite anderer Arten fallen, läßt sich am einzelnen Stück nicht sagen. Die typische A. lonchitica wird im höheren Westfal durch etwas breitere Blattformen ersetzt oder verdrängt, die man als A. serli oder A. lonchitica f. serli bestimmt. A. lonchitica wird im ganzen euramerischen Gebiet angegeben.

Vor einigen Jahren legte Dr. M. Barthel (DDR) mikroskopische Ergebnisse über den Zellaufbau der Ober- und Unterhaut von A. lonchitica-Blättern vor.

64 Linopteris neuropteroides
Oberkarbon, oberes Westfal; Saargebiet (BRD)

Zungenförmige Blättchen mit herzförmig zusammengeschnürter Basis. Die Blättchen werden meist einzeln gefunden, weil sie offenbar leicht vom Wedel abgeworfen wurden. Dies ist ein Merkmal wohl aller Linopteris- und Paripterisarten, ganz im Gegensatz zu Neuropteris- und Reticulopterisarten, bei denen die Blättchen anscheinend fester ansaßen.

So ähnlich sich Neuropteris- und Paripterisblättchen, Reticulopteris- und Linopterisblättchen einzeln gesehen auch sind, die Wedel sind es nicht. Darum wurde hier einmal ein seltener Wedelfund der sonst häufigen Linopteris neuropteroides abgebildet. Man erkennt, daß auch an der Rachis »Zwischenfiedern« ansitzen. Das gibt es bei Neuropteris und allen unterkarbonzeitlichen Neuropterisvorläufern nicht, es ist ein neuartiges Merkmal. Als Pendant zu Neuropteris ohne Zwischenfiedern existiert seit der Mitte des Namur die Gattung Paripteris mit Zwischenfiedern und mit zwei gleichen Endfiederlappen. Bei Paripteris pendelt die Wedelachse zur Spitze hin, als wäre noch zu entscheiden, soll sie Hauptachse oder Seitenachse im Wedel werden, doch Paripteriswedel enden aufgabelnd, Seitenachse und Hauptachsenendstück bleiben gleich. Ebenso verhält sich Linopteris, nur daß hier die Blättchen eine feine und überaus gleichmäßige Maschennervatur besitzen. Eine kräftiger ausgebildete Mittelader im Blättchen kommt nicht zustande. Daher liegen die Blättchen ganz flach im Gestein, sie waren zu Lebzeiten platt, nicht wie sonst manche anderen Blättchen in der Mitte etwas gefaltet. Die Zwischenfiederblättchen weichen in der Umrißform gern etwas ab, und so entstehen sogar kleine, runde Formen.

Linopteris neuropteroides wurde als Art 1835 in Zwickau (DDR) erkannt. Dort und in vielen anderen Fundpunkten des gesamten euramerischen Gebietes kommt vom Westfal A zum Westfal D die großblättrige Normalform vor, mit etwas sichelförmig gebogenen Blättchen von 2 bis 3 cm, seltener auch 4 cm Länge und langgezogenen schmalen Maschen. Man muß die Lupe zu Hilfe nehmen, um die Maschen zu erkennen. Die Blättchenumrisse und der Gesamtwedelaufbau gleichen der Paripteris gigantea ohne Maschennervatur aus dem Namur B—C bis zum Westfal C so sehr, daß man annehmen möchte, hier liege der Berührungspunkt zwischen beiden Gattungen und Arten, und beide seien nahe verwandt. Dafür spricht auch, daß Paripteris und Linopteris ein gleiches Pollenschlauchorgan besitzen, die etwa 1 cm große Potoniéa — benannt nach dem Berliner Paläobotaniker Prof. Dr. Henry Potonié (1857 bis 1913) —, ein etwa pinselartiges Organ, bestehend aus vielen langen Pollenbehältern in Schlauchform, die miteinander zu einem einheitlichen Organ verwachsen sind. Auch diese Organe sind bisher noch nie ansitzend am Wedel gefunden worden.

Neben der Normalform von Linopteris neuropteroides tritt noch eine charakteristisch kleinblättrige Form auf, die vielleicht eine Unterart darstellt. Sie wird als f. minor bezeichnet. Unser Beispiel ist eine solche Linopteris neuropteroides f. minor. Sie tritt gelegentlich im Westfal C und D neben der Normalform auf, in Zwickau — am Locus typicus also — fehlt sie, im Saarkarbon ist sie häufiger. Ähnlich, aber doch unterscheidbar, ist Linopteris obliqua.

Nach dem Verlöschen der L. neuropteroides im Westfal D von Zwickau im Niveau des Rußkohlenflözes tritt nach einer kurzen Pause eine ähnliche, aber kurz- und gröbermaschige Linopterisart auf (L. brongniarti). Ihr folgen dann in stefanzeitlichen Fundpunkten Frankreichs und Spaniens ähnliche grobmaschige Linopterisarten (z. B. L. subbrongniarti), deren Blättchenvariabilität aber oft schwer zu unterscheiden ist. Solche Blättchen werden sogar aus der VR China angegeben und abgebildet.

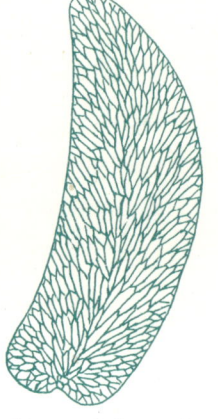

Linopteris brongniarti
Maschennervatur; 1,5 : 1)

65 Lonchopteris rugosa
Oberkarbon, oberes Westfal A bis unteres Westfal B; Schacht Rheinelbe bei Gelsenkirchen (BRD)

Unschwer erkennt man, daß eine Verwandtschaft zu Alethopteris vorliegen muß, und trotzdem bedeutet die erste einfache Maschennervatur eine entwicklungsgeschichtliche Zäsur, einen bisher nicht dagewesenen morphologisch-anatomisch-physiologischen Fortschritt, eine neue Qualität in der Wasser- und Säfteversorgung des Blattes. Die Umrißform entspricht nicht der schmalblättrigen Alethopteris decurrens, die vorher da war, und auch nicht der A. lonchitica, die vorher und gleichzeitig auftritt. Die Breitblättrigkeit wird also von Lonchopteris schon etwas eher verwirklicht. In tropisch-feuchtwarmem Klima — immerhin zog die Äquatorlinie damals nach neueren paläomagnetischen Berechnungen durch den Norden der VR Polen und der DDR in Richtung Schottland und Nordamerika — besteht die Gefahr, daß Blätter in der heißen Mittagssonne »verbrennen«. Darum findet man auch heute bei tropischen Gewächsen oft kleine Blättchen, die an die Kleinblättrigkeit vieler steinkohlenzeitlicher Samenfarne erinnern. Die Maschennervatur war ein Entwicklungsschritt zu einem wesentlich besseren Versorgungssystem.

Die zu Lonchopteris gehörigen Samen kennt man noch nicht, vielleicht waren sie vom Trigonocarpustyp. Die Pollenorgane sind etwas abweichend von den Alethopteris-Aulacotheca-Organen gebaut und heißen Boulaya.

Die durch Blattform und Nervatur sehr kenntliche Lonchopteris rugosa, die dadurch auch mit Hilfe kleiner Bruchstücke zu bestimmen ist, scheint fast nur in Mitteleuropa verbreitet gewesen zu sein, sie fehlt in den Kontinentalbecken. Nach Norden reicht sie z. B. nur bis Mittelengland, in Schottland wird sie durch die weiter verbreitete L. eschweileriana vertreten, die noch bis Kanada verfolgt werden kann. In der DDR ist sie bisher unbekannt. In der VR Polen spaltet sie sich sowohl im großen innervariskischen als auch im großen außenvariskischen Becken in mehrere, hier endemische Lonchopteris-

184

arten auf. Sie wird noch für Kleinasien und das Donezbecken (UdSSR) angegeben, jedoch mögen dies seltene und abweichende Vorpostenformen sein, die nur eine kurzzeitige Ausbreitung belegen. Lonchopteris eschweileriana mit etwas lockeren Maschen kommt zusammen mit L. rugosa vereinzelt im Westfal A und B des Aachener und des Ruhrreviers (BRD) vor.

Sphenopteris striata

66 *Sphenopteris sauveuri*
Oberkarbon, Westfal C—D; Grube Heinitz im Saarkarbon (BRD)
Ein Beispiel für eine zierliche Sphenopterisart, über deren systematische Zugehörigkeit man noch nichts weiß — wir nehmen an, daß es sich auch um einen Samenfarn handelt. Sie kommt nur im Saarkarbon vor, ist also sicherlich in ihrer Verbreitung auf dieses innervarisische Becken beschränkt gewesen. An den so typisch ovalen, kleinen Blättchen — 1 bis 1,5 mm breit, 2 bis 3 mm lang — ist diese Art immer eindeutig zu erkennen. Sicherlich gehört sie in den Verwandtschaftskreis der Sphenopteris nummularia, die in Zwickau (DDR) und anderen Vorkommen des oberen Westfal so häufig ist. An dem abgebildeten Stück fällt die zwar schwache, aber stets deutliche Flexuosität, das Hin- und Herpendeln der Seitenachsen, auf. Hier zeigt sich das Grundgesetz der Blattgestalten jener Zeit, die regelmäßige Wiederholung des gestaltlichen Programms, wobei sich das Blatt von unten nach oben, von der Basis zur Spitze abrollend, aufbaute. Wir haben keinen Grund, das heute bei Blättern übliche interkalare Wachstum anzunehmen, das auf bestimmte Wachstumszonen beschränkt ist und das die kleinen Blätter in Knospen ausbildet. 100 Millionen Jahre lang herrschte das alte karbonisch-permische Wachstum mit den so schön regelmäßigen Blattgestalten der Sphenopterisarten.

Sphenopteris nummularia

Ob Sph. sauveuri Gabelwedel formte, wie groß die Wedel waren, wie diese zierliche Art sich fortpflanzte — alles das sind noch offene Fragen, die eigentlich nur der Fossiliensammler durch passende neue Funde beantworten kann. Die Paläobotanik als Wissenschaft vom noch Unbekannten tut recht daran zu sagen, was sie noch nicht weiß, und diejenigen um Mithilfe zu bitten, die Zugang zu guten und neuen Funden haben — solange die Kohlengruben noch neue Funde zutage fördern.

67 *Margaritopteris coemansi*
Oberkarbon, Westfal D; Saargebiet (BRD)
Auffällig sind die nur millimetergroßen Blättchen, die wie mathematisch programmiert an kräftigen Wedelachsen breit ansitzen. Die Blättchen stehen dicht und können miteinander verwachsen sein, wodurch längliche Fiedern letzter Ordnung mit gekerbtem Rand entstehen. Gewölbt liegen die Blättchen im Gestein. Sie enden immer mit einer Endfieder und stehen insgesamt recht dicht. Der Umriß der Einzelteile des Wedels vermittelt stets eine längliche Ausdehnung der Teile, so daß man auch einen schmalen Gabelwedel erwarten möchte. Prof. Dr. H. Potonié bildete jedoch einen Fund ab, der eine breite, kräftige Achse eines Gabelwedelfußstückes zeigt, das in zwei ebenso kräftige Gabelwedeläste mit einer Gabelung von 90° mündet. An ihnen stehen dann solche Wedelteilstücke wie in unserem Foto. Am Fußstück und anscheinend auch an den kräftigen Achsen der Gabel sitzen runde Cyclopterisblättchen an, die auf jeden Fall viel größer sind als die einzelnen Fiederchen, so daß in der Miniaturbeblätterung zweifellos eine Rückentwicklung von ehemals größeren Blattformen zu sehen ist. Die Nervatur der winzigen Blättchen ist unter der Lupe zu erkennen und dürfte als reduzierte ehemalige Fieder-

nervatur zu deuten sein. Jetzt ist kein Mittelnerv mehr zu erkennen, die Adern ziehen sich schwach, nach unten zu bündelnd, in die Achse, wobei ein alethopterisartiges Herablaufen der basalen Nervchen deutlich ist. Wenige Male teilen sich die Nerven. Dies alles spricht eigentlich für eine Verwandtschaft mit der Gattung Neuropteris, und man würde auch diese vermutliche Samenfarnart als Westfal-D-Sonderentwicklung des innervariskischen Saarbeckens erklären, wenn nicht eine zweite, sehr ähnliche Art aus dem Westfal B im großen außenvariskischen Sedimentationsbecken im Süden der VR Polen existierte — die später entdeckte Margaritopteris pseudocoemansi. Sie ist nicht nur älter und sozusagen nicht so dem variskischen Gebirge eingeordnet wie die Saarart, sie zeigt auch als sicherlich ökologisch bedingte Besonderheit eine papillöse Blättchenoberfläche. So mag es sein, daß Margaritopteris eine schon frühe Seitenentwicklung einer Namur-Unterwestfal-Neuropteris ist. Die odontopteridische Nervatur ist vielleicht nicht so einfach mit Odontopterisarten in Verbindung zu sehen, denn diese erscheinen ja erst im oberen Westfal und im Stefan. Funde von Margaritopteris coemansi sind aus dem Ruhrrevier noch nicht sicher bekannt, jedoch aus den Niederlanden und England, so daß diese Art doch nicht so auf das Saarrevier beschränkt war wie z. B. Palaeoweichselia defrancei. Auf Funde von Samen und Pollenorganen muß noch gewartet werden.

68 *Palaeoweichselia defrancei*
Oberkarbon, Westfal D; Grube v. d. Heydt, Saarbrücken (BRD)
Der Größe nach vermeint man eine Pecopterisart vor sich zu haben, und tatsächlich wurde sie eine Zeit lang in der Sammelgattung Pecopteridium geführt — diese Bezeichnung dürfte auf alten Etiketten gelegentlich auftauchen. Die deutliche Nervatur, die in der Regel wie gestochen fossil geworden ist, deutet jedoch bereits auf einen Angehörigen der Samenfarne hin. Unter der Lupe erkennt man nun, daß wie bei Alethopteris einige Nerven nicht zur Mittelader, sondern zur Seitenrachis ziehen. Dann wird unter der Lupe das entscheidende Merkmal sichtbar: Die Blättchennervatur kann sich noch nicht entscheiden, ob sie Fieder- oder Maschennervatur sein soll. Sie pendelt hin und her. Gelegentlich pendeln zwei nahe, feine Adern so, daß man auf den ersten Blick meint, sie würden sich aneinanderlegen und vermaschen, aber sie kommen einander nur nahe. Je Blättchen wird man drei, vier oder fünf echte Verbindungen zwischen den Nerven finden. Man könnte diese Art also als eine Anfangslonchopteris bezeichnen, doch diesen Begriff gibt es nicht. So ist der spezielle Gattungsname durchaus angebracht.

Zweifellos ist Palaeoweichselia defrancei mit den 6 mm kleinen Blättchen eine Sonderentwicklung des großen innervariskischen Beckens der Saar, denn nur dort im Westfal D, besonders in den Geisheckschichten, kommt sie vor. Man kennt viele schöne Stücke, aber über den Gesamtaufbau des Wedels weiß man noch nichts. Waren es Gabelwedel? War ein Gabelwedelfußstück vorhanden und war dies nackt oder mit andersartigen Blättern besetzt? Von Neuropterisgabelwedeln wissen wir, daß deren Fußstücke mit großen, anders geformten Cyclopterisblättern besetzt waren, auch Margaritopteris- und Odontopterisgabelwedel zeigen diese Beblätterung. Welche Pollenorgane und Samen gehören zu Palaeoweichselia? Von welcher Alethopterisart mag Palaeoweichselia abstammen?

Auch bei dieser Art gelang es Dr. M. Barthel (DDR), Epidermispräparate herzustellen, die die langgestreckten Zellen über den Blättchenadern und die polygonalen Zellen der Zwischenfelder gut erkennen lassen. Spaltöffnungsapparate zeigt nur die Blattunterseite, die Achse ist dicht behaart. Ein Hinweis auf Verwandtschaftsbeziehungen zu anderen Gattungen und Arten ließ sich dieser recht einfachen Epidermisstruktur jedoch noch nicht entnehmen.

69 *Mariopteris latifolia*

Oberkarbon, Westfal C; Minto/New Brunswick (Kanada)

Druck (Kompression) mit anhaftender Kohlenschicht von Mariopteris latifolia auf der rechten Bildhälfte und Gegendruck (Impression) völlig ohne Kohlenschicht (Restchen in der Rille der Rachis ausgenommen) auf der linken Bildhälfte. Dieser Fund zeigt überzeugend die Notwendigkeit, beide Fundstücke als Abbilder des zu untersuchenden Pflanzenrests mit nach Hause zu nehmen. Vor unseren Augen liegt ein kleiner Gabelwedel. Ein nacktes Fußstück gabelt die Rachis, dann erst setzt Beblätterung an. Die erste basale Beblätterung fällt größer aus als die folgende, wodurch die Neigung entsteht, noch einmal die Rachis gabeln zu lassen — in eine schwächer ausgebildete seitliche Nebenrachis und in die stärkere, die Gabelung weiterführende Hauptrachis. Hier ist das Blatt noch zu klein dafür, nur die schwache Tendenz dazu ist am Knick der linken Gabelhälfte zu erkennen. Es gibt somit stufenweise größere Mariopteris-latifolia-Blätter, doppelte und dreifache Größen werden erreicht, und diese zeigen stets eine zweite Rachisgabelung. Aber die Tendenz, die erste Fieder größer als die übrigen ausfallen zu lassen, ist das Charaktermerkmal der Gattung Mariopteris; es erzeugt die typische Asymmetrie der Basisfieder. Die vorliegende Mariopterisart hat abgerundete Blättchen, wobei der Rand etwas gezähnt sein kann. Unter der Lupe ist Beobachtern eine unregelmäßige Körnelung der Blättchen aufgefallen. Diese Körnchen oder punktförmig runden Gebilde sitzen zwischen den sehr schwach hervortretenden Adern, und so lag es nahe, sie als Drüsen der Blattoberfläche zu deuten. Der Beweis, daß diese Deutung richtig ist, wurde vom Verfasser dieser Zeilen vor 20 Jahren an Zwickauer Fundmaterial erbracht. Es gelang, ein Präparat der Epidermisoberfläche herzustellen. Die Blattoberhaut zeigt langgestreckte Epidermiszellen und dazwischengeschaltete zwei- bis dreimal so dicke runde Epidermiszellen, die in ihrer Mitte einen charakteristischen runden Fleck erkennen lassen. Dr. Barthel gewann 1962 ebenfalls an Zwickauer Material die sehr zarte Kutikula der Blattunterseite mit längsorientierten Spaltöffnungen. In den letzten zehn Jahren hat sich Dr. M. Boersma aus dem Botanischen Museum und Herbarium der Staats-Universität Utrecht (Niederlande) sehr verdient um die Erforschung der Mariopteriden gemacht und hat vorgeschlagen, in Mariopteris latifolia eine spezielle Gattung zu sehen, vielleicht sogar eine Farngattung. Er fand im Westfal C nordfranzösischer Steinkohlenbecken (Department Nord und Pas-de-Calais) Fiederreste mit kleinen rundlich-ovalen Verdickungen am Blättchenrand, wo die Adern enden. Die Deutung dieser alle Loben eines Blättchens erfassenden Erscheinung als mögliche Sporen- oder Pollenbehälter lag nahe, und so verglich er diese folgerichtig mit Synangien von Eusporangiaten.

Zweifellos ist Mariopteris latifolia durch die Blattoberseitendrüsen eine Besonderheit unter den Mariopterisarten, und sicherlich hat man in den Funden von Dr. Boersma auch erste Hinweise, vielleicht auch erste Belege für die bisher bei Mariopterisarten noch nicht gefundenen Sporen- oder Pollenbehältnisorgane. Da Epidermisstruktur und Wedelaufbau aller Mariopterisarten so einheitlich sind, soll der seit Prof. Dr. R. Zeiller gültige Gattungsname Mariopteris in diesem Buch beibehalten werden. Mariopteris latifolia wird aus dem gesamten euramerischen Florenreich angegeben, auch aus dem

Donezbecken, aus Kleinasien und Nordafrika (Algerien). Ihr Hauptvorkommen liegt im Westfal C, im Westfal D kommt sie zum Erlöschen. Stellenweise aber werden einzelne Funde auch aus tieferen Schichten bis herunter zum Westfal A in England gemeldet.

Die Gabelwedel saßen an sicherlich dünnen Achsen oder Stämmen spiralig an. Spreizend-klimmend wird sich die Mariopteris-latifolia-Pflanze zwischen anderen Pteridospermen und Farnen durchgewunden haben. Im Saarbecken treten einige Mariopterisarten auf, die entweder mit Mariopteris latifolia näher verwandt sind, sich von ihr als Formenkreis abgespalten haben oder ihr nur ähnlich sehen. Leider sind noch keine Samenfunde gemacht worden.

70 *Reticulopteris münsteri*
Oberkarbon, Westfal D; Piesberg bei Osnabrück (BRD)

Die Neuropterisherkunft prägt sich in der äußeren Form der Fiedern und in der großen, einzelnen Endfieder deutlich aus. Ganz bestimmt hatte Reticulopteris münsteri Gabelwedel mit beblättertem Fußstück, also Cyclopterisfiedern, und tatsächlich kann man die kreisrunden, etwa 7 cm großen Cyclopterisfiedern auch finden, sie zeigen eine weniger ausgeprägte Maschennervatur. Die Maschennervatur ist hier überhaupt das eigentlich Interessante. Bei gut ausgebildeten Blättchen ist sie immer unverkennbar, bei kleineren Blättchen dagegen ein bißchen weniger ausgeprägt, die Adern kommen einander nur nahe! Hier wiederholt also die Ontogenese etwas von der Phylogenese. Tatsächlich kann man die Abstammung der Reticulopteris münsteri aus der Neuropteris obliqua verfolgen. Die Westfal-A-B-Art Neuropteris obliqua hat eine eigenartige Nervatur. Streckenweise legen sich die Seitenadern parallel und ganz nahe aneinander, aber sie berühren sich nicht. Es entsteht ein eigentümlich welliges Bild der Nervatur — eine Mittelader im Blättchen ist nicht oder kaum entwickelt. Im Westfal B und C tauchen dann Blättchen und Fiedern auf, die schon nicht mehr Neuropteris obliqua sind, aber noch nicht Reticulopteris münsteri genannt werden können, weil sie noch keine Maschen ausbilden. Die Nervatur bei dieser Übergangsform ist so flexuos, daß das Vermaschungsstadium fast erreicht wird. Dr. K.-H. Josten hat 1962 für diese Übergangsform einen neuen Artnamen eingeführt: Neuropteris semireticulata. Diese Art ist Bindeglied zwischen den zwei Gattungen Neuropteris und Reticulopteris.

Reticulopteris münsteri ist früher als Linopteris geführt worden, bis man erkannte, daß sie als Art mit nur einer Endfieder, ohne Zwischenfiedern, mit Gabelwedel und Cyclopterisblättchen eine eigene, der Neuropteris entsprechende Gattung darstellt. Prof. Dr. W. Gothan führte 1941 für sie den Namen Reticulopteris ein. Wenngleich die Organe, die die Pollen enthielten, bei Reticulopteris noch nicht bekannt sind, darf man doch annehmen, daß sie denen der Neuropteris entsprechen (Whittleseya-Typ) und nicht denen der Paripteris und Linopteris (Potoniéa-Typ).

Die kleinen Blättchen messen um 1 cm, die größeren um 2 cm, die eine Endfieder kann dazu unverhältnismäßig lang sein wie auf unserer Abbildung. Die typische Maschennervatur beobachten wir erst bei den Blättchen und auch hier oft in unterschiedlichem Maße. Eine Blättchenmittelader wird mehr vorgetäuscht, unter der Lupe beobachtet man in dieser Region langgezogene Maschen.

Die schönsten Stücke der Reticulopteris münsteri sind in Mitteleuropa aus dem Westfal C und D von Piesberg und Ibbenbüren (BRD) zu finden, wo sie häufig vorkommt. Das hier abgebildete Stück ist vor wenigen Jahren von einem Sammler gefunden worden, der sich erst im höheren Alter, nach Beendigung seiner beruflichen Tätigkeit, dem Fossiliensammeln zuwandte. Im innervariskischen Saarbecken (BRD) und in Zwickau (DDR) fehlt diese Art, obwohl sie in entsprechenden Schichten des Westfal C und D vorkommen könnte. In einer geologischen Tiefbohrung bei Jessen, östlich Wittenberg (DDR), wurde sie jedoch angetroffen. Sie ist überall dort bekannt, wo zur Westfal-C-D-Zeit meeresnahe (paralische) Verhältnisse bestanden: England, Nordfrankreich, Nordamerika, Donezbecken (UdSSR) und das Gebiet um Eregli (Türkei). Mit Reticulopteris münsteri ist somit ein markantes pflanzengeographisches Problem des Karbons verbunden.

Der Artname geht auf E. von Eichwald zurück, der sie 1840 in seiner »Urwelt Rußlands« zuerst so benannte. Da alle späteren Bearbeiter am »ü« im lateinischen Artnamen keinen Anstoß nahmen, wollen wir es auch nicht verändern. Im Stefan und im Unterrotliegenden begegnen wir der nächstfolgenden Reticulopterisart — Reticulopteris germari — mit 5 cm großen Blättchen, Maschennervatur und deutlich ausgeprägter Mittelader.

71 Mariopteris nervosa
Oberkarbon Westfal C; Saargebiet (BRD)

Mariopteris nervosa

Der Artname steht mit der auffällig starken Nervatur in Zusammenhang, die oft noch kräftiger ausgebildet ist als im wiedergegebenen Stück, besonders bei im Toneisenstein erhaltenen Exemplaren. Als charakteristisch gelten ferner die spitzdreieckige Form der Blättchen und das auffällige erste Basisblättchen, hier vergrößert und zweilappig ausgebildet. Darin spiegelt sich der sich zweimal aufgabelnde Bau des Gesamtwedels wider. Große Gabelwedel sind sehr selten zu finden, was dafür spricht, daß die Gabelwedel lange von der Pflanze getragen wurden. Vielleicht erklärt sich so auch die Dicke der Adern im Blatt. Die Blättchenform variiert zur Wedelspitze zu, eindeutig sind demnach mehr die alten, ausgebildeten Teile als die der Spitzenregion zu bestimmen. Die beblätterte Rachis erscheint geflügelt von einem Rest weit herabgezogener Blattspreite. Die stärkeren Mariopteris-nervosa-Achsen zeigen eine unterbrochene Querriefung, bedingt durch eine der Festigung dienende Struktur in der Rindenschicht. Bis auf Mariopteris latifolia scheint diese Querriefung für alle Mariopterisarten zu gelten. Man kann sie an isoliert gefundenen Achsenresten bestimmen.

Nicht alle Mariopteris-nervosa-Blätter sind so normal gestaltet wie das hier abgebildete Stück. Es gibt Funde, die zur Spitze zu und auch an den seitlichen Spitzen stark verlängertes Wachstum zeigen. Es entstanden dann schmale, längliche, manchmal etwas gebogene Fortsätze, und nur die jeweils unteren Fiedern und die Basisblättchen sind halbwegs normal und voll ausgebildet. Man hat dieses Spitzenwachstum mit der anzunehmenden spreizendklimmenden Lebensweise von Mariopteris in Verbindung gebracht und bezeichnet solche abnorm gestalteten Fiedern als Vorläufer-(Klimm-)Fortsätze. Bei heute lebenden höheren Pflanzen der feuchtwarmen Tropen würde man auch an Träufelspitzen denken, die dem Abtropfen überreichlichen Wassers dienen. In dieser wirklich alten Blattgeschichte sollte man jedoch zuerst das Augenmerk auf nachprüfbare Beobachtungen des fossil erhaltenen Wachstums des Blattes richten, hier also verlängertes Wachstum der Fiedern unter Spreitenverlust. Ein Zweck dafür stellte sich sicherlich erst nachfolgend heraus.

Die Mariopteris nervosa des Westfal C und D im euramerischen Florenreich war sicherlich eine Nachfolgeart der Mariopteris muricata des Westfal A und B. Diese war schmalblättriger und hatte auch keine so kräftige Nervatur. Trotzdem treten auch schon im Westfal A und B Fundstücke auf, die eine Zuordnung zur Mariopteris nervosa nahelegen. Bereits 1913 gelang es Dr. W. Huth, Präparate von der Epidermis der Blattoberseite zu gewinnen, und Prof. Dr. J. Walton (Glasgow) präparierte die zarte Epidermis der Blattunterseite (1923). Er bildete von der Blattoberseite vollständig erhaltene, mehrzellige Haare mit einem Drüsenköpfchen ab.

Die Epidermis der Mariopteris nervosa gleicht der erwähnten ziemlich und weist auch Haarbasen auf der Blattoberseite und den Achsen auf. Aus dem Westfal A von Essen (BRD) berichtete Prof. Dr. W. Gothan 1935 von noch eingerollt gefundenen Mariopteriswedeln, und aus dem oberen Namur von Vorhalle bei Hagen (BRD) sind Funde ohne Blattspreite bekannt, die wegen ihrer deutlichen Querriefen als zu Mariopteris gehörig betrachtet werden müssen. Sie zeigen eine fiedrige Anordnung der Achsen und endständig kleine runde Samen von etwas über 1 mm Durchmesser. Deutlich sind fünf bis sechs längliche Ansammlungen von etwa acht bis fünfzehn Samen in »calathiopsartigen« Blattbehältern oder Kupulenkörbchen zu erkennen. Eine etwas rätselhafte Adventivknospe ist früher schon einmal abgebildet gewesen.

Mit diesen Funden ist eigentlich die Richtung angegeben, in der wesentlich neue Erkenntnisse zu erwarten sind.

72 Nemejcopteris feminaeformis

Unteres Perm, Autun, Manebacher Schichten; Döhlener Becken bei Dresden (DDR)

Schon 1804 war Filicites feminaeformis von E. F. von Schlotheim abgebildet und 1820 so benannt worden; bis vor wenigen Jahren führte man sie unter dem Brongniartschen Formgattungsbegriff Pecopteris und fügte hinzu, daß von dieser so charakteristischen Pflanze bisher noch nie die sonst bei Farnen üblichen Gruppen (Sori) von Sporenbehältern (Sporangien) gefunden seien.

In der Tat ist diese Art unverkennbar. Die hier im weißen Tonstein braun erhaltenen Farnblättchen stehen fast senkrecht an ihrer Rachis. Ihr Blättchenrand ist deutlich gezähnt, in jedem Zahn endet einer der immer ungeteilt bleibenden Nerven. Die Blättchen zeigen demnach eine strenge Fiedernervatur. Die Hauptrachis auch bei unserem Stück ist relativ kräftig und zeigt eine schwache Punktierung, sie war mit Haaren besetzt. Nemejcopteris feminaeformis ist im euramerischen Florenreich weit verbreitet (Stefan und unteres Perm). Sie wird darüber hinaus sogar aus der Cathaysia-Flora der VR China angegeben.

Nemejcopteris
feminaeformis

Ob die vereinzelten Funde bereits im Westfal D begründet sind — sie werden aus dem Donezbecken und dem Stangalpegebiet der Steiermark angegeben — wäre in der UdSSR und in Österreich eine Revision wert, vielleicht handelt es sich bei den genannten Funden doch schon um stefanische Schichten. In den paläontologischen Sammlungen des Joanneums in Graz (Österreich) werden die von Prof. Dr. Jongmans bestimmten Funde von »Pecopteris« feminaeformis aufbewahrt.

Allgemein setzt die Art im Stefan A ein, so in Spanien, aber nicht in der ČSSR, wo sie im unteren Stefan noch fehlt. E. F. von Schlotheim lernte diese Art 1804 wohl aus Manebach zuerst kennen, und er fand ein Stück, das auf der einen Seite dieser Art und auf der anderen Seite Pecopteris pluckeneti zeigt. Beide bildete er ab und machte damit beide Seiten des kleinen Fundstücks zum Original!

Im Tonstein über dem fünften Flöz des Döhlener Steinkohlenbeckens bei

Dresden (DDR) gelangen Dr. M. Barthel 1968 — tatkräftig unterstützt von einem kleinen Kreis Freitaler Fossiliensammler und Heimatfreunde — die Funde, die die Farnnatur von Pecopteris feminaeformis klären sollten. Er bewies anhand der Gesamtrekonstruktion der Pflanze und der aufgefundenen Sporangien die Zugehörigkeit zu den Zygopterideen, einer karbonisch-permischen Farnfamilie mit H-förmigem Leitbündel in besonderen Achsen, die man Blattträgerachsen (Phyllophore) genannt hat, weil sie die Blattwedel trugen. Eigenartigerweise gliederten sie immer zwei Wedel auf einmal ab, die somit V-förmig abspreizten. Unser Bild zeigt also nur ein kleines Stück eines solchen V-förmig abgespreizten Wedels. An der Wedelbasis saßen aufgeschlitzte, besondere Blättchen mit völlig anderer Form (Aphlebien). Die Phyllophore waren nicht behaart, wohl aber die Stammachsen, von denen die Phyllophore ausgingen. Wahrscheinlich lagen die Stammachsen auf dem Boden und wuchsen kriechend, während die Phyllophore sich nach oben erhoben. Irgendwo in der obersten Region — wir wissen noch nicht genau, wo sie ansaßen — entsprangen die blattspreitenlosen Sporangiengruppen, fiedrige, kleine Achsensysteme (vergleichbar der Nervatur), die zu länglichsackförmigen Sporenbehältnissen umgeformt waren. Jeder dieser Sporenbehälter läßt einen breiten Ring verdickter Zellen, den Öffnungsmechanismus des Sporangiums, erkennen. Nachdem Dr. M. Barthel auch die darin befindlichen Sporen genau untersucht hatte, schlug er vor, die Pflanze nach dem Prager Professor der Paläobotanik. Dr. F. Nemejc (1901—1976), Nemejcopteris zu benennen und sie als neue Gattung aus der Gruppe der anderen Pecopterisarten herauszulösen, die, soweit bekannt, völlig andere Sporangien und Wuchsformen haben.

73 Psaronius infarctus

Unterperm, Unterrotliegendes; Karl-Marx-Stadt/Hilbersdorf (DDR)

Die Stämme der Baumfarne, die uns durch ihr Pecopterislaub bekannt sind, konnten unter den günstigen Bedingungen des Unterrotliegenden von Karl-Marx-Stadt und Autun (Frankreich) sowie des Stefans von Nová Paka (ČSSR) verkieseln. Es sind die gleichen Farnstämme auch inkohlt erhalten und plattgedrückt zu finden, so daß ein Vergleich möglich ist. Bei verkieselten Farnstämmen nimmt der Wurzelmantel häufig viel Raum ein. Die Luftwurzeln sind oft vorzüglich erhalten, und der Querschnitt zeigt vielfach farbige Mineralausfüllungen. Die Psaronien sind mit Struktur erhaltene verkieselte Farnstämme. Der innere Stamm wird von bandförmigen, konzentrisch angeordneten Leitbündeln gebildet, die in ein Parenchymgewebe eingebettet sind und bei manchen Formarten dicht, bei anderen locker stehen. Sie setzen sich — wie bei Farnen üblich — aus großlumigen Treppentracheiden, umgeben von Bastgewebe, zusammen. Außen zeigt der Stamm Festigungsgewebe, das die Leitbündel umkleidet.

Man gruppiert die Psaronien nach der Stellung dieser Leitbündel. Die meisten gehören zum hier abgebildeten Typ. Es sind zahlreiche Blattspurstränge in quirliger Anordnung zu sehen, wobei eine 5- bis 7-Gliedrigkeit vorherrschen soll, doch werden durch Abspaltung von den Flanken eines jeden Trichters von Strängen noch weitere, sekundäre Stränge gebildet.

Ein anderer Psaronius-Typ hat eine vierzeilige Beblätterung und läßt demnach — umgeben vom dicken Luftwurzelmantel — außen vier lange Bänder der Blattspurquerschnitte erkennen.

Ein dritter Psaronius-Typ zeigt nur zwei Blattzeilen und trug demnach zu seiner Zeit nur einen Fächer von Farnlaub. Deutlich ist an unserer Ab-

Psaronius infarctus

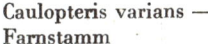

Caulopteris varians —
Farnstamm

bildung zu sehen, daß die mittwärts gelegenen Leitbündel sich in einem jüngeren und noch weniger differenzierten Zustand befanden, daß sie regelloser liegen als die äußeren. Ihre hellere Färbung läßt auch erkennen, daß es sich um Gewebepartien handelt, die erst gering durch Festigungsgewebe verhärtet und verfärbt sind.

Der gute Untersuchungsstand einiger berühmter Fundorte hat das wissenschaftliche Interesse an diesen Resten etwas stagnieren lassen. Es wäre wünschenswert, wenn alle bekannten Fundorte zusammengestellt würden und die Typen der Psaronien durch eine einfache Art der Benennung wieder dem Sammlerinteresse aufgeschlossen wären. Auch gilt es dafür Sorge zu tragen, daß solche Funde nicht zu Schmucksteinen, Aschbechern oder anderen Gegenständen umgeschliffen werden. Ihre Anschliffe sollten jedermann einen Blick in die Natur vergangener Jahrmillionen ermöglichen.

74 *Medullosa stellata*
Unteres Perm, Unterrotliegendes; Karl-Marx-Stadt/Hilbersdorf (DDR)
Unser Bild zeigt nur einen Stammquerschnitt, und doch bietet es damit ein entwicklungsgeschichtliches Bindeglied vom Range eines Urvogels, ein Bindeglied zwischen Farnen und Samenpflanzen. Wie bei Farnstämmen sind viele zentrale Leitstränge (Polystele) sichtbar, aber diese haben ein sekundäres Dickenwachstum. Damit liegt eine Kombination von Farn- und Samenpflanzenmerkmalen vor. Medullosa stellata ist nun eine hochentwickelte Form unter den karbonisch-unterpermischen Medullosen. Während bei den karbonischen die einzelnen Stränge (Stelen) noch relativ gleichwertig waren, zeigt unser Bild zentral gelegene, relativ kleine Stränge konzentrischer Bauart und einen kräftigen peripheren Holzzylinder. Nach innen und nach außen wuchs also Holz, und das saftleitende Bastgewebe war somit auf beiden Seiten des peripheren Holzzylinders entwickelt.

Diese Medullosa stellata nähert sich mit ihrem vorherrschenden Dickenwachstum nach außen dem Typ von Holzstämmen, die heute bei Koniferen und dikotylen Angiospermen dominieren.

Sie stellt den Stamm zu Neuropteris, Alethopteris, Odontopteris und Callipteris dar, Gattungen, die wir bereits durch ihr schon nicht mehr farnartiges Laub kennengelernt haben und die man aufgrund dieses Stammaufbaus als Familie der Medullosengewächse (Medullosaceae) bezeichnen kann. Wahrscheinlich lebt ihre Stammstruktur abgewandelt in den späteren Cycasgewächsen (Cycadeen, Bennettiteen) fort und ist uns mit den Relikten der heutigen Cycadeen noch gegenwärtig. Die Leitbündel der Blattstiele (Myeloxylon) zeigen im Falle der Medullosaceae oft eine sogenannte Diploxylie, d. h. die Ausbildung von wasserleitenden Holzzellen auch auf der dem Zentrum zugewandten Seite. Leitbündel von Cycadeenblattstielen zeigen die gleiche Erscheinung. In der äußeren Rinde der Medullosenstämme befinden sich zahlreich subepidermale Baststränge, die die charakteristische Längsstreifung der Achsen verursachten. Die abgehenden Blattstiele waren an der Basis bis 4 cm dick. Sie finden sich häufiger isoliert vom Stamm, bestehen aus Grundgewebe mit zahlreichen konzentrisch angeordneten kleinen Leitbündeln und aus den schon in der Stammrinde entwickelten Baststrängen. Die Wurzeln entsprangen in den Fällen, wo man sie beobachtet hat, zwischen den Blattbasen, zeigen eine dreieckige Anfangsstruktur und ebenfalls sekundäres Dickenwachstum. So dokumentieren diese aus den karbonischen Dolomitknollen seltener und unter den Unterrotliegendverkieselungen von Karl-Marx-Stadt (DDR) und Autun (Frankreich) häufiger gefundenen Stamm- und Rachisresten den entwicklungsgeschichtlichen Werdegang der Samenfarnstämme.

78 Die Lettenkohlen-
   zeit in Südthüringen
   (DDR), S. 203
79 Bennettiteenart:
   Ptilophyllum
   pectinoides, S. 45
   u. 203

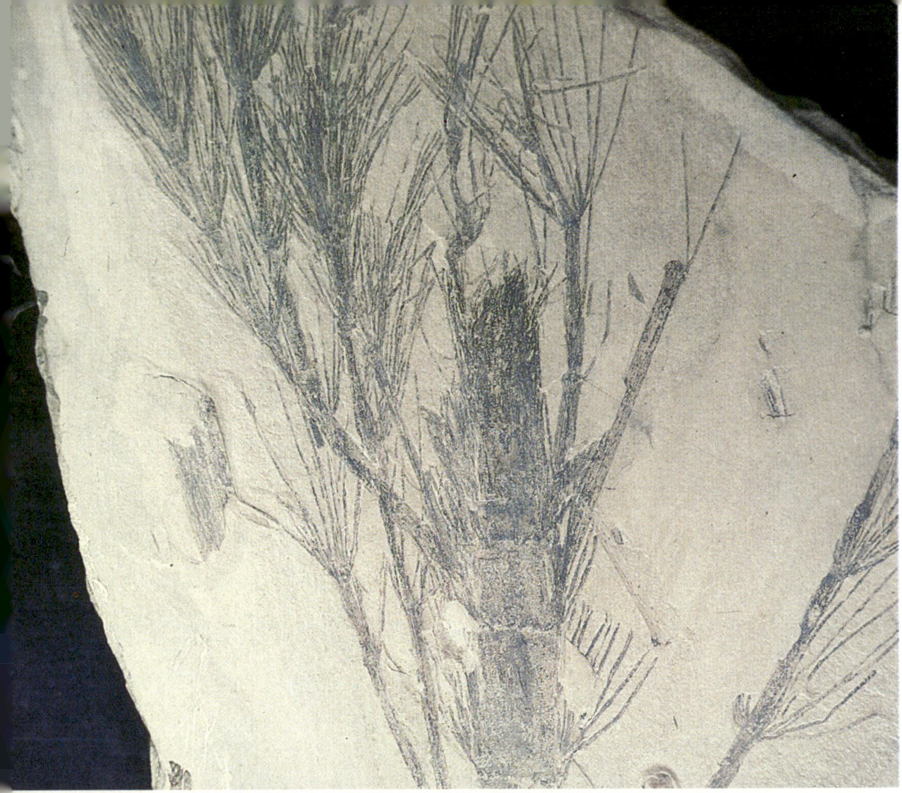

Schachtelhalmgewächse
80 **Asterophyllites longifolius**, S. 205
81 Calamodendron striatum, S. 206

82 Samenfarn: Callipteris martinsi, S. 207

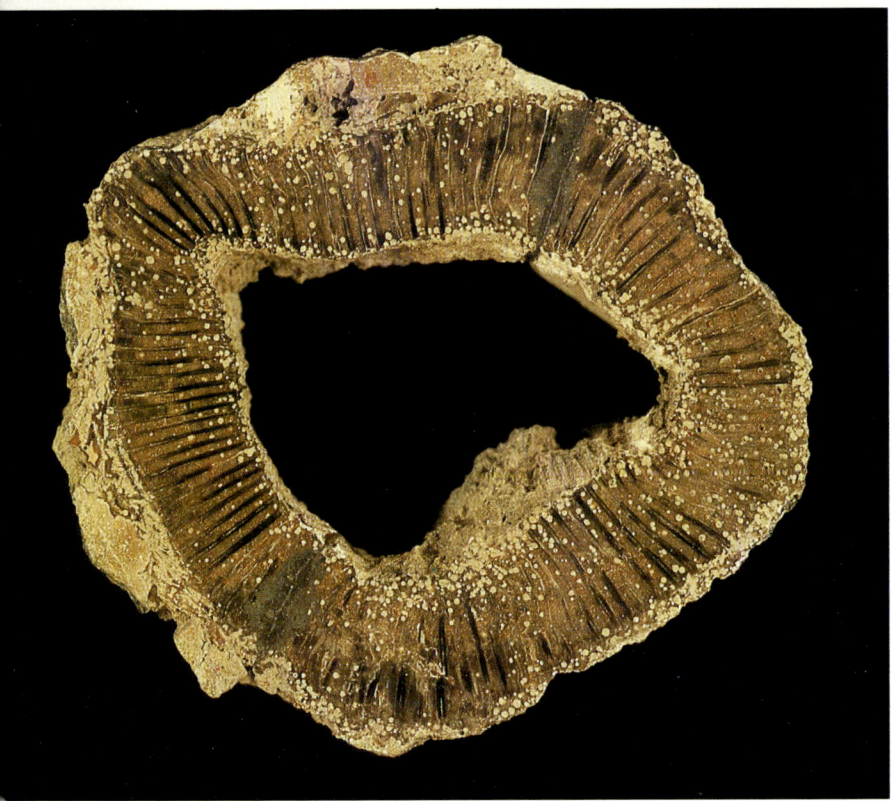

83 Konifere: Ullmannia
   frumentaria, S. 208

84 Cycasgewächs:
   Taeniopteris
   haidingeri und
   Pterophyllum
   macrophyllum,
   S. 209

85 Samenfarn: Sageno-
   pteris nilssoniana,
   S. 210

86 Cycasgewächs:
   Nilssoniana poly-
   morpha, S. 211

Umstehend:
87 Ginkgoart:
   Ginkgoites huttoni,
   S. 212

75 Pecopteris plumosa
Oberkarbon, Westfal C—D; Saarbrücken (BRD)

Ein Farn, der zwei Ausbildungsformen von Blättchen zeigt. Diese Verschiedenblättrigkeit (Heterophyllie) war bei einer ganzen Reihe von Karbonfarnen üblich, jede Art oder Gattung hatte unter Umständen eine andere Heterophyllie. Hier, bei der Pecopteris plumosa, stehen kleine, spitz-dreieckige Normalblättchen mit siebenmal so großen, geweihförmigen Blättern im Gegensatz. Diese Sonderblätter werden bei heutigen Farnen Aphlebien genannt; es waren Blätter des ersten Wachstumsstadiums, die den eingerollten jungen Farnwedel umhüllten und später abfielen. Sie sitzen immer an der Hauptrachis. Da wir uns im Oberkarbon so ziemlich am Anfang der Farngeschichte befinden, ist nicht ausgeschlossen, daß diese Aphlebien eine wesentlich wichtigere Lebensfunktion hatten als die Reste, die heute bei entsprechenden Farnen zu finden sind. Bei verschiedenen Pecopterisarten des Stefans und des Rotliegenden waren handgroße, ja sogar schüsselgroße Aphlebien ausgebildet, sicherlich Organe, die zur Assimilation unter Bedingungen ständigen Regenfalles besonders gut geeignet waren. Pecopteris-plumosa-Aphlebien sind immer von gleicher Größe und zierlich im Aufbau. Die Blättchen haben Fiedernervatur, ihr Rand kann leicht gekerbt sein, und die Rachis ist durch einen Besatz von Sternhaaren fein punktiert. Selten sind die Sporangien auf den Blättchenunterseiten zu finden. Sie zeigen, wie bei Farnen üblich, einen Öffnungsmechanismus, bestehend aus einem Ring (Anulus) verdickter und verkorkter Zellen. Die Anordnung dieses Ringes als Kappe an der Spitze des Sporangiums entspricht der heutigen (leptosporangiaten) Farnfamilie der Schizaeaceen. Sicherlich war Pecopteris plumosa ein Baumfarn. Man hat sie vielfach in Schichten mit den nur zweizeilig beblätterten Megaphytonfarnstämmen gefunden, die, intuskrustiert erhalten, Psaronius simplex entsprechen.

Welche Pecopterisarten zu diesen Stämmen gehören, ist noch nicht durch eindeutige Funde geklärt. Anscheinend zählten Karbonfarne mit dickschichtiger Sporangienwand (Eusporangiatae) und solche mit dünnschichtiger Sporangienwand (Leptosporangiatae) zu diesem Stammtyp. Neuere Forschungsergebnisse machen wahrscheinlich, daß sich die Oberkarbonfarne noch im Herausbildungsstadium zu den späteren Farnfamilien befanden: Einerseits zeigen sie den für die betreffende Farnfamilie charakteristischen Sporangienöffnungsmechanismus, andererseits besitzen sie mosaikhaft noch Merkmale, die sie mit den Eusporangiaten und den devon-karbonischen Coenopterideen eng verbinden. Darum kommt der Kenntnis aller gestaltlichen und anatomischen Merkmale besondere Bedeutung zu.

Pecopteris plumosa ist in den innervariskischen Becken von Zwickau (DDR) und der Saar (BRD) besonders häufig gewesen. Ihr stratigraphisches Auftreten reicht vom Beginn des Westfals bis ins Unterrotliegende, ihre besondere Häufigkeit liegt im Westfal B—D und im unteren Stefan. Im ganzen euramerischen Florengebiet war sie verbreitet.

76 Annularia sphenophylloides
Oberkarbon, Westfal D; Zwickau (DDR)

Eine kleine und zierliche Beblätterungsform von Calamites; die Blattsterne können 1 bis 2 cm Durchmesser erreichen, erscheinen immer recht voll, da die Blättchen dicht gedrängt stehen und sich kräftig verbreitern. Immer ist eine Mittelader erkennbar, die Spitze der Blättchen verjüngt sich plötzlich, mit der Lupe ist eine kleine aufgesetzte Spitze zu sehen. Das Blattspurbündel soll sich gegen die Blattspitze zu beckenartig erweitern und in eine Wasserausscheidedrüse (Hydathode) münden. Die Sporangienähren dazu sind unter dem Namen Calamostachys calathifera bekannt und ansitzend an einem solchen Blättchenzweig gefunden worden, die ihnen entsprechenden Kalamitenstämme dagegen sind bisher unbekannt geblieben.

Die Blättchen sind in Schichten des Westfals D und Stefans des euramerischen Florengebietes allgemein verbreitet, sie treten aber vereinzelt auch schon im Westfal C auf und sind, wenngleich auch selten, noch im Unterrotliegenden, z. B. auch im Döhlener Becken bei Dresden (DDR), zu finden.

Die ersten und damit ältesten Annulariaformarten sind im Visé gefunden worden, allgemein kann man aber erst vom Namur ab Annularien und Asterophyllites erwarten. Von vielen kennt man die Zugehörigkeit zu bestimmten Stamm- und Blütenformarten. Die letzten sind im Unterrotliegenden und eine Nachfolge- bzw. Reliktart im Kupferschiefer zu finden. Im Angara-Florengebiet kennt man mehrere Annulariaformarten, die jedoch nur der A. stellata unseres Westfal D bis Unterrotliegenden ähnlich sind. Im Cathaysia-Florengebiet wird Annularia stellata angegeben, jedoch auch nicht in völlig sicheren Exemplaren. Im Gondwana-Florenreich (also in der ganzen Südhemisphäre) fehlen unsere Annularia- und Kalamitenarten.

Annularia stellata

77 Sigillaria boblayi

Oberkarbon, Westfal A—B; Zeche »Heinrich Gustav« bei Werne (BRD)

Sigillaria boblayi wurde schon von A. Brongniart 1822 so benannt und 1828 abgebildet. Hier wird ein Original von Dr. W. Koehne (1905) wiedergegeben, der sich um die Bearbeitung der Sigillarien sehr verdient gemacht hat. Das Stück ist in mehrerlei Hinsicht interessant. Es entstammt offensichtlich einer Halde oder einem Abbau, der gebrannt hat, und so ist der Ton in hellem Rot erhalten. Dies ist in keiner Weise ein Schaden für den Erhaltungszustand, denn wie Prof. Dr. W. G. Chaloner (London) 1975 herausgefunden hat, kann durch dieses natürliche Tonabguß- und nachträgliche Tonbrennverfahren die Oberfläche der alten Sigillarienoberhaut mit allen Einzelheiten, sogar den Spaltöffnungsapparaten, erhalten sein. Auch bei diesem Stück gibt es wenige Partien, die unter stärkerer Vergrößerung alte Zellumrisse erkennen lassen. Die zweite Besonderheit ist eine Unregelmäßigkeit in der Anordnung der Blattpolsternarben am oberen Teil des Stückes. Es handelt sich dabei um eine Blütennarbenzeile. Periodisch trieben die Sigillarien ihre Blütenzapfen, die nach dem Abfallen derartige Narbenzeilen hinterließen. Die dritte Besonderheit ist wissenschaftsgeschichtlicher Natur. Dieses Stück wurde als wertvolles Original des Museums für Naturkunde im Verlaufe des zweiten Weltkrieges in die Bergwerksstollen von Rüdersdorf bei Berlin ausgelagert und geriet dort unter Wasser, wobei das Etikett verlorenging. Als in der Mitte der fünfziger Jahre wertvolle Museumsschätze — z. B. der Pergamonaltar — die bei Kriegsende in die Hände sowjetischer Restauratoren gelangt waren, an die DDR-Museen zurückgegeben wurden, war auch dieses Stück dabei. Die Blütenzeile machte es uns möglich, es als das Original zur Sigillarienarbeit von Dr. W. Koehne (1905) wiederzuerkennen. So wird es nach langen Jahren hier zum ersten Mal wieder abgebildet.

Sigillaria boblayi

Die Sigillarien waren Bärlappbäume des Oberkarbons im euramerischen Florenreich. Ihre eigenartigen Stämme hatten einen großen Markraum, einen relativ dünnen Ring von Holz um dieses Mark und eine mächtige Rinde (bis zu 80 %). Außen, an der Rinde, sorgten die immer mitwachsenden Blattpolsternarben für Feuchtigkeitsversorgung und Luftaustausch. Die Stämme endeten, ohne sich zu verzweigen, nach oben mit langen und schmalen Blättern, selten wohl sind ein bis zwei Stammaufgabelungen beobachtet worden. Die Sporenzapfen (Blüten) trieben periodisch direkt unter der Blattregion.

Die Anordnung der Blattpolster in der Rinde folgt auffälligen Gesetzen der Regelmäßigkeit. Demnach unterscheidet man längsrippige, bienenwabenartige und späte Sigillarien (bei denen die Polster auseinanderweichen können).

Es ist schwer, Sigillarienrinden ganz eindeutig zu bestimmen. Hier wollen wir nur folgendes festhalten: Es sind einwandfreie Längszeilen (also Einordnung in die erste Gruppe). Die Blattpolsternarben sind hexagonal, obere und untere Ecken abgerundet, seitliche deutlich spitz. Die Närbchen stehen etwas über der Mitte des Polsters. Querfurchen über den Polstern sind klar erkennbar, nur wenig gebogen und nehmen nicht die ganze Breite der Rippe ein.

Diese Sigillarienformart ist weit verbreitet im Westfal A und B (seltener noch im C) Mitteleuropas, des Donezbeckens (UdSSR) und Kleinasiens. Die längsrippige Gruppe der Sigillarien beginnt schon im Namur B und geht bis zum Westfal C und D. Die bienenwabigen Sigillarien beschränken sich auf Namur C und Westfal A, die späten Sigillarien kennzeichnen das Stefan und das Unterrotliegende.

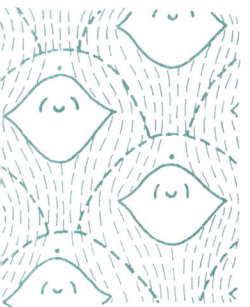

Sigillaria brardi

78 Die Lettenkohlenzeit in Südthüringen (DDR)

Im Lettenkohlenkeuper (Ladin) und im Schilfsandstein (Karn) bildeten sich von Thüringen nach Südwesten bis Basel (Schweiz) reichende Schichten voll von großen Schachtelhalmresten (Equisetites) aus. Meterlange Achsenstücke liegen, oft noch geregelt, auf den in Steinbrüchen freigelegten Schichtflächen. So zeigt auch unser Bild ein Röhricht aus verschiedenen Schachtelhalmgewächsen (Neocalamites, Equisetites). Im Vordergrund sind die großen Blätter von Chiropteris lacerata dargestellt, wahrscheinlich ein Farnblatt, das der damaligen und heutigen Familie der Dipteridaceen zugerechnet werden kann. Links im Bild und neben Chiropteris sind die grazilen Wedel von cycadeenartigen Gewächsen zu erkennen (s. auch S. 209), wie sie in großer Menge im Lunzer Sandstein (Österreich) gefunden wurden. Die Pflanzenfossilien des Lettenkohlenkeupers waren in früheren Jahren in einem kleinen Privatmuseum in Bedheim bei Hildburghausen (DDR) ausgestellt. Alle Exponate dieses Museums verdankten dem Arzt Dr. Rühle von Lilienstern (1882 bis 1946) ihre Aufstellung. Zahlreich waren die Funde von verschiedenen Equisetites-arenaceus-Stücken, Achsen, Rhizomknollen, Blüten (Sporophyllstände). Die Paläobotanik verdankt diesem Privatsammler die Rekonstruktion des keuperzeitlichen Cycadeengewächses Dionitocarpidium pennaeforme 1928. Alle Funde, darunter auch den eines Mastodonsaurus acuminatus, also eines altertümlichen Panzerlurches, vereinigte er nicht nur in seinem Museum, sondern benutzte sie darüber hinaus als Motive in einem Bildentwurf. Von C. Reimer wurde nach diesem Entwurf ein Aquarell gestaltet, das zusammen mit allen Stücken des Museums dem Museum für Naturkunde der Humboldt-Universität zu Berlin (DDR) 1970 in Form einer Schenkung übergeben wurde. Die Reproduktion des Vegetationsbildes der Lettenkohlenzeit in diesem Buch soll gleichzeitig eine wissenschaftliche Würdigung der paläobotanischen Leistung Dr. Rühles von Lilienstern sein.

79 Ptilophyllum pectinoides

Mitteljura; Scarborough, Yorkshire (England, Großbritannien)

Ein fein aufgefiedertes Bennettiteenblatt mit schräg ansitzenden, schmalen,

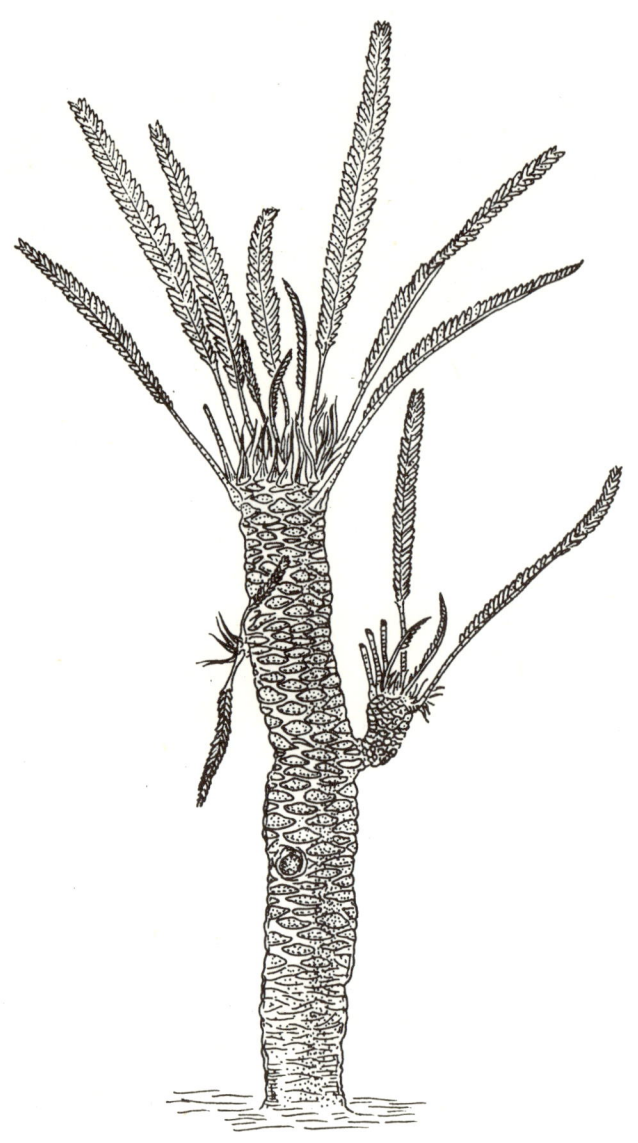

Eine zeichnerische Rekonstruktion von **Williamsonia sewardiana** mit Ptilophyllum-Blattwedeln (nach Prof. Dr. B. Sahni 1932)

allmählich spitz zulaufenden, also langen Fiedern. Es gibt am gleichen Fundort noch einen sehr ähnlichen Blattyp, aber mit kürzeren Fiedern. Schon vor 150 Jahren waren beide Typen abgebildet worden — der mehr kurzblättrige Typ heißt heute Ptilophyllum pecten. Es lag nahe, beide für identisch zu halten und unter den Begriff P. pecten zu bringen, aber die Untersuchung der Epidermisstruktur durch Prof. Dr. T. Harris 1968 zeigte einen Unterschied. Sicherlich sind beide Arten sehr nahe verwandt gewesen. So einfach und so klar die Form des Blattes ist, so kompliziert ist die Struktur der Zellen der

Oberhaut (Epidermis) des Blattes. Die Seitenwände der Epidermiszellen sind geschlängelt, die Spaltöffnungsapparate liegen als aus einer Zelle entstandene Komplexe — die Dreiteilung der Mutterzelle ist noch deutlich erkennbar — nur auf der Blattunterseite. Bei vielen Bennettiteen sind die zwei Schließzellen unter das Blattniveau eingesenkt, daher etwas länger und mit der Rückseite an die Nebenzellen angefügt (s. auch S. 57). Bei Ptilophyllum-Epidermis-Strukturen ist die Schlängelung noch eindrucksvoller, und die Spaltöffnungsapparate werden durch je eine Warze auf jeder Nebenzelle überdeckt. So kann man schon an winzig kleinen Fiederstücken die Zugehörigkeit nachweisen. Die Verbreitung war sehr groß. Nicht nur in Europa, auch in Indien, Japan und China sind nahe verwandte Ptilophyllumarten in großer Menge bekannt geworden. Sogar in Argentinien hat man solche Funde gemacht. Nach Prof. Dr. T. Harris soll Ptilophyllum pecten ebenso wie auch die anderen Arten große Waldbäume gebildet haben. Ptilophyllum existierte vom Rät bis zur Unterkreidezeit, 100 Millionen Jahre lang!

80 Asterophyllites longifolius
Oberkarbon, Namur B; Ziegelei Vorhalle bei Hagen (BRD)
Beblätterte Kalamiten — das sind im Falle von Asterophyllites lange, dünne Seitenzweige, an denen in regelmäßigem Abstand die nach oben gerichteten schmal-linealen Blätter stehen, Blätter mit einer Mittelader, basal zu einer Blattscheide verwachsen. Der deutsche Name Schachtelhalm zielt auf das Grundproblem dieser Kalamiten: ihr an den Knoten erfolgendes Wachstum. Das Achsenwachstum hat sich bei diesem besonderen Landpflanzentyp auf ganz bestimmte Zonen lokalisiert, auf die basalen Zonen jedes am Knoten endenden Achsenabschnitts. Harmonikaartig wächst der Schachtelhalm in die Länge. Die Blattscheiden reißen dabei auf und bilden heute die kleinen Schachtelhalmblattzähnchen, damals die schönen großen Asterophyllites- oder Annulariablätter. Der heutige Ackerschachtelhalm besitzt eine derbe Bohrspitze, in der teleskopartig eingeschachtelt die folgenden Achsenabschnitte liegen. Wie war es aber damals? Im Museum für Naturkunde in Berlin (DDR) existiert ein schöner Fund eines Asterophyllites longifolius aus der Namur-B-Stufe der Ziegelei Vorhalle bei Hagen (BRD): ein Stammstück mit nach oben sich stark verkürzenden Achsenabschnitten (Internodien), an den Knoten mit nach oben gerichteten Asterophyllitesblättern besetzt. Nur an einigen Knoten entspringen je zwei Seitenäste, die, voll entwickelt, langgestreckt und schön beblättert, der Hauptachsenspitze weit vorauseilen, sie also übergipfeln. Produzierte vielleicht ihr Blattgrün die Kraft, die die Hauptachse wachsen ließ? Die Wachstumszonen an jedem Knoten unterbrachen ja schließlich die wasserleitenden toten Zellkanäle, das spätere Holz. Saftleitende Gewebe (Phloem) scheinen zu dieser Zeit bei Kalamiten immer noch zu fehlen. Dann also muß sich das sekundär in die Dicke wachsende Holz von Calamodendron erst nach Abschluß des Längenwachstums der Achse entwickelt haben, zwei hart aneinanderstoßende Phasen des Wachstums also: die formausbildende (Assimilationsflächen ausbildende) Phase und — diese sofort ablösend — die holzausbildende Phase. Prof. Dr. M. Hirmer zeigt in seinem 1927 erschienenen Handbuch der Paläobotanik einen Querschliff, in dem die ersten wasserleitenden Zellen (Protoxylem) durch die wachstumsbedingte Längsdehnung zerrissen sind.

Asterophyllites equisetiformis dagegen ist die häufigste Asterophyllitesformart vom Westfal A bis zum Unterrotliegenden. Sie tritt in zwei Formen oder Unterarten auf: f. typica mit kleineren Blättchen im Westfal A—C des meeresbeeinflußten (paralischen) Festlandbereiches und f. schlotheimi mit robusteren Blättchen im Westfal D von Piesberg (BRD) und Zwickau (DDR), im Stefan, z. B. von Wettin (DDR), und im Unterrotliegenden.

81 Calamodendron striatum

Unterperm, Unterrotliegendes; Karl-Marx-Stadt/Hilbersdorf (DDR)

Wenn Kalamitenstämme als Chalzedon erhalten sind, dann sind sie intuskrustiert. Die Zellinnenräume sind durchsichtig erhalten, oft von einem kleinen Kristall erfüllt, die Zellwände jedoch zeigen eine komplizierte Substitution der ehemals organischen Substanz, die wohl wie eine Membran gewirkt haben muß. Sie wurde detailgetreu mit allen Zellwandstrukturen in kryptokristalline Mineralsubstanz umgewandelt, in der Mangan, Eisen und Kohlenstoff die Färbung übernahmen. Es gibt auch fossile Hölzer in Karl-Marx-Stadt, bei denen statt in Kieselsäure in Flußspat die Intuskrustation erfolgte. Die Erhaltung der Zellwände ist im Dünnschliffbild ebensogut.

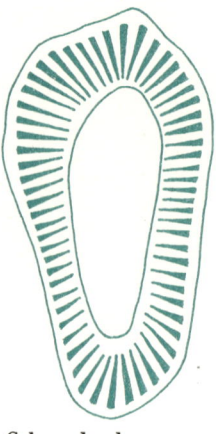

Calamodendron

Kalamitenstämme entsprangen unterirdischen, waagerecht kriechenden Rhizomen. Es gab unverzweigte, vielverzweigte und periodisch verzweigte Kalamiten. Die strukturbietenden, intuskrustierten Kalamitenstämme werden in drei Formgattungen unterschieden, die aber nur durch Einzelheiten in der Ausbildung der Markstrahlen voneinander abweichen. Sie vermitteln uns vor allem ein echtes Bild von der Holznatur dieser Röhrenstämme. Mark ist nur bei ganz jungen Trieben erhalten. Zu Lebzeiten der Kalamiten bildete sich sehr bald ein großer, zentraler Markhohlraum, der wohl auch einer Durchlüftung bis zu dem Rhizom (Erdstamm) und den Wurzeln dienen konnte. An den Knoten wurde das Mark zuletzt aufgelöst.

Von außen führten oberhalb und unterhalb der Knoten — als kleine Punkte am Marksteinkern erkennbar — kleine Luftkanäle (Nodalkanäle) durch das Holz und mündeten frei im Markhohlraum.

Das bei Schachtelhalmen namengebende Streckungswachstum wird in der ersten Ausbildungsphase des Kalamitenstammes ebenfalls sehr wirksam gewesen sein. Die ersten der Wasserleitung dienenden Holzzellen (Protoxylem) zerrissen im Wachstumsprozeß und zeigen sich als etwas, was den Karinalkanälchen der heutigen Schachtelhalme entspricht. Sicherlich sind Kalamitenstämme schnell gewachsen, aber wie lange sie durch dieses sekundäre Dickenwachstum mehr und mehr Holzstamm werdend überdauerten, wissen wir nicht. Die sehr dicken Markstrahlen wechseln regelmäßig mit dem Holz und bedingen die deutlich sichtbare Radialstruktur. Bis zu 7 cm dick kann das Holz sein, doch Jahresringe sind nie ausgebildet. Die vorliegende Gattung ist dadurch gekennzeichnet, daß zwei breite Radialbänder aus dickwandigen Faserzellen in ihrer Mitte ein dünnes Parenchymband einschließen.

Calamodendron striatum ist im Unterrotliegenden von Karl-Marx-Stadt und in Autun (Frankreich) häufig zu finden. Es ist identisch mit Calamites multiramis und gehört zu der Gruppe von Kalamiten, bei denen von allen oder von nahezu allen Knoten mehrere oder viele quirlig gestellte Äste abgingen. Von dieser Kalamitenform des Westfals, Stefans und Unterrotliegenden sind Stämme bis zu 16 cm Durchmesser bekannt. In inkohltem Zustand sind sie recht häufig; man kennt auch ihre Beblätterung, die — weil immer isoliert gefunden — einen eigenen Formgattungs- und Formartnamen hat: Annularia stellata. Die großen Blattquirle bzw. Sterne von mehr als 5 cm Durchmesser und die als Calamostachys tuberculata bekannten Blüten sind häufig und oft in sehr schönen Exemplaren zu finden.

Die verschiedenen botanisch-paläobotanischen Begriffe (Calamodendron

Annularia stellata

striatum/Calamites multiramis/Annularia stellata/Calamostachys tuberculata) kennzeichnen verschiedene Formen ein und derselben Gattung und Art. Man behält diese Formgattungs- und Formartbegriffe bei, obwohl es sich nur um die einzelnen Organe und unsere Kenntnis einer einzigen Pflanze handelt, die selbstverständlich nur einen Namen haben kann. Da bei allen diesen Begriffen noch einige weitere Formarten mit einbezogen sind, steht noch nicht fest, welcher Begriff eng und eindeutig genug die ehemals natürliche Art umreißt.

82 *Callipteris martinsi*

Oberperm, Kupferschiefer; Eisleben (DDR)

Die letzten Reste der Karbon-Unterperm-Florenentwicklung in Mitteleuropa kondensieren sich in den seltenen Funden von Pflanzenresten im Kupferschiefer. Es treten Sphenopterisarten mit Gabelwedeln und eine letzte Callipterisart auf. Hier wird der schönste und vollständige Fund einer Kupferschiefer-Callipteris wiedergegeben, ein 17 cm langer Wedel. Er ist durch die Aufmerksamkeit vieler Bergleute erhalten geblieben und war lange Zeit Glanzstück einer Privatsammlung in Eisleben.

Einzelne Callipteris-martinsi-Bruchstücke sind in Frankenberg (BRD) und im letzten Jahrzehnt im Niederrheingebiet (BRD) beim Abteufen neuer Schächte geborgen worden. Es sind dies meist wenige Zentimeter kleine Fiederstücke, an denen die nur 3 bis 4 mm langen Blättchen teils dicht, teils locker sitzen. Schon vor Jahrzehnten gelang es Prof. Dr. W. Gothan, derartige Callipterisblättchen zu mazerieren. Dabei stellte er eine große Übereinstimmung der Epidermisstruktur dieser letzten Callipteris in Mitteleuropa mit der wesentlich größerblättrigen Callipteris conferta des Unterrotliegenden fest. Prof. Dr. H.-J. Schweitzer hat in den letzten Jahren derartige Untersuchungen an niederrheinischem Material fortgesetzt und konnte dabei auch entwicklungsgeschichtlich neue Merkmale erkennen, die nach seiner Meinung eine Beziehung zu der in der Obertrias (Rät/Keuper) auftretenden Lepidopteris ottonis herstellen. Papillen auf den Epidermiszellen und unter papillöse Nebenzellen eingesenkte Spaltöffnungsapparate hatten schon Prof. Dr. W. Gothan und Dr. K. Nagalhard 1922 in Berlin festgestellt; Prof. Dr. W. Remy hatte 1953 Papillen bei der unterrotliegenden Callipteris conferta beobachtet. Offenbar hatte die Gattung Callipteris eine Anpassung an zeitweilig trockene Lebensbedingungen erreicht, die in der Kupferschieferzeit ihrem Höhepunkt zustrebte. Neu ist die Beobachtung einer gelegentlichen Maschenaderung bei Callipteris martinsi durch Prof. Dr. H.-J. Schweitzer.

Unser Stück zeigt eine dicke, plumpe Rachis und einen zuerst vereinzelten, dann sich steigernden Blättchenbesatz am Wedel. Die differenzierteste Ausbildungsform erreicht der Wedel erst an seiner Spitze. Zwischenfiedern und herablaufende Fiedern sind am hier abgebildeten Stück und bei zahlreichen Funden bekannt. In der Literatur werden ein dreifach gefiedertes Wedelstück von Callipteris martinsi und ein gelegentlich gegabelter Wedel erwähnt. Sonst bestehen jedoch keine Unterschiede zwischen der unter- und oberpermischen Callipteris. Insbesondere verbindet beide die Existenz von Spaltöffnungen sowohl auf der Blattoberseite als auch auf der Blattunterseite. Auf diese blattanatomischen Konsequenzen macht eine neue Untersuchung von Dr. M. Barthel und Dr. H. Haubold (1978) aufmerksam. Callipteris erweist sich damit als gewissermaßen mesophytisches Element bereits zur Zeit des Perms.

Die Entwicklung zu den Arten der Trias wird allerdings nicht von unserer Kupferschiefer-Callipteris, sondern von Callipterisarten des Angaragebietes in Sibirien (UdSSR) und der Cathaysia-Florenprovinz (VR China) fortgesetzt, wo großblättrige Callipterisarten auch in oberpermischer Zeit weiter existieren. Neuere Funde im Plattendolomit von Geithain und Crimmitschau, im Plattendolomit von Frohburg und in der grauen Folge von Culmitzsch und Gauern (alle DDR) bestätigen, daß auch alte Aufschlüsse noch Zechsteinpflanzen, darunter Callipteris martinsi, bieten.

83 Ullmannia frumentaria
Oberperm, Kupferschiefer; Eisleben (DDR)

Es ist der häufigste mit Nadeln besetzte Zweigtyp im Kupferschiefer. Dicht- und kurznadelige Zweige treten auf, die man als Sonnenzweige ansieht, und Zweige, an denen die Nadeln etwas länger sind, locker stehen (unsere Abbildung) — man betrachtet sie als Schattenzweige. Sicherlich spielen bei den beiden Ausbildungsformen der Zweige auch schroffe Unterschiede in der Niederschlagsmenge der Kupferschieferzeit eine Rolle: Dr. H. Ullrich bildete 1964 den Querschnitt eines koniferenartigen Holzes mit vier ausgeprägten Zuwachszonen (Jahresringen) ab, Prof. Dr. H.-J. Schweitzer gab 1960 einen vollen Achsenquerschnitt mit sieben Zuwachszonen wieder. Die Holzfunde dazu stammten im ersten Fall aus Trünzig bei Gera (DDR), im zweiten Fall aus dem Schacht Rossenray in Kamp-Lintfort (Niederrhein, BRD).

Von den Ullmannia-frumentaria-Nadeln haben beide Wissenschaftler vorzügliche Mazerationspräparate hergestellt, die zahlreiche, deutlich in Längsreihen angeordnete Spaltöffnungen auf der Nadeloberseite wie auch auf der Nadelunterseite zeigen. Die Kalkkonkretionen aus dem Kupfermergel des niederrheinischen Zechsteins haben neben Holz- und Zweigresten, Koprolithen und Fischen ganz vereinzelt auch männliche und weibliche Zapfen von Ullmannia frumentaria geliefert. Männliche Zapfen sind bei 1 cm Durchmesser etwa 2 cm lang und tragen wie die Zweige ihre Blätter — hier also Sporenblätter — schraubig. Die 4 mm langen Stiele stehen senkrecht von der Achse ab und enden in einem rhombischen Schildchen von 6 mm Länge, das auf der inneren Seite der unteren Hälfte acht schlauchförmige, 4 mm lange Pollensäcke trägt, während die obere Hälfte das anschließende Schildchen überdeckt. Weibliche Zapfen sind aus dem Zechstein bei Gera (DDR) gut bekannt und gleichen Zweigen mit 1 cm großen Beeren, die allerdings Zapfenschuppen sind. Bei der Fruchtschuppe sind die fünf Schuppenblättchen zur kugeligen Samenanlage verwachsen. Die innere Struktur dieser Samenanlagen konnte an niederrheinischem Material untersucht werden. Originell ist, daß solche Samenanlagen in Koprolithen von Protorosaurus (einem eidechsenähnlichen Reptil) nahezu unverdaut gefunden wurden. Die Koniferenflora des Zechsteins umfaßt außer der kurznadeligen Ullmannia bronni noch die langnadelige Pseudovoltzia liebeana und die zwei lang- und rundnadeligen Quadrocladusarten Q. solmsi und Q. orobiformis. Lediglich in der Nähe von Gera (DDR) ist ein breitschuppiger Nadelzweigtyp gefunden worden, den Dr. H. Ullrich 1964 Culmitzschia genannt hat.

Nur aus dem Gebiet von Mansfeld und Eisleben (DDR) sind die zungenförmigen Blätter von Taeniopteris eckardti bekannt, offenbar stammen alle Funde von einem kleinen Verbreitungsgebiet dieser Pflanze östlich von Mansfeld und Eisleben. Ob es sich dabei um einen Farn oder um ein Cycadeengewächs gehandelt hat, ist immer noch ungeklärt. Unbedingt erwähnt werden müssen die Funde von Sphenobaiera digitata und Neocalamites mansfeldicus, weil dieser Ginkgovorfahre und diese in Mitteleuropa letzte Calamites- und Annulariaart eine Flußufervegetation belegen, die zumindest zeitweilig auch feuchtes Klima bestätigt.

84 *Macrotaeniopteris?*
Taeniopteris haidingeri
Pterophyllum macrophyllum
Obertrias, mittlerer Keuper; Lunz (Österreich)
Der 300 m mächtige Lunzer Sandstein, der altersmäßig der Karn-Stufe zugeordnet wird, enthält eine einzigartige Flora von Cycadeen, Bennettiteen,
Caytoniales, Ginkgogewächsen und Farnen. In den Paläobotanik- und Bota-
niklehrbüchern haben die Namen und Abbildungen von Bennettiteenblüten
wie Sturianthus langeri und Westerheimia pramelreuthensis Eingang gefunden oder behaupten ihren sicheren Platz. Es wird wohl jeden zutiefst erstau-
nen, wenn er erfährt, daß z. B. die nur 3 bis 5 mm im Durchmesser messende
flach scheibenförmige Sturianthus-Bennettiteen-Blüte zweigeschlechtig war,
an bis 5 mm langen Stielchen saß und gleich in drei bis zehn Exemplaren an
einer Achse gefunden wurde. Prof. Dr. R. Kräusel berichtete darüber erstmalig
1948 sowie 1950.
Auch Westerheimia ist als eine der ältesten Bennettiteen erstaunlich hoch-
entwickelt: Eine Achse oder ein Zweig mit querrhombischen Narben trägt ein
fiedriges oder locker zapfenförmiges Organ mit nur weiblich sich ausbilden-
den Bennettiteenblüten.
Die langen, zungenförmigen Ginkgogewächsblätter von Glossophyllum
florini belegen ein ganz und gar nicht ginkgoförmiges Blatt — daneben treten
durchaus ginkgoartige Blätter von Ginkgoites lunzensis auf, auch dazugehörige Staubblattorgane sind gefunden worden. Von Koniferen- und Caytonia-
leszapfen wird berichtet. Ganz besonders häufig in den Sammlungen aber
sind die in unserem Bild wiedergegebenen Blattreste.

Wenn Taeniopteris haidingeri ein zykadeenartiges Gewächs war, müßte es so
ausgesehen haben.

Unsere Abbildung zeigt (oben im Bild) ein Wedelstück von Pterophyllum macrophyllum. Der Artname ist vorläufiger Natur. Die Beziehung oder Zugehörigkeit zu P. longifolium oder jaegeri ist mehrfach diskutiert worden, aber die Fachgelehrten der vierziger bis sechziger Jahre haben sich nicht eindeutiger festgelegt. So wollen wir es hier bei dem von Prof. Dr. R. Kräusel zitierten Namen belassen. Noch offener ist die nomenklatorische Frage bei dem schönen Blattrest, der mit Recht im Mittelpunkt unserer Abbildung steht: Taeniopteris haidingeri. Die Lunzer Schichten sind stellenweise voll von solchen großen, bananenblattähnlichen Resten! Die nicht abgebildete Rückseite unseres Stückes zeigt ein 10 cm breites, unzerteiltes Blatt, in der Literatur wird sogar von 20 cm breiten Blattresten berichtet. Seit über 100 Jahren ist für solche Reste der Name Macrotaeniopteris in Gebrauch. Man hat längs zusammengeklappte derartige Blätter gefunden, im Mittelraum mit dachziegelartig sich überdeckenden Staubblattorganen. Demnach könnte es sich um eine Cycadeengattung handeln, wie sie bereits Prof. Dr. R. Florin 1933 aus dem Rät Schwedens beschrieben hat. Tatsächlich sind aus Lunz fossile Fruchtblätter einer cycasartigen Pflanze (Dioonitocarpidium) bekannt. Aber nach Prof. Dr. R. Florin soll die von Prof. Dr. R. Kräusel 1921 abgebildete Struktur der Blattunterseite von Macrotaeniopteris simplex bennettiteenartig sein. Macrotaeniopteris als Begriff symbolisiert eine charakteristische Blattform, die sicherlich parallel in konvergenter Entwicklung von Cycadaceae, Bennettiteen und vielleicht auch Farnen (Marattiaceen) entstand. Unser Bild zeigt in Taeniopteris haidingeri eine sich zykadeen-bennettiteenhaft unterteilende Form. Ihre Zugehörigkeit zu einer der gefundenen oder noch zu findenden Blüten muß noch ermittelt werden. Unsere Taeniopteris haidingeri kommt auch in Anina (SR Rumänien) vor. Überhaupt werden recht viele Macrotaeniopteris- und Taeniopterisarten bis zur oberen Kreidezeit hin aus vielen Ländern und Kontinenten angegeben, und sicherlich handelt es sich um zwar äußerlich ähnliche, aber sonst grundverschiedene systematische Zugehörigkeiten. Die Evolution hat im Mesophytikum die Epidermisstruktur, den Spaltöffnungsapparatebau, die Stammanatomie und vor allem die Blütenmorphologie und ihre Anatomie erfaßt, die Blattformen hingegen variieren nur geringfügig. Um so wesentlicher sind die seltenen Frucht- und Blütenfunde, bei denen man auf jeden Hinweis einer Zusammengehörigkeit achten sollte. Überraschende Funde sind nicht auszuschließen!

85 *Sagenopteris nilssoniana*

Lias; Theta bei Bayreuth (BRD)

Der alte Name S. rhoifolia wird immer mehr ersetzt durch den obengenannten Namen, der als Artname auch älter ist. Der Gattungsbegriff (und der Artname rhoifolia) geht auf C. Presl (veröffentlicht im Werk von K. v. Sternberg, 1838) zurück, der Artname auf A. Brongniart (1824), der ihn mit nur einem »s« schrieb, was von vielen Autoren in die Schreibweise mit zwei »s« überführt wird. Typisch sind die zungenförmigen Blätter mit Mittelader und Maschennervatur. Oft findet man sie einzeln, z. B. in Rätgeschieben, im Lias des Quedlinburger Sattelkerns (DDR) oder als ganzes Blatt mit langem Stiel und vier fingerförmig ansitzenden Blättern im Lias von Bayreuth. Einzelne Blätter einer Art, die insgesamt schmal- und kleinblättriger waren, finden sich noch in den unterkreidezeitlichen Wealdenablagerungen: Sagenopteris mantelli. Nach der äußeren Form kann man die Sagenopterisarten nur wenig unterscheiden, ihre Epidermisstrukturen hingegen zeigen Unterschiede. Seit man die Samenanlagen in Form von Knötchen kennt, in denen mehrere Sa-

Sagenopteris nilssoniana

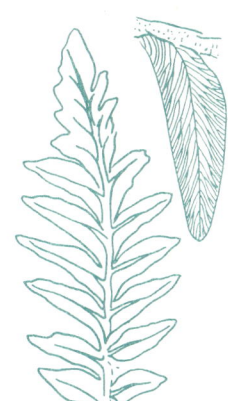

Thinnfeldia rhom-
boidalis aus dem Lias
von Nürnberg (BRD)

menanlagen tief eingesenkt sind, weiß man, daß sie eine damals sehr hochentwickelte Pflanzenfamilie (oder Ordnung: Caytoniales) darstellten, die die
Samenfarnentwicklung des Karbons in mesophytische Zeit fortsetzte. Fossile
Sagenopterisblätter sind auch in anderen Ländern und auf anderen Kontinenten weit verbreitet. Nach Dr. R. Weber (1968) wuchsen Sagenopteris nilssoniana, Nilssonia polymorpha und Thinnfeldia saligna gemeinsam und bildeten eine Pflanzengemeinschaft feuchter, gewässernaher Standorte.

86 Nilssonia polymorpha

Lias; Theta bei Bayreuth (BRD)

Die Nilssonien haben unverkennbar etwas Zykadeen- oder Bennettiteenhaf-
tes. Bei allen Arten, die unterschieden werden, finden wir den gleichen Typ
des Fiederwedels mit einfachen, kurzen Blattspreitensegmenten. Es gibt eine
Art, bei der diese Segmente verschmolzen sind, so daß ein einheitliches, lang-
gestrecktes Blatt entsteht — Nilssonia orientalis. Bei der relativ kleinblättrigen Art Nilssonia minima dagegen entstehen Lücken zwischen den relativ
schmalen Segmenten. Nilssonia polymorpha ist die häufigste in den Sammlungen, die aus den Rät-Lias-Übergangsschichten von Bayreuth stammen.
Für Nilssonia typisch, ist die Blattspreite so an der Blattachse befestigt, daß
man diese von oben gar nicht sehen kann. Die Blattspreitenhälften stoßen
über der Rachis an einer dünnen Linie zusammen. Von der ehemals derbledrigen Blattspreite lassen sich unschwer Mazerationspräparate herstellen.
Sie zeigen ein Epidermisbild, wie es etwa für Zykadeen typisch ist, das
Wachstum des Holzstranges im Blatt ist allerdings nicht zweiseitig. Die Samen wurden bei Nilssonia von einem sehr locker gebauten Zapfen getragen,
der wie ein Achsengebilde aussieht, in dem langstielig zweisamige Zapfenschuppen stehen. Dies belegt, daß die Nilssonien eine eigene Gruppe (Familie
oder Ordnung) neben den Zykadeen darstellen und mit ihnen näher verwandt sind. Sie existierten vom mittleren Keuper (z. B. Lunz, Österreich) bis
zur Oberkreidezeit.

Nilssonia polymorpha ist gar nicht so polymorph, wie es der Name an-
deutet, allerdings können beinahe völlig verschmolzene Blattsegmente vorkommen. Die Segmentlänge wechselt zwischen 1 und 3 cm. An der Spitze
noch eingerollte Blätter sind ebenfalls gefunden worden. Die Blätter standen
in Schopfform. Dem japanischen Paläobotaniker Prof. Dr. T. Kimura gelang
vor wenigen Jahren ein Fund, der eine nur 5 mm dicke Achse zeigt, an der
kleine Nilssoniablätter wechselständig in Büscheln aus drei bis sieben Blättern wuchsen. Ob es sich um einen Schopf (Kurztrieb) oder um ein drei- bis
siebenfach aufgeteiltes Blatt handelt, sollte durch weitere Funde geklärt werden; Prof. Dr. Kimura deutet die letztere Möglichkeit an. Demnach waren
die Zweige der Nilssonien schon nicht mehr zykadeenhaft, ein gewichtiger
Grund, nach mehr Material zu suchen!

In den Erlanger Geologischen Abhandlungen 1968 berichtet Dr. R. Weber
über seine Funde und Untersuchungen in den Rät-Lias-Schichten von Bayreuth und widmet sich der Frage fossiler Pflanzengemeinschaften. Auch auf
unserem Fundstück ist ein bandförmiges schwarz-kohliges Blatt zu erkennen
(links unten), das den Farn Marattia intermedia (frühere Namen: Taeniopteris bzw. Marattiopsis muensteri) darstellt, und ohne Kohlenbelag (Impression) sieht man deutlich die Umrisse des langsegmentigen Farnes Dictyophyl-
lum muensteri. Diese Blattreste sind zusammengeschwemmt im Ton eingebettet (Totengemeinschaft), verdeutlichen aber gleichzeitig das gemeinsame
Vorkommen in einer liaszeitlichen Buschwaldgemeinschaft.

Leider ist der Ton pyrithaltig und deshalb sehr empfindlich. Sammlungsstücke davon müssen daher besonders vorsichtig und sorgsam behandelt werden, damit ihre volle Aussagekraft gewahrt bleibt.

87 *Ginkgoites huttoni*
Mitteljura; Yorkshire (England, Großbritannien)
Die ältesten Ginkgoblätter finden sich schon in permzeitlichen Schichten, so
Sphenobaiera digitata aus dem Kupferschiefer von Eisleben und sogar aus
den Goldlauterer Schichten von Friedrichroda im Thüringer Wald (beides
DDR). Unsere hier abgebildete Art Ginkgoites huttoni mutet dagegen schon
ganz modern an, alle Blätter der heute lebenden Ginkgo biloba und ihrer
Vorgänger sind nach dem gleichen Prinzip aufgebaut. Die Blattadern gehen
von einer in der Rinde liegenden Gabelung aus, damit treten bereits zwei
Adern in den Blattstiel, in der Blattfläche vermehren sie sich dachziegelartig
übergipfelnd. Die in der Rinde liegende Gabelung stellt sicherlich ein altes
Merkmal dar, identisch mit sich gabelnden Wedeln in der Karbonzeit
(s. Sphenopteridium, Spathulopteris, Mariopteris). Neuartig allerdings ist,
daß diese Gabelung in die Rinde zurückverlegt wird. Obwohl das Blatt im
ganzen so einfach aufgebaut ist, entstanden im Verlaufe der vergangenen
260 Millionen Jahre etwa 50 morphologisch-anatomisch unterscheidbare
Arten.
Darunter sind einige mit schmalen, bandartigen Blattabschnitten und sogar eine Sonderentwicklung mit dünnen, schmal nadelförmigen Blattabschnitten und locker aufgebauten Zapfen mit gelappten Zapfenschuppen. Irgendwie
steht die Gattung Czekanowskia zu den Ginkgogewächsen wie die Eibe
(Taxus) zu den Koniferen — eine nahe Parallelentwicklung. Auch die fossilen
Ginkgoblätter variieren in ihrer Form. Unser Bild zeigt als Normalfall von
Ginkgoites huttoni mehrere große, breite, freie Blattlappen. Bei der gleichzeitig lebenden Art Ginkgoites digitata sind teils schmale Blätter mit nur
zwei Blattlappen, die am Blattrand noch einmal eingekerbt sein können, teils
kleine geschlossene Blattflächen üblich. Bei Ginkgoites sibirica sind viele
(etwa zwölf) zungenförmige Blattlappen normal. In den vergangenen zehn
Jahren wurden in Großbritannien, Schweden, der Sowjetunion und Japan
wissenschaftliche Untersuchungen über fossile Ginkgoarten veröffentlicht.
Grundlegend sind die Arbeiten von Prof. Dr. T. Harris (Großbritannien), insbesondere der 1974 erschienene vierte Band seiner »Yorkshire Jurassic
Flora«. Die sowjetischen Arbeiten belegen mit vielen schönen Funden, wie
die Ginkgoartigen in der Kreide- und Tertiärzeit sich nach Ostsibirien zurück-
zogen, wie also ihr heutiges letztes Refugium im chinesischen Raum entstand.
Die Arten, die der heutigen Ginkgo biloba recht nahestanden, ordnet man
in die Formgattung Ginkgoites ein. Stärker abweichende Blattypen nennt
man Baiera und solche mit schmalen, bandartigen Blattlappen Sphenobaiera.
In jungtertiären Ablagerungen Mitteleuropas war Ginkgo adiantoides mit
geschlossener, nur in der Mitte geteilter Blattfläche noch vertreten. Diese Art
verschwand erst nach dem Pliozän, bei Frankfurt/Main (BRD) ist sie in einer
Pliozänflora noch nachgewiesen worden.

88 *Die Barrême-Zeit*
Die Vorstellungen zu diesem Vegetationsbild der Unterkreide des Vorharzes
reiften mit den Funden fossiler Pflanzen, die, großenteils aufrecht stehend
und auf erhalten gebliebenen Wurzelböden wurzelnd, seit der Jahrhundertwende bei Quedlinburg (DDR) gefunden wurden. Zuerst in Worte gekleidet,

Hausmannia kohlmanni

später durch die Rekonstruktion einzelner Pflanzen bereichert, wuchs die bildhafte Vorstellung. Prof. Dr. K. Mägdefrau veröffentlichte 1948 eine Skizze in seinen »Vegetationsbildern der Vorzeit«. In diesem hier erstmalig veröffentlichten Ölgemälde von Frau Eugenie Tanger (im Besitz des Museums für Naturkunde, Berlin) wurden die Untersuchungsergebnisse des Autors aus den Jahren 1952 bis 1970 dargestellt. Weggelassen sind die Funde von Nathorstiana und Hausmannia, weil diese aus einem tieferen Horizont des Quedlinburger Sandsteins stammen. Es wird eine versandende Wasserfläche — etwa eine Flußmündung (s. S. 45) — angenommen, an der sich zahlreiche Exemplare von Stiehleria (z. B. links im Bild), daneben kleine Farnblätter von Matonidium göpperti und dann die großen, flachliegenden Blattschirme von Weichselia reticulata (Abb. 89) mit den sporangientragenden, blattlosen Wedeln im Zentrum angesiedelt haben. Vorn in der Mitte liegen einige von weither eingewehte Wedelreste von Pseudocycas. Ob die Weichselia und die Stiehleria miteinander verwandt oder identisch sein können, sagt diese Bilddarstellung nicht aus. Sie zeigt lediglich, was im Gestein aufrechtstehend und wurzelnd zu beobachten ist, so z. B. die dichten Stiehleriabestände. Allerdings kennen wir das Rätsel der Lebensweise von Stiehleria und Weichselia nicht vollständig. Könnte Stiehleria eine völlig andersartige, der Überdauerung regenarmer Trockenzeiten angepaßte Ausbildungsform von Weichselia sein, sozusagen ein Scheinstamm, der nur aus Rachisbasisstücken besteht? Überlassen wir die Entscheidung über diese Version neuen Funden!

89 Weichselia reticulata

Unterkreide; Geschiebefund aus Klein Lantow bei Laage (Bezirk Rostock, DDR)

Weichselia reticulata —
Sorus aus Sporangiengruppen

Das hier abgebildete Exemplar lag bereits Prof. E. Geinitz 1882 und Prof. Dr. A. G. Nathorst 1890 vor. Schon Prof. Dr. E. Geinitz war von den senkrecht eingebetteten Blättchen fasziniert und schrieb: »... ihre Fiederchen liegen nicht in einer Ebene, sondern sind (wie die Flügel eines sitzenden Tagschmetterlings) zu einem nahezu rechten Winkel rückwärts gebogen.« Die Maschennervatur läßt sich an diesem Stück zwar schwer, aber dennoch eindeutig erkennen. Für Prof. Dr. A. G. Nathorst war allerdings auch die Rückseite dieses Fundstückes von besonderem Interesse, da sie einen großen Wedelrest ohne Weichseliablattspreite, dafür aber mit zahlreichen 3 bis 4 mm großen, kugelförmigen Sporangiengruppen (Sori) zeigt. Er schreibt: »Der erste Eindruck, welchen man bei Betrachtung des Restes erhält, ist, daß es sich um einen fertilen Onoclea-ähnlichen Farn handeln muß. Betrachten wir aber die kugeligen Eindrücke genauer, so finden wir, daß die Oberfläche bei den besser erhaltenen mit kleinen polygonalen Eindrücken bedeckt ist ... Viel wahrscheinlicher dürfte dann die Annahme sein, daß es sich um ganz nackte Sporangien handelte, etwa wie bei Osmunda javanica oder Acrostichum appendiculatum, wobei sogleich zu bemerken ist, daß auch diese Beispiele nur als Analogien, nicht aber als wirkliche Verwandtschaften aufzufassen wären.« Mit der Abbildung dieses Geschiebefundes soll darauf aufmerksam gemacht werden, daß Holma-Sandstein-Geschiebe mit wertvollen und gut erhaltenen Pflanzenresten im ganzen Gebiet zwischen Berlin und der Ostseeküste zu erwarten sind. Die Arbeit von Prof. Dr. A. G. Nathorst enthält bereits eine Zusammenstellung der damals bekannten Funde, die teilweise sogar aus dem Stadtgebiet Berlins stammen.

Dr. J. Schuster konnte 1930 an einem Geschiebefund eines Weichseliawedels aus der Umgebung von Berlin die Zellstruktur der Rachis anatomisch untersuchen.

90 Brachyphyllum (Echinostrobus) sternbergi
Oberjura, Kimmeridge; Solnhofen (BRD)
Neben der reichen Fauna finden sich in den Plattenkalken von Nusplingen, Schnaitheim, Söflingen und Solnhofen (alle BRD) auch zahlreiche Pflanzenreste einer nur wenige Arten umfassenden Flora. Im allgemeinen sind diese Pflanzenreste nur als Abdrücke (Impressionen) mit schwacher oder stellenweise stärkerer gelbbrauner Färbung erhalten, eine Untersuchung der Feinstruktur durch Mazeration ist damit gänzlich unmöglich. Trotzdem ist es wissenswert, wie etwa die Vegetation dieser berühmten Fundstelle des Urvogels (Archaeopteryx lithographica) und des kleinsten Dinosauriers (Compsognathus longipes) beschaffen war. Unsere Abbildung zeigt einen relativ großen und mit Seitenästchen versehenen Zweig einer Konifere, an dem die kurzen, schuppenförmigen Nadeln, die z. T. mosaikartig zusammenstoßen, das Charakteristische sind. Man hat auch Zweige mit kleinen, dornig-schuppigen Zapfen gefunden, was den Namen Echinostrobus erklärt; über den Bau dieser Zapfen wissen wir jedoch noch nichts.

Pagiophyllum peregrinum — eine Araukarie des Lias

Dr. H. Salfeld war der letzte Bearbeiter der Pflanzenreste von Solnhofen, seine Arbeit erschien 1907. Bärlappgewächse, Schachtelhalmgewächse und Farne fehlen danach völlig! Häufig ist ein später Nachfahre der Samenfarne mit dem Aussehen einer kleinen Callipteris: Lomatopteris jurensis. Es handelt sich dabei um zweimal fiedrige Wedel mit stark berandeten pecopteridischen Blättchen und Zwischenfiedern. Daneben sind seltene Funde von zwei Ginkgoarten bekannt, eine mit langen und schmalen Blattabschnitten und eine mit kleinen, nur wenig gelappten Blättern. Schließlich kennt man zahlreiche Koniferenzweigstücke in der Art unserer Abbildung, die zum großen Teil mangels besserer Erhaltung nicht näher bestimmt werden können. Immerhin lassen sich drei verschiedene Gattungen bzw. Arten unterscheiden. Man möchte sie dem Aussehen nach als Zypressengewächse (Cupressaceae) ansprechen, jedoch bleiben Zapfenfunde und deren Bearbeitung abzuwarten. Es war also eine artenarme Flora, eine kümmerliche Waldvegetation, in der sicherlich nur diese Koniferen mit einem Unterwuchs von Lomatopteris den Lebensraum für etwaige Landtiere boten.

Fundorte mit einer reicheren Flora und Vegetation finden sich erst weiter im Norden, in Schottland (Großbritannien), wo auch Farne vertreten sind, und in den Bergen von Montsech (Lérida, Spanien) — dort wuchsen allerdings ganz andere Pflanzen. Andererseits ist die Entwicklung für Bennettiteen, cycadeenartige Gewächse, Brachyphyllum und Pagiophyllum, also eben diese kurzschuppigen Koniferen, weiter südlich in Italien und Südfrankreich unter klimatisch günstigeren Bedingungen verlaufen. Die Berge von Veneto nördlich von Venedig (Italien) enthalten im mittleren Lias eine artenreiche Brachyphyllum-Pagiophyllum-Flora, die sich in Südfrankreich weiterentwickelte. Die ^{18}O-(Sauerstoffisotopen-)Messungen belegen für das Gebiet Solnhofen bis zur Schweiz im Oberjura Wassertemperaturen von 20 bis 25 °C, und unsere Flora scheint an Trockenheit und intensive Sonneneinstrahlung angepaßt gewesen zu sein.

Credneria

91 Credneria triacuminata
Oberkreide, Campan; Blankenburg bei Quedlinburg (DDR)
Große, über 12 cm lange, ovale Blätter mit schwacher oder deutlicher Drei-

spitzigkeit. Der Blattgrund erscheint herabgezogen, ist rund oder entspricht wie hier im Bild mehr einem 90°-Winkel. Unter dem Treffpunkt der basalen Hauptnerven setzen noch weitere Blattnerven an. Diese in Oberkreide-Schichten vieler Länder auf der Nordhalbkugel unserer Erde verbreitete Pflanzengattung gehört höchstwahrscheinlich zu den direkten Vorfahren der Platanen, die bereits in gleichen Schichten mit ihren charakteristischen Blättern und Fruchtständen vorkommen. Credneria ist, verglichen mit Platanus, in Blattform und Nervatur noch weniger festgelegt, und die Diskussion, ob neben der Platanenverwandtschaft noch Beziehungen zu anderen Pflanzenfamilien bestanden, dauert unter den Fachleuten noch an. Credneriablätter sind mit Menispermaceen, Urticaceen, Moraceen, Tiliaceen, Sterculiaceen und Vitaceen verglichen worden.

Formarten des Credneriablattes sind von Alaska und aus dem Süden der USA bekannt. In Alaska zeigen sie die Tendenz, mehr als drei Spitzen zu bilden, ja direkt großgezähnt zu sein. Im Süden hingegen variieren die Credneriablattformen zum Ungespitztsein. Dadurch entsteht die Vielfalt von Vergleichsmöglichkeiten zu Blättern recht verschiedener Familien. Auch in der UdSSR sind Credneriablattfunde, z. B. aus Kasachstan, bekannt, die dem Alaska-Aussehen entsprechen. Unsere mitteleuropäischen Funde bilden den Übergang zu Blattformen, die z. B. in New Mexiko (USA) am 35. Breitengrad gemacht worden sind. Es muß eine Pflanzengattung der Oberkreide mit erstaunlicher klimatischer Reichweite gewesen sein. Der Gattungsname geht auf Prof. Dr. K. A. Credner (1797—1857) zurück, der dem wissenschaftlichen Bearbeiter zu seiner Zeit besonders gute Funde von diesem Blattyp zur Verfügung stellte.

Beim Sammeln von Credneriablättern trifft man auf Funde im Sandstein, die meist sehr schön aussehen, und auf Funde im Ton, die zwar weniger gut aussehen, aber wegen der in Resten erhaltenen Kohlenhaut wertvoller sind. Noch immer steht eine umfassende Kenntnis der Epidermisstruktur aus. Bei den Erhaltungsformen im Sandstein fallen Blattfunde auf, die gekrümmt oder sogar zusammengerollt eingebettet sind, so, als wären sie kleine natürliche Kunstwerke. Dies verdeutlicht, daß uns die Schichten manchmal schlaglichtartig Episoden der Naturgeschichte aufbewahrt haben!

Blattgrund, der oftmals stielumfassend (peltat) ausgebildet sein kann, und glatter oder gespitzt bis gezähnter oberer Blattrand sind also die Merkmale, auf die man beim Sammeln achten sollte. Dazugehörige Fruchtstände und Holz wären die noch ausstehenden Sammlungsziele. Credneria ist sowohl in den ältesten als auch in den jüngsten Oberkreide-Schichten anzutreffen und immer mit einer ebenso interessanten Begleitflora von Koniferen, Farnen und anderen Angiospermen vergesellschaftet.

92—98 Blatt- und Samenreste der Braunkohlenzeit

Die vier letzten Farbtafeln vor der geologischen Karte Mitteleuropas am Schluß unseres Tafelteils sind dem Tertiär gewidmet. Wir können uns die mitteleuropäischen Wälder der Tertiärzeit zumindest streckenweise so vorstellen wie die lichten Nadelwälder im heutigen Süden der USA. Dort existiert heutzutage eine »immergrüne Provinz der südatlantischen Staaten der USA« von Louisiana durch das südliche Alabama über das mittlere und nördliche Florida durch Georgia bis North Carolina. Hier wächst Taxodium distichum als Baum ausgedehnter, flacher Sümpfe (dismal swamps) zusammen mit Sabalfächerpalmen (im Süden), mit Liquidambar styraciflua, Persea und Kiefernarten. Häufig ist auch Myrica. Eine ebensolche Vegetation war im

Jungtertiär Mitteleuropas anzutreffen und liegt nun, zu Weichbraunkohle geworden, in einer Vielzahl großer und kleiner Vorkommen zum Sammeln und Erforschen vor uns.

Taxodiumkurztriebe mit Nadeln sind seit dem Eozän bekannt und in der DDR in den sandig-tonigen Lagen z. B. der Lausitzer oberen Flöze (oberes Miozän) häufig zu finden. Die Bezeichnung Taxodium distichum fossile oder — was gleichbedeutend ist — Taxodium dubium kennzeichnet diese Reste. Sicherlich besteht eine weitgehende Identität mit den wenigen im südlichen Nordamerika bekannten Taxodiumarten, auch wenn Wurzelkniebildungen in unserer Braunkohle bisher kaum eindeutig nachgewiesen werden konnten. Zumindest ebenso häufig sind die Zweigstücke von Sequoia, heute nur noch im pazifischen Küstenwald Kaliforniens anzutreffen, im Tertiär jedoch bei uns mit der vielleicht identischen Art S. langsdorfi (S. abietina) weit verbreitet, sicherlich ein Hauptbestandteil der Braunkohle. Was hat sich verändert, daß ein früher so häufig gewesener Baum heute nur noch in einem Refugium zu finden ist? Drei kleine fossile Sequoiazapfen aus der Grube Alfred bei Düren (westlich von Köln, BRD) mit obermiozänem Alter sind auf unserer Abbildung 94 wegen ihrer guten Erhaltung wiedergegeben (oben rechts). Häufig sind vielerorts auch die kleinschuppigen Zweige mit rundlichen Zapfen von Glyptostrobus. Man hat diese mit Taxodium nahe verwandte Konifere bei uns in Mitteleuropa G. europaeus genannt. Auch in Nordamerika sind von ihr Fossilfunde bekannt. Heute jedoch existiert sie nur noch als G. pensilis in Südostchina. Kiefern waren im Tertiär mit Zapfen und Nadeln weit verbreitet. Auf der erwähnten Abbildung ist (unten links) ein kohlig erhaltener Zapfen von Pinus spinosa aus dem Pliozän der Doline Kranichfeld bei Weimar (DDR) abgebildet — eine Identität mit einer nordamerikanischen Kiefer ist schon vermutet, aber noch nicht eingehend untersucht worden.

Auch subaquatische Bildungen sind im Braunkohlenflöz häufiger, als es den Anschein haben könnte. Ein fossiles Seerosenblatt, Nymphaeites rhoenensis aus dem Unteroligozän von Sieblos (Rhön, BRD), ist auf unserer Abbildung 95 wiedergegeben, übrigens ein Original aus Prof. Dr. H. Potonié's »Lehrbuch der Pflanzenpaläontologie« (1899)! Aus vielen Tertiärfundpunkten kennen wir fossile Seerosenblätter, insbesondere in den papierblattartig spaltenden Algenkohlen (Dysodilen), z. B. von Rott (BRD). Daneben sind die Samen von Wasserpflanzen wie Stratiotes und Brasenia stellenweise recht häufig. Im eozänen Geiseltal bei Halle (DDR) wurde eine Eichhornia mit charakteristischem Blattrest nachgewiesen. Schließlich ist der untermiozäne Polierschiefer von Seifhennersdorf bei Zittau (DDR) als Diatomeengestein eine subaquatische Fazies, und sein Fossilinhalt (Wasserpflanzen, Fische, Frösche, Wasserkäfer) steht voll damit in Einklang. Eingewebt wurden hierin aber auch Taxodiumtriebe, Libocedrus und die lanzettlichen Blätter von Platanus neptuni, deren ungewöhnliche Blattform bei einer heutigen Platane im immergrünen, subtropischen Gebirgswald von Laos wiederkehrt.

Die Vielzahl der Blatt- und Samenfunde in Braunkohlenflözen, Algenkohlen, Sandsteinen und Süßwasserkalken führen uns eine reiche Flora entweder mehr ganzrandiger, immergrüner Blattformen (tertiär-euramerische zonale Flora) oder mehr gezähnter Blattformen (arktotertiäre Flora) vor Augen, Gattungen, die heute ihre Vertreter in Reliktarealen Südostasiens und des südlichen bis mittleren Nordamerikas haben.

Zimt- und Kampferbäume (Cinnamomum), die heute in den Bergregionen des tropischen Südostasiens verbreitet sind, waren früher im Tertiär in den Ebenen Mitteleuropas und Nordamerikas zu Hause.

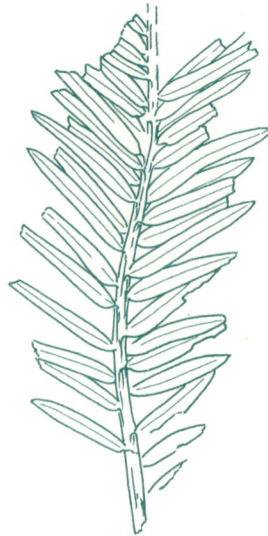

Sequoia langsdorfi

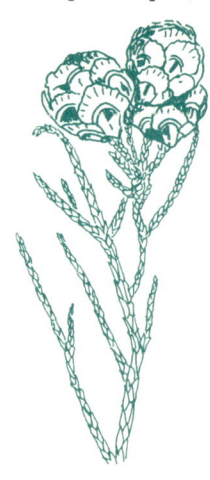

Glyptostrobus (schuppennadeliger Zweig mit Zapfen)

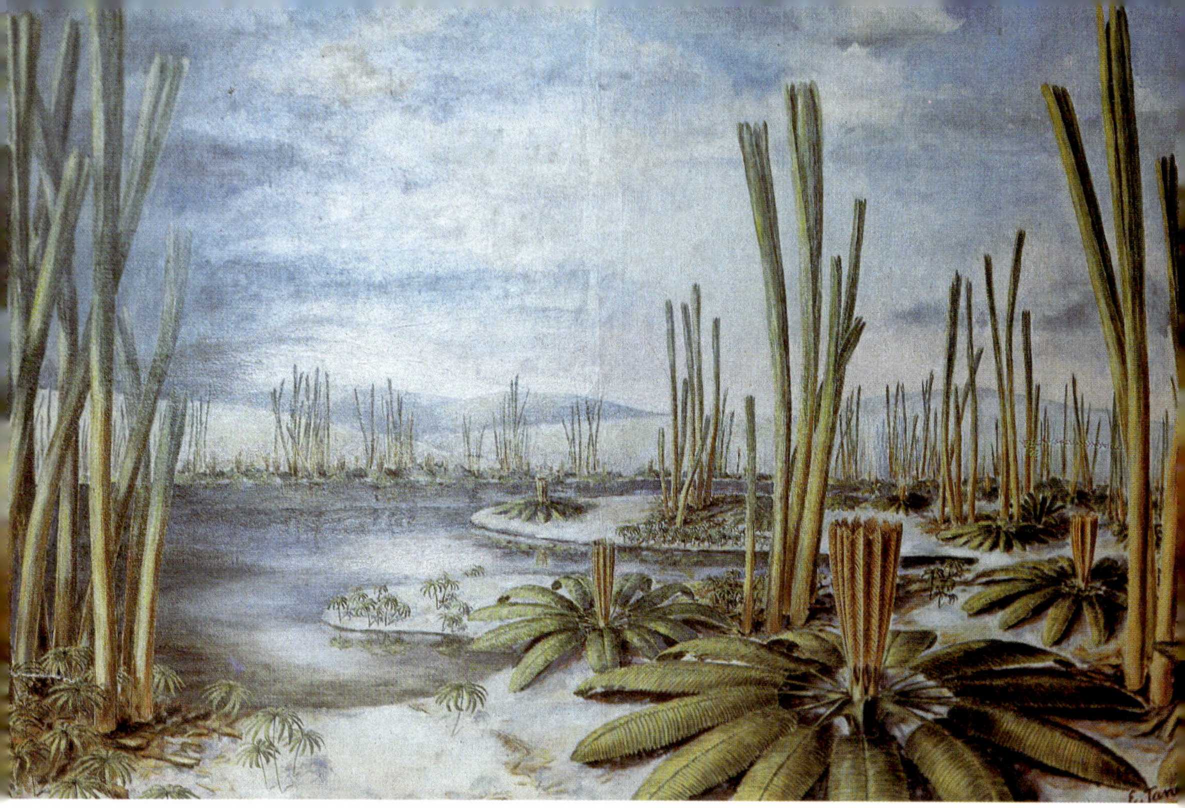

88 Die Barrême-Zeit, S. 212
89 Farn: Weichselia reticulata, S. 213

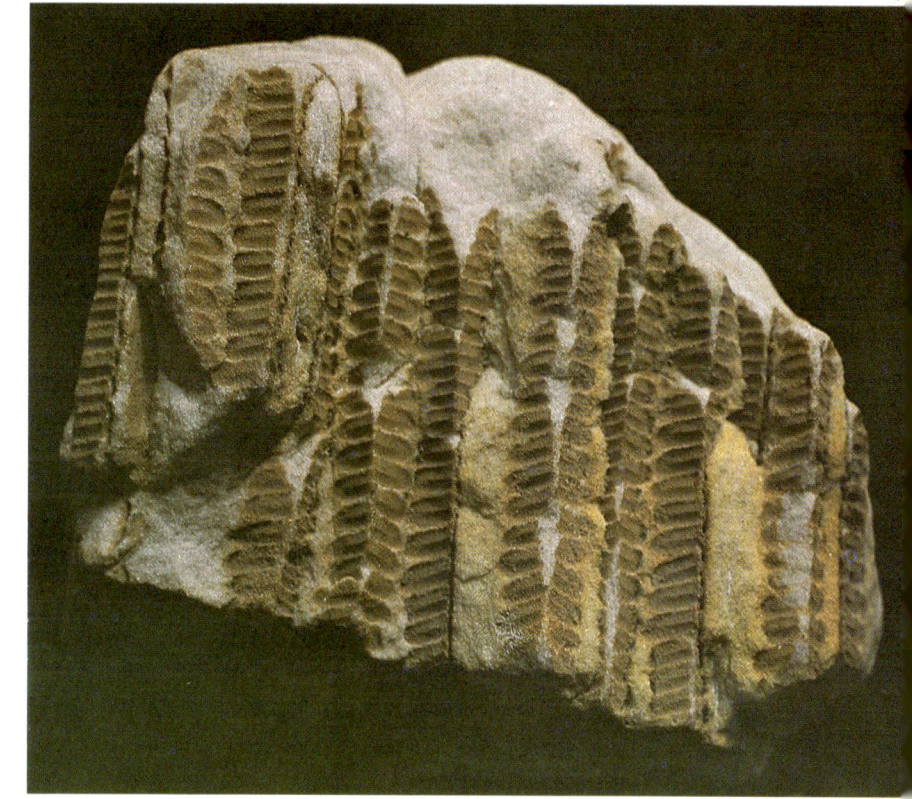

90 Konifere: Brachy-
phyllum sternbergi,
S. 214

91 Laubblattpflanze:
Credneria triacumi-
nata, S. 214

Blatt- und Samenreste
der Braunkohlenzeit,
S. 215–228
92 Myrica lignitum
93 Acer tricuspidatum
und Juglans sp.

94 Koniferenzapfen,
Früchte, Samen
und Milchsaft-
schläuche

Umstehende Seiten:
Seerosenblatt:
Nymphaeites
rhoenensis
96 Cinnamomum
scheuchzeri
97 Grünes Blatt aus der
Geiseltalkohle

98 Palmenreste: Blatt,
Stammstruktur,
Wurzeln

Letzte Farbseite:
99 Geologische Karte
Mitteleuropas
(vereinfacht)

220

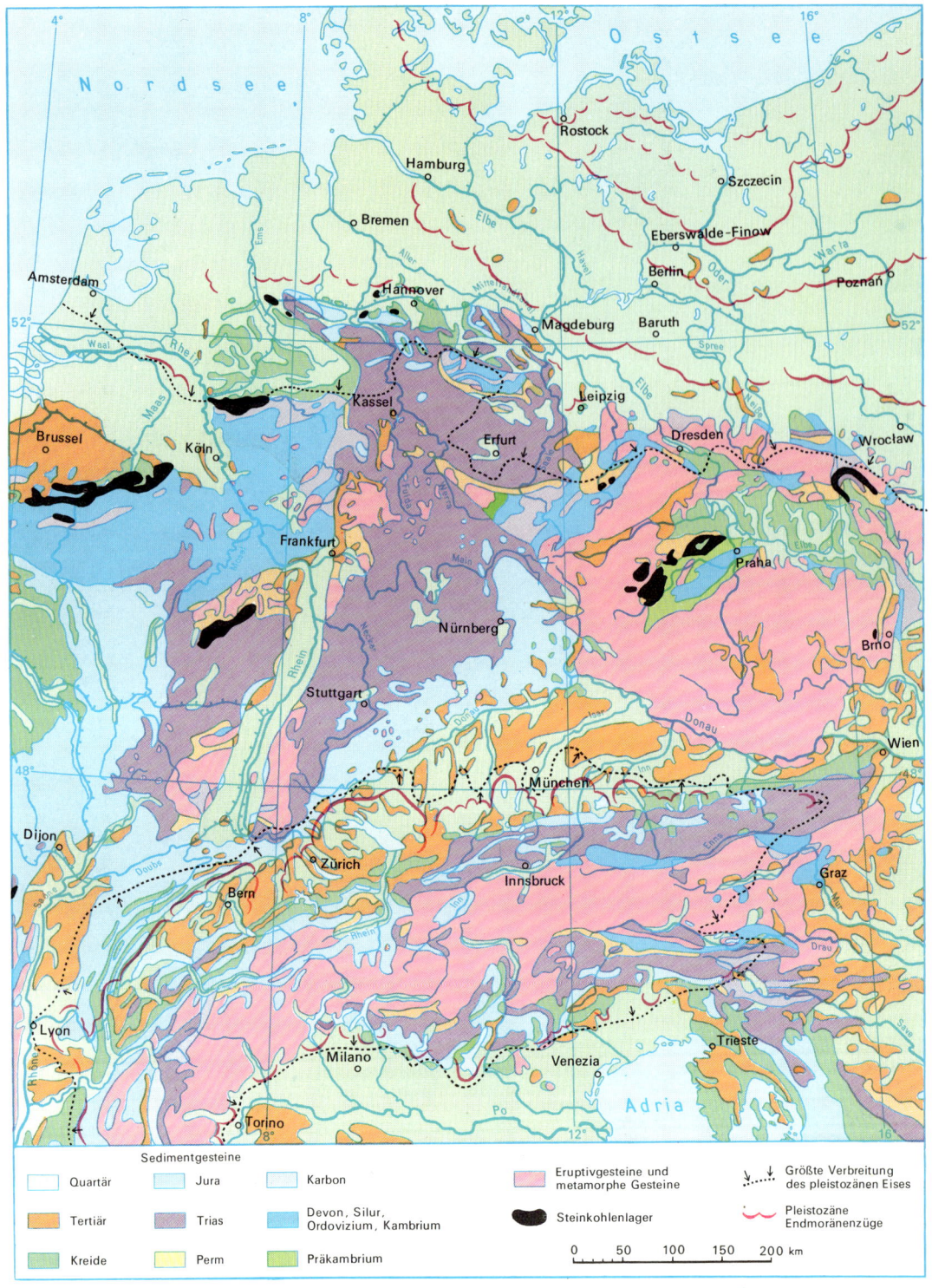

N o r d s e e

O s t s e e

Amsterdam

Brussel

Köln

Frankfurt

Stuttgart

Dijon

Bern

Zürich

Lyon

Torino

Milano

Rostock

Hamburg

Bremen

Hannover

Kassel

Erfurt

Leipzig

Nürnberg

München

Innsbruck

Venezia

Szczecin

Eberswalde-Finow

Berlin

Magdeburg

Baruth

Dresden

Praha

Poznań

Wrocław

Brno

Wien

Graz

Trieste

Adria

Ems

Elbe

Aller

Weser

Rhein

Maas

Waal

Main

Donau

Isar

Inn

Enns

Drau

Save

Po

Rhône

Doubs

Oder

Warta

Havel

Spree

4°   8°   12°   16°

52°   52°

48°   48°

Sedimentgesteine

Quartär   Jura   Karbon

Tertiär   Trias   Devon, Silur, Ordovizium, Kambrium

Kreide   Perm   Präkambrium

Eruptivgesteine und metamorphe Gesteine

Steinkohlenlager

Größte Verbreitung des pleistozänen Eises

Pleistozäne Endmoränenzüge

0   50   100   150   200 km

224

In Nordamerika und Ostsibirien beginnt Cinnamomum mit seinem Auftreten schon in der oberen Kreidezeit, in Mitteleuropa tauchen diese Blattformen im Alttertiär auf und finden sich bis zum Miozän, im Bereich des Schwarzen Meeres sogar bis zum Pliozän. Im Ostseebernstein (oberes Eozän, sekundär im unteren Oligozän) wurde eine vollständige Cinnamomumblüte gefunden. Abbildung 96 zeigt ein vom Begründer der Paläobotanik, E. F. von Schlotheim, 1820 gesammeltes Cinnamomum scheuchzeri aus einer oberoligozänen schwarzen Algenkohlenschicht von Orsberg bei Erpel (Siebengebirge, BRD).

Die danebenstehende Abbildung 97 gibt ein grünes Blatt des mitteleozänen Geiseltal-Braunkohlenflözes bei Halle (DDR) wieder. In geologischen Einsturztrichtern (Dolinen), kleinen, damals wassererfüllten Moorseen erhielten sich unter Sauerstoffabschluß und dem Zusammenwirken von Huminsäuren, Schwefelwasserstoff und Kalkwässern pflanzliche und tierische Reste in oft einzigartiger Weise, so auch Blattreste, in denen sich heute, nach 48 Millionen Jahren, noch die Chlorophyllderivate chemisch nachweisen lassen. Aufgrund der vorhandenen Milchsaftschläuche gehört das abgebildete Blatt in den Verwandtschaftskreis der Apocynaceen.

Milchsaftgänge sind gar nicht so selten zu finden. In der Geiseltalkohle waren Stammreste mit Milchsaftgängen stellenweise so häufig, daß die Bergleute über diese sogenannten Affenhaare schon vor Jahrzehnten ihre phantasievollen Witze machten. Wenn man ein Streichholz an diesen 48 Millionen Jahre alten Kautschuk hält, so ist der Geruch verbrannten Gummis unverkennbar! Unsere Abbildung 94 zeigt oben im Bild solch ein Rindenstück mit vielen Milchsaftschläuchen: Coumoxylon hartigii.

Auf derselben Abbildung sind einige charakteristische Frucht- bzw. Samenarten wiedergegeben. Die vier länglichen Früchte (unten, Mitte) sind allgemein unter dem Namen Mastixia amygdalaeformis bekannt, schon E. F. von Schlotheim gab ihnen 1822 diesen Namen. Es war das Verdienst von Prof. Dr. F. Kirchheimer, in zahlreichen Arbeiten und zwei Büchern (1937, 1957) auf die Bedeutung dieser Mastixioideen-Floren aufmerksam gemacht zu haben. Die offenbar ein ausgeglichen warmes Klima kennzeichnenden Früchte sind nämlich mit der genannten tertiär-euramerischen zonalen Flora insofern identisch, als sie auch nach dem Eozän bis zum Miozän mehrfach wieder auftraten und damit Klimaschwankungen beweisen. Hier wurden etwas größere Mastixiafrüchte aus Wiesa bei Kamenz (DDR), mittleres Miozän der Oberlausitz, abgebildet, die man mit einem eigenen Formartnamen, M. lusatica, belegt hat.

Zu ebendieser Flora mit M. lusatica gehören auch große, zerfurchte Früchte, zwei davon sind in der Mitte abgebildet: Ganitrocera persicoides. Zusammen mit M. lusatica und G. persicoides findet man im Ton von Wiesa die flachen und glatten Früchte von Tectocarya lusatica (drei Exemplare rechts unten im Bild). In allen drei Fällen handelt es sich um fossile Verwandte heutiger südostasiatischer Cornaceen. Zwei kleine Samenarten beenden unsere Vorstellung: Zwei Exemplare mit strahlig gefurchter Rückseite und höckeriger Bauchseite aus Wiesa repräsentieren Tetrastigma chandleri, und fünf glatte Samen zeigen Vitis teutonica aus Frankfurt/Oder (DDR).

Eine für den Beschauer unscheinbare Blattform hat die Paläobotanik immer wieder beschäftigt: Myrica. Lange Zeit galten Blattreste im Oberkreide-(Santon-)Ton von Quedlinburg (DDR) als sichere Belege dieser Gattung, aber sie erwiesen sich als zur heute südhemisphärischen Familie der Monimiaceen gehörig und wurden als Protohedycarya ilicoides bestimmt.

Eichhornia eocenica

Aber zweifellos waren Myricablätter charakteristischer Bestandteil einer bestimmten Fazies im Bildungsgebiet der Braunkohle — wir geben hier ein hellbraunes, auf grauweißem Ton erhaltenes Blatt von Myrica lignitum aus dem Miozän von Kreuzau bei Düren (BRD) wieder, ein Original zu Arbeiten von Prof. Dr. Weyland (Abb. 92). Myricablätter sind vielgestaltig! Tief eingeschnittene, sozusagen einer groben Säge ähnelnde Blätter von Myricaarten im Alttertiär Süd-, aber auch Mitteleuropas belegen die damalige Verbreitung der heute extrazonal auf das küstennahe atlantische Nordamerika beschränkten Gattung oder Untergattung Comptonia. Da eine australische Proteaceengattung eine ähnliche Blattform hat, gingen Fehldeutungen und Bestimmungen früherer Jahrzehnte auch in diese Richtung. Durch genaue Epidermisuntersuchungen konnte jedoch diese Fehldeutung korrigiert werden — allerdings findet man in alten Sammlungen bisweilen noch derartige Bestimmungen auf dem Etikett.

Comptonia diformis

Die Abbildung 93 (rechts) ist dem Ahorn gewidmet. Jeder kennt natürlich ein Ahorn-(Acer-)Blatt, aber wie sollte man sich die Vielfalt von Ahorn- und Eichenblättern nebeneinander z. B. im obersten Miozän von Öhningen (Südbaden, BRD) bzw. in der Schweiz erklären? Prof. Dr. O. Heer hatte 1856 bei seiner gründlichen Bearbeitung allein in der Öhninger Süßwassermolasse je sechzehn verschiedene Ahorn- und Eichenarten, insgesamt über 300 Pflanzenarten, darunter auch Cinnamomum, festgestellt. Was für ein südliches Klima mußte damals geherrscht haben, und mit welcher Region im heutigen südlichen Nordamerika und zugleich im heutigen Ostasien wäre dieser Acer-Quercus-Artenreichtum zu vergleichen? Kritische Revisionen der Öhningen-Sammlungen ergaben, daß eine recht vielgestaltige Ahornart überwiegt: Acer tricuspidatum. In Sammlungen findet man sie meist als A. trilobatum bezeichnet, jedoch hatte J. B. de Lamarck schon 1785 diesen Namen für eine heutige Ahornart benutzt, was diesen Begriff für uns ausschließt. Unsere Abbildung zeigt ein kleines Blatt von A. tricuspidatum aus dem oberen Miozän von Öhningen. Daneben existieren in Öhningen noch drei bis vier weitere Acerarten, teils kleinblättrige, teils sehr schmalblättrige Blattformen. Im unteren Pliozän des Mittelmeerraumes aber finden wir tatsächlich zahlreiche Ahornarten nebeneinander, die wahrscheinlich mit den heutigen japanischen Gebirgsahornarten mehr oder weniger identisch sind. Die Geschichte der Ahornarten läßt sich in Ostsibirien bis in die Oberkreidezeit zurückverfolgen. Neben der soeben besprochenen Abbildung ist ein Stück rosarotfarbener Blättersandstein von Münzenberg bei Gießen (BRD) abgebildet. Diese Untermiozänflora von Münzenberg enthält neben Acer tricuspidatum, Comptonia und Lorbeerblättern auch Walnußblätter. Unsere Abbildung gibt ein Bruchstück eines solchen Walnußblattes (Juglans sp.) wieder.

Fächerpalme Trachycarpus (Flabellaria) raphifolia

Die letzte unserer Pflanzenfossiltafeln ist den Palmen gewidmet. Die Nordgrenze ihrer Verbreitung liegt heute in Südeuropa, an der Küste des Mittelmeeres, sonst etwa am 30. Breitengrad. Fossilfunde aber reichen bis zum 50. Breitengrad hinauf. Es gibt heute Palmenarten mit weiter Verbreitung und solche, die nur ein kleines Gebiet ihres Auftretens haben, die eng an bestimmte Lebensbedingungen angepaßt sind, woanders weder keimen noch sich akklimatisieren lassen. In den vorhandenen Pflanzengemeinschaften erscheinen sie eingestreut wie alte Elemente, die nur an die eigenen Zonen ihres Vorkommens gebunden sind. Im Süden Nordamerikas kennzeichnen Gruppen von Sabal palmetto (Fächerpalme) feuchte Standorte, Bactris (Fiederpalme) begleitet Bachläufe. Copernicia (Fächerpalme) hinterläßt ein Wachs, das aus alttertiären Braunkohlen als Montanwachs bekannt ist. Die Palme

der tropischen, südostasiatischen Mangrove — Nipa — ist mit großen Früchten sogar im Alttertiär Südenglands zu finden. Fossile Palmenreste in ihrem heutigen Verbreitungsgebiet zu entdecken verwundert somit kaum: Verkieselte Stämme, z. T. sogar mit Wurzeln, sind auf den Antillen häufig, wir zeigen (zuunterst) verkieselte Palmenwurzeln aus Antigua. In vielen Museen befinden sich auch verkieselte Palmenstämme aus Kuba. Ebenso sind im Alttertiär Nordafrikas verkieselte Stämme, darunter auch Palmenstämme, recht häufig. Unsere Abbildung zeigt den Querschnitt eines kleinen Palmenstammes (in tiefdunkler Farbe) aus dem Alttertiär der Libyschen Wüste: Palmoxylon libycum. Ein ähnlich tiefdunkles und verkieseltes Stück Palmenholz stammt aus den Geschieben auf Hiddensee (DDR), und in der alten Literatur wird von ähnlichen Funden aus Südschweden berichtet. Auch im obereozänen (sekundär im unteroligozänen marinen Glaukonitsand abgelagert) Bernstein sind Palmenreste häufig, in großen Bernsteinstücken fand man sogar den unverkennbaren Abdruck einer kleinen Fächerpalme. Derartige Funde von Fächerpalmenwedeln liegen in jeder Museumssammlung, sie lassen sich mit einer ganzen Reihe von heutigen Palmen mehr oder weniger gesichert vergleichen. Hier geben wir ein Fundstück aus dem Oligozän von Aix-en-Provence (Südfrankreich) wieder: Flabellaria lamamonis. In unseren Braunkohlen aber ist als Palmenstamm eine fädige Kohle unverkennbar, die rechts oben abgebildet wird: Palmoxylon bacillare.

Mitteleuropa ist reich an Braunkohlenvorkommen. Das Wissen darum verdanken wir unserem technischen Zeitalter, denn erst die Bagger und Förderbänder legten die volle Mächtigkeit der Braunkohlenflöze bloß, und damit erfuhr man auch von ihrer weiträumigen Verbreitung. Die Großaufschlüsse gehören zweifellos auch zu den Sehenswürdigkeiten unseres Jahrhunderts. Im Alttertiär ist die Weichbraunkohle meist stärker homogenisiert, und nur selten trifft man auf Fundstellen von großem Aussagewert. Solche Fundstellen — kleine, lokale Einsturzstellen (Dolinen) im Senkungsfeld von 4×12 km des mitteleozänen Geiseltalgebietes bei Halle (DDR) — liegen gerade dort, wo nicht die großen Flözabsenkungen stattfanden, die Flözmächtigkeiten bis zu 100 m zur Folge hatten. Von solch einem Trichter (Moorsee) schließen wir auf die Bildungsbedingungen und Vegetationsgemeinschaften des ganzen, großen Weichbraunkohlenflözes: Der Moorsee lag mit flachen, versumpften Ufern mitten in Waldstandmooren. Ein kleiner Bach mündete in ihn und bewirkte eine wachsende Sedimentation, in der Schildkröten, Schnecken, Ostrakoden, Baumblätter und Samen abgelagert wurden. Die Ufer waren dicht vom Farn Achrostichum aureum bewachsen, der in Form seiner grobmaschigen Blattreste stets gut zu erkennen ist. Unmittelbar an diese Acrostichumzone schloß sich landeinwärts ein Gürtel mit Mammutbaumgewächsen an. Darauf folgte das Busch- und Laubbaumstandmoor mit Myricaarten, Buchengewächsen, Myrtengewächsen, Comptonia u. a. Es ist anzunehmen, daß sich die großen Horizonte im Flöz den entsprechenden Vergesellschaftungen zuweisen lassen.

In jungtertiären Braunkohlenflözen sind die Horizonte oft noch besser erhalten, trotzdem bereitet ihre Deutung Schwierigkeiten. Stubbenhorizonte markieren sehr augenfällig einen Mammutbaumbewuchs (Sequoia und auch Taxodium). Wieso dieser zum Hangenden zu durch eine andere paläobotanische Fazies ersetzt wurde und was diese darstellt, ist noch nicht eindeutig beantwortet worden. Aufgrund des Vorkommens zahlreicher bandförmiger Pflanzenreste in dieser hangenden Braunkohlenfazies (Marcodureareste) hat man für diese Lagen, die bis 10 m mächtig sein können, eine Unterwasser-

Zapfenschuppe und Zweig von Doliostrobus certus

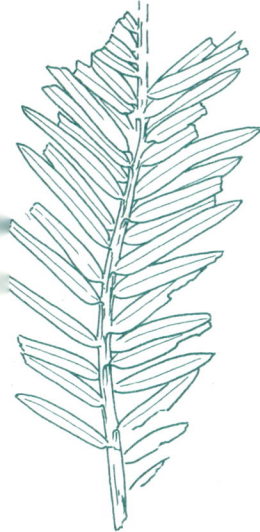

Sequoia langsdorfi

entstehung angenommen, jedoch verdient dies noch eine eingehende Untersuchung durch neue Belegfunde. Abgeschlossen wird diese »subaquatische« (?) Fazies durch eine Lage mit vielen Blätterfunden (Smilax, Castanopsis, Magnolien, Lorbeergewächse usw.). Somit zeigt sich uns die jungtertiäre mitteleuropäische Weichbraunkohle in dreierlei paläobotanischer Ausbildungsform. Es bleibt Aufgabe, diese Abfolge so zu deuten, daß sie mit künftigen Beobachtungen in der Vegetation von Waldmoorgebieten vollgültig übereinstimmt.

Ein Blick auf eine Karte der Vegetationen der Erde und die Grenzen der heutigen Florenreiche (Holarktis, Palaeotropis, Neotropis, Australis, Capensis) besagt, welche großen botanischen Fragen noch offen liegen und durch paläobotanische Funde in Zukunft beantwortet werden müßten: Wir wissen sehr wenig über die tertiärzeitliche Geschichte oder Vorgeschichte der tropischen Regenwaldgebiete mit ihrem heutigen Artenreichtum und ihrer Vielfalt. Gab es diese Regenwaldgebiete im Tertiär? Eigentümlicherweise sind einige alte (oberkreidezeitliche) Laubgehölzgattungen wie Cercidiphyllum und Trochodendron heute nicht im tropisch heißen Asien, sondern nur im Gebiet von Japan bis Taiwan beheimatet. Wir wissen auch wenig zur Geschichte oder Vorgeschichte der trockeneren Gebiete der Südhemisphäre; sind dort die Proteaceae (z. B. Leucadendron) eine in den warmen Klimazonen bereits alte (oberkreidezeitliche?) Gruppe? Solche und andere vermutlich alten Restgruppen finden sich im heutigen Tropengürtel an exponierten Standorten als botanische Rarität eingestreut. Aus australischen Braunkohlenvorkommen (Oligozän) kennt man die heute für dieses Florenreich so charakteristischen Gattungen Casuarina und Banksia in Form fossiler Zapfen und Blätter. Doch sicherlich ging dem heutigen Australischen Florenreich ein oberkreide-tertiärzeitliches zirkumpazifisches Florenreich voraus, worauf Funde bestimmter fossiler Blätter, Pollen (Proteaceae) und Nadelzweige (Metasequoia) in Japan, Ostsibirien (UdSSR), dem westlichen Nordamerika und Australien schließen lassen. Offenbar hatten jeder Kontinent und jede Klimazone im Verlaufe der letzten 100 Millionen Jahre eine eigene Geschichte.

Das Bestimmen von Fossilien

Wie heutige Tier- und Pflanzenarten haben Fossilien zwei Namen, den Gattungs- und den Artnamen. Damit wird der Versuch gemacht, die Mannigfaltigkeit fossiler Formen zu ordnen und dazu das Gliederungsschema der Tiere und Pflanzen der Jetztzeit zu nutzen. Dabei wird vorausgesetzt, was gleichzeitig Problem bleibt: Sind Arten und Gattungen früherer erdgeschichtlicher Zeiten auf Grund der relativ wenigen Merkmale, die Fossilien zeigen, hinreichend im Sinne heutiger Arten und Gattungen charakterisiert? Kann man mit den systematischen Begriffen wie »Familie«, »Ordnung«, »Klasse« in gleicher Weise operieren? Genügen wenige charakteristische Stücke — somit nicht die Untersuchung einer Population —, um eine vergangene Art zu kennzeichnen?

Die Paläontologie ist sich bewußt, daß sie von diesen genannten Schwierigkeiten besonders betroffen ist, aber sie nutzt das fossile Material weitgehend ähnlich, wie es ein Biologe in den Fällen tut, wo ihm seltene, heute lebende Individuen zur Verfügung stehen. Andererseits sind vereinzelte, gut erhaltene paläontologische Funde oft eingehender untersucht als vergleichbares Material aus der Gegenwart — denken wir nur an die genauen Schädelanalysen devonischer Kieferloser oder an die Untersuchung fossiler Bennettiteen- und Cycadeengewächse.

An heute lebenden Blüten kann man die Staubgefäße zählen, bei Insekten die verschiedenartigen Gliedmaßen — doch bei Fossilien läßt sich diese Bestimmungsmethode grundsätzlich nicht anwenden, denn entsprechende Erhaltungszustände bleiben Ausnahmen (z. B. Bernsteineinschlüsse). Daher gibt es für Fossilien keinen Bestimmungsschlüssel in der Einfachheit und Zuverlässigkeit der Methode Linnés. Die Paläontologie setzt gewissermaßen alles botanische und zoologische Wissen voraus und bemüht sich, die Fossilfunde in dieses Wissen einzuordnen. Dieses Bestreben findet dort seine natürlichen Grenzen, wo es sich um Tier- oder Pflanzengruppen früherer Zeiten handelt, die man mit heutigen nur noch schwer vergleichen kann, weil sie nachkommenlos erloschen sind.

Bei der Bestimmung gilt es, sich der biologischen Tatsache zu erinnern, daß es oft recht verschiedene Ausbildungsformen ein und derselben Art gibt: Jugend- und Altersstadien, unterschiedliche Ausbildung männlicher und weiblicher Exemplare, standortbedingte Abweichungen und bei Pflanzen Verschiedenblättrigkeit. Auch verschiedene Erhaltungszustände von Exemplaren einer Art vermitteln unterschiedliche Bilder und täuschen eine nicht vorhandene biologische Mannigfaltigkeit vor.

Das Etikett, mit dem wir unseren Fund versehen, sollte neben dem Fundort auch die Bestimmung des Fossils und seines Erhaltungszustandes angeben. Die Namen der Fossilien und die systematische Gruppierung haben unserer Verständigung zu dienen. Sie sind an einen bestimmten Begriffsinhalt gebunden und sollten nur in diesem Sinne benutzt werden. Streng genommen ist die Bestimmung eine Erklärung der weitgehenden Übereinstimmung mit dem Typusexemplar, das bei der Erstbeschreibung der Formart zu ihrem alleinigen Richtmaß erklärt wurde (Holotypus). Aber tatsächlich ist die genaue Zuordnung eines Fossils manchmal nur noch einem Spezialisten der entsprechenden Pflanzen- oder Tiergruppe möglich. Darum sollte man die bei einer Bestimmung entstehende Unsicherheit niemals vertuschen, sondern deutlich zum Ausdruck bringen. Das eventuell hinter den Fossilnamen gesetzte Fragezeichen (oder die Hinzufügung von cf. oder aff., was in der Stellung zum Typus abgestuft ähnliches bedeutet) dient jedem als ständige Mahnung zur Korrektur. Zur eigenen Erinnerung und zum Verständnis kann man auf dem Etikett noch die Abbildung aus dem zur Bestimmung benutzten Buch vermerken. Den Namen eines Spezialisten aber, durch den eine Bestimmung garantiert wurde, sollte man immer angeben. In Museen zeugen zahlreich übereinanderliegende Etiketts zu einem Fossil von den sich ergänzenden Bestimmungen vieler Spezialisten, und manchmal sind darunter auch berühmte Namen früherer Generationen. Ein altes Etikett von seinem Fossil zu entfernen, bedeutet, den wissenschaftlichen Wert zu mindern.

Bei der Mannigfaltigkeit der Formen und ihrer Erhaltung spielt für die Bestimmung tierischer Fossilien die figürliche Darstellung die Hauptrolle. Wer einen Fund bestimmen will, sucht zunächst alle erreichbaren Abbildungen zusammen. Um den Bildfonds dieses Buches nicht nur anregend, sondern auch effektiv zu machen — für den Zufalls- wie für den Spezialsammler —, wird einerseits die Vorstellung von wichtigen Fossilgruppen durch zusätzliche Formen ergänzt und andererseits eine spezielle Auswahl biostratigraphisch wichtiger Arten im Devon und im Jura dargeboten.

Bestimmungshilfen für tierische Fossilien

A Trilobiten des Devons
In den beiden oberen Reihen sind oberdevonische Arten (Do) dargestellt, darunter die Formen des Mittel- und des Unterdevons (Dm, Du)

1 Cyrtosymbole crebra, DoII; Kopf und Schwanz, 2 : 1
2 Drevermannia schmidti, DoV Beta; 2 : 1
3 Chaunoproetus palensis, DoIV Beta — DoVI; Kopf, 7 : 2
4 Typhloproetus microdiscus, DoV — DoVI; a— Kopf, b — von vorn, 3 : 1
5 Dianops griffithides, DoV; a — Kopf, b — Profil der Stirn, 3 : 2
6 Trimerocephalus mastophthalmus (Phacops), DoII; a — Kopf und Schwanz, b — Profil der Stirn, 2 : 1
7 Cryphops cryptophthalmus (Phacops), DoI Delta — DoII; a — Kopf, b — von der Seite, 5 : 2
8 Ductina ductifrons (Phacopidella), DoI — DoII; a — Kopf, b — Profil der Stirn, 5 : 2
9 Nephranops incisus (Phacops), DoI/DoII-Grenzbereich; a — Kopf und Schwanz, b — Profil der Stirn, 1 : 1
10 Phacops fecundus, Du — Dm; 1 : 3
11 Phacops schlotheimi, Dm; eingerollt, von der Seite, 4 : 3
12 Dechenella verneuilli, Dm, Givet; 2 : 3
13 Trimerus dekayi (Homalonotus-Gruppe), Dm, Hamilton; 1 : 4
14 Thysanopeltis speciosa (Scutellum), Dm, Eifel; 1 : 2
15 Proetus bohemicus, Du, Prag-Stufe; 3 : 4
16 Terataspis grandis, größter Trilobit, bis 60 cm, Du, Onondaga
17 Odontochile hausmanni, Dm, Eifel; 1 : 2
18 Acanthopyge haueri, Dm, oberes Eifel; Schwanz, 2 : 5
19 Comura cometa (Cryphaeus), Du, oberes Oberems; Schwanz, 4 : 3
20 Warburgella rugulosa, Du, Lochkov-Stufe bzw. unteres Gedinne; Cranidium, 4 : 1
21 Asteropyge punctata, Dm; 2 : 3

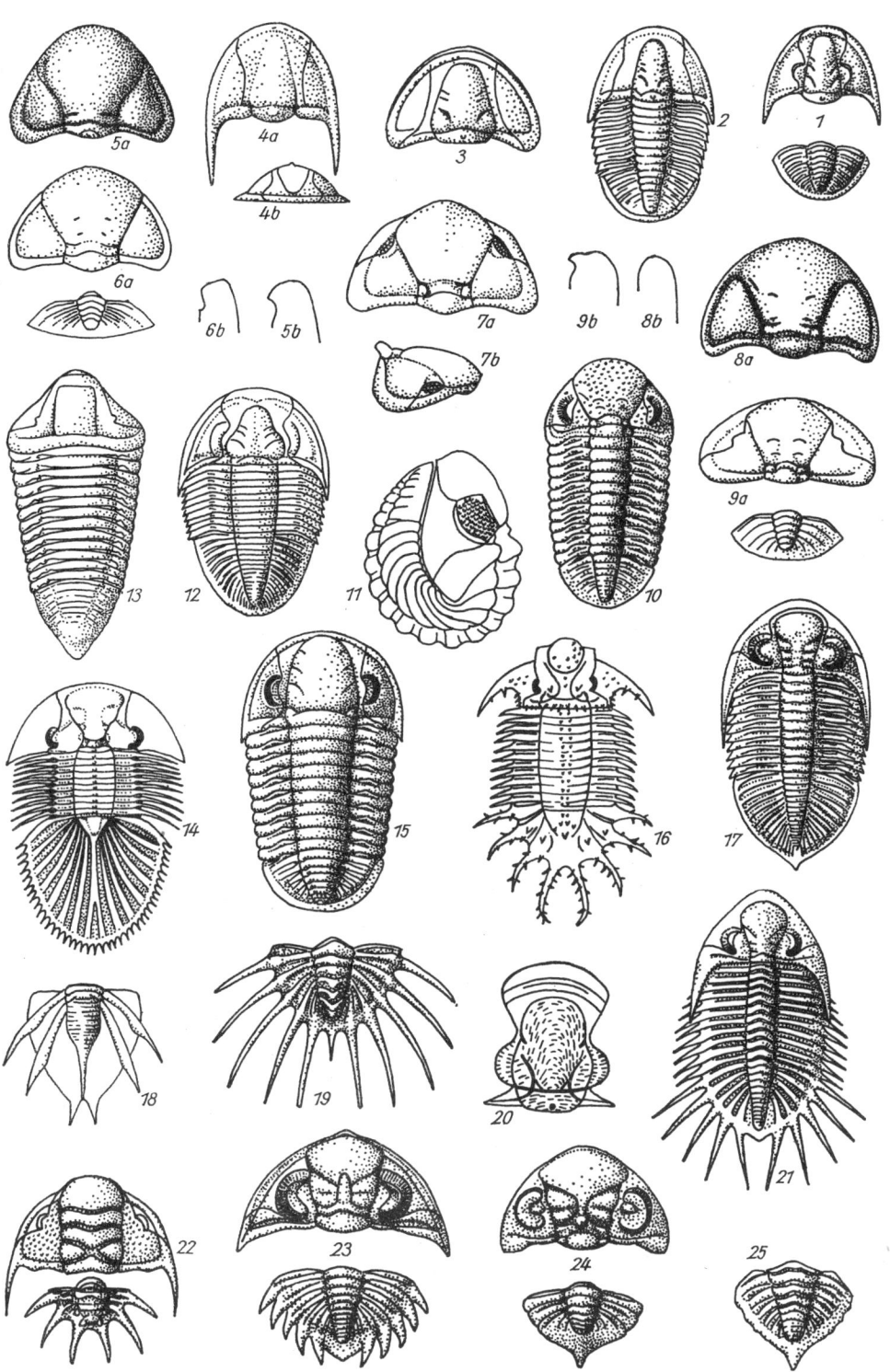

A Trilobiten des Devons

22 Cheirurus (Crotalocephalus) sternbergi, Du, Oberems; Kopf und Schwanz, 1 : 1
23 Treveropyge prorotundiformis (Asteropyge), Du, Unterems; Kopf und Schwanz, 4 : 3
24 Acastellina nolens (Acaste), Du, oberes Oberems; Kopf und Schwanz, 4 : 1
25 Acastella tiro (Acaste), Du, unteres Gedinne; Schwanz, 5 : 3

B *Altammoniten des Devons*
 1 Wocklumeria sphaeroides, ob. DoVI; b — Längsschnitt, 1 : 2
 2 Parawocklumeria paradoxa, ob. DoVI; 2 :3
 3 Soliclymenia paradoxa, DoVI; 1 : 1
 4 Kalloclymenia subarmata, unt. DoVI; 1 : 3
 5 Clymenia laevigata, DoV; 1 : 3
 6 Gonioclymenia speciosa, ob. DoV; 1 : 3
 7 Kosmoclymenia undulata, ob. DoV; 1 : 2
 8 Cyrtoclymenia frechi, DoIII; 4 : 3
 9 Platyclymenia annulata, DoIV; 3 : 2
10 Prionoceras divisum, DoIV; 2 : 3
11 Sporadoceras münsteri, DoIII—V; 1 : 2
12 Manticoceras intumescens, DoI; 1 : 3
13 Cheiloceras sp., DoII; 1 : 2
14 Prolobites delphinus, ob. DoIII; b — Querschnitt, 2 : 3
15 Tornoceras simplex, Dmo — DoIII; 1 : 2
16 Maenioceras terebratum, Dmo; 2 : 3
17 Beloceras sagittarium, DoI; 1 : 3
18 Pharciceras lunulicosta, DoI Alpha; 1 : 2
19 Agoniatites vanuxemi, Dmo; 1 : 5
20 Foordites platypleura, ob. Dmu; 1 : 2
21 Anarcestes lateseptatus, Dmu; 1 : 2
22 Pinacites jugleri, ob. Dmu; 1 : 3
23 Lobobactrites sp., Du, ob. Siegen — Do; vergrößert
24 Anetoceras (A.) hunsrueckianum, Du, ob. Siegen; 1 : 3
25 Anetoceras (Erbenoceras) advolvens, Du, Oberems; 1 : 3
26 Mimagoniatites zorgensis, Du, Oberems — Dmu; 3 : 1
27 Gyroceratites gracilis, Dmu; vergrößert
Die Lobenlinie von einem Teil der Arten ist in der Zeichnung C unter der gleichen Ziffer dargestellt. Do — Oberdevon, Dmo — Givet, Dmu — Eifel, Du — Unterdevon

C *Lobenlinien devonischer Ammoniten*
Bei den Alt-Ammoniten ist die Lobenlinie (s. S. 131) das wichtigste Bestimmungsmerkmal. Die angegebenen Ziffern entsprechen den fortlaufenden Nummern der Zeichnung B, während die Buchstaben auf die untenstehenden Erläuterungen verweisen. 1. Spalte, — Anarcestina, 2. Spalte — unten Manticoceratiden mit verfaltetem Externlobus (schraffiert), 3. Spalte — Clymeniina
a Cycloclymenia planorbiformis, DoV
b Sobolewia nuciformis, Dmo
c Paraphyllites tabuloides, Dmu
d Sellanarcestes wenckenbachi, Du, ob. Unterems
e Augurites
f Lobobactrites, Anetoceras, Erbenoceras, Teicherticeras, Gyroceratites

232

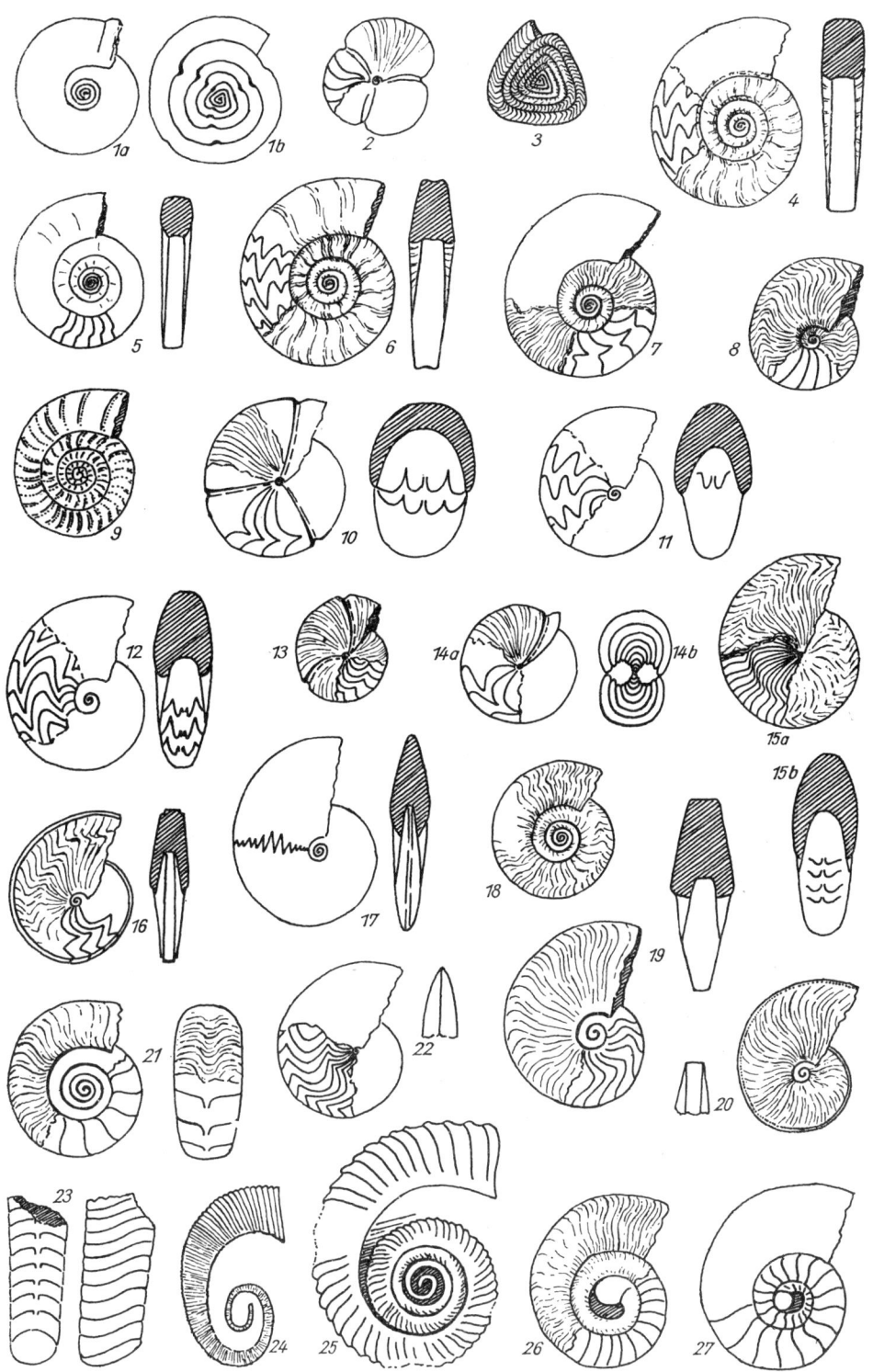

g Bactrites
h Imitoceras intermedium, DoVI
i Dimeroceras mamilliferum, DoVI
k Cheiloceras rotundolobatum, DoII
l Cheiloceras circumflexum, DoII
m Pharciceras tridens, DoI
n Eobeloceras iynx, DoI
o Ponticeras tschernyschewi, DoI
p Cymaclymenia striata, DoV Beta — DoVI
q Costaclymenia binodosa, DoV
r Hexaclymenia hexagona, DoIII

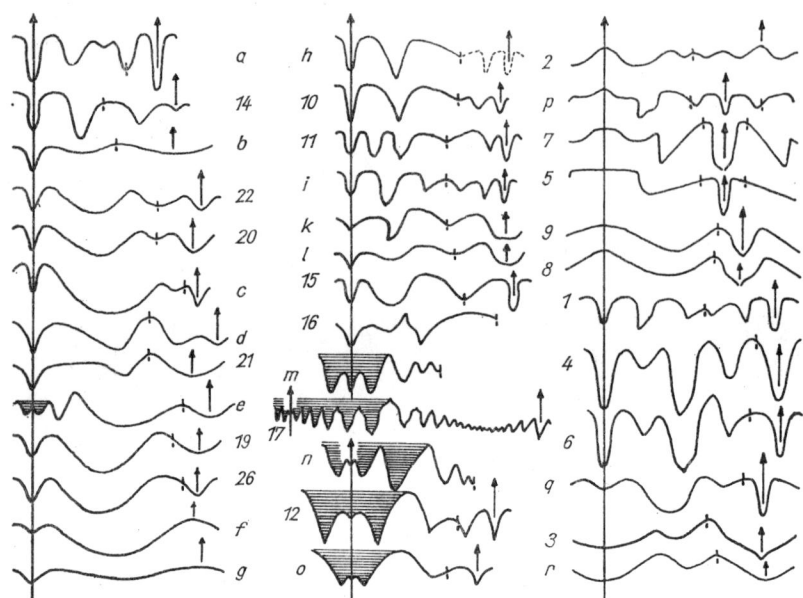

C Lobenlinien devonischer Ammoniten

D *Ammoniten als Jura-Leitfossilien*
a Psiloceras planorbis, Lias Alpha 1
b Asteroceras obtusum, Lias Beta 1
c Oxynoticeras oxynotum, Lias Beta 2
d Echioceras raricostatum, Lias Beta 3
e Harpoceras falciferum, Lias Epsilon 2
f Hildoceras bifrons, Lias Epsilon
g Dactylioceras commune, Lias Epsilon
h Leioceras opalinum, Dogger Alpha
i Stephanoceras humphriesianum, Dogger Delta
j Spiroceras bifurcata, Dogger Delta
k Macrocephalites macrocephalus, Dogger Epsilon
l Peltoceras athleta, Dogger Zeta

E *Ergänzende Beispiele für Belemniten und Schnecken*
a Trochus
b Turritella
c Xenophora

D Ammoniten als Jura-Leitfossilien

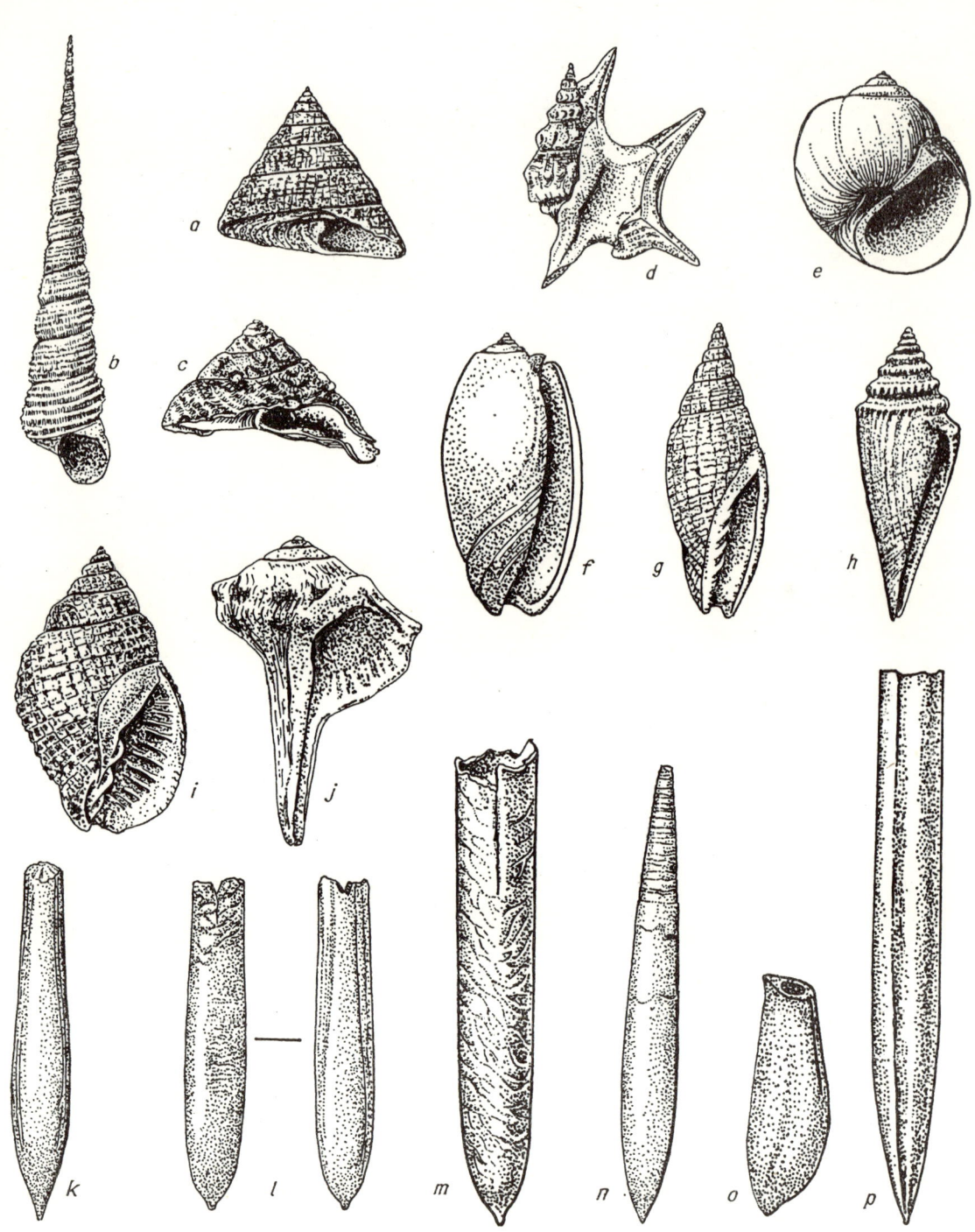

E Ergänzende Beispiele für Belemniten und Schnecken

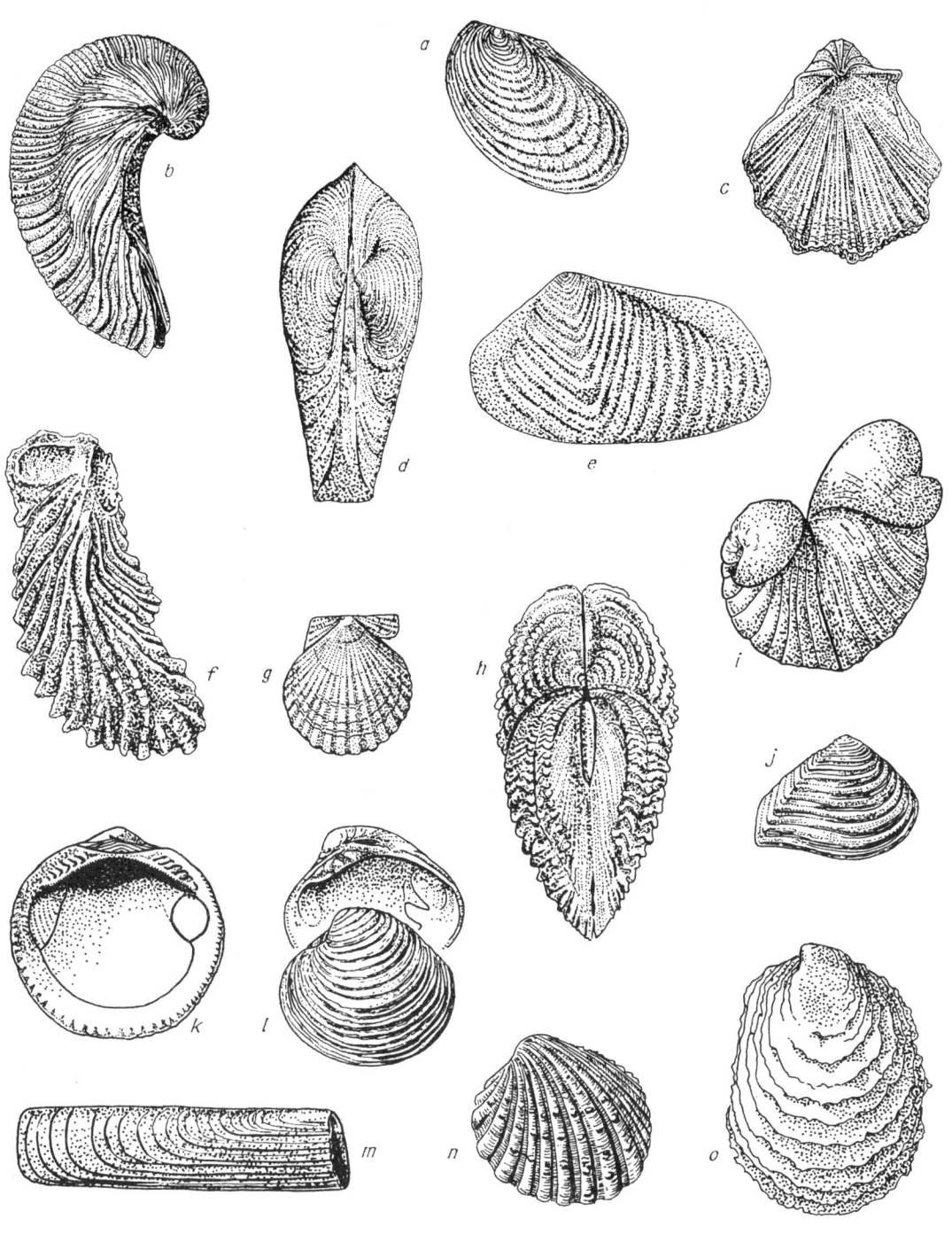

F Charakteristische Muschelformen

d Aporhais
e Natica
f Oliva
g Mitra
h Conus
i Cancellaria
j Tudicla
k Actinocamax
l Gonioteuthis
m Belemnitella
n Hibolites
o Duvalvia
p Cylindroteuthis

F *Charakteristische Muschelformen*
a Posidonia
b Gryphaea
c Neithea
d Panopea (von oben)
e Goniomya
f Lopha
g Chlamys
h Trigonia (von oben)
i Diceras
j Crassatella
k Glycymeris
l Venus
m Solen
n Cardita
o Ostrea

A *Bestimmung nach Erhaltungszuständen*

Bestimmungshilfen
für pflanzliche
Fossilien

Pflanzenrest in kohliger (inkohlter) Erhaltung — siehe **1**
Pflanzenrest als Hohldruck, als Steinkern oder als bloße Liegespur erhalten —
siehe **2**
Pflanzenrest in Mineralsubstanz umgewandelt — siehe **3**

1 Pflanzenrest als kohlige Kompression, eingebettet in ursprünglich toniges
  Gestein (auch **sandig-tonige**, kalkig-tonige o. ä. Sedimente), dabei selbst als
  dünne Kohlenhaut oder kohlige Schicht erhalten. Dünne Überzüge von
  Mineralsubstanz auf dieser Kompression sind möglich. — Siehe **1 a**

1 Pflanzenrest unmittelbar in einem Stück Steinkohle erhalten. — Siehe **1 b**

1 Pflanzenrest in der Braunkohle als Samen, Holz, Blatt oder Frucht erhalten. — Siehe **1 c**

1 a Es kann sich um Pflanzenreste der Steinkohlenzeit handeln. Auch Pflanzenreste der unteren Rotliegendzeit gleichen oberkarbonzeitlichen Pflanzen
fast völlig. Bei noch geringen Inkohlungsgraden der Steinkohle (Flammkohle,
Gasflammkohle) reagiert die Kutinschicht auf dem fossilen Blatt noch ela-
stisch, und es entstehen Druck (d. h. Fundplatte mit der Blattkompression —
dünne Kohlenhaut) und Gegendruck (d. h. ein bloßer Abdruck der Blattkompression im tonigen Gestein). Fundstätten mit solchen Eigenschaften hat in

238

Sigillaria boblayi

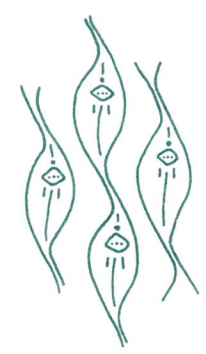

Lepidodendron
serpentigerum

Stigmaria ficoides

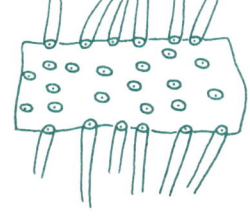

Mitteleuropa nur das Oberkarbon, z. B. Saar, Zwickau, die beiden großen polnischen Oberkarbonsenken und einzelne Vorkommen in der ČSSR.

Bei Inkohlungsgraden um und über dem Inkohlungssprung (Eß- bis Fettkohle) wird diese Kutinsubstanz chemisch verändert, und so erscheint auf beiden Gesteinsplatten ein schwarzes Bild, das aber nicht die Prägnanz wie bei der geringen Inkohlung zeigt (Rheinland-Westfalen, BRD). Wenige Vorkommen zeigen eine sehr hohe Inkohlung (Anthrazit), wobei sich auf den Pflanzenresten ein silbrig-weißer Überzug des Minerals Gümbelit ausbildet. Solche Vorkommen sind selten, z. B. Piesberg bei Osnabrück (BRD), Doberlug-Kirchhain (DDR), Karbonvorkommen der Schweiz, Österreichs und im französischen Zentralmassiv; auch der mährisch-schlesische Dachschiefer (ČSSR) und entsprechende Pflanzenfunde in unterkarbonen Schiefern, z. B. Geigen bei Hof (BRD), zeigen diese silbrig-weiße Oberfläche.

Pflanzenreste des Keuper, des Rät-Lias oder der Unterkreide (Wealden) sind, von der Erhaltung her gesehen, steinkohlenzeitlichen Resten noch geringer Inkohlung nicht unähnlich, aber noch weitaus geringer inkohlt, ihre Pflanzensubstanz läßt sich vielfach vom Gestein abheben oder hebt sich selbst ab. Der frische Ton läßt sich im Gestein durch seinen Geruch (Paläogeruch), die geringe Inkohlung (Hartbraunkohlenstadium) durch langsame Braunfärbung von Lauge (KOH, NaOH) nachweisen. Weichbraunkohle färbt Lauge intensiv kaffeefarben.

1 b Wer hätte nicht schon einmal in einem Stück Steinkohle nach irgendeiner pflanzlichen Struktur gesucht, obwohl dies fast zwecklos ist! Tatsächlich ist auch dort manchmal etwas zu erkennen:

— Runde »Augen«, geldstückgroß, mit dem weißen Belag eines Kalzit-Häutchens senkrecht zur Schicht sind Schrumpfungserscheinungen in der Steinkohle, aufreißende »Schlechten«, in der Bergmannssprache »Augenkohle« genannt.

— Öfter sind Sigillarien- und Lepidodendronrindenstrukturen oder die Oberflächenstruktur ihrer unterirdischen Stämme (Rhizome) — sie zeigt kreisrunde Narben (Stigmaria ficoides) — in der Kohle selbst erhalten, schließlich waren diese Pflanzen die Kohlebildner!

— Auch kantig gebrochene kleine Holzstücke von fossiler Holzkohle (Reste eines karbonzeitlichen Waldbrandes) können in der Kohle selbst abgegrenzt sichtbar sein und färben die Finger beim Berühren stark schwarz (»Rußkohle«).

1 c In der Braunkohle — in Mitteleuropa zumeist Weichbraunkohle — nach Pflanzenresten zu suchen ist nicht jedermanns Sache, aber es gibt Lagen und Horizonte im Braunkohlenflöz, die — fast kaum von der Kohle zu unterscheiden — Samen, Früchte, derbere Blätter, Nadelzweige, Koniferenzapfen, Milchsaftschläuche u. a. enthalten. Besonders in den sandig-tonigen Deckschichten der Braunkohlenflöze sind in Linsen angereichert große und kleine Samen und Zapfen zu finden.

2 Hohldrücke, also vom pflanzlichen Körper hinterlassene Hohlräume im Gestein, geben die gesamte Oberfläche des ehemaligen Blattes, Wedels, Zapfens oder, im Extrem, sogar eines Cycadeenstammes in Negativform eingedrückt als Impression wieder.

Steinkerne sind Innenausfüllungen ehemaliger Hohlräume im Pflanzenkörper (Markhohlraumausgüsse) durch das Sediment.

Liegespuren (einseitige Impression — halbreliefartige Erhaltung der äußeren Form) von Nadelzweigen sind als relativ undeutliche Reste etwas für den Sammler Charakteristisches und für das Sediment sehr Wesentliches. In den

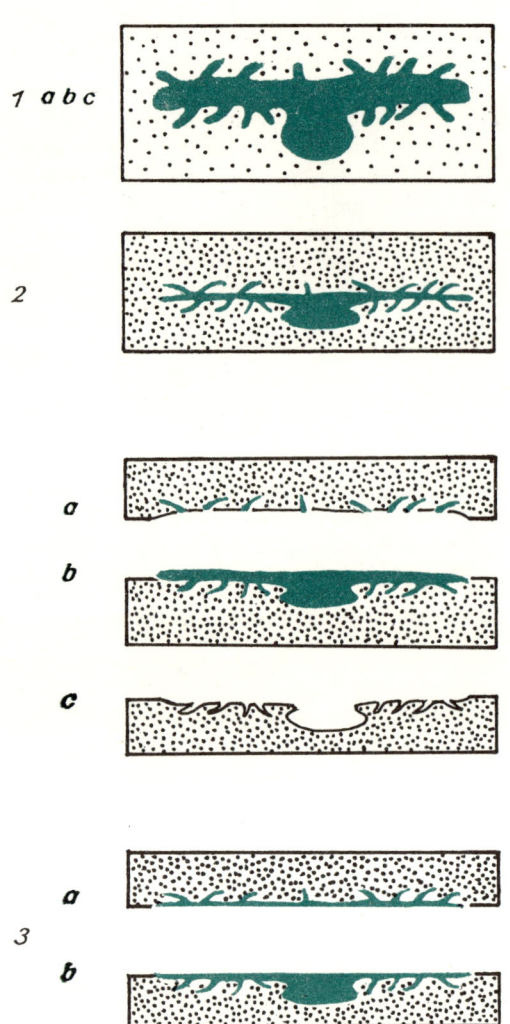

Erhaltungsformen für einen Blattrest

1a Blattrest noch unverdrückt im lockeren Sediment eingelagert
1b Blattrest durch Mineralsubstanz imprägniert, schließlich ersetzt
1c Substanz des Blattrestes weggelöst, es bleibt ein Hohlraum (Hohldruck)
2 Bei Inkohlung entsteht die Blatt-Kompression im Sediment. Mit zunehmender
    Entwässerung inkohlender Substanz wird der Blattrest zusammengepreßt.
2a Bei noch geringer Inkohlung drückt sich die Blattoberseite in der Hangend-
    platte zwar ab (Blatt-Impression), aber
2b die noch elastische Kompression haftet auf der Liegendplatte.
2c Es kann aber auch das Blatt nur abgedrückt sein. Die Liegendplatte zeigt dann
    das Halbrelief, und die Hangendplatte drückt sich nur ein (Liegespur-, Halb-
    reliefhaltung).
3a Bei hoher Inkohlung spaltet das inkohlte Blatt längs, ein dünner, undeutlicher
    Rest der Kompression haftet an der Hangendplatte und
3b ein spiegelbildlicher Rest der Kompression bleibt auf der Liegendplatte zurück
    (Begriffe und Zeichnung wenig abgeändert nach W. C. Chaloner und M. E. Col-
    linson 1975).

240

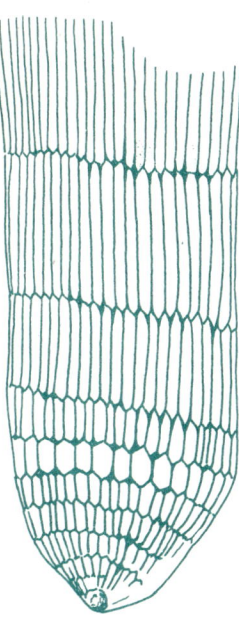

Basisstück des Mark-
steinkerns von
Calamites suckowi

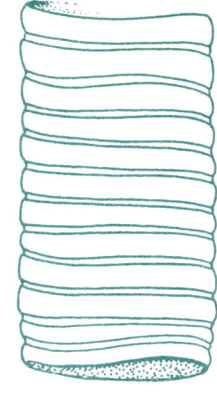

Artisia-Marksteinkern

roten Sedimentfolgen des Unterrotliegenden sind einseitige Impressionen von Walchia-Zweigstücken neben Insektenspuren, Regentropfenabdrücken, mäandrierenden Muschelfraßspuren und Trockenrissen oft die einzige Hinterlassenschaft der ehemaligen Lebewelt und des tropisch-ariden Klimas.

Man begegnet in Aufschlüssen bzw. in Sammlungen folgenden Beispielen: Säulenförmige, längsgerippte größere Fossilien (Calamites-Markhohlraumausgüsse u. ä.) — siehe 2a

Flächige Ausschnitte von Baumstamm- oder dicken astförmigen Körpern mit runden, ovalen oder rautenförmigen Rindenstrukturen, auch tiefer gelegenen längsstreifigen Strukturen (Lepidodendron-, Sigillaria-, Stigmaria-Marksteinkern oder Außenabformung — Impression) — siehe 2b

Blätter oder farnähnliche Blattformen als Hohldruck — siehe 2c

Zapfen als Hohldruck — siehe 2d

Samen oder andere runde Körper — siehe 2e

2a Pflanzenachsen oder Stämme, die innen hohl waren, gab es seit der Unterkarbonzeit mehrfach, in der Devonzeit anscheinend noch nicht. Irgendwie konnte Sediment in diese Markhohlräume dringen, der eigentliche Pflanzenkörper wurde zu Kohle und der große Innenraum im Falle eines Calamiten zum Calamitessteinkern mit meist millimeterdünner Kohlenumhüllung, die beim Herauspräparieren abbröckelt. Solche Calamites-Markhohlraumsteinkerne sind in Oberkarbon- und Unterrotliegendschichten standortbedingt häufig. Calamiten lassen mehr oder weniger lange Internodien mit Längsrippung und deutliche Knotenlinien erkennen. Die Längsrippung vermascht sich, sie alterniert an der Knotenlinie. Viele Calamitesformarten zeigen Astnarben auf der Knotenlinie. Es gibt meterlange Calamitesfunde, z. T. auch schräg oder aufrecht im Sediment stehende Säulen von 10 bis 20 cm Durchmesser.

Unterkarbon-Archaeocalamiten (Asterocalamites scrobiculatus) haben über die Knotenlinie hinweggehende — also noch nicht alternierende — Rippen.

Equisetitesfunde des Erdmittelalters, z. B. häufig im Lettenkohlenkeuper, haben eine Schachtelhalmblattscheide an jedem Knoten.

Von bambusartigen Gräsern wären ähnliche Marksteinkerne in jungen Schichten des Tertiärs zu erwarten, aber merkwürdigerweise sind solche Funde in Europa bisher unbekannt. In quartärzeitlichen Travertinen (z. B. Weimar-Ehringsdorf, DDR) sind Schilfhohldrücke bekannt, die allerdings nie als Marksteinkerne, sondern als bloße Hohlform vorliegen.

Mehrere Zentimeter breite (bis über 10 cm) Körper mit einer engen, charakteristischen Querfächerung im Abstand von wenigen Millimetern sind Marksteinkerne von Cordaitesstämmen, sog. Artisia. Sie sind häufig auf Steinkohlenbergehalden des Oberkarbons zusammen mit anderen Pflanzenfossilien zu finden.

2b Baumstamm- und astartige Körper — als Hohlraumausguß erhalten — sind in der Karbonzeit sehr häufig. In früheren und späteren Zeiten dagegen fehlt diese Erhaltungsform. Es handelt sich dabei um die Körper von Lepidodendron- und Sigillariastämmen, die innen nur zu einem kleinen Teil (etwa 10%) aus im Fossilisationsprozeß vergänglichem Holz und aus einer großenteils vergänglichen Innenrinde bestanden, so daß oft nur die mit Blattpolstern versehene Außenrinde zum relativ dünnen Kohlenbelag eines ganz dicken Innenhohlraumausgusses aus tonigem Sediment wurde. In dieser Art erhaltene, mehr als 1 m dicke Stammbasen sind dem Bergmann als »Sargdeckel« gut bekannt. Manchmal ist — umgeben von dünner Kohlenhaut mit Blattpolstern von Sigillaria — der mächtige Steinkern des Innenraums zu finden, in dessen Zentrum abgegrenzt noch ein weiterer Steinkern des zentral gelegenen Hohlkörpers liegt.

Von außen im Sediment abgedrückt, können die Rindenmuster gut erhalten sein. Um sie in allen Einzelheiten zu sehen, präpariert man die zerbröckelnde Kohle (d. h. den eigentlichen Pflanzenkörper) ab. Rautenförmige Blattpolsternarben deuten auf die Formgattung Lepidodendron; rundliche, auseinanderweichende oder sechseckig-bienenwabenförmig zusammenschließende Blattpolster auf die Gattung Sigillaria. Ist die Außenrinde äußerlich nicht erhalten gewesen, werden die weniger konturierten Innenstrukturen der Außenrinde abgedrückt, die Impression zeigt verwaschene Blattpolsternarben oder nur die feine Längsstreifung.

Die unterirdischen Stämme (Rhizome) der Lepidodendren und Sigillarien sind oft als lange, runde Steinkerne erhalten und zeigen auf ihrer kohligen Oberfläche verstreut die runden Narben. Sehr häufig sitzen die dünnen, schlauchartigen Wurzelorgane (Appendices) noch an diesen Stigmaria ficoides genannten Organen an, durchziehen das ganze Gestein und bilden so einen karbonzeitlichen Wurzelboden.

Erdgeschichtliche Nachfolger sind Pleuromeia im Buntsandstein und Nathorstiana in der Unterkreide. Sie sind in der gleichen Weise erhalten, aber sehr seltene Funde.

2 c Blätter und farnartige Blattformen als Hohldruck in Sandsteinerhaltung sind häufiger, als man es glauben möchte. Die Pflanzensubstanz ist vergangen, aber die Ober- und Unterseite des Blattes sind abgedrückt im feinen Sandstein, getrennt von einem Hohlraum. In den Schichten des Erdmittelalters sind solche Funde nicht selten. Man sollte hier beide Hälften des Fundes (Hangend- und Liegendplatte) gleich hoch achten. Es finden sich solche Hohldrücke von Pterophyllum (im Keuper), von Weichselia (Unterkreide), von Credneria (Oberkreide) und von Cinnamomum (Tertiär). In kreide- und tertiärzeitlichen Schichten fällt dieser Erhaltungszustand wegen der dünnen Blattspreite nicht jedem Beobachter auf, oft befindet sich im Hohlraum auch noch ein Rest zerbröckelnder kohliger Substanz. Bei den dicken Blattspreiten von Pterophyllum im Keuper und der dicken Farnspindel bei Weichselia in der Unterkreide (bis zu 1 cm Durchmesser) fallen solche Hohlräume im Gestein, in der Steinbruchwand jedem auf. Weichselia zeigt in Quedlinburg (DDR) noch V-förmig aufrechtstehende Blättchen, auch in Holmasandsteingeschieben an der Ostseeküste sind derartige Weichseliablättchen in Schmetterlingsstellung geborgen worden. Credneriablätter finden sich in Sandsteinerhaltung bei Quedlinburg in herbstlich zusammengerolltem Zustand. Andeutungen solcher Formen des Lebens oder des Todes sind in vielen sandigen Fundschichten zu beobachten.

2 d Koniferenzapfenhohldrücke sind in Sandsteinen der Tertiärzeit gut bekannt. Eine Innenabformung mit Hilfe einer gummiartigen Masse läßt für uns die äußere Form des Zapfens wiedererstehen. In älteren Schichten sind solche Erhaltungsformen möglich, aber seltener, und die Zapfen sind kleiner. Die Lepidodendronzapfen der Karbonzeit und die Walchiazapfen des Unterrotliegenden blieben dagegen fast immer als kohlige Kompression erhalten.

2 e Nicht alle runden Körper und Hohldrücke, die sie hinterlassen, sind Samen! Oft handelt es sich nur um kleine mineralische Konkretionen oder Schlammblasenhohldrücke (»Guilelmites«), stellenweise häufig in Oberkarbonschichten.

Seit der Unterkarbonzeit gibt es samenartige Körper, z. T. über 1 cm groß.

242

Auch sie sind wertvolle Funde. Auf Steinkohlenbergehalden findet man sie zusammen mit anderen Pflanzenresten stellenweise besonders angehäuft. In jüngeren Schichten (Erdmittelalter) sucht man meist vergeblich nach derartigen Resten. Zusammen mit Equisetites im Keuper treten auch runde fossile Reservestoffbehälter dieser Gattung auf. Erst in der Braunkohle werden große Samenfunde, dann allerdings in kohliger Erhaltung, wieder häufig.

3 In Mineralsubstanzen umgewandelte Pflanzenreste werden immer etwas Besonderes bleiben. Hierzu zählen die echt versteinerten (intuskrustierten) Stämme, die fossilen Hölzer, die Achate pflanzlichen Ursprungs, aber auch die in Schwefeleisen (Markasit) umgewandelten Achsen und Stämme und die kalzitintuskrustierten Hölzer. Schon dieser Erhaltungszustände wegen sind solche Pflanzenreste wert, gesammelt zu werden. Zelle für Zelle, Molekül für Molekül ist organische Substanz durch anorganische ersetzt (substituiert) worden. So kann die innere pflanzliche Struktur völlig erhalten sein, sichtbar unter der Lupe, im Anschliff oder Dünnschliff unter dem Mikroskop. Berühmt sind die Hornsteine von Rhynie in Schottland, die unter- bzw. mitteldevonzeitliche Psilophyten enthalten. Schönste fossile Hölzer, Farn- und Medullosenstämme mit der inneren Struktur in verschiedener Färbung — z. T. auch als blauvioletter Flußspat erhalten — haben die Unterrotliegendschichten von Karl-Marx-Stadt (DDR) und entsprechenden Schichten im Norden der ČSSR geliefert. Aus dem Keuper von Württemberg (BRD) kommen dunkle Koniferenstämme ohne Jahresringe, angeschliffen onyxartig. Fast noch opalartig sind verkieselte Hölzer aus Ungarn. Aus den USA sind die verkieselten Stämme von Arizona weltberühmt und wegen ihrer z. T. leuchtenden Farben als schönes Mineral auch in Mineralsammlungen ausgestellt. Aus dem Süden Afrikas sind in Kalzit umgewandelte Hölzer bekannt geworden, die ihre Holzstruktur erst im polarisierten Licht erkennen lassen. Manche Hölzer (z. B. vom Kyffhäuser, DDR) sind durch die Quarzkristallneubildungen als Holz zerstört, aber einmalig als Naturschönheit. Es gibt zusammengerollte Farnblättchen in verkieseltem Zustand (unteres Rotliegendes, Karl-Marx-Stadt), die vor Jahrzehnten als »Madenstein« beschrieben wurden. Häufig sind Braunkohlenhölzer, in denen sich zahlreiche runde Markasitknötchen gebildet haben und die Holzstruktur damit zerstörten. Die »Dolomitknollen« (eigentlich Kalk- bzw. Kalk-Dolomitkonkretionen) im Flöz Katharina (Westfal A-B-Grenze) in Westfalen (BRD) enthalten die Oberkarbon-Torf-Pflanzenreste in inkohltem Zustand, d. h. Mineralsubstanz füllt nur die Zellräume aus, die organische Zellwandsubstanz liegt in kohliger Erhaltung vor und kann im Dünnschliff, im Anschliff oder im Filmabzug mikroskopisch sichtbar gemacht werden.

B *Bestimmung nach Blattform und Nervatur*
Für die Landpflanzenwelt hat es drei Ären der Entwicklung und Ausprägung der Gestalten gegeben, jede von ihnen dauerte 100 bis 120 Millionen Jahre. Man hat sie in Anlehnung an die paläozoologische Ärenbezeichnung als paläophytische, mesophytische und känophytische Ära benannt, weil man feststellte, daß sie etwa um 30 Millionen Jahre eher begannen als die jeweiligen Entwicklungsabschnitte der Tierwelt und um die gleichen 30 Millionen Jahre eher zu Ende gingen. Eine Reihe entscheidender Entwicklungen in der Landpflanzenwelt mögen demzufolge eher als in der gesamten Tierwelt erfolgt sein.
   Die paläophytische Ära (Unterdevon bis einschließlich Unterperm) gliedert sich wesentlich schärfer als die beiden anderen, und zwar
— in die Zeit der ersten Landpflanzen (Psilophyten — Unter- und Mitteldevon),

— in die Zeit der Herausbildung farnartiger Landpflanzen und sporentragender Bäume (Oberdevon) und
— in die Zeit der Landpflanzen mit Samen (Karbon und Unterperm).

Mit den Pflanzenresten, die massenhaft in den großen Steinkohlenvorkommen zu finden sind, vollendet sich diese paläophytische Entwicklung.

Für die paläophytische Ära ist somit die Herausbildung und gleichzeitig die Vielfalt steinkohlenzeitlicher Farne, Samenfarne und z. T. riesiger Bärlapp- und Schachtelhalmgewächse kennzeichnend. Das bedingte eine Vielfalt von Blattformen bei Farnen und Samenfarnen und eigenartige Blattpolster der Rinde bei den baumförmig großen Bärlappgewächsen. So etwas hat es in der folgenden Ära, dem Mesophytikum, nicht wieder gegeben.

An die Stelle der reichen gestaltlichen Entwicklung der Blattformen trat im Mesophytikum (Oberperm bis einschließlich Unterkreide) die vielfältige blattanatomische Entwicklung der Epidermisstruktur, die jedoch nur durch die mikroskopische Untersuchung sichtbar gemacht werden kann. Daher traten recht einfache und eintönige Blattgestalten an die Stelle der karbonzeitlichen gestaltlichen Vielfalt: die Nadelform der Koniferenblätter, das Ginkgoblatt, das nur einmal gefiederte Cycadeenblatt. Sogar die Maschennervatur wird wieder Ausnahme bei höheren Pflanzen und ist, außer bei einer Reihe von Farnen, nur beim sich handförmig aufteilenden Sagenopteris-Blatt häufig zu finden. Ein gewisser Rest gestaltlicher Mannigfaltigkeit bleibt bei den mesophytischen Farnen und einigen Nachkommen der Samenfarne erhalten.

Erst im Känophytikum (Oberkreide bis zur Gegenwart) tritt die vielfältige Blattgestalt als vorherrschende Tendenz nun bei den neuentstandenen Angiospermenbäumen wieder in Erscheinung: bei den zweikeimblättrigen Pflanzen (Dikotyledoneae) mit Maschennervatur, wie Magnolia, Credneria, Liriodendron, Cinnamomum. Daneben entwickeln sich die nadeltragenden Koniferen zu modernen Gattungen weiter (Pinus, Taxodium, Sciadopitys).

So ist es beim Vorliegen mehrerer Funde auf einer Fundplatte oder im Aufschluß immer und meist auch leicht möglich, die gefundenen Pflanzenreste als zu einer dieser drei großen Ären zugehörig zu erkennen. Unsere paläobotanische Bestimmung beginnt also mit einer Zuweisung der Funde zu einer dieser drei Ären.

Die nachfolgende Bestimmungshilfe soll am Beispiel der paläophytischen Farnblättrigen das Prinzip verdeutlichen, nachdem der Sammler die Vielzahl der Pflanzenfossilien klassifizieren kann. Dennoch wird er vieles über rezente und fossile Pflanzen wissen, nachschlagen und berücksichtigen müssen, um einzelne Pflanzen sicher bestimmen zu können. Bestimmen heißt einordnen!
a Pflanzen (Achsen, Triebe) mit besonders altertümlicher Gestalt:
— unregelmäßige Aufgabelung der Achse,
— völlige Blattlosigkeit oder nur Vorformen der Blätter in Gestalt von fadenförmigen Anhängen: Pflanzenreste des Unter- und Mitteldevons (Psilophyten)
b Pflanzen (beblätterte Achsen oder Achsen und Stämme mit regelmäßigen Blatt- oder Astnarben) der Oberdevonzeit, der Karbon- oder der Rotliegendzeit, also Pflanzenreste, die man als »Steinkohlenpflanzen« ansprechen kann.
— Es kommen Samenfarne und Farne in Frage, die oft ähnlich aussehen.
— Im Oberkarbon und im Rotliegenden treten die bandförmigen und paralleladrigen Blätter der Cordaiten auf.
— Die Blattsterne der Schachtelhalmgewächse, also die Sphenophyllen und die Calamitenbeblätterungstypen, sind zu erwarten.
— Es sind die mit regelmäßigen Blattpolstern bedeckten Rinden der Lepidodendren und Sigillarien zu finden.

Hyenia elegans

Archaeopteris
(Fächernervatur)

Alethopteris decurrens
(Fiedernervatur
und herablaufende
Basis)

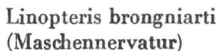

Linopteris brongniarti
(Maschennervatur)

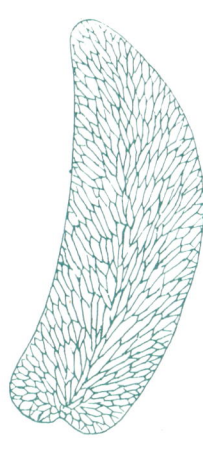

— Runde Erdstämme mit bandförmig erscheinenden, an kreisrunden Narben ansitzenden Luftwurzeln kennzeichnen die »Stigmaria-Wurzelböden«.

— Längsrippige und regelmäßig quer unterteilte Stämme, als Marksteinkerne erhalten, bilden die häufigen Reste der Calamiten, millimeterstarke schmale Achsen mit Blattquirl sind Sphenophyllum.

— Die Farnstämme zeigen eigenartig große, z. T. hufeisenförmige Narben.

— Grasähnliche und z. T. sehr lange Blätter stammen von Sigillarien und einigen Lepidodendren.

— Zweige von Nadelbäumen kommen erst in der Stefan-Rotliegendzeit vor — Lepidodendrenzweige mit kleinen und kurzen Blättern sind diesen oft recht ähnlich.

— Eigenartige blattähnliche Gebilde können die teilweise zentimetergroßen Pollenorgane der Samenfarne sein.

— Moose und Selaginella.

Oberdevon, Unterkarbon, Oberkarbon und Rotliegendes bildeten die fast 100 Millionen Jahre andauernde Zeit des Nebeneinanders und auch einer großen Ähnlichkeit der Farne und der Samenfarne.

Im Oberdevon gab es nur Pflanzen mit Sporen, die Vorfahren der Samenfarne hatten somit auch nur Sporen.

Im Karbon und im Unterperm kann man die Farne daran erkennen, daß sie gelegentlich Sporenbehälter auf der Unterseite ihrer Blättchen oder auch am Blättchenrand ausbilden, die fossil als deutliche Knoten oder Punkte zu erkennen sind. Die Samenfarne dagegen bilden diese Sporenbehälter (Sporangien) nicht aus, ihre Blätter sind meist derb und ihre sehr seltenen Pollenorgane und sternförmigen Samenbehälter (Kupulen) sind in Form besonders gestalteter Wedelteile zu finden.

Ordnen lassen sich die Farne und Samenfarne nach folgenden Nervaturtypen:

— Fächernervatur,

— Fiedernervatur,

— Maschennervatur.

Auf den französischen Botaniker und Paläobotaniker A. Brongniart gehen die Gattungsnamen zurück, deren bestimmendes Merkmal die Blattumrißform darstellt. Man unterscheidet:

1 Sphenopteris — keilförmig ansitzend,

2 Pecopteris — kammförmig ansitzend,

3 Odontopteris — zahnförmig mit mehreren Nerven ansitzend,

4 Neuropteris — herzförmig zusammengezogen ansitzend,

5 Alethopteris — mit herablaufender Blättchenbasis einschließlich Nervatur ansitzend.

Diese ursprünglichen Formgattungsbegriffe werden auch beschreibend benutzt: sphenopteridisch, pecopteridisch usw. Auch in moderner Zeit haben sie ihre Bedeutung als Begriffe für Formgattungen behalten. Teilweise hat sich das Wissen dank der Sammler- und Forschertätigkeit vieler Generationen so vermehrt, daß die Gattungsnamen Odontopteris, Neuropteris und Alethopteris natürlichen Gattungen gleichkommen. Abtrennbare Formen sind durch neue Gattungsnamen gekennzeichnet worden, wodurch der Umfang der Arten, die vom alten Gattungsbegriff erfaßt werden, exakter wurde.

Die folgenden Tabellen nennen wichtige Beispiele von Gattungen und Arten:

Tab. 1 Der Verlauf der Nervatur entspricht der Blättchengestalt, diese ist sphenopteridisch — s. S. 245

Gattungs- und Artname	Zeit	Merkmale der Achsen	Merkmale der Wedel bzw. Blätter	Fruktifikation	Verbreitung
Sphenopteris adiantoides (Samenfarn) Abb. 62	Oberkarbon (Namur A)	Quermale (Sklerenchymplatten in der Rinde)	bei Jungpflanzen Gabelwedel mit langem, nacktem Fußstück, große Wedel sind dreimal aufgefiedert	kleine, spindelförmige, büschelig angeordnete Pollangien; Samen und Kupulen bisher unbekannt	wahrscheinlich in ganz Europa und Kleinasien
Lyginopteris hoeninghausi (Samenfarn)	Oberkarbon (Westfal A)	rhombische Struktur der Rinde, bestehend aus einem Netz von Sklerenchymbändern	Gabelwedel mit befiedertem Fußstück und oft sehr kleinen, abgerundeten Blättchen. Überall deutlich Haare ausgebildet!	Samen und sternförmige Kupulen, letztere mit Drüsenhaaren! Pollangien bisher nicht eindeutig bekannt	paralische (meeresnahe) Becken
Palmatopteris furcata (Samenfarn)	Oberkarbon (Westfal A + B)	glatte Achsen	handförmig in die Breite gehende Wedelteile, doppelt aufgegabelt	Samen, Kupulen und Pollangien noch gänzlich unbekannt	Europa und Kleinasien
Rhodeopteridium stachei (Samenfarn) vgl. Abb. 59	Oberkarbon (Namur A)	glatte Achsen	Gabelwedel mit nacktem Fußstück, fiedert in lange, schmale Abschnitte auf	Samen und Kupulen noch unbekannt. Pollenorgane als Paracalathiops-Gabelwedel bekannt	in verschiedenen Becken seltener oder häufiger
Renaultia schatzlarensis (Farn)	Oberkarbon (Westfal A — C)	dünne, glatte Achsen	feinaufgefiederte Wedel mit einem dünn- und völlig abweichend aufgabelnden aphleboiden Basisblättchen	kleine, punktförmige Sporangien, einzeln oder in kleiner Gruppe am Blättchenrand	in Form nahestehender Arten in verschiedenen Becken
Spathulopteris decomposita (Samenfarn) Abb. 61	Unterkarbon (Visé)	unterbrochen quergeriefte Achsen	ein- oder zweimal aufgabelnde Wedel mit beblättertem Fußstück	Samen, Kupulen und Pollangien noch unbekannt	unterkarbone Schichten
Sphenopteris nummularia (Samenfarn) Zeichnung S. 33	Oberkarbon (Westfal B — D)		rundliche bis dreieckige, stark gewölbte Blättchen, die fast nie die Nervatur erkennen lassen	Samen, Kupulen und Pollangien bisher noch unbekannt	häufig in Binnenbecken, selten in paralischen Vorkommen
Sphenopteris sauveuri (Samenfarn) Abb. 66	Oberkarbon (Westfal C — D)		eiförmige, locker stehende Blättchen	unbekannt	typisch im Saarkarbon

Art	Geologisches Alter	Sporangien/Sori	Blättchen	Vorkommen
Sphenopteris striata (Samenfarn)	Oberkarbon (Westfal B – C)	unbekannt	Blättchen etwas ähnlich den vorhergenannten Arten, jedoch mit feiner, radialer Streifung	typisch in paralischen Vorkommen
Sphenopteris macilenta (Samenfarn)	Oberkarbon (Westfal B – D)	unbekannt	betont großblättrige Wedel mit kaum erkennbarer Nervatur	vereinzelt in Mitteleuropa, England, Nordamerika
Alloiopteris coralloides (Farn) **Zeichnung S. 33**	Oberkarbon (Westfal A – D)	aus 5–7 Sporangien bestehende synangiale, im ganzen kugelige Sori	Blättchen klein, zart, langgestreckt; betont rechtwinklig aufgebaute Wedel	ganz Europa
Sphyropteris obliqua	Oberkarbon (Westfal B – C)	Sporangien auf einer hammerförmigen Trägerplatte angeordnet	nur in kleinen Wedelstücken bekannt, sphenopteridisch im Sinne der ersten Beispiele	verschiedene Arten vereinzelt in den meisten europäischen Becken

Tab. 2 Die Blättchen stehen wie die Zähne eines Kammes, die Nervatur im Blättchen besteht aus dem Mittelnerv und — davon abgehend — aus Seitennerven: Pecopteris — s. S. 245

Art	Geologisches Alter	Sporangien/Sori	Blättchen	Vorkommen
Pecopteris arborescens (Farn)	Oberkarbon und Rotliegendes (Westfal D – unt. Rotliegendes)	sternförmige Sori aus 5–6 Sporangien	Fiederwedel mit eng nebeneinanderstehenden Blättchen	in allen limnischen Becken Europas
Pecopteris candolleana (Farn)	Oberkarbon und Rotliegendes (Westfal D – unt. Rotliegendes)	sternförmige, sog. Asterotheca-Sori, wie oben	relativ schmale und lange Blättchen, Seitennerven locker stehend und einmal gegabelt	häufig in den limnischen Becken Europas
Pecopteris miltoni (Farn)	Oberkarbon und Rotliegendes (Westfal B – unt. Rotliegendes)	Asterotheca-Sori	filzige Behaarung der Blättchenoberseite, Nervatur daher nur auf der Unterseite	häufig in allen Becken Europas
Pecopteris pennaeformis (Farn)	Oberkarbon (Westfal A – C)	Sporangien einzeln, mit kappenartigem Öffnungsmechanismus (Senftenbergia)	kleine, zierliche Blättchen, stark punktierte Achsen	häufig in allen Becken Europas

Gattungs- und Artname	Zeit	Merkmale der Achsen	Merkmale der Wedel bzw. Blätter	Fruktifikation	Verbreitung
Pecopteris hemitelioides (Farn)	Oberkarbon und Rotliegendes (Westfal D – unt. Rotliegendes)		starre Fiedernervatur mit einfachen, geraden Seitennerven; punktförmige Wassergruben an den Nervenenden	Asterotheca-Sori	häufig in allen Becken Europas
Pecopteris plumosa (Farn) Abb. 75	Oberkarbon (Westfal B – unt. Stefan)		Blättchenumriß dreieckig; Achsen dicht mit Sternhaaren besetzt, oft ansitzend Aphlebien	Senftenbergia-Sporangien	häufig in allen Becken Europas
Pecopteris pinnatifida (Farn)	Oberkarbon und Rotliegendes (Westfal D – unt. Rotliegendes)		rundlich-dreieckige, plastische Blättchen; Nerven fiedrig, flexuos	große napfkuchenförmige, synangiale Sori, gänzlich ohne Blattspreite	verbreitet in zahlreichen Becken Europas
Pecopteris unita (Farn) Zeichnung S. 36	Oberkarbon und Rotliegendes (Westfal D – unt. Rotliegendes)		nur basal oder auch völlig miteinander verwachsene Blättchen mit charakteristischer Nervatur	kleine napfkuchenförmige, synangiale Sori auf der Blättchenunterseite (Ptychocarpus)	stellenweise häufig in allen Becken Europas
Nemejcopteris feminaeformis (Farn) Abb. 72	Oberkarbon und Rotliegendes (Stefan – unt. Rotliegendes)	stark behaarte Achsen	starre, fiedrige Nervatur, dementsprechend gezähnter Blättchenrand	büschelige Sporangiengruppen, ansitzend noch nicht beobachtet	häufig in den limnischen Innenbecken Europas
Pecopteris pluckeneti (Samenfarn)	Oberkarbon und Rotliegendes (Westfal D – unt. Rotliegendes)	kräftige Achsen, geflügelt, feine Sternhaare	Blättchen länglich-dreieckig, abgerundet und mit welligem Rand	ansitzende Einzelsamen bzw. Ansatznarben selten; Pollenorgane noch unbekannt	häufig in zahlreichen Becken Europas
Oligocarpia gutbieri (Farn)	Oberkarbon (Westfal C – D)		sehr zarte Blattspreite, oft nur das Adergerüst sichtbar; Seitennerven ein- bis zweimal gegabelt	an den völlig gleichen fertilen Blättchen die zu Sori zusammenstehenden 4–6 Sporangien mit Anulus	vereinzelt in England und im Erzgebirgischen Becken (DDR)
Pecopteris truncata (Farn)	Oberkarbon (Stefan)		meist mit Sporangien zu finden; große, asterothecaartige Synangien	Asterotheca-Sori	häufig in Binnenbecken Europas

Tab. 3 Die Blättchen sitzen mit der Basis breit an, die Nervatur ist fächerig mit Tendenz zur Parallelnervigkeit. Übergänge zur Fiedernervatur sind bei einigen Arten möglich: Odontopteris und Margaritopteris — s. S. 245

Art	Stratigraphie	Achsen	Blättchen	Fortpflanzungsorgane	Vorkommen
Odontopteris minor (Samenfarn)	oberstes Oberkarbon (Stefan) — Unterrotliegendes	längsgestreifte Achsen, die zu einem Gabelwedel gehören	schief ansitzende dreieckige bis lanzettliche Blättchen von 1 cm Länge; Nervatur fächerig und scharf gestochen; zerschlitzte Cyclopterisblätter am Wedelfußstück	stets ohne Fortpflanzungsorgane gefunden, jedoch dürfen kleine Samen vermutet werden, die an der Blättchenunterseite sehr vereinzelter Wedel ansaßen	häufig im französischen Zentralplateau, seltener im Thüringer Wald und im Wettiner Karbon (DDR)
Odontopteris brardi (Samenfarn)	oberstes Oberkarbon (Stefan) — Unterrotliegendes	längsgestreifte Achsen, wahrscheinlich Gabelwedel	Blättchen 1,5 cm lang, etwas sichelartig geschwungen, an der Basis herabgezogen; kleine Endfieder; Parallelnervatur, aber schwach ausgebildete Mittelader	Funde von Fortpflanzungsorganen fehlen; wie oben genannt	häufig im französischen Zentralplateau und in Spanien, selten im Saarkarbon (BRD) und der Schweiz
Odontopteris reichiana (Samenfarn)	Oberkarbon (Westfal D)	längsgestreifte Achsen	Blättchen nicht so schmal wie O. minor, nicht so groß und geschwungen wie O. brardi, etwa Zwischenstellung, aber des öfteren mit Zähnen und Zacken vor allem in basaleren Wedelregionen; zerschlitzte Cyclopterisblätter am Fußstück	Funde von Fortpflanzungsorganen fehlen	typisch im Westfal D von Zwickau (DDR), aber auch aus anderen Westfal-D- und Stefan-Vorkommen, z. B. Saar (BRD), Spanien, Schweiz gemeldet
Odontopteris osmundaeformis (Samenfarn)	Unterrotliegendes	längsgestreifte Achsen	halbrunde Blättchen, stehen dicht, berühren sich aber nur beim Ansitzen; kein besonders geformter Endlappen an der Spitze, Nervatur locker	Funde von Fortpflanzungsorganen fehlen	typisch im Thüringer Wald (DDR), sonst selten in Unterpermablagerungen
Odontopteris subcrenulata (Samenfarn)	oberstes Oberkarbon (Stefan)	breite, längsgestreifte Achsen	Blättchen etwa 1 cm lang, fast ebenso breit, sitzen so dicht, daß sie sich überlappen; Endlappen etwa von doppelter Blättchengröße, etwas unsymmetrisch, Blättchen verschmelzen manchmal zu einer großen, zungenförmigen Basal- oder Terminalfieder	Funde von Fortpflanzungsorganen fehlen	im höheren Stefan von Wettin (DDR), der Saar (BRD), der CSSR, des französischen Zentralplateaus

Gattungs- und Artname	Zeit	Merkmale der Achsen	Merkmale der Wedel bzw. Blätter	Fruktifikation	Verbreitung
Odontopteris jeanpauli (Samenfarn)	Oberkarbon (Westfal C – Stefan)	breite, längsgestreifte Achsen	neuropterisartige Blättchen, 2 cm lang, recht zartspreizig und lockernervig; interessante Nervatur, die sich in einzelne Stränge auflöst und am Blättchenansatz zusammenschnürt	Funde von Fortpflanzungsorganen fehlen	typisch im Saarkarbon (BRD); gemeinsam mit O. alpina, Neur. britannica auch in anderen innervariskischen Becken
Odontopteris lingulata (Samenfarn)	Unterrotliegendes	z. T. recht breite, längsgestreifte Achsen	langer Endlappen, breite und schräg ansitzende Blättchen; sonst O. subcrenulata ähnlich; Basallappen nierenförmig	Funde von Fortpflanzungsorganen fehlen	Manebach, Erzgebirgisches Becken (DDR), Saar (BRD)
Margariopteris coemansi (Samenfarn) Abb. 67	Oberkarbon	verglichen mit Blättchengröße sehr breite, längsgestreifte Achsen; Gabelwedel	Blättchen sehr klein, 1–3 mm lang, pecopteridisch ansitzend, perlenartig nebeneinander aufgereiht; parallele bis büschelige Nervatur; große runde Cyclopterisblätter am Gabelwedelfußstück	Fortpflanzungsorgane unbekannt	typisch im Saarkarbon (BRD), seltener und problembehaftet in einzelnen anderen Fundorten

Tab. 4 Die Blättchenbasis ist herzförmig, die Blattform zungenförmig, Fieder- oder Maschennervatur: Neuropteris, Paripteris, Reticulopteris, Linopteris – s. S. 245

Gattungs- und Artname	Zeit	Merkmale der Achsen	Merkmale der Wedel bzw. Blätter	Fruktifikation	Verbreitung
Neuropteris heterophylla (Samenfarn) Zeichnung S. 38	Oberkarbon (Westfal A – C)	längsgestreifte Achsen	Gabelwedel mit Cyclopteris-basisfiedern; flache, länglich-ovale Blättchen, wenig hervortretende Mittelader	Trigonocarpussamen, aulacotheca-ähnliche Whittleseya, noch nicht ansitzend gefunden	wahrscheinlich im ganzen euramerischen Gebiet
Neuropteris obliqua (Samenfarn)	Oberkarbon (Westfal A – B)	längsgestreifte Achsen	Blättchen variabel, recht verschiedene Blättchenformen am gleichen Wedel; Seitenadern flexuos, heben sich auf der Unterseite stark reliefartig ab	unbekannt, wahrscheinlich ähnlich der vorgenannten Neuropteris	typisch im westlichen paralischen Gebiet

Neuropteris ovata (Samenfarn)	Oberkarbon (Westfal D)	längsgestreifte Achsen	Basis der Blättchen weist nach unten, ist vergrößert, „geöhrt"; Cyclopteris mit aufgefranstem Rand	unbekannt, wahrscheinlich ähnlich N. heterophylla	Westeuropa, USA, Kanada, VR Polen, UdSSR, fehlt in Zwickau (DDR)
Paripteris gigantea (Samenfarn)	Oberkarbon (Namur B – Westfal C)		Paripteris = paarige Endfiedern, Zwischenfiedern und stets große Abfälligkeit der Einzelblättchen ohne Mittelader, flach, sichelförmig	Samen vielleicht vom Trigonocarpus-Typ. Potoniéa (s. S. 182 e)	euramerisches Gebiet
Paripteris scheuchzeri (Samenfarn)	Oberkarbon (Westfal C – D)		Einzelblätter verhältnismäßig groß, scheinen Maschen zu haben, die sich aber unter der Lupe als lange, quer liegende Haare erweisen	Samen und eventuell potoniéa-artige Pollenbehälter noch unbekannt	fast überall im euramerischen Gebiet
Reticulopteris münsteri (Samenfarn)	Oberkarbon (Westfal C – D)		Reticulopteris = Neuropteris mit Maschennervatur; durch Übergangsformen mit Neuropteris obliqua verbunden	Samen und eventuell whittleseya-artige Pollenbehälter noch unbekannt	fast überall im euramerischen Gebiet, außer Saar (BRD) und Zwickau (DDR)
Reticulopteris germari (Samenfarn)	oberstes Oberkarbon (oberstes Stefan) – Unterrotliegendes		meist große Einzelblätter mit Mittelnerv und zum Rande zu kleinen Maschen	unbekannt	euramerisches Gebiet
Linopteris neuropteroides (Samenfarn) Abb. 64; vgl. Zeichnung S. 37	Oberkarbon (Westfal A – D)		Linopteris = Paripteris mit Maschennervatur und Zwischenfiedern; üblicherweise werden die abgefallenen Einzelblättchen gefunden	Potoniéa	euramerisches Gebiet

Tab. 5 Breit ansitzende Blättchen mit Fiedernervatur, untere Blättchenbasis kann herablaufen, damit auch die Nervatur: Alethopteris. Im Falle des Auftretens von Zwischenfiedern (Blattlappen): Callipteridium, Callipteris — s. S. 245

Gattungs- und Artname	Zeit	Merkmale der Achsen	Merkmale der Wedel bzw. Blätter	Fruktifikation	Verbreitung
Alethopteris decurrens (Samenfarn) Zeichnung S. 182	Oberkarbon (Westfal A — B)	längsgestreifte Achsen	meist ein- bis zweimal gefiederte Wedel mit sehr schmalen Blattabschnitten	unbekannte Fortpflanzungsorgane, sicherlich Aulacotheca	euramerisches Gebiet
Alethopteris lonchitica (Samenfarn) Abb. 63	Oberkarbon (Westfal A — D, Namur B — C)	längsgestreifte Achsen	üblicherweise einmal gefiederte Wedel mit wenig breiten Blättchen, stark ausgeprägte Mittelader	Trigonocarpus und whittleseya-artige Pollenbehälter	überall im euramerischen Gebiet
Lonchopteris rugosa (Samenfarn) Abb. 65	Oberkarbon (Westfal A — B)	längsgestreifte Achsen	wie Alethopteris mit Mittelader und gleichmäßiger Maschennervatur	Trigonocarpus und Aulacotheca (Boulaya)	auf ein eng umrissenes europäisches Gebiet beschränkt
Callipteridium pteridium (Samenfarn)	Oberkarbon (Stefan)	längsgestreifte Achsen	pecopterisähnlich, aber stets Blattlappen an der Rachis und zerschlitzte Cyclopterisbasisblätter am Gabelwedel	unbekannt	in Stefanbecken
Callipteris conferta (Samenfarn) Abb. Rückentitel	Unterperm (Unterrotliegendes)	längsgestreifte Achsen	ähnlich einer kurzblättrigen Alethopteris, schräg ansitzende Wedelseitenteile und Zwischenfiedern an der Rachis	Fortpflanzungsorgane extrem selten gefunden; noch im Stadium wissenschaftlicher Untersuchung	weit verbreitet auf der Nordhalbkugel, jedoch nicht in Flöznähe
Anhangsweise: Mariopteris nervosa (Samenfarn) Abb. 71, Zeichnung S. 189	Oberkarbon (Westfal B — D)	Quermale (Sklerenchymplatten in der Rinde)	alethopterisähnliche Blättchenform, aber überbetonte untere Basis und Tendenz zum eingeschnürten Blättchenansatz	unbekannt	euramerisches Gebiet

Anhang

A = Erscheinen, B = Aufblühen, M = Maximum, Z = Einschnitt, O = Erlöschen

Vor 8000 Jahren:
Erlöschen zahlreicher Säugerarten am Ende der Eiszeit.

Vor 3 Millionen Jahren:
Erstes Auftreten von Menschen.

Vor 25 Millionen Jahren:
Differenzierung in Wald- und Savannenbewohner, z. B. bei Pferden und Primaten.

Vor 50 Millionen Jahren:
Großforaminiferen (Nummuliten M), Coccosphaeren M; alle heutigen Säugerordnungen vertreten; schon heutige Insekten-Gattungen.

Vor 55—15 Millionen Jahren:
Aufblühen vieler Tiergruppen: Flagellaten, Foraminiferen, Schnecken, Tintenfische, Fische (Teleosteer), Haie; Insekten, Vögel, Schlangen, Säuger.

Vor 65—10 Millionen Jahren:
Verstärkte evolutionäre Expansion des Lebens. Eindringen in frei gewordene und neu entstandene Lebensräume, z. B. Bildung neuer Pflanzenformationen und ihre Besiedlung durch Tiere. Ausbreitung über die Erde in Abhängigkeit von Kontinentaldrift, Gebirgsbildung und Klimaverschärfung. Entwicklung der heute bekannten ökologischen Zusammenhänge (Nahrungsketten).

Vor 65 Millionen Jahren:
Scharfer selektiver Schnitt in der Entwicklung der Tiere, auf dem Lande wie im Meer. Zusammenbruch von Nahrungsketten. Flagellaten Z, planktonische Foraminiferen Z, Schwämme Z, Steinkorallen Z, Muscheln Z (Rudisten O, Inoceramen O), Nerineen O, Ammoniten O, Belemniten O, Eidechsen Z, Saurier O.

Vor 100—70 Millionen Jahren:
Die klimawirksame erdweite Meerestransgression der Ober-Kreide führt zur Blüte von Gruppen der Meerestiere ebenso wie zum Maximum der Reptilien. Neben den Beuteltieren erscheinen die plazentalen Säuger als Insektenfresser. Planktonische Foraminiferen und die Coccolithen produzierenden Coccosphaeren treten nun massenhaft auf und bewirken eine Kalksedimentation auch in der Tiefsee. Unter den echten Knochenfischen (Teleosteer) entwickeln sich Schwarmfische (Plankton-Nahrung). Muscheln mit korallinem Wuchs bauen die Rudisten-Riffe. Korallenriffe. Kieselschwämme M, Moostiere B (Cyclostomata M), Muscheln M (Inoceramen M), Ammoniten B (Riesenformen), Schnecken B, irreguläre Seeigel B, Saurier M, Eidechsen M, Zahnvögel.

Vor 105 Millionen Jahren:
Kreide-Ammoniten: Höhepunkt während der Alb-Transgression.

Vor 115 Millionen Jahren:
Korallenriffe des Urgon; erste Schlangen.

Vor 140 Millionen Jahren:
Sich gegenseitig vertretende Korallenriffe und Schwammriffe. Riffbewohnende Turmschnecken (Nerineen M).

Vor 150 Millionen Jahren:
Urvogel. Saurier B (Riesensaurier). Knochenfische (Holosteer M, Teleosteer A).

Vor 160—135 Millionen Jahren:
Zunehmend wärmeres Erdklima. Mit Trigonia. Pleurotomaria, Limulus, Hexanchus, den Quastenflossern und den Brückenechsen sind Formen vertreten, die sich von ihren heutigen Nachfahren kaum unterscheiden.

Vor 170 Millionen Jahren:
Dogger-Transgression. Schnecken und Seeigel (Irregularia) beginnen Schlammgründe zu besiedeln. Jura-Ammoniten M, echte Frösche A.

Vor 180 Millionen Jahren:
Alle heutigen Insekten-Ordnungen vertreten. Echte Flugsaurier A.

Vor 195 Millionen Jahren:
Ammoniten Z, Conodonten O, Säugerreptilien O.

Vor 200 Millionen Jahren:
Erste echte Korallenriffe; Neoammoniten A; Schildkröten A, Krokodile A, fliegende Saurier A, Ursäuger A.

Vor 210 Millionen Jahren:
Mesoammoniten M, echte Steinkorallen A, Urschmetterlinge A, Dinosaurier A, Ureidechsen A, Stammreptilien O.

Vor 220 Millionen Jahren:
Tetrakorallen O, rapide Entfaltung der Mesoammoniten und der jüngeren Knorpelganoiden. Urfrösche A, Fischsaurier A.

Vor 225 Millionen Jahren:
Scharfer Faunenschnitt zwischen Paläozoikum und Mesozoikum. Foraminiferen Z, Bödenkorallen Z, Tetrakorallen Z, Moostiere Z, Armfüßer Z, Stachelhäuter Z, Fische Z, Säugerreptilien Z.

Vor 240 Millionen Jahren:
Trilobiten O, Säugerreptilien Z.

Vor 280—225 Millionen Jahren:
Bryozoen-Algen-Riffe. Koralliner Wuchs bei Armfüßern. Verschärfte Klimagegensätze. Trockenheitsanpassungen: Puppenstadien bei Insekten, Reptilieneier. — Differenzierung und Umgestaltung der Insekten: Käfer A, Netzflügler A.

Vor 310 Millionen Jahren:
Mesoammoniten A, Belemniten-Vorläufer A. Muscheln und Schnecken dringen ins Süßwasser vor. Riesige Urinsekten, Schaben. Ältere Säugerreptilien A, Panzerlurche M.

Vor 320 Millionen Jahren:
Stammreptilien A.

Vor 320—225 Millionen Jahren:
Großforaminiferen (Fusulinen).

Vor 345—300 Millionen Jahren:
Evolutionäre Expansion der Meerestiere. Entwicklung von Achsialstrukturen bei Tetrakorallen. Weit verbreitet Korallenriffe. Aufblühen der Moostiere, Armfüßer, Weichtiere, Seelilien, Knorpelganoiden (ursprüngliche Strahlenflosser).

Vor 345 Millionen Jahren:
Faunenschnitt bei Korallen, Ammonoideen, Trilobiten, Fischen.

Vor 350 Millionen Jahren:
Urlurch Ichthyostega. Geflügelte Urinsekten A. Aufblühen der agglutinierenden Foraminiferen.

Vor 353 Millionen Jahren:
Faunenschnitt: Absterben der Riffe, Niedergang der Trilobiten. Armfüßer Z, Tentakuliten O, Urhaie A.

Vor 370—353 Millionen Jahren:
Erdweite Meeresfaunen. Korallen-Stromatoporen-Riffe. Tetrakorallen überflügeln Bödenkorallen. Stromatoporen M. Knochenfische erscheinen als Strahlenflosser, Lungenfische und Quastenflosser. Das Devon ist die Zeit der Fische.

Vor 370 Millionen Jahren:
Erste flügellose Insekten und Milben.

Vor 380 Millionen Jahren:
Ende der Graptolithoideen. Erste Altammoniten:

Vor 410—370 Millionen Jahren:
Verstärkter Faunenprovinzialismus im Gefolge der kaledonischen Gebirgsbildung. Armfüßer M, Erste Massenvorkommen pelagischer Tentakuliten, Entwicklung des Unterkiefers der Wirbeltiere (Panzerfische).

Vor 415 Millionen Jahren:
Wasserskorpione, Tausendfüßer A, Gigantostraken B.

Vor 440—410 Millionen Jahren:
Besiedlung des Süßwassers durch Fische (Kieferlose M). Intensive Besiedlung warmer Flachmeere durch erdweite Faunen. Verbreitet Riffe aus Stromatoporen, Algen, Bödenkorallen und Tetrakorallen.

Vor 440 Millionen Jahren:
Faunenschnitt an der Ordoviz/Silur-Grenze bei Trilobiten, Armfüßern, Bödenkorallen, Graptolithen und Conodonten.

Vor 445 Millionen Jahren:
Als differenziertester Meeresbiotop treten die ersten Riffe auf. Bödenkorallen M, Helioliten M.

Vor 500—445 Millionen Jahren:
Fortschreitende Differenzierung der Meeresfaunen nach erdweiter Transgression im Tremadoc. Zunehmend Kalk als Skelett- und Schalensubstanz. Provinzialismus. Sahara-Vereisung (Lage des Südpols). — Kieselschwämme B, Armfüßer B (Orthiden), Nautiloideen M, Tetrakorallen A, Beutelstrahler M, Graptolithen M, kieferlose Fische A.

Vor 500 Millionen Jahren:
Scharfer Faunenschnitt; besonders an den häufigsten Fossilien des Kambriums, den Trilobiten, zu erkennen.

Vor 515 Millionen Jahren:
Alle großen Tiergruppen mit fossilisationsfähigen organischen Resten sind im Ober-Kambrium vertreten, bis auf die Wirbeltiere. — Foraminiferen A, Stromatophoren A, Bödenkorallen A, Muscheln A, Nautiloideen A, frei bewegliche Stachelhäuter A, Graptolithen A, Conodonten A.

Vor 540 Millionen Jahren:
Erste Faunenprovinzen (Trilobiten).

Vor 570—540 Millionen Jahren:
Urbecher AMO, Monoplacophoren A, Urschnecken A, Volborthella, Onychophoren A (Xenusion), Krebse A, Muschelkrebse A, Trilobiten A, gestielte Stachelhäuter A.

Vor 570—500 Millionen Jahren:
Viele Tiergruppen treten im Kambrium erstmals mit größeren, gepanzerten Bodenbewohnern in Erscheinung. Als Baustoffe der stützenden und schützenden Strukturen dienen vorzugsweise chitinartige organische Bildungen und Phosphate. Wichtige Ausnahme: Urbecher (Archaeocyathiden, bilden Rasenriffe). Bemerkenswerte Differenzierung bei den Gliedertieren; im allgemeinen aber ursprünglicher, wenig differenzierter Faunencharakter. — Zunehmende Besiedlung der Meeresböden.

Vor etwa 600 Millionen Jahren:
Armfüßer A, Einzeller.
Vor etwa 700 Millionen Jahren (Vendium):
Ediacara-Fauna: Medusen, Anneliden, Petalonamae (Metazoen ursprünglichen Charakters, mit den späteren Tierstämmen nur andeutungsweise vergleichbar).

Tiere hinterlassen zunehmend Spuren auf und im Meeresboden (z. B. Skolithen).

Vor etwa 1 Milliarde Jahren: Lebensspuren von Metazoen in Sambia und Australien

Vor 10 000 Jahren: Beginn der Holozän- oder Postglazialzeit mit fünf klimatisch unterscheidbaren Zeiten im nördlichen Mitteleuropa, was eine unterschiedliche Waldentwicklung (Pollenzonen IV bis X nach Firbas) zur Folge hatte.

Vor 17 000 Jahren: Das 7000 Jahre dauernde Spätglazial (jüngstes Pleistozän) zeigt mehrere Kalt- (Stadial-) und etwas wärmere (Interstadial-)Zeiten, in denen Tundra mit Birken- und Kiefernwäldern wechselten (Pollenzonen I a bis III nach Firbas).

Vor 1,5—2 Millionen Jahren: Ende der Tertiär- und Beginn der Quartärzeit mit einer Reihe von Vereisungszeiten (Vergletscherungen) in den gemäßigten Breiten und Regenzeiten (Pluvialzeiten) in den wärmeren Breiten (Subtropen und Tropen). Es werden sechs Kalt- und fünf Warmzeiten unterschieden, die die Vegetation der Nordhemisphäre der Erde wesentlich in Richtung zum heutigen Bild, zum Holarktischen Florenreich mit seinen Florengebieten veränderten. Es entstanden Reliktareale und Disjunktionen.

Vor 2—4 Millionen Jahren: Braunkohlen von Kranichfeld und Rippersroda in Thüringen (DDR), die dem jüngsten Pliozän oder sogar ältesten Pleistozän angehören.

Vor etwa 12 Millionen Jahren: Bildung der Oberen Süßwassermolasse von Oehningen und der Nordost-Schweiz mit der berühmten Blätterflora (150 Pflanzenarten). Etwa 1500 Organismenarten sind aus dieser Fundstätte beschrieben worden!

Bildung ausgedehnter miozäner Braunkohlenflöze in der DDR (z. B. Lausitz) und der BRD (Niederrhein).

Vor etwa 35 Millionen Jahren: Beginn der Ablagerung von alttertiärem Bernstein in sekundärer Lagerstätte.

Seit dem Oligozän Entstehung der Steppen, Savannen und Wiesen als Formationen.

Vor 50 Millionen Jahren: Bildung ausgedehnter Braunkohlenflöze mit reichhaltiger fossiler Flora und Fauna im Raum von Halle-Merseburg (DDR), Helmstedt (BRD). Bildung des Ölschiefers von Messel bei Darmstadt (BRD).

Vor 65 Millionen Jahren: Beginn des Tertiärs. Älteste Mangrove-Formation in Indien.

Vor 80—100 Millionen Jahren: Ausbreitung von Angiospermen-Wäldern. In Schichten des Cenoman und Santon reiche Fundstätten fossiler Blätter, Nadelzweige und Zapfen.

Vor 106 Millionen Jahren: Alb-Stufe = oberste Unterkreide: Erstes Auftreten von Angiospermen. Gleichzeitig noch Bennettiteen mit zwittrigen Blüten. Ausbreitung der modernen Koniferengattungen (Pinus, Sciadopitys, Metasequoia), daneben noch eine Weiterexistenz alter Koniferen (Araucaria, Geinitzia).

Überblick über die Entwicklung der Pflanzen

Vor 130 Millionen Jahren: In Form der Wealdenformation in der DDR, BRD, Belgien, Nordfrankreich, England Bildung kohliger und z. T. Kohlenflöze enthaltende Tone und Sandsteine mit reichhaltiger fossiler Flora aus Koniferen, Ginkgo, Bennettiteen und Farnen.

Vor 200 Millionen Jahren: Rät-Lias Ablagerungen mit zahlreichen Pflanzenresten in Süddeutschland (BRD), Schweden, Rumänien, Grönland. Farne zum ersten Mal mit Maschennervatur. Bennettiteen mit getrenntgeschlechtlichen Blüten, auch Blütenstände komplizierter Zwitterblüten. Cycadeen. Ginkgo-Arten. Koniferen. Caytoniales mit altertümlicher Blattgestalt und »Fruchtknoten«.

Vor 220 Millionen Jahren: Buntsandsteinflora im Gebiet von Thüringen (DDR) und den Vogesen (Frankreich) mit altertümlichen Koniferenzapfen und der Sigillariennachfahre Pleuromeia.

Vor 240 Millionen Jahren: Bildung des Kupferschiefers in Mitteleuropa mit vielen tierischen und pflanzlichen Fossilien, darunter Koniferen, den ältesten häufigen Ginkgo-Blättern und der letzten Callipteris-Art in Mitteleuropa.

Vor 280 Millionen Jahren: Beginn des Perms mit roten Abtragungsgesteinen und vereinzelten Kohlenvorkommen (z. B. Manebach in Thüringen [DDR]). Reduktion der Entwicklungsvielfalt der Samenfarne (Pteridospermen), Sigillarien, Sphenophyta und Farne. Erstes vereinzeltes Auftreten von Ginkgo- und Cycadeenartigen Blattresten.

Vor 290 Millionen Jahren: Stefan = oberstes Oberkarbon: Erste Nadelbäume, zahlreiche Farne. Ausgeprägte Gliederung der Flora der Erde in vier Florenreiche. Glossopteris-Flora auf der Südhemisphäre. Vereisungszeiten zur gleichen Zeit auf der Südhalbkugel und ausgedehnte Kohlenbildung. Die an fossilen Pflanzen reichsten Kohlenvorkommen befinden sich in Europa im französischen Zentralplateau (Becken von Autun, Blanzy-Creusot, Commentry, Loire, Gard).

Vor 310 bis 290 Millionen Jahren: Westfal A—D = mittleres Oberkarbon. Reichhaltige Entwicklung von Samenfarnen, Farnen, Bärlappbäumen und Schachtelhalmgewächsen in den großen Kohlenbildungsgebieten Europas. Zum ersten Mal wird eine Maschennervatur im pflanzlichen Blatt verwirklicht, und zwar bei den Samenfarngattungen Linopteris, Lonchopteris, Reticulopteris, Palaeoweichselia.

Vor 325 Millionen Jahren: Beginn der Oberkarbonzeit mit der Namur-A-Stufe und ihrer charakteristischen Flora mit Sphenopteris adiantoides. Vom eigentlichen Oberkarbon wird sie paläobotanisch gesehen durch einen »Florensprung« abgegrenzt.

Vor 335 Millionen Jahren: Visé = oberes Unterkarbon. Vereinzelte Kohlenbildungen mit reicher »Cardiopteris«-Flora. Entwicklungsgeschichtlich bedeutsam sind Funde von Samenfarnen, die bereits mehrere Samenanlagen in einem fruchtknotenartigen Gebilde vereinigten.

Vor 345 Millionen Jahren: Beginn der Karbonzeit in Mitteleuropa mit Schiefern (z. B. Geigen bei Hof [BRD]) in denen die entwicklungsgeschichtlich ersten Samenfarne mit Samenanlagen, Lepidodendren, Archaeocalamiten und Sphenophyllen zu finden sind. Aus ersten oberdevonzeitlichen Anfängen (z. B. Gattung Sphenophyllum) entsteht nun eine Entwicklungsvielfalt.

Vor 359 Millionen Jahren: Beginn des oberen Devons. Erstmalig Bäume mit Stämmen und Dickenwachstum. Koniferenartiges Holz. Erstmalig großflächige Blätter (mit Fächernervatur). Heterosporie. Samenbildung jedoch noch nicht ausgebildet. Unter den Lycophyten ebenfalls große Bäume. Erstmalig eindeutige Sphenophyta. Lycophyta, Pterophyta und Sphenophyta

haben sich als Taxa voneinander differenziert. Zum ersten Mal existiert auch
ein kleines epiphytisches Gewächs.

Vor 370 Millionen Jahren: Beginn des mittleren Devons. Zahlreiche Gattungen von Urlandpflanzen (»Psilophyten«) mit Heterosporie und ersten An-
sätzen zu blattartigen Bildungen. Zahlreiche Gewächse mit einer mikrophyl-
len Belaubung, darunter einige, die bärlappartig sind. Bereits 2—3 m hohe
Einzelgewächse.

Vor 400 Millionen Jahren: Downton = oberste Silurstufe = Übergangs-
schichten zum Unterdevon. Erste Landpflanzen als kosmopolitische Gattungen mit wenigen Arten.

Vor 450 Millionen Jahren: Ordovizium. Weitverbreitet hochentwickelte Kalkalgen (Dasycladaceen) als Gesteinsbildner. Daneben auch andere niedere
Algen als Bildner bitumenreicher Gyttjaablagerungen.

Vor 570—500 Millionen Jahren: Dauer des Kambriums. Kohlig erhaltene,
zungenblattähnliche und achsenähnliche Reste (marine Algen).

Vor etwa 1 Milliarde Jahren: Meiose bei Grünalgen (geschlechtliche Ver-
mehrung)

Vor etwa 1,3 Milliarden Jahren: Vielzellige makroskopische Algen

Vor 1,8—1,45 Milliarden Jahren: Ältester »roter Sandstein«, d. h. erstmalig
eine Atmosphäre mit einem Sauerstoffüberschuß.

Vor 2 Milliarden Jahren: Älteste Fadenalgen, Chlorophyllderivate. Beginn
einer Anreicherung von Sauerstoff in der Erdatmosphäre.

Vor 3,1 Milliarden Jahren: Älteste bekannte Stromatolithen.

Vor 3,4 Milliarden Jahren: Erste Lebensformen (u. a. Ramsaysphären) im
Swartkopie-Hornstein, Südafrika.

Vor 4,5 Milliarden Jahren: Älteste Gesteine einer festen Erdkruste.

Altenburg	DDR	Naturkundliches Museum »Mauritianum«	**Fünfzig wichtige paläontologische Museen und Sammlungen**
Bad Kreuznach	BRD	Karl-Geib-Museum	
Basel	Schweiz	Naturhistorisches Museum	
Bayreuth	BRD	Oberfränkisches Erdgeschicht- liches Museum	
Berlin	DDR	Museum für Naturkunde der Humboldt-Universität (Paläontologisches Museum)	
Bern	Schweiz	Naturhistorisches Museum	
Bernburg	DDR	Museum des Kreises	
Bochum	BRD	Geologisches Museum des Ruhrbergbaues	
Bratislava	ČSSR	Slovakisches Nationalmuseum	
Brno	ČSSR	Moravské Muzeum	
Budapest	Ungarische VR	Nationalmuseum (Naturhistorisches Museum)	
Darmstadt	BRD	Hessisches Landesmuseum	
Dessau	DDR	Museum für Naturkunde und Vorgeschichte	
Dortmund	BRD	Museum für Naturkunde	
Dresden	DDR	Staatliches Museum für Mineralogie und Geologie	
Eichstätt	BRD	Jura-Museum auf der Willibaldsburg	

Essen	BRD	Ruhrland-Museum
Frankfurt/M.	BRD	Natur-Museum Senckenberg
Freiberg	DDR	Sammlungen der Sektion Geowissenschaften der Bergakademie
Gera	DDR	Museum für Naturkunde
Görlitz	DDR	Staatliches Museum für Naturkunde
Gotha	DDR	Bezirksnaturkundemuseum
Graz	Österreich	Landesmuseum Joanneum
Greifswald	DDR	Sammlungen der Sektion Geowissenschaften der Ernst-Moritz-Arndt-Universität
Halle	DDR	Geiseltalmuseum der Martin-Luther-Universität
Holzmaden	BRD	Museum Hauff
Innsbruck	Österreich	Institut für Geologie und Paläontologie der Universität
Karl-Marx-Stadt	DDR	Museum für Naturkunde — Sterzeleanum
Karlsruhe	BRD	Landessammlungen für Naturkunde
Klagenfurt	Österreich	Landesmuseum für Kärnten
Kraków	VR Polen	Museum des Institutes für systematische und experimentelle Zoologie (Zaklad Zoologii systematyczenej, Polska Akademia Nauk)
Mainz	BRD	Naturhistorisches Museum
München	BRD	Bayerische Staatssammlung für Paläontologie und historische Geologie
Münster	BRD	Museum des Geologisch-Paläontologischen Institutes der Universität
Opava	ČSSR	Slezské Muzeum
Ostrava	ČSSR	Stadtmuseum
Prag	ČSSR	Nationalmuseum
Salzburg	Österreich	Haus der Natur
Sangerhausen	DDR	Spengler-Museum
Seifhennersdorf	DDR	Museum
Solnhofen	BRD	Museum beim Solnhofer Aktienverein
Stuttgart	BRD	Staatliches Museum für Naturkunde
Verona	Italien	Naturkunde-Museum, Bolca-Saal
Vertesszöllös	Ungarische VR	Freilandmuseum
Wałbrzych	VR Polen	Stadtmuseum
Warschau	VR Polen	Muzeum Ziemi, Polnische Akademie der Wissenschaften
Wernigerode	DDR	Harzmuseum
Wien	Österreich	Naturhistorisches Museum
Zittau	DDR	Stadtmuseum — Dr. Curt-Heinke-Museum
Zwickau	DDR	Museum

Erdgeschichtliche Zeittafel

Zeit-alter	Systeme	Vor ... Millionen Jahren	Abteilungen u. Stufen		Fossilführende Gesteine Mitteleuropas	
Känozoikum / Erdneuzeit	Quartär	2	Holozän		Travertin, Höhlenlehm, Moorbildungen	
			Pleistozän		Löß, Ton. Kies; Geschiebe aus älteren Zeitaltern	
	Tertiär		Jungtertiär	Pliozän	Muschelsand, Geröll	
				Miozän	Braunkohle, Schneckenkalk, Muschelsand, Tegel, Molasse	
		65	Alttertiär	Oligozän	Septarienton, Meeressand, Cyrenenmergel, Bernstein, Fischschiefer	
				Eozän/ (Paläozän)	Braunkohle, Bitumenschiefer; Nummuliten-, Cerithien- und Lithothamnienkalk; Grünsand, Kressenbergerz	
Mesozoikum / Erdmittelalter	Kreide		Ober-	(Dan)/ Maastricht	Schreibkreide mit Feuerstein — Bryozoenkalk, Tuffkreide	Gosau
				Campan/ Santon	Mergel, Quadersandstein	
				Coniac	Mergel	
				Turon	Pläner	
				Cenoman	Grüne Sande, Mergel und Kalke	
			Unter-	Alb/Apt	Flammenmergel, Tonmergelstein	Aptychen-mergel und -kalk
				Barreme	Tone mit Toneisensteinen, Neokomsandstein	
				Hauterive	Tonsteine	
			- kreide	Valendis (Berrias)	Wealdenkohle und -tone »Serpulit«, Ton	
	Jura	136	Malm	Tithon	Bankkalk, Plattenkalk (Solnhofen), Schneckenkalk	Riffkalk
				Kimmeridge	Mergelkalk, Schwammkalk	
				Oxford	Mergel	
			Dogger	Callov	Ornaten-Tone, Fe-Oolithe	
				Bathon/Bajoc	Tone, Fe-ooidische Kalke	
				Aalen	Fe-Sandsteine, Fe-Kalke (Polyplokensandstein)	
			Lias	Toarc	»Posidonienschiefer« (Holzmaden!) Tone mit Geoden	rot- bunte Kalke
				Pliensbach	Mergel u. Amaltheen-Ton	
		195		Sinemur/ Hettang	Arieten-Kalk/Psilonoten-Ton	

Zeit-alter	Systeme	Vor ... Millionen Jahren	Abteilungen u. Stufen	Fossilführende Gesteine Mitteleuropas	
Paläozoikum / Erdaltzeit	Trias	225	Keuper { Rät, Nor, Karn, Ladin }	Sandsteine, Steinmergelbänke, Lettenkohlen u. Dolomite, Tonplatten, Trochitenkalk	Zlambachmergel, Dachsteinkalk, Lunzer Sandstein — Hallstätter Kalke
			Muschelkalk { Anis }	Muschelkalk, Schaumkalk	Algenkalke u. Dolomite
			Buntsandstein { Skyth }	Sandsteine	
	Perm	280	Zechstein	Kupferschiefer, Productus-Kalk, Bryozoen-Riffkalk, Bellerophon-Kalk	
			Oberes Rotliegendes	Fährtensandsteine	
			Unteres Rotliegendes	Schieferton mit Steinkohlenflözen, Pseudoschwagerinen-Kalk	
	Karbon	345	Stefan / Westfal A, B, C, D	Schiefertone mit Steinkohlenflözen und marinen Kalkbänken	
			Namur A, B, C	Kulm-Grauwacken, -Tonschiefer, -Plattenkalk, Erdbacher Kalk	
			Visé	Kulm-Kieselschiefer, Kohlenkalk, Cephalopoden-Kalk	
			Tournai	Tonschiefer,	
	Devon	395	Do { Famenne, Frasne }	Bunte »Clymenien«-Kalke, »Cypridinen«-Schiefer; Platten-, Knollen- und Riffkalke, Kieselschiefer	
			Dm { Givet, Eifel }	Riff- und Bankkalke, Roteisenstein, Styliolinenschiefer; Kalke, Schiefer (Wissenbacher, Tentakuliten-, Calceola-)	Kalke (massig, bankig, knollig)
			Du { Ems, Siegen, Gedinne }	Quarzite, Schiefer, Kalke; Quarzite, Schiefer (Hunsrück-); Arkosen; Graptolithenschiefer	
	Silur	440	Přidoli, Ludlow, Wenlock, Llandovery	Kalke (Ocker-, Orthoceren-), Graptolithenschiefer	Beyrichienkalk, Riffkalke u. Mergel auf Gotland
	Ordovizium	500	Ashgill, Caradoc, Llandeilo/Llanvirn, Arenig, Tremadoc	Graptolithenschiefer, Dictyonema-Schiefer, Obolen-Sandstein, Phycodenschiefer	Trilobitenkalke, Orthocerenkalke
	Kambrium	570	Oberkambrium, Mittelkambrium, Unterkambrium	Alaunschiefer mit Stinkkalken, Quarzite, Sandsteine, Tone;	Trilobitenschiefer (ČSSR), Trilobitenschiefer (Görlitz, DDR)
	Kryptozoikum oder Präkambrium	4500			

Augusta, J.; Burian, Z.: *Tiere der Urzeit*. Urania-Verlag Leipzig/Jena/Berlin 1958

Augusta, J.; Burian, Z.: *Flugsaurier und Urvögel*. Artia Verlag Prag 1961

Augusta, J.; Burian, Z.: *Saurier der Urmeere*. Artia Verlag Prag 1964

Barthel, W.: *Solnhofen — Ein Blick in die Erdgeschichte*. Franckh'sche Verlagsbuchhandlung Stuttgart, Ott Verlag Thun 1977

Bülow, K. v.: *Geologie für jedermann*. Urania-Verlag Leipzig/Jena/Berlin, 7. Aufl. 1962; Franckh'sche Verlagshandlung Stuttgart, 8. Aufl. 1968

Daber, R.; Helms, J.: *Mein kleines Fossilienbuch*. Urania-Verlag Leipzig/Jena/Berlin 1975; Pinguin-Verlag Innsbruck und Umschau-Verlag Frankfurt/M. 1976

Die Entwicklungsgeschichte der Erde — Brockhaus Nachschlagewerk Geologie. Brockhaus Verlag Leipzig, 4. Aufl. 1970

Fischer, J. C.: *Faszination in Stein* (Die schönsten Fossilien in Farbe). Verlag Herder Freiburg/Br. 1977

Fraas, E.: *Der Petrefaktensammler*. Franckh'sche Verlagshandlung Stuttgart, Ott Verlag Thun und München, Neudruck 1977

Gothan, W.; Remy, W.: *Steinkohlenpflanzen*. Verlag Glückauf Essen 1957

Grzimek, B.: *Entwicklungsgeschichte der Lebewesen*, Grzimeks Tierleben, Ergänzungsband. Kindler Verlag Zürich 1972

Haubold, H.: *Die fossilen Saurierfährten* (Neue Brehm-Bücherei 479). A. Ziemsen Verlag Wittenberg 1974

Hölder, H.: *Naturgeschichte des Lebens* (Verständliche Wissenschaft 93). Springer-Verlag Berlin/Heidelberg/New York 1968

Hölder, H.; Steinhorst, H.: *Lebendige Urwelt — Flora und Fauna der Vorzeit*. Spectrum Verlag Stuttgart 1964

Hucke, K.: *Einführung in die Geschiebeforschung*. Nederlandse Geologische Vereniging Oldenzaal/Holland 1967

Kahlke, H.-D.: *Ausgrabungen auf vier Kontinenten*. Urania-Verlag Leipzig/Jena/Berlin 1967

Kräusel, R.: *Die paläobotanischen Untersuchungsmethoden*. Gustav Fischer Verlag Jena, 2. Aufl. 1950

Krumbiegel, G.: *Die tertiäre Pflanzen- und Tierwelt der Braunkohle des Geiseltales* (Neue Brehm-Bücherei 237). A. Ziemsen Verlag Wittenberg 1959

Krumbiegel, G.: *Tiere und Pflanzen der Vorzeit* (akzent 24). Urania-Verlag Leipzig/Jena/Berlin 1977

Krumbiegel, G.; Walther, H.: *Fossilien — sammeln, präparieren, bestimmen, auswerten*. Verlag für Grundstoffindustrie Leipzig 1977

Lehmann, U.: *Ammoniten*. Enke Verlag Stuttgart 1976

Leich, H.: *Nach Millionen Jahren ans Licht — Versteinerungen der Jurazeit*. Ott Verlag Thun und München 1968

Mägdefrau, K.: *Paläobiologie der Pflanzen*. Gustav Fischer Verlag Jena, 4. Aufl. 1968

Müller, A. H.; Zimmermann, H.: *Aus Jahrmillionen — Tiere der Vorzeit*. Gustav Fischer Verlag Jena 1962

Mundlos, R.: *Wunderwelt im Stein, Fossilien — Zeugen der Urzeit*. Bertelsmann Lexikon Verlag Gütersloh/Berlin 1976

Neben, W.; Krueger, H.-H.: *Fossilien ordovizischer Geschiebe* (Staringia no. 1). Nederlandse Geologische Vereniging Oldenzaal/Holland 1971

Neben, W.; Krueger, H.-H.: *Fossilien ordovizischer und silurischer Geschiebe* (Staringia no. 2). Nederlandse Geologische Vereniging Oldenzaal/Holland 1973

Nestler, H.: *Die Fossilien der Rügener Schreibkreide* (Neue Brehm-Bücherei 486). A. Ziemsen Verlag Wittenberg 1975

Pinna, G.: *Fossilien in Farbe*. Südwest-Verlag München 1976

Rast, H.: *Aus dem Tagebuch der Erde* (akzent 6). Urania-Verlag Leipzig/Jena/Berlin, 2. Aufl. 1976

Remy, W.; Remy, R.: *Die Floren des Erdaltertums*. Verlag Glückauf Essen 1977

Remy, W.; Remy, R.: *Pflanzenfossilien*. Akademie-Verlag Berlin 1959

Schätze im Boden — Bilder aus Österreichs geologischer Vergangenheit. Naturhistorisches Museum Wien, 2. Aufl. 1969

Špinar, Z.; Burian, Z.: *Leben in der Urzeit*. Urania-Verlag Leipzig/Jena/Berlin 1975

Stephan, B.: *Urvögel* (Neue Brehm-Bücherei 465). A. Ziemsen Verlag Wittenberg 1974

Tasnadi-Kubaczka, A.: *Bevor der Mensch kam*. Urania-Verlag Leipzig/Jena/Berlin 1968

Thenius, E.: *Versteinerte Urkunden* (Verständliche Wissenschaft 81). Springer-Verlag Berlin/Göttingen/Heidelberg 1963

Weitere speziellere Literaturangaben finden sich in den angegebenen Werken.

Register

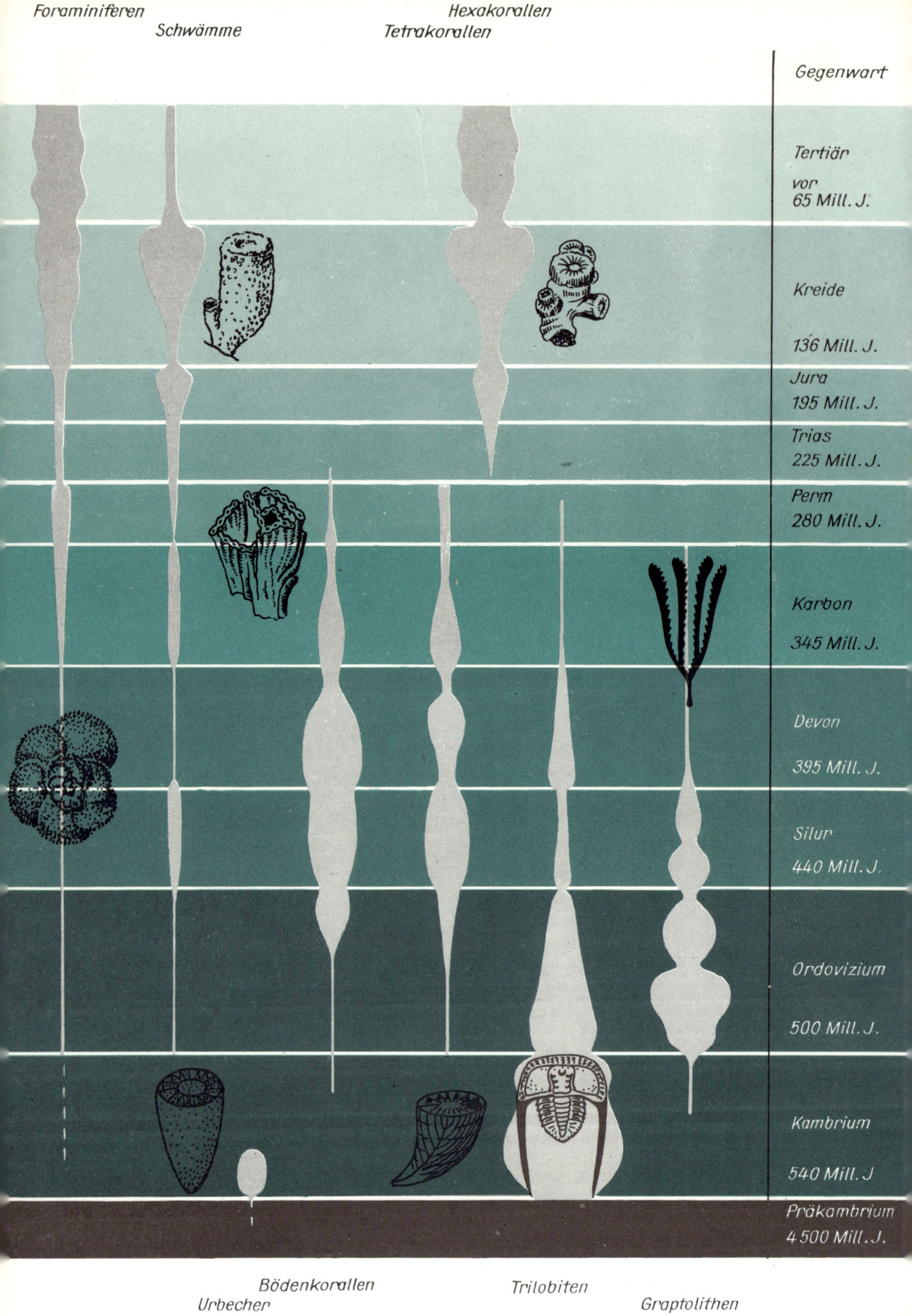

Foraminiferen
Schwämme
Hexakorallen
Tetrakorallen

Gegenwart

Tertiär
vor
65 Mill. J.

Kreide

136 Mill. J.

Jura
195 Mill. J.

Trias
225 Mill. J.

Perm
280 Mill. J.

Karbon
345 Mill. J.

Devon
395 Mill. J.

Silur
440 Mill. J.

Ordovizium
500 Mill. J.

Kambrium
540 Mill. J

Präkambrium
4500 Mill. J.

Bödenkorallen
Urbecher
Trilobiten
Graptolithen